Richard Whiteley/Diane Hessan

Wachstumsmotor Kunde

Richard Whiteley/Diane Hessan

Wachstumsmotor Kunde

Fünf praxiserprobte Strategien für
langfristige Kundenzufriedenheit, maximalen Profit
und gesundes Wachstum

verlag
moderne industrie

Die Deutsche Bibliothek – CIP-Einheitsaufnahme

Whiteley, Richard C.:
Wachstumsmotor Kunde : fünf praxiserprobte Strategien für langfristige Kundenzufriedenheit, maximalen Profit und gesundes Wachstum / Richard C. Whiteley ; Diane Hessan. –
Landsberg/Lech : Verl. Moderne Industrie, 1996
Einheitssacht.: Customer centered growth <dt.>
ISBN 3-478-23850-1
NE: Hessan, Diane:

Aus dem Amerikanischen von Helmut Dierlamm, Karin Schuler und Reinhard Tiffert

Umschlaggestaltung: Daniela Lang, 86932 Stoffen
Satz: Dr. Ulrich Mihr GmbH, Tübingen
Druck: Himmer, 86167 Augsburg
Bindearbeiten: Thomas, 86165 Augsburg

Printed in Germany 230 850/0996X
ISBN 3-478-23850-1

Für Sharon, deren Verständnis mir sehr geholfen hat, und für Jeffrey, Matthew und Philip, einfach dafür, daß sie da sind.

R. W.

Für Paul, Lindsay, Amanda, Mama und Papa, für eure bedingungslose Liebe, für euer Vertrauen, daß ich alles machen konnte, und für die Freude, die ihr mir in meinem Leben bereitet habt.

D. M.

Besonderer Dank

Unser besonderer Dank gilt den folgenden Unternehmen, die dazu beigetragen haben, die Wissensbasis für das vorliegende Buch zu schaffen.

3M

Allied Signal, Inc.

Amdahl

American Airlines, Inc.

American Express Company, Inc.

American President Lines, Ltd.

Amil Assistencia Medica International

Apple Computer, Inc.

Applied Materials, Inc.

Arthur Andersen Real Estate Transformation Group

Asea Brown Boveri S. A.

Astra Merck, Inc.

AT&T Corporation

Bank of Boston Corporation

Bell Atlantic Corporation

Bell Atlantic Properties

Best Products

The Black & Decker Corporation

Borough Council of Basingstoke and Deane

British Airways PLC

Byggmeister

The Center for Strategy Research

Central Sprinkler Corporation

Channel 10 Television – Sydney

Charles Schwab & Company, Inc.

Chase Bankcard Services

Chemical Banking Corporation

China Light and Power

Ciba-Geigy

Citicorp

Citizens Financial Group, Inc.

Club Med

CNA Insurance

Compaq Computer Corporation

Coopers & Lybrand LLP

CUNA Mutual Insurance Group

David Weekley Homes

Delta Air Lines, Inc.

Domino's Pizza

The Dow Chemical Company

Eastman Kodak Company

E. I. Dupont de Nemours & Company

Eli Lilly

Federal Express

Fidelity Investments

Fletcher Music Centers

Ford Motor Company

Ford of Australia

fX Networks

Gemini Consulting

General Electric
General Motors
Gillette
Giordano
Goldman, Sachs Group, L. P.
Great Plains Software, Inc.
Hewlett-Packard Company
The Home Depot, Inc.
HSM
IBM
Industry.Net
Intel
Instructional Systems Association
ITT Sheraton Hotels
John Hancock Mutual Life Insurance Company
Johnson & Johnson
Kaiser Permanente
Learning Curve Toys
Levi Strauss & Company, Inc.
Lutron
Manulife Financial
Marriot International, Inc.
Mazda Motor Manufacturing
MBNA America Bank
The McGraw-Hill Companies
MCI Communications
Microsoft Corporation
Midland Bank PLC
Milliken & Company
Moore Corporation
Motorola, Inc.
MSD AGVET, Division of Merck & Co., Inc.
NACCO Materials Handling Group
National Car Rental System, Inc.
National Starch & Chemical Corporation
Nike, Inc.
Northern Telecom, Ltd.
PCA International, Inc.
Peacock Papers
Pepsi-Cola Company
Phelps County Bank
Picture Tel Corporation
Pizza Hut, Inc.
Plymouth Rock Assurance
PNC Bank Corp.
Poochies
The Procter & Gamble Company
Quaker Oats
Reebok International, Ltd.
Reynolds Metals Company
Saturn
Scotiabank
Sea-Land Service, Inc.
Sheetz Incorporated
Southern New England Telecommunications
Southwest Airlines Company
Standard Chartered Bank
Standard Life Assurance Company
Steelcase, Inc.
Sun Microsystems
Taco Bell Corp.
Texas Instruments, Inc.
Thomas Cook Travel
Tom's of Maine
Toyota Motor Corporation
U. S. Bancorp
UARCO
U-Haul International
United Technologies Corporation
UNUM Corporation
United Parcel Service
USAA
USF & G Corporation
The Vanguard Group of Investment Companies
Virgin Atlantic Airways, Ltd.
Wal-Mart Stores, Inc.
Wawa, Inc.
Westin Plaza Hotels
Westvaco Corporation
Willow Creek Church
Xerox Corporation

Inhaltsverzeichnis

Kapitel 1

Die Herausforderung: Von der Krise zum kundenorientierten Wachstum

An einem Mittwochmorgen im Winter 1991 konnten sich die Leser des *Boston Herald* über ein Foto auf der Titelseite amüsieren. Es zeigte den ansonsten sehr umgänglichen Restaurantbesitzer Steve DiFillippo, wie er gerade seine American-Express-Karte mit einem Metzgermesser in kleine Stücke hackte.

Das Foto und der dazugehörige Artikel markierten den Beginn eines Aufstands zahlreicher Bostoner Geschäftsleute. Ein Journalist hatte mit angehört, wie DiFillippo, der im Raum Boston drei Restaurants betrieb, sich bitter über die hohen Gebühren beklagte, die das Kreditkartenunternehmen immer einstrich, wenn ein Gast die Rechnung für eine Mahlzeit mit der vielgepriesenen Amex-Scheckkarte beglich. Die Reportage des *Boston Herald,* in der DiFillippo und andere Geschäftsleute American Express unverblümt Arroganz und mangelnde Flexibilität vorwarfen, löste eine Lawine aus. Innerhalb kürzester Zeit schlossen sich in und um Boston Dutzende weiterer Geschäftsleute der Revolte an und drohten, künftig keine American-Express-Karten mehr zu akzeptieren.

American Express mußte sich zwar schon seit einigen Jahren der Attacken seines Konkurrenten Visa erwehren, der Kunden mit weit niedrigeren Gebühren köderte, doch scheinbar hatte das den Marktführer nicht weiter angefochten. Schließlich gehörte Amex laut Wirtschaftsmagazin *Forbes* zu den „weltweit am höchsten geachteten Finanzdienstleistern".

Als sich jedoch die Kundenverluste schmerzlich bemerkbar machten, der Kurs der Amex-Aktie fiel und der Unmut, der mit dem Bostoner

Aufstand gegen hohe Gebühren ans Tageslicht gekommen war, auf Geschäftskunden überall im Land übergriff, schrillten bei American Express die Alarmglocken. Das Management mußte sich eingestehen, daß das Unternehmen in der Krise steckte und man nicht einfach abwarten konnte, bis sich der Sturm wieder gelegt hatte. American Express Establishment Services, die für die Akquisition und Pflege der Geschäftskunden zuständige Abteilung, trat mit dem Ziel auf den Plan, dem bislang so sträflich vernachlässigten negativen Kundenecho mehr Aufmerksamkeit zu widmen. Und zwar nicht nur, um abtrünnige Kunden zurückzugewinnen, sondern auch, um Tausende neuer Kunden zu werben.

Hatte American Express Erfolg? Und ob! In der Ära des Downsizing und der gnadenlosen globalen Konkurrenz brachte die Firma – in nur drei Jahren – das Kunststück fertig, ihr angeknackstes Verhältnis zu den Geschäftskunden auf eine neue Grundlage zu stellen. Nur drei Jahre später hatte die vielgeschmähte American Express Company in puncto Kundenzufriedenheit unter Geschäftskunden alle anderen Kreditkartenanbieter überflügelt. Gleichzeitig hatte die Firma auch noch rund 350 000 Neukunden gewonnen, darunter sogar sogenannte Megakunden wie Sears und Wal-Mart, von denen die Geschäftsleitung früher nur hatte träumen können.

Worin lag das Erfolgsgeheimnis? American Express Establishment Services nutzte den lautstark geäußerten Unmut seiner Geschäftskunden als Katalysator für Maßnahmen, die nicht nur die unmittelbaren Probleme lösten, sondern die gesamte Organisation grundlegend veränderten. Der Kunde hatte einen Stein ins Wasser geworfen, und die Wellen pflanzten sich in der ganzen Firma fort. American Express wurde zu einem Unternehmen, das nicht nur kundennah, sondern kundenorientiert war. Der Wandel war eine Herausforderung, und er war tiefgreifend. Er ermöglichte es der Geschäftskundenabteilung, das kurzfristige Betriebsergebnis schlagartig zu verbessern und die Voraussetzungen für zukünftiges anhaltendes Wachstum zu schaffen. American Express erreichte das Ziel mit einem in allen Schritten nachvollziehbaren und erlernbaren Prozeß, mit dem jedes andere Unternehmen ebenfalls Erfolg haben kann, ganz gleich, welche Produkte oder Dienstleistungen es anbietet.

Kundenorientierte Comebacks

Das Konzept, dem American Express seinen Erfolg verdankte, erwies sich auch beim Computerhersteller Compaq und der Einzelhandelskette Sheetz in Pennsylvania als richtig. In allen drei Fällen ebnete die Orientierung am Kunden den Weg zu neuem Erfolg und Wachstum.

Im selben Jahr, in dem American Express vom Aufstand der Bostoner Geschäftskunden wachgerüttelt wurde, geriet auch Compaq in schwere See. Sicher, die Firma produzierte hervorragende Personalcomputer, aber die Konkurrenz stellte ebenfalls gute Rechner her und bot sie zu einem weitaus günstigeren Preis an. Der Absatz brach ein, die Konkurrenz eroberte große Marktanteile, der Generaldirektor mußte seinen Hut nehmen, und 14 Prozent der Belegschaft verloren ihren Job. Würde die Firma mit dem schnellsten Aufstieg in der Geschichte der Fortune 500, der Liste der 500 größten US-Unternehmen, überleben?

Das Schicksal von Compaq stand auf des Messers Schneide. Später sagte ein verantwortlicher Compaq-Manager, man habe sich „wie bei einem Spaziergang durch die nächtliche Bronx“ gefühlt.

Doch Compaq überlebte und gelangte zu neuer Blüte. Innerhalb von zwei Jahren wurden der Absatz um das Doppelte auf 3 Millionen PCs gesteigert und gleichzeitig die Produktionskosten um 10 Millionen Dollar verringert. 1994 lag der Umsatz bei fast 11 Milliarden Dollar, und auch der Umsatz pro Mitarbeiter erreichte eine Rekordmarke: Hatte der Pro-Kopf-Umsatz 1991 noch bei 305 000 US-Dollar gedümpelt, so schnellte er bis 1994 auf glänzende 805 000 Dollar hoch. Compaq hatte den Übergang zur kundenorientierten Firma vollzogen.

Dieselben Grundsätze, die dem Computerhersteller zum Erfolg verholfen hatten, bewährten sich auch im Fall der Einzelhandelskette Sheetz. Zwar ging es bei Sheetz nicht gerade um Sein oder Nichtsein, aber doch um einen schleichenden Rentabilitätsrückgang und um Kundenverluste.

Die Alarmglocke schrillte bei Steve Sheetz, dem Präsidenten des Familienunternehmens, als ihm eines Tages eine nichts Gutes verheißende Statistik auf den Tisch flatterte. Danach war die Durchschnittszahl der täglichen Kundenbesuche in den Sheetz-Filialen aus unerfindlichen Gründen von 1400 auf 1250 gefallen. Die möglichen Gründe hierfür brachten eilends durchgeführte Interviews und Umfragen an den Tag. Sie zeigten, daß Sheetz im Vergleich mit anderen Ladenketten in der Region in einigen Schlüsselkriterien wie „freundliche Bedienung“ und „rasche Bedienung“ deutlich unter dem Durchschnitt der regionalen Konkurrenz lag.

Wie ein Menetekel stand es an den Regalwänden: Konnten Steve Sheetz und seine Mitarbeiter das Ruder noch einmal herumwerfen? Ja, sie konnten es. Seit 1988 hat sich der Umsatz von Sheetz mehr als vervierfacht, und das, obwohl im selben Zeitraum nur fünf neue Läden eröffnet wurden.

Heute wird jeder Laden des mittlerweile hochrentablen Unternehmens tagtäglich von 2150 Kunden besucht. Das ist enorm – im Jahresdurchschnitt sind das um nur einen Anhaltspunkt zu geben, doppelt so viele Besucher wie sämtliche Vergnügungsparks des Disney-Konzerns in den Vereinigten Staaten verzeichnen.

Kundenorientierung als Reflex

American Express Establishment Services, Compaq und Sheetz haben sich also zur Kundenorientierung bekehrt. Das klingt gut, aber was genau ist damit gemeint? Wie hat die Ausrichtung am Kunden diesen Unternehmen zu Wachstum verholfen, während andere sich nach innen gewandt haben und trotz immer neuer Umstrukturierungsprogramme nicht von der Stelle gekommen sind?

Der springende Punkt ist, daß diese drei Unternehmen sich voll und ganz auf ihre Kunden eingestellt haben. Sie befolgten die Grundregeln, mit denen hohe Kundenzufriedenheit erreicht wird, aber sie gaben diesen Regeln eine neue, grundlegendere Bedeutung. Kundenorientierte Unternehmen zeichnen der Wille und die Fähigkeit aus, die Kunden in den Mittelpunkt ihrer organisatorischen Struktur zu stellen. Und genau das ist die Voraussetzung, um seine Kunden finden und kennenlernen zu können. Ihre Bedürfnisse müssen zum Gegenstand der Kommunikation auf allen Organisationsebenen werden, jeder einzelne Mitarbeiter muß bei jedem Vorgang, jeder Aufgabe und jeder Entscheidung die eine Kernfrage stellen: „Wie wird das den Nutzen für unsere Kunden steigern?“ In vielen anderen Unternehmen bleibt der Kunde „außen vor", wenn er nicht gar über dem Trauma der internen Umstrukturierung ganz vergessen wird. In kundenorientierten Unternehmen dagegen braucht kein Mitarbeiter an den Kunden erinnert zu werden, sind keine Checklisten nötig, um zu verhindern, daß der Kunde übersehen wird, auch keine Visitenkärtchen mit goldenen Regeln, die die Mitarbeiter daran erinnern sollen, wer zuerst kommt. In einem kundenorientierten Unternehmen steht alles, was den Kunden betrifft, nicht im Konditional, sondern im Indikativ.

Orientierung bedeutet ursprünglich, „die Himmelsrichtung nach der im Osten aufgehenden Sonne zu bestimmen". So, wie sich die frühen Astronomen nach der Sonne ausgerichtet haben, steht für das kundenorientierte Unternehmen der Kunde im Zentrum des Weltbildes.

Indem der Kunde zu der Größe wird, an der sich alles unternehmerische Handeln auszurichten hat, ist für alle Mitarbeiter – vom Generaldirektor bis zum Mann in der Poststelle – eindeutig, was getan werden muß, um sich die langfristige Treue des Kunden zu verdienen. Das zu wissen und danach zu handeln wird zu einem Reflex wie das Atmen – ebenso natürlich, unwillkürlich und selbstverständlich.

Durch konsequente Kundenorientierung erreicht ein Unternehmen in Qualität und Service ganz natürlich und ohne zusätzliche Anstrengung weltweite Spitzenklasse, ganz gleich in welcher Branche und in welcher Sprache. Und wie jeder gesunde Organismus wächst ein solches Unternehmen.

Wachstum durch Wandel

In den vergangenen drei Jahren haben wir viele hundert Unternehmen untersucht, um herauszufinden, warum die einen aus der Krise nicht herauskommen, orientierungslos, unmotiviert und hilflos bleiben, während andere ein steiles Wachstum erleben. Wir haben bei der überwältigenden Mehrheit der Unternehmen, die den Wandel in Wachstum ummünzen konnten, faszinierende Parallelen in ihrer Unternehmensphilosophie und in ihren Geschäftspraktiken entdeckt.

Das Bedeutsame an diesen Unternehmen ist, daß sie gerade in einer Zeit des weltweiten Wandels, der noch dazu mit bisher unbekannter Rasanz abläuft, so erfolgreich agieren. Anläßlich einer von der Forum

Corporation für dieses Buch durchgeführten Umfrage berichteten 98 Prozent der Manager von fast 150 Unternehmen, daß ihre Firmen derzeit Reengineering-Projekte oder andere tiefgreifende Veränderungen durchmachten. Weitere 90 Prozent sagten, daß ihre Firma Geschäftsbereiche auslagere.

Und daran wird sich so schnell auch nichts ändern. Im Rahmen einer von Watson Wyatt durchgeführten Studie, bei der Manager aus sechs bedeutenden Industriestaaten interviewt wurden, vertraten 66 Prozent der Befragten die Meinung, der Strukturwandel werde im selben Tempo oder sogar noch rascher weitergehen.[1] Eine Untersuchung der American Management Association (AMA) in über 700 Unternehmen kam zu der gleichen Prognose – im achtjährigen Untersuchungszeitraum der Studie planen mehr Firmen als jemals zuvor Downsizing-Projekte.[2] Die Frage ist, ob sich diese Aktivitäten – vornehmlich Kostensenkungsmaßnahmen und Personalabbau – auch in besseren Betriebsergebnissen niedergeschlagen haben. Wie es aussieht, kaum. Bei unserer Suche nach erfolgreichen Unternehmen stießen wir auf Tausende von Firmen, die ums nackte Überleben kämpfen. In der Watson-Wyatt-Untersuchung gaben gerade einmal 22 Prozent der befragten Manager an, sie hätten ihre Produktivitätsziele erreicht. Nur 17 Prozent erreichten den anvisierten Grad der Kundenzufriedenheit.

Auch die AMA-Untersuchung ergab enttäuschende Ergebnisse. Aus einer Stichprobe von über dreihundert Unternehmen, die Stellen abgebaut hatten, meldeten nur 44 Prozent eine Steigerung des Betriebsgewinns, nur 25 Prozent hatten die Arbeitsproduktivität gesteigert, und kümmerliche 2 Prozent verzeichneten eine Stärkung ihrer Mitarbeitermotivation.

Unsere Untersuchungen im Zusammenhang mit diesem Buch ergaben ein ähnliches Bild. Im Gegensatz zu den Managern von Unternehmen, die wir im folgenden näher beschreiben werden, glaubten erstaunliche 97 Prozent der übrigen Führungskräfte, ihre Mitarbeiter seien „verunsichert“. Nicht viel anders sah es auf der Seite der Arbeitnehmer aus: 85 Prozent der von uns befragten Mitarbeiter waren der Ansicht, vom Management nicht respektiert zu werden.

Eine kanadische Bank kam bei einer Befragung zu folgenden, wahrhaft deprimierenden Ergebnissen: Die Hälfte (!) aller Angestellten kam tagtäglich mit der Überzeugung ins Büro, an ihrem Arbeitsplatz nicht viel ausrichten zu können. Da eine direkte Abhängigkeit zwischen der Zufriedenheit der Mitarbeiter und der Zufriedenheit der Kunden besteht, nimmt es kaum Wunder, daß nach einer Untersuchung der Beratungsgesellschaft Mitchell & Co. der Aktienkurs von Unternehmen, die Geschäftsbereiche ausgelagert haben, um durchschnittlich 25 Prozent niedriger liegt als derjenige von vergleichbaren Unternehmen, die auf Downsizing verzichtet haben.[3]

Die Abwärtsspirale auf den Kopf stellen

Die Folgen dieses tiefgreifenden Wandels spiegeln sich in einem in den letzten Jahren in den USA zu Berühmtheit gelangten Schlagwort wider – „Firmenmagersucht“. Das Wort bringt nicht nur die extreme Verschlankung der Unternehmensorganisation plastisch zum Ausdruck, er deutet auch den unausbleiblichen Mangel an unternehmerischem Elan an und die damit einhergehende Unfähigkeit, wieder auf den Wachstumspfad zurückzufinden. Die Lage kann am besten wie in Abbildung 1.1 mit einer Abwärtsspirale dargestellt werden.

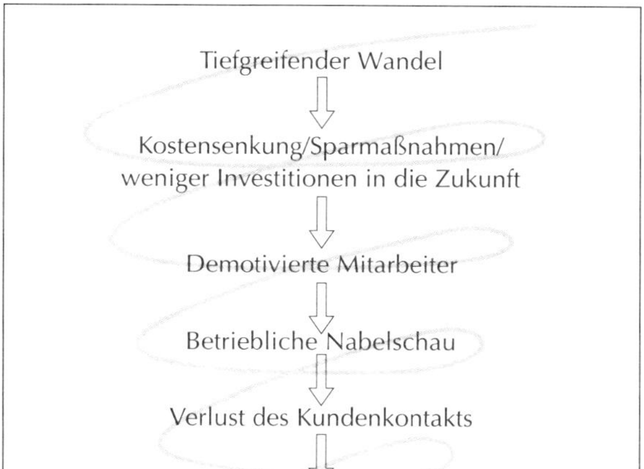

Abbildung 1.1
Die Abwärtsspirale

Der immer härtere Wettbewerb und Preisdruck verleiten Unternehmen zu massiven Umstrukturierungen, und hier in erster Linie zu Kostensenkungen, da diese sich direkt im Betriebsergebnis niederschlagen. Kostenreduzierungen ziehen eine sparsamere Verwendung der Ressourcen, geringere Investitionen in die Zukunft und die Demotivierung der Mitarbeiter nach sich. Die Folge: Das Unternehmen beschäftigt sich hauptsächlich mit sich selbst und verliert den Kontakt zum Kunden – und damit die Fähigkeit zum Wachstum. Die Abwärtsbewegung setzt sich unaufhaltsam fort, denn ohne die Fähigkeit zum Wachstum müssen Unternehmen weiter Kosten senken, ohne daß ein Ende abzusehen wäre.

Doch einige Unternehmen haben diese Abwärtsspirale umgekehrt. Sie begnügen sich nicht mit dem Ziel, das sich der leidgeplagte Textilhersteller in dem Film *Save the Tiger* aus dem Jahr 1973 gesteckt hatte: sich von einem Jahr zum nächsten hangeln. Statt dessen haben sie neue und effektive Formen des Wirtschaftens entwickelt, haben ihre Kundenbeziehungen auf eine neue Grundlage gestellt und ihre Umsätze und Profite gewaltig gesteigert.

Diese Unternehmen haben ihre Lektion gelernt und sich zu eigen gemacht, daß der Kunde den Takt vorgibt, nach dem sie marschieren müssen.

Wie American Express bescheiden und flexibel wurde

Auf das Waterloo, das American Express in Boston erleben mußte, reagierte die Firmenleitung zunächst mit der Ernennung Thomas O'Neil Ryders, eines alten Kämpen, zum Chef des am Boden liegenden Geschäftsbereichs Establishment Services. „Wir hatten es täglich mit aufgebrachten Geschäftskunden zu tun, Kunden, die zum erstenmal spürten, daß sie Macht über American Express hatten", umriß Ryder die Lage.

In den ersten sechs Monaten in seinem neuen Job investierte Ryder die Hälfte seiner Zeit in direkte Gespräche mit den Kunden. Er stoppte die Verkaufstelefonate der demoralisierten Marketingmannschaft und konzentrierte alle Kräfte auf die Verbesserung des Service und auf die Suche nach dem spezifischen Nutzen, den American Express seinen Geschäftskunden bot.

Markterhebungen ergaben, daß die durchschnittliche Rechnung, die mit einer American-Express-Karte beglichen wurde, um 22 Prozent höher lag als bei anderen Kreditkarten. Außerdem verbuchten die Restaurants zusätzliche Umsätze durch Firmen- und ausländische Karteninhaber (die keine anderen Karten benutzten) und durch das von Amex spät, aber erfolgreich eingeführte Programm, das Vielflieger mit kostenlosen Reisekilometern belohnte. Ferner stellte sich heraus, daß 19 Prozent der Besitzer von Amex-Karten keine anderen Kreditkarten besaßen; Händler, die diese Karte nicht akzeptierten, liefen also Gefahr, sich eine beachtliche Klientel entgehen zu lassen. Das waren Fakten, die der rebellierenden Gruppe der Geschäftskunden laut und deutlich zur Kenntnis gebracht werden mußten.

Ryder und sein Stab krempelten die Ärmel hoch. Auf sie wartete viel Arbeit, denn es galt, auf Kunden einzugehen und ihre Bedürfnisse zu erkennen; verläßliche, unmißverständliche Führungskompetenz zu zeigen; einen mustergültigen Service zu bieten und die Zusammenarbeit der Teams innerhalb der Establishment Services zu fördern. „Arrogant" und „unflexibel" waren zwei Begriffe, die aus dem Wortschatz des Unternehmens gestrichen werden mußten.

Die bislang nach Funktionen gegliederte Abteilung Establishment Services wurde nach Kundengruppen organisiert. In der New Yorker Zentrale wurden Teams gebildet, die sich speziell um die Bedürfnisse der jeweils rund hundert Geschäftskunden pro Kundengruppe kümmern sollten. Ein Arbeitsstab war für die Großkunden zuständig, ein anderer nahm sich der oft vernachlässigten Kleinkunden an, für die unter anderem ein eigener Telefonservice eingerichtet wurde.

Wie viele andere Unternehmen mußte auch American Express Stellen abbauen (20 Prozent der Belegschaft wurde entlassen und die Zahl der Außendienstbüros von 82 auf 20 verringert), aber Ryder gestaltete die Umstrukturierung so, daß dabei mehr herauskam als eine schlanke Kostenstruktur. Die Kosteneinsparungen schlugen sich in leichten Gebührensenkungen für die Händler nieder. Wichtiger noch, die Händler fühlten sich nicht länger unfreundlich und arrogant behandelt, wenn sie es mit dem mächtigen Kreditkartenunternehmen zu tun hatten. Heute sagt Steve DiFillippo: „Die Gebühren sind jetzt niedriger, das ist ein Plus für mich. Vor allem aber hören mir die Leute von American Express jetzt wirklich zu."

Für den wiederbelebten Kreditkartenunternehmer war der Aufstand der Bostoner Geschäftsleute kein Thema mehr. Doch die Erinnerung daran dient als schmerzhafte Mahnung, daß jedes Unternehmen, das sich nicht an seinen Kunden orientiert, schnell und tief fallen kann.

Wie Compaq seine Orientierung änderte

Als der Computerhersteller Compaq ins Trudeln geriet, wurde Eckhard Pfeiffer, zuvor für das operative Geschäft zuständig, zum Präsidenten und Generaldirektor ernannt. Als erste Maßnahme verfügte er drastische Einsparungen. Sein langfristiges Ziel, von dem er sich die Rettung und den Wiederaufschwung versprach, bestand jedoch darin, aus dem produktorientierten Unternehmen ein kundenorientiertes Unternehmen zu machen.

Zunächst identifizierte Compaq weltweit etwa ein halbes Dutzend Kundengruppen, auf die das Unternehmen sich konzentrieren wollte. Man stellte den Kunden Fragen und, was noch wichtiger war, man nahm ihre Antworten ernst. Compaq konzentrierte sich auf das, was jede Kundengruppe wünschte. In der nächsten Phase analysierte man die Bedürfnisse, die in einem Dutzend verschiedener Länder für jedes Segment charakteristisch waren. Zum erstenmal entwickelte Compaq klare Konzepte, um Produkte und Serviceleistungen anzubieten, die in den einzelnen Kundensegmenten nachgefragt wurden.

Compaqs Produkte sollten auch weiterhin erstklassig bleiben, aber die Kriterien, nach denen die Rechner und die Preise gestaltet wurden, kamen nun von den Anwendern und potentiellen Kunden. Die Compaq-Ingenieure stellten einen Compaq-PC neben ein Modell der Konkurrenz, nahmen beide Geräte auseinander und fragten sich bei jedem Leistungsmerkmal, wie es sich auf die Gesamtkosten auswirkte. Dann zogen sie Kunden hinzu und fragten diese, ob sie bereit seien, den Preis für jedes Leistungsmerkmal zu zahlen. Sagten die Kunde ja, blieb das Merkmal erhalten, sagten sie nein, fiel es heraus.

Die Compaq-Außendienstler wurden darauf getrimmt, sich mehr als Partner des Kunden zu präsentieren. Telefonischer Support, der vorher nur zwischen neun Uhr vormittags und fünf Uhr nachmittags von 150 Mitarbeitern angeboten wurde, war nun dank einer Personalaufstockung auf 1000 Mitarbeiter rund um die Uhr erhältlich.

In seinem erfolgreichen Kampf um die Gunst der Kunden traf Compaq zahlreiche richtige Entscheidungen. Zunächst und vor allem wurde das Unternehmen kundenorientiert. Und man begriff, daß ein erfolgreiches Produkt ein Produkt ist, das die Leute wirklich wollen, und nicht nur ein Gerät, das von den Produkttestern mit einer „Eins mit Sternchen“ benotet wird.

Wie die Ladenkette Sheetz ihre Kunden zurückgewann

Nachdem Steve Sheetz festgestellt hatte, daß in seinen Läden die Kunden ausblieben, dauerte es nicht lange, bis er wußte, woran das lag: Sein Unternehmen hatte allzu einseitig auf Expansion gesetzt und darüber die Bedürfnisse und Wünsche der Kunden vernachlässigt. Die Familie Sheetz hatte das Ziel angepeilt, ihrer 150 Läden zählenden Kette jedes Jahr 20 neue Läden hinzuzufügen. Nun ging einigen Familienmitgliedern auf, daß dieses Ziel sie von den Kernaufgaben des Geschäfts ablenkte. Die Zahl der Neueröffnungen wurde daher drastisch reduziert.

Sheetz konzentrierte seine Anstrengungen darauf, in den sechs Punkten Spitzenleistungen zu erbringen, die bei der Entscheidung des Kunden für den Laden einer bestimmten Kette ausschlaggebend sind, nämlich Lage, Sauberkeit, freundliches Personal, schnelle Bedienung, qualitativ hochwertige Produkte und flexible Öffnungszeiten. Sheetz lernte, nach strategischen Gesichtspunkten zuzuhören. Auf diese Weise entdeckten er und die Mitglieder des Managements beispielsweise, daß Kunden unter Sauberkeit „viel Licht“ verstehen und daß weiße Gebäude als besonders sauber wahrgenommen werden.

Die Sheetz-Kette gestaltete ihre Läden so um, wie es sich die Kunden wünschten: weiße Gebäude, mehr und leichter zugängliche Benzinzapfsäulen, kostenlos zur Verfügung stehende Druckprüfgeräte für Autoreifen, breitere Gänge für Einkaufswagen. Sheetz verordnete seinen Angestellten besondere Trainingsprogramme, um Spitzenleistungen in den sechs Schlüsselkriterien zu erreichen. Das Kurzwort KUNDE empfahl er ihrer besonderen Aufmerksamkeit, denn es stand für:

Jeden **K**unden begrüßen,
Uniform sauber und vollständig,
„**N**och ein Wunsch?“ fragen,

„Danke schön“ sagen,
Eisern lächeln.

Darüber hinaus führte Sheetz besondere Inspektionsreisen ein. Dreißigmal im Jahr lud er drei Angestellte aus drei verschiedenen Läden ein, einen Tag mit ihm zu verbringen. Gemeinsam fuhren sie zu anderen Sheetz-Läden, und während er draußen auf dem Parkplatz wartete, durften seine drei Begleiter „Testkunde“ spielen und wie ganz normale Kunden im Laden einkaufen. Fanden die Testkunden einen Angestellten, der alle fünf KUNDEN-Tugenden in Vollendung verkörperte, holten sie den Boß herein. Sheetz schüttelte dem Musterangestellten die Hand und machte ein Foto von ihm, das in der nächsten Ausgabe der Hauszeitung veröffentlicht wurde. Das war zwar kein Empfang mit rotem Teppich und einundzwanzig Salutschüssen, aber doch eine wirkungsvolle Methode, Mitarbeiter zu motivieren, zu kundenorientiertem Verhalten zu ermuntern und sie in Trab zu halten.

Innerhalb von zwei Jahren steigerte Sheetz den Anteil der Kunden, die seine Läden hinsichtlich der sechs Schlüsselkriterien als „gut“ bis „sehr gut“ einstuften, von 75 Prozent auf 90 Prozent. Und 1994 kürte die Fachzeitschrift *Convenience Store Decisions* das Unternehmen Sheetz zur „Einzelhandelskette des Jahres“.

Fünf Strategien zur Erneuerung

Um ein kundenorientiertes Unternehmen zu werden, braucht es keine Zauberformel. Wie schon gesagt, die Strategien, mit denen dieses Ziel erreicht werden kann, sind eindeutig definierbar und übertragbar. Wir haben sie zu fünf Hauptpunkten zusammengefaßt, die in Abbildung 1.2 dargestellt werden. Die Tabelle zeigt auch, was krisengeschüttelte und erfolgreiche Unternehmen bei der Umsetzung dieser Strategien unterscheidet. Firmen, die das in der Spalte „Kundenorientierte Gewinner“ beschriebene Verhalten beherzigen, befinden sich auf dem Wachstumspfad. Zeigen sie hingegen ein Verhalten wie in der Spalte „Unternehmen in der Krise“, wird der Erfolg ausbleiben.

Die kundenorientierten Unternehmen mit ausgeprägtem Wachstum, die Gegenstand unserer Untersuchung waren, kommen aus der ganzen

	Unternehmen in der Krise	Kundenorientierte Gewinner
Punktgenaue Definition des Unternehmensziels	Management und Mitarbeiter ohne Ziel vor Augen suchen überall nach Absatzchancen	Führungskräfte und Mitarbeiter konzentrieren sich darauf, für eine genau definierte Zielgruppe ein Höchstmaß an Kundennutzen zu erreichen
Direkter Draht zum Kunden	Unternehmen geben viel Geld für schlecht koordinierte Kundenanalysen aus und setzen die Erkenntnisse kaum in Aktionen um	Unternehmen entwickeln klare Strategien des Zuhörens und integrieren die daraus gewonnenen Erkenntnisse in die Geschäftsabläufe, damit Mitarbeiter zuverlässig das leisten, was der Kunde braucht
Rückhaltlose Zusammenarbeit	Schlagwörter wie „totale Qualität" haben traditionelle Produktionsabläufe zerrissen, ohne eine schlüssige neue Unternehmenskultur zu etablieren	Gemeinsame, übergeordnete Ziele, Investitionen in die Fortbildung der Mitarbeiter und eine durchdachte Infrastruktur sorgen für rückhaltlose Zusammenarbeit auf allen Ebenen des Unternehmens
Anhaltende Kundenbegeisterung	Verkaufspersonal wird auf Maximierung der Verkäufe getrimmt; der Kundendienst wird als bloße „Unterstützungsfunktion" und notwendiges Übel verstanden	Das Unternehmen entwickelt eine systematisch aufgebaute Kundenbeziehung, die ebenso für die Marke steht wie die Qualität des eigentlichen Produkts
Kontakt-Führerschaft	Die Unternehmensleitung versucht, die Firma durch einsame Entscheidungen auf neuen Kurs zu bringen, oder geht erst dann „zurück an die Basis", wenn gar nichts mehr funktioniert	Kontakt-Führerschaft entsteht, wenn Manager ihren Elfenbeinturm verlassen, den Kontakt zum Kunden halten und die Stellen in der Unternehmensorganisation aufsuchen, wo die eigentliche Arbeit geleistet wird

Abbildung 1.2 Vergleich von Unternehmen in der Krise und kundenorientierten Erfolgsunternehmen

Welt und aus den unterschiedlichsten Branchen. So verschieden die Geschäftsbereiche waren, in denen sie tätig sind, so sehr glichen sich die Strategien, denen sie ihr Wachstum verdankten. Wir haben festgestellt, daß alle diese Unternehmen dieselben fünf Strategien anwandten.

Strategie 1: Von der Identitätskrise zur punktgenauen Definition des Unternehmensziels

Praktisch jedes Erfolgsunternehmen hat ein klares Konzept gesucht und gefunden, wie es sich einen kundenorientierten Wettbewerbsvorteil verschaffen kann. Statt jeder potentiellen Absatzchance blindlings hinterherzurennen, stießen sie Geschäftsbereiche ab, die keinen zusätzlichen Kundennutzen brachten, entrümpelten ihre interne Organisation von bürokratischen Prozeduren und definierten die Kundengruppen, denen sie am besten dienen zu können glaubten. Sie legten genau fest, welche Leistungen sie für diese Kunden erbringen wollten und welche nicht und untersuchten detailliert, wie sie den Bedürfnissen jeder Kundengruppe in ihren Zielmärkten entsprechen konnten.

USF & G, ein großer US-amerikanischer Schaden- und Unfallversicherer, entschied sich dafür, seine Dienstleistungen auf die Bereiche zu beschränken, die seinen Kunden wichtig waren. Das Versicherungsunternehmen stieß nicht weniger als dreizehn Tochterunternehmen ab und konzentrierte sich auf das Kerngeschäft des Unternehmens: Schaden- und Unfallversicherung. Ferner beschlossen der Generaldirektor Norm Blake und sein Stab, sich künftig „nur noch in den Gebieten der Konkurrenz zu stellen, wo wir über einen unfairen Wettbewerbsvorteil verfügen“, und sich auf ganz bestimmte Kundengruppen zu konzentrieren. Mit dieser Zieldefinition brachte das Management die Firma vom Rand des Bankrotts zurück in die Gewinnzone und erzielte 1994 einen Nettoerlös von 232 Millionen Dollar, eine Steigerung von 41 Prozent gegenüber dem Vorjahr.

Giordano, ein Textileinzelhändler, der mit seinen Produkten die Schicht der jungen, mobilen Aufsteiger in Südostasien anvisiert, mußte nach einer raschen Expansion auf dem riesigen chinesischen Markt ernüchtert feststellen, daß die Gewinne trotz des Umsatzsprungs in den Keller gerutscht waren. Der Firmenvorsitzende Peter Lau begriff, daß dem Unternehmen ein Fokus fehlte. Er beschloß, der im Trend liegenden US-Marke The Gap nachzueifern, aber einen noch besseren Service zu bieten. Eine Inventur des Lagerbestandes brachte ans Tageslicht, daß die Einkäufer der Giordano-Filialen viel zu viel Ware geordert hatten. Offensichtlich hatten sie den Kontakt zu ihren Kunden verloren und wußten nicht recht, welche Kleidung von jungen Chinesen bevorzugt wurde. Laus Lösung des Problems bestand darin, seine Einkäufer zur Konzentration auf die Kunden zu zwingen. Dazu schloß er, mit einer Ausnahme, sämtliche Lagerhäuser des Unternehmens. Alle Bestände mußten in einem Gebäude Platz finden, und die Einkäufer mußten sich, wie Lau es vorhergesehen hatte, angesichts des Platzmangels plötzlich sehr genau überlegen, was sie im Hinblick auf die ins Visier genommene kaufkräftige Kundengruppe „junge Aufsteiger" orderten. Mit dieser Strategie gelang es Lau, Lagerbestände im Wert von 13 Millionen Dollar wieder flüssig zu machen. Diese Mittel nutzte er, um die Läden aufzumöbeln und sie für den Wettbewerb mit The Gap fit zu machen. Laus punktgenaue Zieldefinition besteht darin, nur das anzubieten, was seine Kunden wünschen – eine Entscheidung, die dem Unternehmen einen außergewöhnlichen Wachstumsschub beschert hat.

Strategie 2: Einen direkten Draht zum Kunden legen

Erfolgreiche Unternehmen tun alles, damit sie das, was der Kunde sagt, laut und deutlich vernehmen. Im Gegensatz zu den meisten Firmen, die – oft unter Einsatz der neuesten Technologie – Unmengen an Kundendaten anhäufen, aber keinen Nutzen daraus ziehen, erhalten kundenorientierte Unternehmen präzise Informationen direkt von ihren Kunden und nutzen dieses Wissen, um ihr unternehmerisches Handeln und ihre Prioritäten danach auszurichten. Die Meinung des Kunden wird in das Unternehmen integriert. Diese Form der institutionalisierten Kundennähe ist ebenso wesentlich für das Wachstum und die finanzielle Gesundheit eines Unternehmens wie Zahltage, Mitarbeitermotivation und Produktionstermine.

Johnson & Johnsons Geschäftsbereich Vistakon, der sich in den letzten zehn Jahren von einem kleinen Kontaktlinsenanbieter zur Nummer eins in der Branche gemausert hat, läßt selbst Beschäftigte, die in der Fertigung tätig sind, an Telefongesprächen mit Kunden teilnehmen, die Beschwerden vorbringen. Die Firma will ihren Mitarbeitern damit zeigen, welche Folgen Herstellungsmängel bei den Kunden haben können. Vistakons Computersystem registriert jeden Kauf, jede Anfrage und jede Reklamation, die bei der Firma eingeht, und leitet die Informationen an die zuständigen Stellen in der Unternehmensorganisation weiter. So entsteht eine leicht zugängliche Kundendatenbank, mit deren Hilfe die Mitarbeiter analysieren können, worauf die Kunden Wert legen. Dank dieses Systems kann Vistakon nicht nur rasch auf individuelle Beschwerden reagieren, sondern auch schädlichen Entwicklungen schnell und gezielt gegensteuern.

Die Abteilung Geschäftskunden bei American Express verfügt über ein ausgeklügeltes System, das alle Informationen aufzeichnet, die Aufschluß darüber geben, wie sich die Geschäftsbeziehung eines Händlers zu American Express in dessen Bilanz niederschlägt. Die Bezahlung der Kundenmanager, die in dieser Abteilung sitzen, richtet sich nach der so ermittelten Rentabilität und nach der allgemeinen Zufriedenheit ihrer Kunden. Auch das ist eine Möglichkeit, wie das gesamte Unternehmen auf den Erfolg des Kunden und damit auf den eigenen Erfolg ausgerichtet werden kann.

Strategie 3: Von der „Teamitis“ zur rückhaltlosen Zusammenarbeit

In der Wirtschaft ist der Blick nach oben vom Blick zur Seite, die vertikale von der horizontalen Perspektive abgelöst worden. Heutzutage müssen Firmen, die zur weltweiten Spitzenklasse der Anbieter kundenorientierter Produkte und Dienstleistungen gehören wollen, anpassungsfähig und aufgeschlossen sein. Voraussetzung dafür ist jedoch eine rückhaltlose Zusammenarbeit innerhalb und zwischen den einzelnen Unternehmensabteilungen.

Die Reaktion der meisten Firmen auf die Demontage der traditionellen Hierarchie beschränkt sich darauf, die gesamte Organisation auf Teambasis umzustellen und zu hoffen, daß viele Köpfe eher imstande sind als einer, Spitzenleistungen für Kunden zu erbringen. Während einige Unternehmen mit der Umstellung auf Teams tatsächlich hervorragend gefahren sind, leiden andere an „Teamitis“, einem Übel, das entsteht, wenn Teams zum reinen Selbstzweck werden. Solche Teams legen zwar eine beachtliche Geschäftigkeit an den Tag, tragen aber wenig zum Nutzen der Kunden oder ihres Unternehmens bei.

Erfolgreiche Unternehmen dagegen nutzen Teamarbeit effizient und schaffen ein Umfeld, in dem stets kundenorientiert gearbeitet wird, unabhängig davon, ob die Beschäftigten offiziell als Mitglieder eines Teams arbeiten oder nicht. Wir nennen diese Kooperationsstufe „rückhaltlose Zusammenarbeit", und alles, was dahinter zurückbleibt, ist, um den ehemaligen Seniorpartner von Booz Allen, John Rockwell, zu zitieren, „Erdnußbutter im Getriebe".

Anfang der neunziger Jahre geriet die australische Tochter der Ford Motor Company ins Schlingern. Neue, starke Wettbewerber, die die Lockerung der Importbeschränkungen auf den Plan gerufen hatte, und die nervös gewordene Konzernmutter in Detroit brachten das Unternehmen an den Rand des Ruins.

In die Ecke gedrängt, verordnete Präsident John Ogden von Ford Australien einen radikalen Kurswechsel. Nachdem er Tausende von Mitarbeitern von der Gehaltsliste gestrichen hatte, setzte er voll und ganz auf rückhaltlose Zusammenarbeit, um aus der Krise herauszukommen. Mit dem Schlachtruf „Überleben ist alles!" zerschlug er die herrschende „Ich befehle, du führst aus"-Kommandostruktur. Er schuf unabhängige Teams und initiierte Trainingsprogramme, um die Mitarbeiter in der neuen Kooperationsform zu schulen. Der Erfolg ließ nicht lange auf sich warten: Die Einführung des Modells Falcon in Australien wurde von der Ford-Zentrale als beste Markteinführung innerhalb der internationalen Konzernorganisation gelobt.

Charles Knott, der ehemalige Generalmanager der Abteilung Klebstoffe von National Starch and Chemical in Großbritannien und jetzige Leiter der Geschäfte im asiatisch-pazifischen Raum, erkannte Anfang der neunziger Jahre, daß auf seine Branche umwälzende Veränderungen zukamen. Angesichts sich wandelnder Kundenansprüche mußten die Beschäftigten künftig anders zusammenarbeiten – insbesondere, da die Abteilung Klebstoffe in diesem Jahr ihre Belegschaft um 20 Prozent abgebaut hatte. Als erstes krempelte Knott den Raumverteilungsplan der Abteilungsbüros um und signalisierte damit, daß die neue Unternehmenskultur auf mehr horizontale Funktionalität, mehr Spontaneität und weniger Hierarchie ausgerichtet werden mußte.

Doch die leitenden Angestellten, die jahrelang um ein repräsentatives Büro mit ihrem Namensschild an der Tür gekämpft hatten, sträubten sich heftig. Daraufhin stellte Knott seinen Schreibtisch demonstrativ mitten im Eingangsflur auf. Das ließ die Nörgler verstummen. Vor allem aber machte Knotts Geste unmißverständlich klar, daß alle Mitarbeiter lernen mußten, künftig völlig anders, viel kooperativer miteinander umzugehen. Der Anstoß zum Wandel, der von dieser Geste ausging, stimulierte die Zusammenarbeit innerhalb der Abteilung und spiegelte sich in einer Steigerung der termingerechten Lieferungen von 65 Prozent auf 98 Prozent wider. Oder, wie Knott es ausdrückte: „Statt unerwarteter Verluste machten wir unerwartete Gewinne."

Strategie 4: Wie aus zufriedenen Kunden begeisterte Kunden werden

Die meisten Unternehmen müssen heutzutage feststellen, daß ein gutes Produkt nicht ausreicht, um einen substantiellen Wettbewerbsvorteil zu erringen. Deshalb haben sich viele Firmen dazu verpflichtet, in der Kundenbeziehung Spitzenklasse zu sein. Der Gedanke dabei ist, den Wettbewerb nicht nur durch ein besseres Produkt, sondern auch durch bessere Verkaufsstrategien, besseren Service und besseres Marketing an der Kundenschnittstelle für sich zu entscheiden. Um hierbei Erfolg zu haben – um den Schritt von bloßer Kundenzufriedenheit zu echter Kundenbegeisterung zu vollziehen –, genügt es nicht, herauszufinden, was die Konkurrenz macht, und es dann besser zu machen. Ein Unternehmen muß dazu radikal neue Formen des Umgangs mit Kunden schaffen, muß die Beziehungen zu seinen Kunden so überzeugend und unverwechselbar gegenüber der Konkurrenz gestalten, daß die Beziehung selbst zu einem Markenzeichen wird.

Im Jahr 1992 richtete das Management von PCA International, eine Fotostudiokette mit dreitausend Beschäftigten, ihre Kundenbeziehung vollkommen neu aus. Jan Rivenbark, der Leiter des operativen Geschäfts, initiierte unter dem Titel „Bester Service bei Porträtaufnahmen" einen Kundenwettbewerb. Jeder Aspekt der Kundenbeziehung wurde bis ins kleinste Detail analysiert und überholt und ein neuer, einzigartiger Ansatz aus der Taufe gehoben, bei dem die Studioleiter sich Gedanken darüber machen sollten, wie sie die Kunden zu einer lebenslangen Kundentreue veranlassen könnten. Das stand in krassem Gegensatz zur bisherigen Praxis, die bestenfalls von flüchtigen Kundenbeziehungen ausging und schlimmstenfalls darauf hinauslief, den Kunden dazu zu verleiten, weit mehr zu kaufen, als er kurzfristig brauchte. Innerhalb kürzester Zeit gingen die Beschwerden um rund 60 Prozent zurück, während die Gewinne fast um das Doppelte anzogen.

Auch die Standard Chartered Bank stellte das Verhältnis zu ihrer immer anspruchsvolleren Klientel auf eine neue Grundlage, nachdem eine Kundenbefragung ergeben hatte, daß die Kundenberater mehr als Überredungskünstler denn als kundenorientierte Problemlöser charakterisiert wurden. Die Trainingsprogramme wurden überholt, neue Kundensegmente angepeilt, die Gehaltsstrukturen geändert und ein neues Selbstverständnis der Bank in ihrem Verhältnis zum Kunden propagiert. Fazit nach kaum zwei Jahren: Die Zahl der Kunden, die ihren Kundenberater von der Standard Chartered Bank als „Klassenbesten" einstufen, hat sich versechsfacht.

Strategie 5: Von der Chefmentalität zur Kontakt-Führerschaft

Wo immer wir hinkamen, waren die Manager kundenorientierter Unternehmen von der Chefetage bis zur Verkaufsfront auf allen Organisationsebenen zu finden. Und ganz gleich, wo sie im Unternehmen standen, es war unverkennbar, daß diese Führungskräfte sich vollkommen anders verhalten als die Führungskräfte alten Stils, die sich im Chefsessel zurücklehnen, Anordnungen erteilen und ihre Mitarbeiter „ermächtigen", die Arbeit zu erledigen. Die Führungskräfte in Erfolgsunternehmen sind draußen beim Kunden, in den Verkaufsläden, im Gespräch mit Angestellten, und sie stellen nicht nur Fragen, sondern sie packen auch selbst mit an. Bei ihrem Führungsstil dreht sich alles um Kontakt: Ob in der Fertigungshalle oder im Laden, sie gehen auf ihre Mitarbeiter ein und sorgen dafür, daß jeder weiß, wo sein Platz ist, Vertrauen in die Leitung des Unternehmens hat, sich dem Kundennutzen verpflichtet fühlt und Zukunftschancen begeistert in Angriff nimmt.

Es fehlt nicht an Beispielen für Führungskräfte, die mit einer zupackenden Art ihre Unternehmen zu höherer Produktivität motivieren: Larry Bossidy von AlliedSignal, der in den ersten Monaten als Generaldirektor mit mehr als 5000 Angestellten sprach und auch heute noch täglich in Kontakt mit kleinen Gruppen von Kunden und Mitarbeitern steht. Victoria Rickey von der NACCO Materials Handling Group (NHMG), die einen erheblichen Teil ihres Arbeitstages mit Angestellten verbringt, um Hindernisse auf dem Weg zu einer erstklassigen Kundenbeziehung zu erkennen und zu beseitigen. Susan Beckmann, eine sehr erfolgreiche MCI-Managerin, die sich bei der schwierigen Aufgabe bewährt, ihre Mitarbeiter auch in Zeiten, in denen das Unternehmen floriert, zu permanentem Wandel zu motivieren, um im weltweiten Wettbewerb nicht zurückzufallen. Eine Aufgabe, die sie, wie sie selbst sagt, ein wenig an den Versuch erinnert, „ein Dach zu reparieren, das noch gar nicht undicht ist". Sie meistert diese Aufgabe jeden Tag aufs neue mit einem nie versiegenden Strom von aufmunternden Geschichten und Anekdoten. Oder Bernie Marcus und Arthur Blank, das eingespielte Team von Home Depot, die alle Filialleiter persönlich schulen und einen großen Teil ihrer Zeit mit Angestellten und Kunden verbringen, um von ihnen zu erfahren, was man noch besser machen könnte.

Anders managen und *wachsen*

Viele Unternehmen stehen heute mit dem Rücken zur Wand, weil sie aller Rhetorik zum Trotz immer noch auf sich selbst fixiert sind. Was sie betreiben, ist Business as usual, nur mit weniger Personal, niedrigeren Kosten und geringeren Gewinnspannen. Das allein reicht nicht aus, um Erfolg zu haben. Unmotivierte, verunsicherte und mißtrauische Mitarbeiter zeigen keinen Einsatz, stecken den Kopf in den Sand und verwenden bewußt oder unbewußt einen Großteil ihrer Energie darauf, ihr eigenes Überleben zu sichern. Doch wenn die Mitarbeiter den Kopf einziehen, können sie die Kunden der Firma nicht mehr sehen. Vielleicht werden sie ihnen auch gleichgültig.

Sieht man sich die Umfrage der Forum Corporation an, für die 250 Gruppen von Managementmitgliedern weltweit nach ihrem Urteil über die Leistung ihres Unternehmens in puncto Kundenorientierung gefragt wurden, überrascht es nicht, daß folgende Aussage den niedrigsten Wert erhielt: „Kundenbedürfnisse befriedigen rangiert vor der Befriedigung firmeninterner Bedürfnisse."

Die Geschichten erfolgreicher Unternehmen lesen sich ganz anders. Gewiß, auch sie haben Stellen abgebaut und mußten dabei Erwartungen auf eine lebenslange Anstellung enttäuschen. Auch sie haben gezittert und, umgekehrt, ihre Mitarbeiter das Zittern gelehrt. Und es ist sehr wahrscheinlich, daß auch sie in Zeiten, in denen alles drunter und drüber ging, die Konzentration auf das Allerwichtigste vergaßen – ihre Kunden. Der Unterschied ist, daß sie den wirtschaftlichen Umbruch als eine Chance begriffen. Indem diese Unternehmen die drängenden Überlebensfragen mit einer langfristigen Zukunftsvision verbanden, haben sie sich im wahrsten Sinne des Wortes neu erfunden.

Wir glauben, daß praktisch jede Organisation, die sich an die in diesem Buch beschriebenen Methoden hält, den Schritt zur Kundenorientierung und zu neuem Wachstum nachvollziehen kann. Bevor wir uns an den Schreibtisch gesetzt haben, haben wir mit Managern und Experten von annähernd zweihundert Unternehmen rund um den Globus gesprochen. Wir haben die Forschungsarbeiten der Forum Corporation zu Rate gezogen, die unter anderem Interviews mit vielen tausend Managern, Wirtschaftsfachleuten und Praktikern geführt hat. Wir haben gefragt: „Angenommen, viele Unternehmen haben bereits verstanden, wie Kundenzufriedenheit erreicht werden kann, doch die meisten treten immer noch auf der Stelle. Was unterscheidet die Gewinner von den Verlieren?“ Und wir haben nach Belegen aus dem Wirtschaftsleben gesucht. Das Ergebnis unserer Bemühungen ist das Konzept des kundenorientierten Wachstums und die fünf Strategien, die ihm zugrunde liegen.

Wir waren nicht überrascht, diese Methoden nicht nur in den uns vertrauten Industrien und Ländern, sondern auch in anderen Branchen und weniger bekannten Regionen der Erde wiederzufinden. Wo sind wir auf die fünf Strategien gestoßen? Überall dort, wo Unternehmen Erfolg hatten.

Wir können daher mit voller Überzeugung sagen, daß unser Buch von Strategien handelt, die tatsächlich *funktionieren.* Wir wollen dem Leser keine von Akademikern ausgebrütete, modisch durchgestylte Theorie verkaufen, sondern ihm die Prinzipien einer kundenorientierten Unternehmensführung darlegen, Prinzipien, die im harten Wettbewerb der Weltmärkte ihre Gültigkeit bewiesen haben. Wir haben uns bemüht, unsere Behauptungen durchgängig mit Ergebnissen aus der Forschung und Beispielen aus der Praxis zu belegen.

In den folgenden Kapiteln stellen wir die fünf Strategien der Reihe nach vor. Für jede bieten wir anschauliche Fallbeispiele, die deutlich machen, worum es bei einer kundenorientierten Unternehmensorganisation geht und worauf zu achten ist. Wir erläutern die Prinzipien und nennen die einzelnen Schritte, die getan werden müssen, um die theoretischen Erkenntnisse in die Praxis umzusetzen. Außerdem haben wir einen Werkzeugkasten („Toolkit") für die Praxis zusammengestellt, der auf einigen der populärsten Schulungsprogramme der Forum Corporation beruht. Den Werkzeugkasten finden Sie am Ende des Buchs.

Wir sind der Ansicht, daß sich Unternehmen weltweit bisher nie dagewesene Wachstumschancen bieten. In dem 1993 in Deutschland erschienenen Buch *Ihr Kunde ist der Boss* wies Richard Witheley auf die gewaltigen Herausforderungen hin, vor denen die meisten Unternehmen standen, und prophezeite, daß viele Unternehmen, allein um über die Runden zu kommen, drastische Veränderungen vornehmen müßten.

Das vorliegende Buch baut auf dem vorangegangenen auf. Die Autoren schenken den Turbulenzen und Brüchen im Wirtschaftsleben der letzten Jahre besondere Aufmerksamkeit und beschreiben Möglichkeiten, wie die Krise überwunden und Wachstum erreicht werden kann. Insofern ist ihre Botschaft ermutigend. Wenn Unternehmen es lernen, sich kundenorientiert zu verhalten, werden sich ihnen gute Chancen für ein anhaltendes Wachstum bieten, und sie werden ihren Platz auf dem dynamischen, in hohem Maße durch globalen Wettbewerb charakterisierten Weltmarkt behaupten können.

Kapitel 2

Von der Identitätskrise zur punktgenauen Definition des Unternehmensziels

Sie müssen sich darüber klar werden, auf welchem Gebiet Sie besser sind als jeder andere, und dann Ihre Anstrengungen kompromißlos darauf konzentrieren.

Andrew Grove[1]
Generaldirektor, Intel

Man könnte sagen, daß Fletcher Music Centers und Tune Town Paradebeispiele für eine Familienfehde im Einzelhandel darstellen. Beide Musikhäuser hatten alles auf Lager, was das Herz des Heimmusikers begehrte: Gitarren, tragbare Keyboards, Klaviere, Heimorgeln und Noten – ihre Läden lagen oft in ein und derselben Einkaufspassage, und entsprechend erbittert konkurrierten sie gegeneinander. Im Kampf um die Gunst der Kunden versuchten Fletcher und Tune Town sowie einige andere regionale Anbieter in Florida, sich ständig gegenseitig zu übertrumpfen: Bot der eine fünf Gratis-Unterrichtsstunden für ein bei ihm gekauftes Instrument an, erhöhte der andere die Zahl der kostenlosen Stunden eben auf sieben. Dieses Spielchen ging 20 Jahre lang gut – bis die mageren Jahre kamen.[2]

Die siebziger Jahre waren die goldenen Zeiten von Flechter und Konsorten, die vor allem im Geschäft mit den beliebten Heimorgeln satte Gewinne einstrichen. Mit der Einführung der integrierten Schaltkreise, dank deren selbst Laien auf Anhieb klangvolle Melodien zustande brachten, stieg sowohl bei Fletcher als auch bei Tune Town die Nachfrage nach Heimorgeln an. Doch als sich die Technik weiterentwickelte, brach der Markt weg.

Aus irgendeinem Grund ließen sich die „verbesserten“ Orgeln nicht verkaufen. „Wir haben damals einfach noch nicht verstanden“, sagt John Riley, der Präsident von Fletcher, „daß die Ingenieure zu verliebt in die Technik waren und sich nicht an dem orientierten, was die Kunden wollten.“ Fletcher versuchte zwar, den Kunden die Orgeln schmackhaft zu machen. Doch die komplizierte Technik schreckte die potentielle Kundschaft ab, deren Durchschnittsalter nach übereinstimmenden Angaben der Firmen bei deutlich über fünfundfünfzig Jahren lag. Gegenüber den „goldenen“ siebziger Jahren, als in den USA jährlich rund 250 000 über den Ladentisch gingen, fiel der Absatz auf nur noch 14 000 Instrumente im Jahr 1990 ab, und schließlich lief das Geschäft so schlecht, daß mehr gebrauchte als neue Heimorgeln verkauft wurden.

Was konnte Fletcher tun? Als das Geschäft mit dem bisherigen Verkaufsschlager, den Heimorgeln, in den Keller sackte, setzten die meisten Musikhäuser auf zwei neu eingeführte Produkte – tragbare Keyboards und Flügel aus Korea. Die Händler meinten, mit den deutlich kleineren und billigeren, aber fast genauso leistungsfähigen Keyboards den Markt reaktivieren und damit den Absatz der großen Orgeln neu ankurbeln zu können.

Ein fataler Irrtum. Wie sich herausstellte, wurden die mit modernster Technik vollgepfropften Keyboards vor allem von Teenagern gekauft, die ein paar Monate auf ihnen herumklimperten und dann das Interesse verloren.

Die billigen koreanischen Flügel waren zwar bei der Generation der jungen und wohlhabenden Babyboomer beliebt, die gerade ihre Wohnung einrichteten. Doch diese Klaviere waren Massenware – sie wurden von mehreren Firmen hergestellt, die sich erbittertere Preiskämpfe lieferten. Dank des Verkaufs von Flügeln, tragbaren Keyboards und einer Reihe anderer Produkte erklomm der Umsatz von Fletcher zwar ungeahnte Höhen, dennoch sanken die Gewinne, so John Riley, „alarmierend“. Ende der achtziger Jahre war die Situation mehr als bloß alarmierend, sie war katastrophal. Die Geschäftsführung von Fletcher wußte, daß irgend etwas geschehen mußte.

Fletcher findet seine Nische

Und es geschah etwas. In die Enge getrieben, traf das Unternehmen eine in den Augen vieler Beobachter völlig unsinnige Entscheidung. Fletcher beschloß, sagt Riley, „sich einzig und allein auf das zu konzentrieren, was wir am besten konnten: Heimorgeln verkaufen". Die Angestellten des Konkurrenten Tune Town schauten ungläubig zu, wie Fletcher die koreanischen Flügel, die Keyboards und alle anderen Instrumente zu Schleuderpreisen verramschte. Obwohl sich anscheinend niemand mehr für Orgeln interessierte, setzte Fletcher eben darauf seine ganze Zukunft.

Doch so unsinnig, wie sich die Entscheidung auf den ersten Blick ausnahm, war sie nicht. Auch im ständigen Auf und Ab des Musikmarkts war der Verkauf von Heimorgeln immer Fletchers gewinnträchtigste Sparte geblieben. Warum? Weil der Verkauf von Heimorgeln ein aufwendiges Marketing voraussetzte. Man mußte die Kunden zwar davon überzeugen, daß sie eine solche Orgel brauchten, aber hatte man sie erst einmal so weit, feilschten sie selten lange um den Preis. Und Orgelkäufer waren Wiederholungstäter: Sobald sie das Instrument beherrschten, stiegen sie auf technisch ausgefeiltere Modelle um, auf denen sie ihre Fähigkeiten erweitern konnten.

Die fehlende Spezialisierung hatte das Produktangebot von Tune Town und Fletcher Music ins Unermeßliche aufgebläht. Wer eine Massenware wie Flügel verkaufen will, benötigt andere Fähigkeiten als jemand, der einen Kunden von den Vorteilen einer Heimorgel überzeugen will. Über den Versuch, beide Fliegen mit einer Klappe zu schlagen, hatten die Musikhäuser es versäumt, ein Fachgebiet zu pflegen, auf dem sie für ihre Kunden Wertvolles leisten konnten.

Die Geschäftsleitung von Fletcher erkannte dies und traf die einzig richtige Entscheidung: Das Unternehmen beschloß, sich auf das zu konzentrieren, was es am besten konnte und was seine Kunden besonders schätzten – und alles andere aufzugeben. Dieser Schritt schenkte dem Unternehmen nicht nur ein neues Leben und erschloß ihm einen neuen Markt, sondern führte es auch zu einem neuen Verständnis seiner Aufgaben und Ziele. Die Gewinne, die zuletzt bis auf 300 000 Dollar abgesackt waren, stiegen innerhalb von fünf Jahren auf 4 Millionen Dollar jährlich, und für 1995 erwartet Riley sogar einen Gewinn von 9 Millionen Dollar vor Steuern.

Den Tiger am Schwanz gepackt

Der entscheidende Unterschied zwischen Tune Town und Fletcher Music Centers war, daß Fletcher sich mit Blick auf seine Kunden spezialisierte. Seit Adam Smith wissen die Wirtschaftsstrategen, daß ein Weg zur Effektivität die Spezialisierung ist. Allerdings verspricht eine Spezialisierung nur dann einen Gewinn, wenn sie auf die Bedürfnisse der Kunden ausgerichtet ist. Wie die Geschichte von Fletcher und Tune Town eindrucksvoll belegt, kann man auch heute noch explosives Wachstum erreichen, wenn man sich auf einen bestimmten Kundenkreis und dessen Bedürfnisse konzentriert.

Nachdem Bob Fletcher, der Vorstandsvorsitzende von Fletcher Music Centers, beschlossen hatte, sich auf die Käufer von Heimorgeln zu konzentrieren, nahm er die Zielgruppe und ihre Kaufmotive genauer unter die Lupe. Er engagierte Bob Zadel, einen alten Freund, der früher einmal ein Musikhaus geleitet hatte und zu der Zeit als Unternehmensberater in Kalifornien arbeitete. Bei Orgelvorführungen und -konzerten saßen im Publikum mehr und mehr Grauhaarige, hatte Zadel festgestellt, und so schlug er Fletcher vor, sich auf die Älteren zu konzentrieren.

Durch Gespräche und Focus Groups mit dem Verkaufspersonal gewann Fletcher Music drei überraschende Erkenntnisse über seine Zielgruppe:

- Erstens waren die Käufer nicht einfach nur über fünfundfünfzig. *Ihr Durchschnittsalter lag bei siebzig Jahren.* „Wir waren die ersten, die das enorme Marktpotential der Rentner entdeckten“, erklärt Zadel. „Die älteren Menschen haben nicht nur mehr Geld als jede andere Altersgruppe und mehr Zeit, sich neue Fähigkeiten anzueignen, sie sind auch die am schnellsten wachsende Altersgruppe in den Vereinigten Staaten.“
- Zweitens zeigte sich, daß diese älteren Menschen tatsächlich nur schlecht mit der modernen Technik zurechtkamen, eine Barriere, die auch der überzeugendste Verkäufer nicht wegdiskutieren

konnte. Sie konnten die kleingedruckten Zeichen auf den Knöpfen der neueren Orgeln nicht lesen und hatten Schwierigkeiten, die enger stehenden Tasten zu greifen. Außerdem legten sie überhaupt keinen Wert darauf, drei Knöpfe auf einmal drücken und dem Gerät damit einen Reggae-Beat entlocken zu können, wenn sie doch schlicht und einfach nur einen Rhythmusknopf für ihren Ragtime wollten. Und schließlich wollten sie eine Orgel, die wie ein hübsches Wohnzimmermöbel aussah – und nicht wie ein Schaltpult aus *Star-Trek*.

- Drittens stellte sich bei der Befragung der Kunden heraus, daß „diese Menschen sich wirklich engagieren", berichtet Riley. „Das Orgelspiel bedeutet für sie mehr als einfach nur Musik. Es steht für Gesellschaft, ständigen Fortschritt, Selbstwertgefühl. Nachdem wir dies erkannt hatten, wußten wir, daß wir in der Tat einen Tiger am Schwanz gepackt hatten."

Aufgrund dieser überraschenden Ergebnisse baute Flechter seine neue Strategie auf dem Prinzip „lebenslange Gratisstunden" auf. Das Musikhaus hatte seinen Kunden den Kauf einer Heimorgel zwar schon immer mit kostenlosen Unterrichtsstunden versüßt, doch jetzt wurden Bedeutung und Ausrichtung des Unterrichts völlig neu definiert. Riley erklärt: „Plötzlich kamen die Senioren nicht mehr nur wegen der Musik, sondern auch, um sich mit Gleichgesinnten zu treffen. Viele von ihnen hatten ihren in vierzig Jahren gewachsenen Freundeskreis, ihre Familie und ihre Kirchengemeinde hinter sich gelassen, als sie nach Florida zogen. Irgendwann fiel uns auf, daß sich die Ehemänner in der Einkaufspassage zum Kaffee trafen, während ihre Frauen im Unterricht saßen, also organisierten wir Potluck-Essen, Konzerte und Frühstücksklubs. Wir wollten unseren Laden zum Zentrum ihres gesellschaftlichen Lebens machen. Uns war klar geworden, daß wir gar nicht mehr im Musikgeschäft tätig waren, sondern im ‚Wie-verbessere-ich-meine-Lebensqualität'-Geschäft, und daß die Musik nur ein Aspekt davon war."

Dann tauchte ein neues Problem auf: Je mehr die Verkaufszahlen anzogen, desto mehr Schwierigkeiten bereitete der Nachschub. Die Hersteller ließen die Modelle, für die Fletchers Kunden schwärmten, allmählich auslaufen und ersetzten sie durch hypermoderne Hightech-Instrumente. Nach langen und intensiven Gesprächen mit Kunden und

Verkäufern gab Fletcher die Estey in Auftrag, die erste Heimorgel, die von älteren Menschen für ältere Menschen entwickelt worden ist. Von ihrem Design her entsprach die Estey ganz den traditionellen, unkomplizierten Heimorgeln von damals. Sie hatte ganz einfache Knöpfe mit gut lesbaren Beschriftungen etwa für Big-Band- oder Ragtime-Melodien, während die moderneren Rhythmen fehlten. Mit einer Holzverkleidung, einem Rolladendeckel und einem gepolsterten Schemel paßte die Estey-Orgel problemlos in jedes Wohnzimmer.

Riley und Flechter hatten zwar ganz klare Vorstellungen, wie diese Orgel aussehen sollte, aber große Probleme, einen Hersteller zu finden, der bereit war, sie nach diesen Angaben zu fertigen und nicht einfach nur das Fletcher-Markenzeichen auf eines seiner Modelle zu kleben. Nachdem mehrere japanische Produzenten desinteressiert abgewinkt hatten, stieß Fletcher schließlich in Italien auf eine kleine Firma, die das Instrument nach seinen Angaben baute. Die erste Estey-Lieferung, die für ein Jahr ausreichen sollte, war nach drei Monaten ausverkauft.[3]

Durch Zielorientierung zum Turnaround

Der Kampf ums Überleben zwang Fletcher, das Geschäft kompromißlos an den Wünschen seiner profitabelsten Klientel auszurichten. Das hat nicht nur zu einer dramatischen Wertsteigerung geführt, mit der neuen Zielgruppe ging auch eine radikale Neudefinition der Strategie der Firma einher: *Was* sie verkauft („Verbesserung der Lebensqualität"), *wem* sie es verkauft (älteren Menschen), *wie* sie es verkauft („Ausbildung mit lebenslangen Gratisstunden") und *wo* sie es verkauft (Expansion in andere Gebiete mit hohem Rentneranteil). Die konsequente Orientierung am Kunden hat das Unternehmensziel *und* das Unternehmen revolutioniert. Heute ist Fletcher das weltgrößte Einzelhandelsunternehmen für Heimorgeln.

Tune Town dagegen hatte weniger Glück. Fletchers alter Rivale setzte weiter auf die eingefahrene Schiene und versuchte alles zu verkaufen, was es im Musikgeschäft gab, bis im Juli 1991 der Umsatz so tief in den Keller gefallen war, daß das Unternehmen Konkurs anmelden mußte. Zwei Monate später hatten die Mitarbeiter von Fletcher Gelegenheit, einen Ausverkauf bei Tune Town mitzuerleben, mit dem kleinen Unterschied, daß dort nicht nur unverkäufliche Warengruppen abgestoßen, sondern gleich die ganze Firma verscherbelt wurde.

Nutzen steigern durch Umstrukturierung

In gewisser Hinsicht stellte die Konzentration auf Heimorgeln zunächst einmal eine Maßnahme zur Kostensenkung dar: Flechter trennte sich von unprofitablen Produkten. Doch das Unternehmen nutzte die Gelegenheit, um sich über seine eigene Identität klar zu werden. John Riley, Bob Fletcher und Bob Zadel stellten sich zwei grundsätzliche Fragen. Welches war ihr Unternehmensziel, und welchen Nutzen brachten sie ihren Kunden? Das Unternehmen brauchte eine klare Ausrichtung, und klugerweise orientierte sich das Führungstrio direkt an der Quelle – an ihren Kunden.

Fletchers Erfolg ist für *jedes* Unternehmen lehrreich, besonders für solche, die ihr Geschäft in den letzten Jahren zurückfahren mußten. Der Versuch, das eigene Überleben und die Wettbewerbsfähigheit durch die Liquidation unrentabler Geschäftsbereiche, die Reduzierung der Stückzeiten oder ganz allgemein durch die Erhöhung der Produktivität zu steigern, muß in einen Prozeß münden, bei dem fundamentale Fragen über das Ziel des Unternehmens und seinen Nutzen für den Kunden gestellt werden. Wer das versäumt, verzichtet auf den zusätzlichen Wettbewerbsvorteil, der jenseits der bloßen Kostenreduzierung liegt. Allerdings muß man dazu noch einmal ganz von vorn beginnen und überprüfen, wer man ist und was man tut – und darf sich dabei nur von dem leiten lassen, was die Kunden schätzen.

Konzentration im Großen: Wal-Mart gegen Kmart

Im Vergleich zu Wal-Mart und Kmart waren Fletcher und Tune Town kleine Fische. Die beiden US-weit operierenden Supermarktketten liefern sich seit Jahren einen erbitterten Wettkampf um die Gunst der Kunden. Daß derzeit Wal-Mart die Nase vorn hat, ist alles andere als Zufall.

Wal-Mart verkauft zwar alles unter der Sonne – von Sonnencreme bis hin zu Thermounterwäsche –, verfolgt dabei aber eine glasklare Strategie: den Kundennutzen und das Einkaufserlebnis optimal zu gestalten. Da Supermarktkunden großen Wert auf ein gutes Preis-Leistungs-Verhältnis und bequeme Einkaufsmöglichkeiten legen, sprich gut gefüllte Regale, kurze Wege und schnellen Service, konzentrierte sich Wal-Mart konsequent auf diese Aspekte. Während Fletcher Music beschloß, die Hände von Produkten zu lassen, die vor allem über den Preis verkauft werden, setzt Wal-Mart genau darauf. Ein ausgeklügeltes Computersystem, an das alle Kassen angeschlossen sind und das fehlerhafte Abrechnungen verhindert, ermöglicht die Echtzeit-Kontrolle über den Warenbestand und sorgt so dafür, daß die Regale immer gut gefüllt sind und die Preise niedrig bleiben.

Während Wal-Mart in die innerbetriebliche Organisation und Technologie investierte, steckte Kmart riesige Summen in die Lancierung eigener Marken und kaufte Buchläden, Sportshops, Schreibwarengeschäfte und so weiter auf, auch wenn das nicht unbedingt das war, was die Kunden wollten.

Kmart war so sehr damit beschäftigt, Buchläden aufzukaufen, daß das Management darüber vergaß, die innerbetrieblichen Abläufe ebenso effizient zu organisieren wie sein Konkurrent. Kmart mochte renommierte Marken im Angebot haben, aber was half das, wenn sich vor den Kassen lange Schlangen bildeten, weil die ausgezeichneten Preise immer wieder überprüft werden mußten? Und was hatte der Kunde von einem Sonderangebot, wenn der niedrigere Preis an der Kasse nicht eingespeichert war? Es lohnte sich schlicht und einfach nicht, bei Kmart einzukaufen, wenn man als Kunde befürchten mußte, nicht nur in einer Schlange an der Kasse anstehen zu müssen, sondern schließlich noch einmal am Serviceschalter, um sich eine Gutschrift für ausverkaufte Sonderangebote aushändigen zu lassen.

Die Käufer merkten schnell, daß bei Wal-Mart anscheinend niemals etwas ausverkauft war, ein Argument, das bei frustrierten Kmart-Kunden gut ankam.

Achtung Kmart

Inzwischen scheint auch Kmart die Zeichen der Zeit erkannt zu haben. Zumindest hat die Supermarktkette in jüngster Zeit mehrere überflüssige Geschäftszweige, darunter OfficeMax, Sports Authority und die Borders Bookstores, abgestoßen – aber auch erst, nachdem die Aktionäre[4] auf die Barrikaden gegangen waren und Generaldirektor Joseph Antonini gefeuert worden war. Die Kmart-Aktionäre setzen jetzt darauf, daß der Kette die Aufholjagd gelingt. Sicherlich keine leichte Aufgabe. Denn während Kmart noch damit beschäftigt ist, sich wieder an dem, was wirklich zählt – den Wünschen seiner Kunden –, zu orientieren, setzt Wal-Mart, dessen Umsätze 1987 noch 40 Prozent unter denen von Kmart lagen, heute doppelt soviel um wie sein Rivale.

Wege zum Wachstum

Es ist Aufgabe des Managements, herauszufinden, was die Kunden am meisten schätzen und welche dieser Produkte oder Dienstleistungen ihr Unternehmen ebenso gut oder besser als die Konkurrenz anbieten kann. Dieses Wissen kann das gesamte Unternehmen revolutionieren, es kann der Auslöser für eine 180-Grad-Wende und neues Wachstum sein.

Warum ist gerade dieser Punkt so wichtig? Nur wenn jeder Mitarbeiter einer Firma ein klares, spezifisches, kundenorientiertes Ziel vor Augen hat, können die Kräfte zur Ausrichtung auf dieses gemeinsame Ziel gebündelt werden. Mit der Aussage „Wir wissen, daß tausend Dinge Ihre Aufmerksamkeit beanspruchen, aber *diese* drei Dinge sind für unsere Kunden und deshalb auch für uns absolut vorrangig“ zeigt man den Mitarbeitern, welche Probleme es wert sind, sich Gedanken darüber zu machen, und (was genauso wichtig ist) welche nicht.

Gleichzeitig sagen Sie damit Ihren Kunden unmißverständlich, welche Leistungen sie jederzeit in tadelloser Qualität von Ihnen erwarten können. Peter Viner, Geschäftsführer von Channel 10 Television in Sydney, Australien, hat die Gewinne seines Senders mit einer gut organisierten, auf seine profitabelste Zuschauergruppe – die Zwanzig- bis Dreißigjährigen – ausgerichtete Kampagne innerhalb von zweieinhalb Jahren um das Fünffache gesteigert. Viner baute den zweitklassigen Fernsehsender, der stets den neuesten Trends hinterherhechelte, in einen durchgestylten Trendsetter für die urbane Jugend um. Seit sich der Sender voll und ganz auf diese Klientel konzentriert, fließen die Werbegelder. Winer wundert das nicht: „Wenn die Kunden sehen, daß man eine Strategie entwickelt hat und sie konsequent umsetzt, sich also auf eine klare Kundengruppe konzentriert, und sie darüber hinaus eine gewisse Stabilität in einem Unternehmen erkennen, sind sie viel eher bereit, Geld auszugeben."

Die richtigen Schritte führen zu den richtigen Antworten

Die auf den folgenden Seiten vorgestellten Schritte sollen Ihnen helfen, die richtigen Fragen zu stellen, Fragen, mit deren Hilfe Sie entdecken können, auf welchem Gebiet Ihr Unternehmen unschlagbar werden kann. Aus den Antworten auf diese Fragen folgt eine klare Strategie auf der Grundlage von drei Elementen:

- Die punktgenaue Definition Ihres Unternehmensziels, definiert als die Schnittmenge der kaufentscheidenden Interessen Ihrer Zielgruppe und der Kernkompetenz Ihres Unternehmens.
- Eine dynamische und auf den Kundennutzen konzentrierte Strategie, die diese Schnittmenge kontinuierlich abstimmt und es Ihnen ermöglicht, flexibel auf wechselnde Kundenwünsche zu reagieren.
- Ein expliziter Stufenplan, der die Reihenfolge und die Umsetzung der einzelnen Etappen klar festlegt und steuert.

Wie der Geschäftsführer von Taco Bell, John Martin, richtig bemerkt, kommt es vor allem anderen darauf an, sicherzustellen, daß man nicht vom Weg abkommt. „Wenn man auf dem richtigen Weg ist und Rückenwind hat, kann man sich die unglaublichsten Fehler leisten", sagt Martin.[5] Eine klare Vorstellung davon, auf welchem Gebiet man der Beste werden will, ist die beste Versicherung dagegen, daß sich kleine Fehlentscheidungen zu existenzgefährdenden Krisen entwickeln.

Unternehmen stehen vor der permanenten Versuchung, sich in Bereichen zu betätigen, in denen sie über keine Erfahrung verfügen. Vor allem in den achtziger Jahren verloren viele Firmen ihr eigentliches Unternehmensziel aus den Augen. Aus Werbeagenturen wurden Marketingberater, Automobilkonzerne erwarben Autovermieter, Banken und Versicherungsgesellschaften verwandelten sich in „Supermärkte für Finanzdienstleistungen", und große multinationale Konzerne kauften sich in Wirtschaftszweige ein, die nichts mit ihren Kernkompetenzen zu tun hatten.

Heute gilt das Gegenteil. Es vergeht kaum ein Tag, an dem nicht irgendein Unternehmen verkündet, es habe einen Firmenzweig abgestoßen, der nichts mit seinem Kerngeschäft zu tun hat, um sich besser auf seine Schwerpunkte konzentrieren zu können. Unrentablen und nicht zum Kerngeschäft passenden Ballast abzuwerfen ist jedoch nur der erste Schritt. Die Unternehmen, die trotz Downsizing wachsen, haben gelernt, sich punktgenau auf die Bedürfnisse ihrer Kunden zu konzentrieren.

Wer über die Bedürfnisse seiner Zielgruppe Bescheid weiß, trifft völlig andere Entscheidungen zur Kostensenkung und Kostenallokation als jemand, der nur darauf aus ist, kurzfristig die Bilanzen zu schönen. Die Effektivität einer globalen Kostensenkung von 10 Prozent hat gegenüber früher nachgelassen. So einfach diese „Lösung“ erscheint, so wenig berücksichtigt sie, daß in einigen Abteilungen viel Luft vorhanden ist, während in andere verstärkt investiert werden muß. Ein Geschäftsführer, der eine lineare Kostensenkung fordert, gesteht damit in aller Öffentlichkeit ein: „Ich weiß nicht, wo in meinem Unternehmen Kundennutzen geschaffen wird.“ Nur wenn Sie sich mit wahrer Besessenheit auf das konzentrieren, was Ihre Kunden besonders schätzen, können Sie Ihr Unternehmen davor bewahren, in der Verlustzone vor sich hin zu dümpeln.

Natürlich ist es leicht, zu beschließen, mehr richtige Dinge zu tun; die eigentliche Herausforderung besteht darin herauszufinden, welches die richtigen Dinge sind, eine Aufgabe, die Sie lösen können, wenn Sie diesen vier Schritten folgen:

Schritt 1: Finden Sie heraus, welche Kunden Sie wirklich wollen
Beginnen Sie mit einer klaren Analyse Ihrer Kundschaft und stellen Sie fest, welche Kunden die höchsten Gewinne bringen.

Schritt 2: Finden Sie heraus, was Ihre Zielgruppe besonders schätzt
Erforschen Sie, was Ihre Zielkunden tatsächlich kaufen (was nicht unbedingt das ist, was Sie ihnen Ihrer Meinung nach verkaufen).

Schritt 3: Entwickeln Sie ein punktgenau definiertes Unternehmensziel
Der Schwerpunkt, auf den Sie sich konzentrieren müssen, ist der Bereich, in dem sich der besondere Kundennutzen und Ihre besonderen Fähigkeiten überschneiden. Auf dieser Grundlage können Sie Ihre auf den Kundennutzen zugeschnittene Strategie entwickeln.

Schritt 4: Begeistern Sie alle Mitarbeiter für das Unternehmensziel
Die Voraussetzung für dauerhaften Erfolg ist eine unternehmensweite Begeisterung für dieses Ziel. Dazu sollten Sie einen ganz klar vorgezeichneten Weg beschreiten, die einzelnen Etappen auf dem Weg zu den verschiedenen Teilzielen eindeutig festlegen und dann mit den Mitarbeitern aller Bereiche reden, reden und immer wieder reden.

Schritt 1: Finden Sie heraus, welche Kunden Sie wirklich wollen

Beginnen Sie mit einer Analyse Ihres gesamten Kundenstammes – insbesondere der Kunden, die die höchsten Gewinne bringen.

Viele Unternehmen wissen auch heute noch nicht genau, wer ihre Kunden sind. Kürzlich sprachen wir in England mit Katrine Sporle, der Geschäftsführerin des Stadtrats der Gemeinden Basingstoke und Deane. Sporle, die sich vorgenommen hat, ihren Kommunalbeamten „Kundenfreundlichkeit" beizubringen, vertritt sogar die Ansicht, daß auch Bürger, von denen die Stadt versucht, ausstehende Steuern einzutreiben, „Kunden" sind.

Zugegeben, das klingt zunächst ein bißchen verrückt und allzu nachsichtig. Doch Sporle ist der Ansicht, daß auch jene Bürger, die von der Verwaltung verklagt werden, immer noch Bürger sind – und damit diejenigen, die über das Verhalten der Beamten urteilen. Deshalb erwartet sie von den Mitarbeitern des Finanzamts, daß sie auch mit Bürgern, die mit ihren Steuern im Verzug sind, höflich umgehen. Ihre Antwort auf die Frage „Wer sind unsere Kunden?" ist eindeutig: alle

Bürger, mit denen die Mitarbeiter der städtischen Behörden in Kontakt kommen.

Fragen Sie sich, wer Ihre profitabelsten Kunden sind

Fletcher Music Centers revolutionierte sein Unternehmensziel und schaffte den Sprung zurück in die Gewinnzone, weil sich die Firma auf die Zielgruppe konzentrierte, die sie besser als jeder andere bedienen konnte, und alle anderen Marktbereiche abstieß. Die Geschäftsführung bekannte sich öffentlich zu ihrer Entscheidung und ließ in allen Filialen Wandbilder von rüstigen und glücklichen Senioren an ihren Heimorgeln aufhängen. Tune Town dagegen sah in jedem, der ein Instrument spielte, einen potentiellen Kunden – eine Fehleinschätzung, die dem Unternehmen das Genick brach.

Der sichere Weg in die Gewinnzone führt über die Auswahl der Kundengruppe oder -gruppen, die Sie bedienen wollen, und die Bereitschaft, die Bedürfnisse dieser Kunden so rückhaltlos zu erfüllen, daß sie sich praktisch gezwungen fühlen, mit Ihnen Geschäfte zu machen.

Stellen Sie sich zunächst die Frage, wer Ihre umsatzstärksten Kunden sind. Die Antwort darauf bietet Ihnen einen guten Hinweis darauf, wessen Bedürfnisse Sie am besten erfüllen können.

Stolz und Sichtweise

Den Markennamen Black & Decker kennt fast jeder. Überraschenderweise kann dies jedoch auch ein gravierender Nachteil sein: Seine große Bekanntheit bescherte Black & Decker zwar viele, aber wenig profitable Kunden.

Die gewinnträchtigsten Kunden – Handwerker und Industrieunternehmen – sind durchaus bereit, zwei- oder dreimal soviel für eine Bohrmaschine zu bezahlen wie ein Heimwerker. Wozu sie jedoch nicht bereit sind, ist, so viel für ein Produkt auszugeben, in dem sie nur die Edelversion eines Heimwerkerbohrers sehen. Handwerker sind stolz auf ihre Werkzeuge, und sie glauben, daß ein für Heimwerker entworfenes Werkzeug ihre Ansprüche nicht erfüllen kann.

Nachdem Black & Decker zehn Jahre lang immer mehr Industriekunden an den renommierten Werkzeughersteller Makita verloren hatte, entschied sich die Geschäftsführung, noch einmal aktiv um ihre profitabelsten Zielgruppe zu werben. Das Unternehmen nahm einige hochqualitative Werkzeuge aus der Black & Decker-Industriewerkzeugfamilie heraus und führte sie unter dem Namen DeWalt neu am Markt ein. Black & Decker hatte DeWalt, ein Unternehmen, das bei älteren Handwerkern noch über einen ausgesprochen guten Ruf verfügte, schon einige Jahrzehnte zuvor aufgekauft, aber nicht weitergeführt.

Das einzige, was die „Edelversionen" von Black & Decker und die Werkzeuge von DeWalt unterscheidet, sind der Name, die Farbe (De Walts sind signalgelb wie Arbeitshelme), der Preis (DeWalts sind im Schnitt 10 Prozent teurer als Makita und sehr viel teurer als ihre Black & Decker-Pendants) und die Verkaufsstellen.

„Preis steht für Qualität", erklärt Joseph Gallie, bei Black & Decker Leiter der Abteilung Nordamerika im Bereich Elektrowerkzeuge. „Wer den Heimwerker umwirbt, verliert den Handwerker."[6] Umgekehrt gilt diese Regel, wie Black & Decker festgestellt hat, nicht. Ganz im Gegenteil. Rund die Hälfte des Umsatzes von DeWalt entfällt auf ambitionierte Heimwerker, die wie Profihandwerker Preis und Qualität miteinander gleichsetzen. Dank der Konzentration auf die besonders gewinnbringenden Kunden konnte DeWalt nur zwei Jahre nach seiner Wiedereinführung einen doppelt so hohen Umsatz verzeichnen wie die Mutter Black & Decker (300 Millionen Dollar gegenüber 150 Millionen Dollar).[7] Black & Decker wächst weiter und wird sich sicher bemühen, die Bedürfnisse von Handwerkern und ambitionierten Heimwerkern auch in Zukunft so gut wie möglich zu befriedigen.

Die Segmentierung der Kunden

Segmentierung bezeichnet die Zusammenfassung von Kunden in homogene Gruppen. Kein Unternehmen kann alles für alle leisten, doch für eine oder mehrere Zielgruppen kann es Außerordentliches erbringen.

Kunden lassen sich nach den unterschiedlichsten Kriterien einteilen – nach Wohnort, Alter, Beschäftigung, Kauffrequenz und so weiter. Obwohl wir nicht empfehlen, diese Kriterien zu ignorieren, werden sie oft als bequemer Ausweg mißbraucht. Bei einem kundenorientierten Ansatz werden die Kunden nach den Bedürfnissen eingeteilt, die sie mit dem Kauf der Produkte oder Dienstleistungen befriedigen wollen.

Betrachten wir zum Beispiel die klassische Marktsegmentierung einer Bank mit Privatkundengeschäft, wie sie in Abbildung 2.1 dargestellt ist.[8] Auf der vertikalen Achse werden die Kunden danach eingeteilt, ob sie gern oder ungern in die Zweigstelle der Bank kommen, auf der horizontalen Achse danach, ob sie ihrer Meinung nach eine Bank brauchen oder nicht.

Plötzlich werden die Bedürfnisse der Kunden sehr viel klarer. A-Kunden sind wahrscheinlich kaum zu halten, auch wenn sie Geld haben. B-Kunden haben, wie die Erfahrungen in den meisten Filialen zeigen, meist ziemlich wenig Geld und verlangen dennoch eine sehr kostspielige und zeitintensive Beratung. C-Kunden wollen eine Bank, verlangen jedoch intensive Betreuung. Und D-Kunden kaufen beinahe alles, wenn man nur mit ihnen umzugehen weiß. Solche Kunden fragen dann oft: „Wie kommt es, daß ich 600 000 Dollar in einem US-Investmentfonds anlegen kann, ohne auch nur einmal nach Philadelphia gehen zu müssen – während ich bei der Bank, bei der ich 4000 Dollar

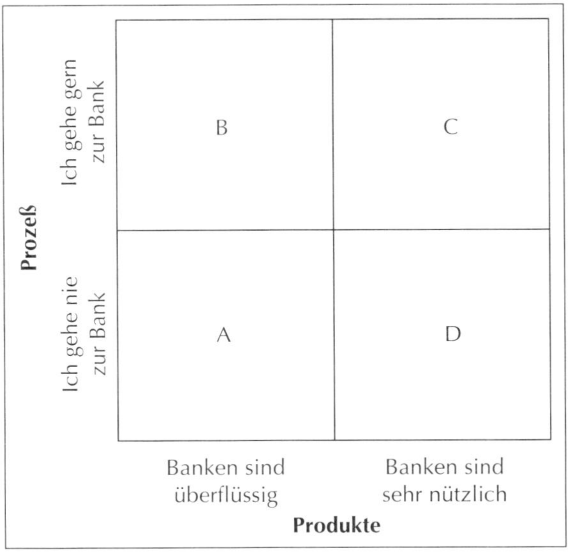

Abbildung 2.1
Segmentierung der Privatkunden einer Bank

auf dem Konto habe, persönlich vorsprechen muß, wenn ich einmal mehr als 300 Dollar abheben will?"

Von der bedürfnisbasierten Einteilung ist es nur ein kleiner Schritt zu der Schlüsselfrage, wie Sie die Abläufe in Ihrer Firma organisieren können, um die Bedürfnisse Ihrer Kunden möglichst gut zu befriedigen. Die Antwort gibt Ihnen die Chance, Kundenwünsche zu erahnen, bevor die Kunden selbst überhaupt wissen, daß sie sie haben.

Das Management des Autovermieters U-Haul hatte immer angenommen, daß sein schärftster Konkurrent Ryder oder ein anderer Autovermieter sei. Eine, wie eine detaillierte Kundenanalyse ergab, falsche Annahme: U-Hauls Hauptwettbewerber sind die anderen 50 Prozent des Marktpotentials – das, was U-Haul-Generaldirektor Joe Shoen als das Segment der „Besitzer und Borger" bezeichnet. [9] Shoen nimmt heute ganz gezielt die Leute ins Visier, die sich eher den Laster ihres Bruders borgen oder die Umzugskartons in ihren eigenen Kombi quetschen, als daß sie zu einem Autoverleiher gehen. Heute vermarktet U-Haul seine Lastwagen als die bessere Alternative zum eigenen oder privat ausgeliehenen Fahrzeug.

Schritt 2: Finden Sie heraus, was Ihre Zielgruppe besonders schätzt

Erforschen Sie, was Ihre Wunschkunden tatsächlich kaufen (was nicht unbedingt das ist, was Sie ihnen Ihrer Meinung nach verkaufen).

Eine Analyse dessen, worauf die gewinnbringendsten Kunden wirklich Wert legen, mündet oft in einer angestrengten Suche nach der eigenen Identität, die mehr davon abhängt, *wie das Unternehmen auf die Kunden wirkt,* und nicht so sehr davon, *was es tatsächlich leistet.*

Für eine Fluglinie in den USA ist es eher ungewöhnlich, sich im Wettbewerb gegen Busunternehmen oder den Privatverkehr zu sehen. Daß die Geschäftsführung der US-Fluggesellschaft Southwest Airlines dennoch zu diesem Schluß kam, liegt daran, daß sie erkannte, wie ihre Kunden Reiseentscheidungen treffen.

Southwest Airlines bedient vor allem kürzere Strecken, gleicht von seinem Leistungsangebot her also eher einem nationalen Busunternehmen als einer „normalen“ Fluglinie. Wie die nationalen Buslinien bietet Southwest freie Platzwahl, billige Tickets und einen entspannten, informellen Umgang zwischen Personal und Passagieren. Autofahren kann anstrengend und ermüdend sein, Southwest dagegen versucht, jeden Flug zu einem streßfreien, angenehmen Erlebnis zu machen. Das Unternehmen versteht sich sogar als Teil der Unterhaltungsbranche, und seine Flugbegleiter sind bekannt dafür, hin und wieder einen Scherz zu machen und beispielsweise plötzlich aus den Gepäckfächern über den Köpfen der Passagiere aufzutauchen – Gags, für die eine traditionellere Fluglinie wohl wenig übrig hätte. *(Anmerkung: Das gilt nicht für die Piloten und Kopiloten von Southwest, vor allem nicht, wenn das Flugzeug in der Luft ist.)*

Durch seine preiswerten, pünktlichen, zuverlässigen und angenehmen Flüge schaffte die Airline, die 1971 mit drei Flugzeugen ins Regionalfluggeschäft einstieg, den Aufstieg in den Rang einer bedeutenden nationalen Fluglinie und fliegt heute mit über 144 Flugzeuge 34 Städte von Kalifornien bis Maryland an. Während zwischen 1990 und 1994 die US-Fluggesellschaften insgesamt einen Verlust von 10 Milliarden Dollar einflogen, verbuchte Southwest im gleichen Zeitraum einen Reingewinn von 335 Millionen Dollar.[10] Mehr noch, Southwest war die einzige Fluglinie, die überhaupt einen Gewinn gemacht hatte.

Wissen Sie, in welcher Branche Sie arbeiten?

Prism Inc., eine Tochter der Johnson-Wax-Gruppe, war überzeugt, in der Schädlingsbekämpfung tätig zu sein – bis es seine Kunden befragte und verblüfft feststellen mußte, daß es eigentlich im Versicherungsgeschäft tätig war. Prism stellte nämlich fest, daß es seinen Auftraggebern, meist Restaurants oder Hotels, gar nicht um die Schädlinge an sich geht, obwohl sie natürlich überhaupt nichts für irgendwelche Krabbeltiere übrig haben. Nein, am meisten fürchten sie sich vor einem finanziellen Verlust. Schaben und Nagetiere vergraulen die Kunden und lassen die Leute vom Wirtschaftskontrolldienst an Betriebsschließung denken.

Prism reagierte mit einer außergewöhnlichen Leistungsgarantie, eine Garantie, die im Prinzip eher eine Versicherungspolice ist. Das Unternehmen sichert seinen Kunden Schädlingsfreiheit zu. Punkt. Falls ein

Kunde alle Hygienevorschriften beachtet hat und dennoch Schädlinge auftreten, erläßt Prism ihm nicht nur die Monatsgebühren für diese Zeit, sondern erstattet den Gästen, die sich beschweren, auch noch die Übernachtungskosten beziehungsweise übernimmt ihre Restaurantrechnung und entschuldigt schriftlich bei jedem einzelnen von ihnen. Sollte tatsächlich einmal ein Hotel oder Restaurant vom Wirtschaftskontrolldienst wegen Schädlingsbefalls geschlossen werden, übernimmt Prism die Geldbuße und hilft dem Kunden bei den Verhandlungen mit den Behörden. Kann man sich eine bessere Versicherung wünschen?[11]

Das Beispiel Kodak: Am Anfang steht das Ziel

Ob eine Neuorientierung Erfolg bringt, hängt davon ab, ob sie sich an der Perspektive des Kunden orientiert. Um die besonderen Wünsche Ihrer Kunden zu analysieren, stellen Sie sich folgende Fragen:

- Was verkaufe ich wirklich?
- Was kaufen meine Kunden wirklich?

Überlegen Sie gründlich. Zum Beispiel betrachtet so gut wie niemand ein Auto nur als Fortbewegungsmittel. Ein Auto dient immer auch als Vehikel zum Ausdruck der eigenen Persönlichkeit. In Hongkong ist ein Hund nicht einfach ein Haustier, sondern ein Statussymbol. Wer in Hongkong seinen Hund spazieren führt, trifft damit auch eine Aussage über seine Stellung. Je teurer der Hund ist, desto höher der Status des Besitzers.

Über Kodaks Produktentwicklung wurde einmal gesagt, daß Kodak „einen Pfeil abschießt und dann die Zielscheibe um ihn herumzeichnet.“[12] So landet man natürlich immer einen Treffer. Aber man schafft auch eine Menge neuer Produkte und Dienstleistungen, für die man erst noch Kunden suchen muß – und das gelingt nicht immer.

Heute analysiert Kodak zuerst den Zielmarkt. Technologie und Produkt werden je nach Vorlieben und Wünschen der Kunden entwickelt und stehen nicht von vornherein fest. Kodaks Consumer Imaging Division etwa unterscheidet heute drei nach „Lebensstationen“ differenzierte Teilmärkte – Jugendliche, Eltern und über Fünfzigjährige – und entwickelt und vermarktet ihre Produkte entsprechend.

Kodak ermuntert Kinder durch schnelle Erfolgserlebnisse zum Fotografieren. Für acht- bis vierzehnjährige Kinder entwickelte das Unternehmen das Photo-fx-Paket, das eine einfach bedienbare 35-mm-Kamera, Batterien und ein Aktivitätenheft beinhaltet. In Schulen, die am Kodak-Programm „Kameras im Klassenzimmer“ teilnehmen, erhält jeder Schüler eine Einwegkamera und einen Entwicklungsgutschein und jeder Lehrer eine Kodak-Star-Kamera. Außerdem wird jede Klasse zu einem Besuch in einem Entwicklungslabor eingeladen.

Eltern mit Kindern unter achtzehn Jahren fotografieren 30 Prozent mehr als der Durchschnittsbürger. Für sie sind Schnelligkeit, Bedienfreundlichkeit und Qualität besonders wichtig, weil sie sich meist nicht sehr intensiv mit dem Fotografieren beschäftigen und mehr darauf aus sind, Erinnerungsfotos zu schießen, als künstlerisch wertvolle Bilder zu machen. Das erklärt auch den reißenden Absatz der Einwegkameras von Kodak, die mühelos und zuverlässig Schnappschüsse liefern, ohne daß man sich Gedanken um die Batterien machen oder einen neuen Film einlegen muß. Und vor allem ist die Bildqualität bei der Einwegkamera oft erstaunlich gut.

Für den Markt der über Fünfzigjährigen setzt Kodak auf den hohen Wiedererkennungswert der Marke. Diese Kunden zeichnen sich durch die meiste freie Zeit, das höchste verfügbare Einkommen und die stärkste Markentreue aus. Unter der Bezeichnung Kodak Ambassador hat das Unternehmen ein Programm für Pensionäre aufgelegt, bei dem erfahrene Fotografen lernwilligen Freizeitfotografen unter die Arme greifen. Die Idee, zusammen mit Holland Cruise Line, Kreuzfahrten mit Fotoseminaren zu kombinieren, hat sich zu einem der erfolgreichsten Kooperationsprojekte in der Geschichte der Kreuzfahrtlinie gemausert.

Schritt 3: Entwickeln Sie ein punktgenaues Unternehmensziel

Finden Sie heraus, wo sich die besonderen Ansprüche Ihrer Kunden und Ihre besonderen Fähigkeiten überschneiden, und entwickeln Sie in diesem Bereich Zukunftsperspektiven.

Sie haben jetzt eine klare Vorstellung von Ihrem Kundenstamm und wissen, wer Ihre profitabelsten Kunden sind und welche Produkte diese Kunden besonders schätzen. Jetzt geht es darum herauszufinden, wo Sie mit Ihren besonderen Fähigkeiten Hervorragendes leisten können.

Die Zielmatrix

Die Zielmatrix (Abbildung 2.2) hilft Ihnen zu bestimmen, in welchen Bereichen Sie sich intensiv engagieren müssen und wo Sie sich die Mühe sparen sollten. Tragen Sie die Ansprüche aller profitablen Segmente wie in der Abbildung gezeigt auf der horizontalen Achse eines Rasters ein. (Wenn Sie dabei Hilfe brauchen: In Kapitel 3 wird detailliert erklärt, wie Sie feststellen können, worauf Ihre Kunden besonderen Wert legen.) Als nächstes tragen Sie Ihre Schlüsselfähigkeiten auf der senkrechten Achse ein. Falls Sie diese Fähigkeiten nicht auf Anhieb definieren können, versuchen Sie folgende Frage zu beantworten: Was tun Sie, das Ihre Konkurrenten ebenfalls gerne tun würden?

Die Matrix zeigt die Überschneidungen zwischen Kundenansprüchen und den besonderen Fähigkeiten Ihres Unternehmens auf. Jedes Feld verlangt eine andere Strategie.

Feld 1: Geringer Kundennutzen/geringe Leistungsfähigkeit Verhalten: Stop

Wenn es nicht zum Kundennutzen beiträgt, lassen Sie es sein; wenn es unseren Kunden hilft, machen Sie es.

Bob Harbage
Vorstandsvorsitzender UARCO

Einige Unternehmen bieten schwache Leistungen auf Gebieten, die von den Kunden ohnehin nicht nachgefragt werden. Sie produzieren nicht

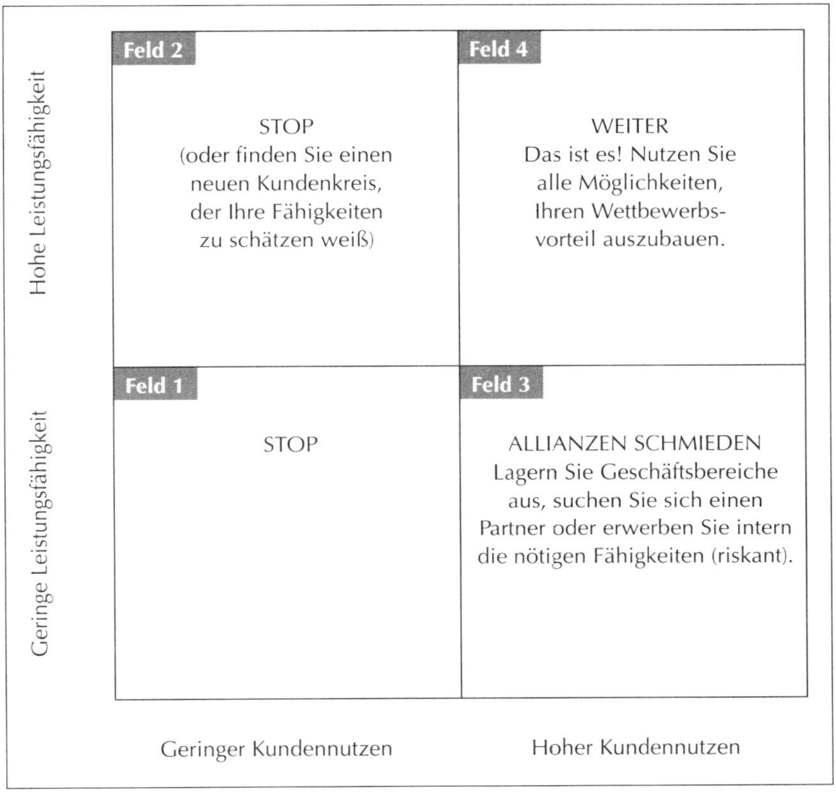

Abbildung 2.2 Zielmatrix

nur Abfall, sondern verschwenden auch wertvolle Ressourcen. Ein klassisches Beispiel dafür ist der fehlgeschlagene Versuch der Busfahrtgesellschaft Greyhound, die Ticketbuchung und Abrechnung auf ein Computersystem umzustellen, das unter dem Namen „Trips" zu trauriger Berühmtheit gelangte.

Greyhound, Amerikas größtes Busunternehmen, wurde an der Wall Street hochgelobt, als es die Einführung von Trips ankündigte, einem computerunterstützten Steuerungssystem, das die Firma fit fürs 20. Jahrhundert machen sollte. Massives Downsizing, Personalabbau, Streckenstreichungen und die Ausdünnung der Busflotte hatten sich in schlechteren Dienstleistungen für die Kunden niedergeschlagen, und das wollte Greyhound durch Trips wieder wettmachen. Der Computer sollte die Abstimmung der Fahrpläne effizienter machen, und mit einem aufwendigen Reservierungssystem wollte Greyhound den Standard der Busreisen auf den von Flugreisen anheben. Eine, wie es schien, todsichere Sache.

Die Börse reagierte enthusiastisch, und optimistische Anleger trieben den Kurs der Greyhound-Aktie innerhalb von sechs Monaten nach Ankündigung der Trips-Einführung um fast 100 Prozent in die Höhe. Auf den Höhenflug folgte der Absturz. Als innerhalb eines Monats nach Inbetriebnahme des Systems das Passagieraufkommen um 12 Prozent sank, stürzte der Kurs des Papiers ins Bodenlose.

Milde ausgedrückt, irgend etwas war furchtbar schiefgegangen. Wie sich zeigte, schaffte es Greyhound einfach nicht, das Computersystem in den Griff zu bekommen. Einige Zielorte fehlten im Programm, die Reaktion auf einen einzigen Tastendruck konnte bis zu 45 Sekunden dauern und der Ausdruck eines Fahrscheins schon einmal auch fünf Minuten. Folge: Die für sechs Dollar die Stunde angeheuerten „Kundendienst-Assistenten" mußten die Tickets oft per Hand ausfüllen.[13]

Die Buspassagiere erlebten eine unliebsame Überraschung nach der anderen. Computerfehler führten immer wieder dazu, daß die Fahrgäste vergebens auf gar nicht losgeschickte Busse warteten oder sich in endlosen Schlangen die Beine in den Bauch standen, während die schlecht ausgebildeten Angestellten nicht mit den massiven Computerproblemen fertigwurden. Im New Yorker zentralen Busbahnhof, dem Port Authority Terminal, schlugen konkurrierende Busgesellschaften Kapital aus der verfahrenen Situation und schickten eigene Busse vorbei, die die gestrandeten Greyhound-Passagiere auflasen. Derweil türmten sich in Greyhound-Terminals im ganzen Land gleich stapelweise verlorengegangene oder fehlgeleitete Gepäckstücke.

Greyhound hatte sich mit Trips auf etwas eingelassen, wovon es wenig verstand (die Bedienung eines Computersystems), darüber hinaus gab es keinerlei Anhaltspunkte dafür, daß die Greyhound-Kunden überhaupt Wert auf ein automatisiertes Buchungssystem legten. Buspassagiere verdienen im Schnitt siebzehntausend Dollar im Jahr, und viele von ihnen besitzen keine Kreditkarten, können also selbst wenn sie wollten keine Vorausreservierungen vornehmen. Sie haben ein einfacheres System. Wenn ein Bus wirklich einmal ausgebucht ist, was selten genug vorkommt, warten sie eben auf den nächsten. Sie sind daran gewöhnt. Der direkte Fahrkartenverkauf unmittelbar vor dem Einsteigen und ohne irgendwelche technischen Mätzchen entsprach den Bedürfnissen der Greyhound-Kunden am besten. Unterm Strich betrachtet war Trips vollkommen überflüssig.

Eine erfolgreiche Zielkonzentration setzt den Ausstieg aus Feld 1 voraus (niedrige Kundenansprüche/schwache Leistungsfähigkeit). Das hat inzwischen auch Kodak eingesehen. Der Konzern macht gute Gewinne mit dem Verkauf der Kodak-Filme in der typischen gelben Verpackung, doch Ausflüge in andere Märkte, etwa in die Medizintechnik (die Firma Clinical Diagnostics, die zwischenzeitlich an Johnson & Johnson verkauft wurde), ließen Kodak wenig Zeit, sich auf sein profitabelstes Produkt zu konzentrieren. In den achtziger Jahren verlor Kodak viele Kunden an Fuji und andere Hersteller von Fotomaterial, und innerhalb von fünf Jahren ging sein Marktanteil von 80 auf 70 Prozent zurück.[14]

Als George Fisher die Wende bei Kodak einleitete, entwickelte er zuerst eine Strategie, die sich fast nur auf das konzentrierte, was Kodak gut konnte und was die Kunden besonders schätzten – also auf die Bereiche, für die das Unternehmen bekannt war. Fisher stieß die nicht zum Kodak-Image passenden Konzernzweige im Gesundheitsbereich ab – Sterling Winthrop, L & F Products und Clinical Diagnostics –, die insgesamt 23 Prozent zum Umsatz des Unternehmens beigetragen hatten. Das Ergebnis: Kodak kam aus Feld 1 heraus.

Feld 2: Geringer Kundennutzen/hohe Leistungsfähigkeit Verhalten: Stoppen Sie die Aktivitäten in diesem Bereich (oder finden Sie einen neuen Kundenkreis, der Ihre Fähigkeiten zu schätzen weiß)

Wenn es sich nicht lohnt, es überhaupt zu machen, lohnt es sich auch nicht, es gut zu machen.

Wenn Sie eine Ware oder eine Dienstleistung anbieten, die Ihre Kunden nicht wollen, müssen Sie die Aktivitäten in diesem Bereich einstellen oder Kunden finden, die Ihr Angebot zu schätzen wissen. Smith Corona stellte gute Schreibmaschinen her, doch nach dem Aufkommen der Computer waren mechanische Schreibmaschinen nicht mehr gefragt, und so überraschte es niemanden, als das Unternehmen Mitte 1995 Vergleich anmelden mußte. Jetzt versucht das Unternehmen einen Turnaround und setzt auf seine Erfahrung in anderen Bereichen, beispielsweise der Produktion von SoHo-Geräten.

Der Versuch, Kunden wieder in die Bankfilialen zurückzubringen, statt ihnen Bankautomaten zur Verfügung zu stellen, erscheint auf den ersten Blick ebenso zum Scheitern verurteilt zu sein wie die Herstellung von Schreibmaschinen im Computerzeitalter. Dennoch feiert die Bostoner Citizens Financial Group mit eben dieser Strategie große Erfolge. Das Bankmanagement wußte, daß eine der Schlüsselqualitäten von Citizens das „altmodische Bankgeschäft" ist – der direkte, persönliche Umgang mit den Kunden. Also hielt Generaldirektor Larry Fish nach einem Kundenkreis Ausschau, der auf solche Fähigkeiten noch Wert legte – Menschen, die lieber auf die Bank gehen, als sich an einem Bankautomaten die Finger wund zu tippen. Er fand ihn im mittleren Marktsegment, bei Leuten, die keinen persönlichen Finanzberater haben und ihre Geschäfte zumeist ausschließlich über eine einzige Bank abwickeln.

Der Erfolg gibt Fish recht: Mit der Spezialisierung auf das Bankgeschäft mit direktem Kundenkontakt in den Zweigstellen unter dem Slogan „Banking mit Herz" konnte er die Zahl der verkauften Dienstleistungen deutlich steigern und die Einlagen in den letzten drei Jahren auf 10,3 Milliarden Dollar erhöhen. Durch die Konzentration auf den Kundenkreis, der die Stärken des Bankhauses besonders zu schätzen weiß, schaffte es Fish, eine „überholte" Fähigkeit in eine moderne und äußerst lukrative Spezialdienstleistung zu verwandeln.[15]

Feld 3: Hoher Kundennutzen/geringe Leistungsfähigkeit Verhalten: Suchen Sie sich Geschäftspartner, oder entwickeln Sie intern die nötigen Fähigkeiten

> *Wir lagern die gesamte schlechte Arbeit aus. Das konzentriert uns automatisch auf Innovation.*
>
> Susan Cramm, frühere CEO
> Taco Bell[16]

Je mehr sich Unternehmen darauf konzentrieren, „Klassenbester" bei der Erfüllung der Kundenwünsche zu werden, um so mehr bemühen sie sich um Partner mit den Fähigkeiten, an denen es ihnen selbst mangelt. Sie werden alles tun, um den Nutzen, den die Kunden aus ihren Produkten und Dienstleistungen ziehen, noch zu vergrößern: Sie werden mit ihren Kunden kooperieren, Allianzen mit konkurrierenden Firmen schmieden oder ganze Arbeitsbereiche und Abteilungen auslagern. Fähigkeiten in der eigenen Firma aufzubauen oder sie über Akquisitionen einzukaufen kann riskant sein. Meist ist eine Partnerschaft mit anderen Unternehmen vorzuziehen, die helfen können, die Bedürfnisse der Kunden besonders gut zu befriedigen.

Die extremste Form einer solchen Partnerschaft ist das Outsourcing. Dabei scheint heute fast kein Unternehmensbereich mehr tabu zu sein, ausgelagert wird fast alles – vom Rechnungswesen über die Produktion, das Informationsmanagement und das Personalwesen bis hin zum Marketing. Drei von zehn Industrieunternehmen in den Vereinigten Staaten haben über 50 Produktionsaktivitäten ausgelagert.[17] Coopers and Lybrand fanden in einer Untersuchung heraus, daß Unternehmen, die Outsourcing betreiben, einen um 22 Prozent höheren Umsatz und um 25 Prozent bessere Verkaufsaussichten haben als ihre nicht Outsourcing betreibenden Konkurrenten.[18] Dabei ist das Umsatzargument noch nicht einmal der wichtigste Grund für Outsourcing. Den Unternehmen geht es vor allem darum, Ballast abzuwerfen, um sich voll und ganz dem widmen zu können, was sie am besten können – und Tätigkeiten, die nichts mit dem eigentlichen Unternehmensziel zu tun haben (das, was Susan Cramm als „schlechte Arbeit" bezeichnet), denen zu überlassen, die sie besonders gut ausführen können.

Die zehn meistgenannten Gründe, warum Unternehmen Arbeitsbereiche auslagern[19]

1. Unternehmensziel schärfer fassen
2. Zugang zu erstklassigen Leistungen gewinnen
3. Vorteile aus dem Reengineering besser nutzen
4. Risiken verteilen
5. Gebundene Ressourcen freisetzen
6. Kapital verfügbar machen
7. Betriebskosten senken
8. Fremdkapital anziehen
9. Ressourcen sind intern nicht verfügbar
10. Funktion ist schwer zu verwalten

Nach Aussage des Outsourcing Institute

> ist Outsourcing nichts anderes als eine grundsätzliche Neudefinition des Unternehmens. … Die Auswahl der auszulagernden Betriebsteile und des Typs der Geschäftsbeziehungen, der den angestrebten Zweck am besten erfüllt, entscheidet darüber, ob das Unternehmen sein eigentliches Ziel letztendlich erreicht: dem Kunden den größtmöglichen Nutzen liefern und intern die höchstmögliche Produktivität erzielen. In diesem Licht betrachtet, ist Outsourcing ein zentrales Managementtool.[20]

Dem Trend zum Outsourcing verdanken wir Marktanomalien wie beim Sportschuhanbieter Nike, der selbst keinen einzigen Schuh produziert. Nike – Weltklasse in Design und Marketing – hat die Herstellung seiner Schuhe komplett an andere Unternehmen ausgelagert, die mehr davon verstehen. Damit hat Nike den Freiraum geschaffen, sich auf das zu konzentrieren, was es am besten kann.[21] Allerdings wird Nike angesichts des großen Erfolgs wohl nicht mehr lange eine Anomalie bleiben.

Insourcing: Holen Sie sich einen „Resident Expert" ins Haus

Ein anderes gutes Beispiel für sinnvoll praktiziertes Outsourcing (oder, wie man es dort nennt, Insourcing) ist DuPont. Das Unternehmen hat praktisch seine gesamten Schulungs - und Entwicklungsdienste weltweit an uns, die Forum Corporation, übertragen. Im Prinzip *ist* Forum DuPonts Schulungsabteilung.

Warum? DuPont hat festgestellt, daß der Konzern zwar sehr viele Dinge sehr gut macht, die nicht-technische Fortbildung jedoch nicht dazu gehört. In den frühen neunziger Jahren suchte DuPont nach Wegen, die Abläufe im Unternehmen zu rationalisieren und sich auf seine Schwerpunkte zu konzentrieren. Als sich die Geschäftsführung den Schulungsbereich vornahm, kam ans Tageslicht, daß allein in der Niederlassung Wilmington, Delaware, 500 Angestellte über die Hälfte ihrer Arbeitszeit für Fortbildungsmaßnahmen aufwandten. „Wir mußten klotzen, nicht kleckern", erklärt Ed Trolley, der bei DuPont für Schulung und Ausbildung zuständige Manager, „mit Schönheitsreparaturen war hier nichts zu machen."

Früher bot DuPont 1000 Kurse an, unter anderem 54 separate Lehrgänge für Zeitmanagement und 20 Schreibkurse. Heute gibt es nur noch 150 Kurse, darunter 2 für Zeitmanagement und 2 für kreatives Schreiben. Die Kosten für die Ausbildungsprogramme sind um 30 Prozent gesunken, ihr Nutzen in den Augen der Teilnehmer jedoch um 16 Prozent gestiegen. Millionen von Dollars wurden eingespart. Daß DuPont dabei auf einen einzigen Partner setzt, sichert dem Unternehmen nicht nur bessere Trainingsprogramme, sondern beschert ihm dank der effizienteren Organisation von Angeboten, eines geringeren Reiseaufwands und weniger verlorener Arbeitszeit auch noch beachtliche Kosteneinsparungen. Der Konzern profitiert darüber hinaus von Forums Mengenrabatten beim Einkauf von Schulungsmaterialien bei Drittanbietern. Am wichtigsten aber ist, daß die Beziehung DuPont/Forum es beiden Partnern erlaubt, sich auf ihre Kernkompetenzen zu konzentrieren.

Mehrwert durch den Aufbau neuer Beziehungen zu Zulieferern

Die explosionsartige Entwicklung im Technologie- und Informationsbereich löst die einstmals starren Grenzen zwischen Kunde und Zulieferer immer mehr auf. Die Zusammenarbeit zwischen Kunde/Lieferant eröffnet neue Chancen, Kunden auch auf Gebieten außerhalb Ihrer Kernkompetenzen erstklassig zu bedienen. Die Bose Corporation, ein renommierter Hi-Fi-Produzent aus Massachusetts, hat etwas geschafft, woran viele andere gescheitert sind: Bose behauptet sich erfolgreich in dem von den Südostasiaten dominierten Unterhaltungselektronikmarkt. Um ein exzellentes Produktions- und Materialmanagement zu sichern, bietet Bose seinen Zulieferern an, ständige Mitarbeiter in die Bose-Firmenzentrale zu entsenden. Die Aufgabe dieser Resident Experts ist es, die Geschäftsbeziehungen zu koordinieren und Ideen zu entwickeln, die auf die Anforderungen von Bose zugeschnitten sind. Dank der Resident Experts können Boses Entwicklungs- und Produktionsabteilung unter Umgehung kostspieliger Vertriebsmitarbeiter direkte Beziehungen zu ihren Zulieferern aufbauen. Ein weiteres Beispiel: Wal-Mart hat mit Procter & Gamble einen elektronischen Datenaustausch organisiert und erspart damit den Lieferanten, die Produkte anliefern, den Papierkram. Die Waren gehen ohne Verzögerung direkt aus den Händen von P & G in die von Wal-Mart über.

Schaffen Sie Mehrwert durch den Aufbau neuer Beziehungen zu Ihren Konkurrenten

„Coopetition", ein von dem Unternehmensberater Sam Albert für das gleichzeitige Konkurrieren und Kooperieren mit einem anderen Unternehmen geprägter Begriff, gewinnt immer mehr an Bedeutung. 1993 schlossen beispielsweise die drei größten Autohersteller der USA eine Partnerschaft mit der Regierung mit dem Ziel, sicherere Autos zu entwickeln, die weniger Sprit verbrauchen und die Umwelt weniger schädigen.

Auch die größte Überseeschiffahrtsgesellschaft der Vereinigten Staaten hat entdeckt, daß sich eine Zusammenarbeit mit der Konkurrenz für alle auszahlen kann. In den siebziger Jahren hatte die American President Lines (APL) die europäischen und afrikanischen Märkte aufgegeben, um sich auf den schnell wachsenden Pazifikhandel zu konzentrieren. Inzwischen ist APL auch in Europa und Afrika wieder präsent, allerdings mit einem völlig anderen Konzept. Da die Kunden großen Wert darauf legen, daß APL ihre Aufgaben weltweit in die Hand nimmt, belebte das Unternehmen seine globalen Aktivitäten wieder, griff dabei jedoch nicht auf eigene Abfertigungsanlagen zurück oder investierte in neue Ausrüstung, sondern schloß in Europa eine Allianz mit vier anderen *konkurrierenden* Schiffahrtsgesellschaften, mit denen es nun Schiffe und Ausrüstung teilt.

Feld 4: Hoher Kundennutzen/hohe Leistungsfähigkeit Verhalten: Weiter – heben Sie den Schatz!

Hat ein Unternehmen erst einmal den Bereich identifiziert, wo sich Kundennutzen und die eigene Leistungsfähigkeit überschneiden, hat es auch seine Nische und die Grundlage für die punktgenaue Definition des Unternehmensziels gefunden. Haben Sie Ihr Ziel klar definiert und wird es von der gesamten Belegschaft verstanden und akzeptiert, lehnen Sie sich zurück und sehen zu, was passiert.

Ihr Unternehmen scheint ein Eigenleben zu entwickeln. Jeder weiß ganz genau, worum es geht und worum nicht, und wie ein erstklassiges Rennpferd, das nur auf den vor ihm liegenden Weg achtet, wird Ihr Unternehmen unglaubliche Energien freisetzen und sich mit Überschallgeschwindigkeit weiterentwickeln.

Die Willow Creek Community Church, eine Kirchengemeinde in einem Vorort von Chicago, ist ein Beispiel für eine Organisation, die ihre besonderen „Marktwerte“ kennt und sich auf sie konzentriert. Die Gemeinde von Willow Creek fing 1975 ohne eine genaue Vorstellung von den Bedürfnissen und Wünschen ihrer zukünftigen Mitglieder mit der Missionierung an. Heute ist sie die größte Kirchengemeinde in Amerika.

Bevor die Willow Creek Community Church ihre Tore öffnete, wurden die Gemeindebewohner, die nicht in die Kirche gingen, nach ihren Motiven befragt. Bill Hybels, der dienstälteste Pastor und Mitbegründer der Willow Creek Community, beschreibt das so: „Da ich hier niemanden kannte, gingen ich und drei andere einen Monat lang von Haus zu Haus und fragten die Leute einfach, ob sie aktiv am Kirchenleben am Ort teilnehmen. Wenn sie mit ja antworteten, sagten wir einfach: ‚Sehr schön. Machen Sie weiter so.‘ Wenn sie erwiderten: ‚Nein, wir gehen nicht mehr in die Kirche‘, fragten wir weiter: ‚Würden Sie uns vielleicht sagen, warum Sie nicht mehr gehen?‘ “[22]

Eine Fallstudie der Harvard Business School förderte fünf Hauptgründe zu Tage, warum die Leute nicht mehr in die Kirche gingen:

1. Die Kirchen bitten immer um Geld (und verwenden es für Dinge, die dem Spender persönlich nicht wichtig scheinen).
2. Die Gottesdienste sind langweilig und ohne Leben.
3. Die Gottesdienste laufen immer nach dem gleichen Schema ab.
4. Die Predigten haben keinen Bezug zum täglichen Leben in der Welt „draußen“.
5. Der Pastor ruft in den Menschen das Gefühl hervor, sie seien schuldbeladen und unwissend, so daß sie sich nach der Predigt noch schlechter fühlen als zuvor.[23]

Willow Creek nahm sich beherzt vor, besonders Menschen mit solchen Ansichten anzusprechen. Mit den Ergebnissen der Studie in der Hand, entwickelte die Gemeindeleitung die Fähigkeiten, die nötig waren, um aus Feld 2 (geringer Kundennutzen/hohe Leistungsfähigkeit) herauszukommen. Hybels organisierte seine Kirche als ein Dienstleistungsunternehmen, das gezielt diejenigen ansprechen sollte, die noch nicht zur Gemeinde gehörten. Er teilte die potentiellen Kirchgänger in zwei Gruppen mit seiner Meinung nach sehr unterschiedlichen Bedürfnisse ein – die „Gläubigen“ und die „Suchenden“ – und entwarf einen Gottesdienst für die Suchenden, der jeden der fünf oben aufgezählten Vorwürfe entkräften sollte.

Willow Creek schuf Persönlichkeitsprofile seiner Zielgruppe und taufte sie „Harry Kirchenmuffel“ und „Mary Kirchenmuffel“. Obwohl Mary ebenso wichtig war wie Harry, richteten sie den Gottesdienst auf Harry Kirchenmuffel aus, einen berufstätigen Mann zwischen zwanzig und fünfzig. Wie die Untersuchung ergeben hatte, waren Männer nämlich schwerer zu überzeugen als Frauen, und Willow Creek hoffte, im Verlauf der Arbeit mit der schwierigsten Zielgruppe nach und nach auch die anderen Kundensegmente für sich gewinnen zu können.

Hybels stellt sich Harry Kirchenmuffel als einen Mann vor, „der mit hochgelegten Füßen und einer Dose Bier in der Hand im Sessel sitzt und in der Zeitung blättert oder fernsieht“.[24] Alle, die für die Kirchengemeinde arbeiten, sprechen von Harry und Mary Kirchenmuffel, als ob sie tatsächlich existierten.

Im Gottesdienst für die „Suchenden“ wird Harry nicht um Spenden gebeten, er braucht sich nicht als Außenseiter zu fühlen, weil die Worte der Predigt so gewählt sind, daß jeder sie verstehen kann. Harry muß noch nicht einmal mitsingen. Man ermutigt ihn, „im Schatten zu sitzen“, zuzuschauen, nachzudenken und ungestört die religiöse Botschaft aufzunehmen. In den Predigten wird traditionelles christliches Gedankengut in einfacher Sprache vermittelt, was auf den Zuschauer eher wie ein Theaterstück und nicht so sehr wie ein Gottesdienst wirkt. Die Willow Creek Community Church respektiert, daß jemand, „der sich nicht ganz sicher ist … lieber unsichtbar bleiben möchte“.[25]

Natürlich kümmert sich die Gemeinde auch um die „Gläubigen“. Die „Neue Gemeinde“ mit Gottesdiensten in Kleingruppen ist speziell für Gläubige konzipiert, die herausfinden wollen, wie die christliche Lehre ihr tägliches Leben bereichern kann. Der Gottesdienst der Neuen Gemeinde findet unter der Woche statt, um das günstigere Wochenende für die Zielgruppe der „Suchenden“ freizuhalten.

Und das Ergebnis? 1994 lagen die durchschnittlichen Besucherzahlen der Gottesdienste der Willow Creek Community Church am Wochenende bei über 15 000 und unter der Woche bei 6000.

Willow Creek hat die kritischen Faktoren ermittelt, die Kirchen-„Kunden“ besonders schätzen, und daraus abgeleitet, worauf es vor allem ankommt, wenn man sie erreichen will. Dieses Verständnis spornte die Gemeindeleitung an, sich kreativ auf die Suche nach Wegen zu machen, wie sie den Wünschen des Zielpublikums gerecht werden kann.[26]

Entwickeln Sie in Ihrer Nische eine einzigartige Nutzenstrategie

Die punktgenaue Definition des Unternehmensziels mündet in einer individuellen Nutzenstrategie, die so strukturiert ist, daß sie sich kontinuierlich an die sich ständig verändernden Kundenwünsche anpaßt und schon im voraus auf neue Trends reagiert.

Wer keinen Trend verpassen will, muß sich die ewig gültige Frage stellen: „Wie können wir die Dinge schneller, besser und billiger machen?“ und die Antworten schneller in die Tat umsetzen als die Konkurrenz. Darüber hinaus kommt es darauf an, eine überlegene Strategie des Zuhörens zu entwickeln, ein Thema, mit dem wir uns im nächsten Kapitel beschäftigen werden.

Abschätzen zu können, worauf die Kunden in Zukunft besonderen Wert legen werden, setzt auch voraus, den Grundströmungen der modernen Gesellschaft nachzuspüren, das wachsende Bedürfnis nach maßgefertigten Angeboten, nach Bequemlichkeit, günstigen Preisen, multimedialer Erreichbarkeit, Wahrung der Privatsphäre und genaueren Informationen zu erfüllen und die gestiegene Verantwortung sowohl der Gesellschaft wie auch der Umwelt gegenüber zu respektieren. Auf diese Trends einzugehen ist eine Schlüsselvoraussetzung, um die Kundenbegeisterung am Leben erhalten und eine nachhaltige Marktführerschaft erringen zu können.

Trend: Das wachsende Bedürfnis nach individuellen Lösungen Antwort: Mass Customization

Der moderne Verbraucher legt immer mehr Wert auf Waren und Dienstleistungen, die auf seine persönlichen Bedürfnisse zugeschnitten sind, und die Unternehmen, die solche individuellen Lösungen bereitstellen können, werden sich an die Spitze setzen. Mass Customization, ein von Stanley Davis, dem Autor von *Vorgriff auf die Zukunft,* geprägter Ausdruck, stellt die Konvergenz zwischen dem wachsenden Kundenbedürfnis nach Schnelligkeit und/oder hohem Nutzwert und dem wachsenden Bedürfnis nach einer individuellen Lösung dar. Der Markt besteht aus lauter „Ein-Kunden-Segmenten“[27]. Wir haben zwei besonders erfolgreiche Beispiele ausgewählt, um zu zeigen, wie man diesen Anforderungen gerecht werden kann:

- Die National Bicycle Industrial Company, eine Tochter des japanischen Matsushita-Konzerns, paßt ihre Räder genau den Maßen jedes Käufers an und liefert das Fahrrad am nächsten Tag aus.
- Mass Customization ist auch das Schlagwort in den The Original Levi's® Stores. Der Verkäufer nimmt die genauen Maße des Kunden und gibt die Zahlen, den ausgewählten Schnitt und die Farbe in einen Computer ein. Diese Informationen werden an einen Roboter in der Fabrik von Levi's in Tennessee übertragen, der die Jeans zuschneidet. Nach dem Nähen, Waschen und Trocknen wird die Hose eingepackt und dem Kunden ins Haus geliefert.[28]

Trend: Die wachsende Notwendigkeit, die Herstellung des Produkts zu kontrollieren
Antwort: Do-it-yourself

„Unsere Überzeugung lautet, daß Wahlfreiheit, Komfort und Kontrolle die Triebkräfte unserer Kultur sind“, sagt Phil Burgess, Präsident und Generaldirektor des Center for the New West, einer in Denver angesiedelten Denkfabrik. „Alles, was den Menschen mehr Kontrolle über ihre Umwelt in die Hand gibt ... ist eine gute Sache.“[29]

Es gibt zahlreiche Beispiele dafür, daß man den Kunden mehr Kontrolle über die Lieferung gibt und sie in diesem Bereich miteinbezieht – oft zu einem niedrigeren Preis. Erinnern Sie sich noch daran, daß die Selbstbedienung an der Tankstelle einmal als revolutionär galt? Heutzutage zapfen Sie nicht nur das Benzin selbst, sondern begleichen auch noch die Rechnung mit Ihrer Kreditkarte direkt an der Zapfsäule, ohne daß ein Tankwart oder Kassierer auch nur einen Finger krümmen müßte.

Heute macht man sich seinen Salat selbst an, erledigt die Bankgeschäfte am Automaten oder am PC, füllt seine Formulare selbst aus, gibt seine Bestellungen selbst auf, stellt sich seinen Eisbecher selbst zusammen. In einigen Restaurants, wie z. B. im Minturn Country Club, einem Steakhouse in der Nähe von Vail, Colorado, kann man sich sogar sein Essen selbst zubereiten (wenn man das will). Dazu wählt man zuerst an der hauseigenen Fleischtheke ein Stück Fleisch oder Fisch aus, trägt es zu einem großen Grill hinüber und plaudert dort bei einem Glas Wein mit anderen Gästen, während das Fleisch über dem Feuer brutzelt.

Sports Garage in Boulder, Colorado, bietet seinen Kunden die Möglichkeit, Fahrräder und Skiausrüstungen selbst zu reparieren. Für acht Dollar die Stunde bekommt der Kunde außer einer Arbeitsbucht und Werkzeug auch das Fachwissen vermittelt, das für die Reparaturen nötig ist. Außerdem bietet Sports Garage Reparaturkurse an und verkauft Ersatzteile und Zubehör.[30]

National Car Rental's unterhält mit Emerald Aisle einen Exklusivservice für Kunden mit besonderen Mitgliedsausweisen. Wer einen solchen Ausweis vorzeigt, kann sich dort absetzen lassen, wo die gewünschte Wagenkategorie des Fuhrparks steht, und sich das Auto, das er mieten will, selbst aussuchen. In allen Wagen stecken die Zündschlüssel. Man braucht also nur noch in das Fahrzeug seiner Wahl steigen, am Ausfahrtschalter vorfahren, dort seine Kreditkarte und den Führerschein vorzeigen, ein Formular unterschreiben und kann dann sofort losfahren.

Trend: Wachsendes Bedürfnis nach Information
Antwort: Schulung und Support

Bis vor kurzem verstand sich die Central Sprinkler Corporation hauptsächlich als Hersteller von Sprinklerköpfen und anderem Zubehör für Brandschutzanlagen. Die Geschäftsführung wußte zwar, daß die Kernkompetenzen des Unternehmens in der Herstellung und dem Vertrieb lagen, konnte aber mit Fortbildungen im Umgang mit der für das Entwerfen von Brandschutzanlagen notwendigen Technologie das Geschäftsfeld des Unternehmens erweitern.

Dem Unternehmen Central Sprinkler war aufgefallen, daß sich seine Kundschaft, vorwiegend Anbieter von Brandschutzanlagen, beim Umstieg von der traditionellen Entwurfsarbeit am Reißbrett auf das effizientere, aber zunächst sehr komplexe Computergestützte Design (CAD) schwertat. Es fing an, ein Schulungsprogramm aufzubauen. Inzwischen ist Central Sprinkler für seine besten Kunden der Hauptlieferant von Informationen und Fähigkeiten in diesem Bereich. Gegen einen geringen Monatsbeitrag und die Zusage, Central zu ihrem bevorzugten Zulieferer für Sprinklerprodukte zu machen, erhalten diese Kunden im Rahmen des SprinkCad-Partnership-Programms CAD-Hardware, -Software, -Schulungen und den dazugehörigen Kundendienst.

Trend: Reduzierung der Gesamtkosten
Antwort: Versetzen Sie sich in die Kunden Ihrer Kunden hinein

John Hardinger ist bei DuPont der für den Einkauf zuständige Vizepräsident und ein in Industriekreisen hoch angesehener Manager. Hardings Ansicht nach eröffnet der Trend, das konzerninterne Beschaffungswesen als Profit Center unter die Leitung von erfahrenen Managern zu stellen und strikt ergebnisorientiert zu arbeiten, Zulieferern eine einmalige Chance, sich einen größeren Teil vom Kuchen des Gesamtkonzerns zu sichern. „Wenn man sich darauf versteift, daß alles, was man kauft, speziell auf einen zugeschnitten sein muß, fängt man an, enorme Summen auszugeben, ohne den Kundennutzen zu vergrößern. Die Tage der differenzierten Produkte sind ganz eindeutig vorbei ... unsere besten Lieferanten werden diejenigen sein, die wissen, wie sie sich in DuPonts Technologie, Distribution und Produktion einklinken und die Kosten unserer Wertschöpfungskette reduzieren können."

Trend: Das wachsende Bedürfnis nach Komfort
Antwort: Sättigungsmarketing

Au Bon Pain ist ein gutes Beispiel dafür, wie man einen Markt mit Hilfe vieler kleiner Filialen sättigen kann. Au Bon Pain hat erkannt, daß in verdichteten Einkaufsgebieten wie Innenstädten die meisten Kunden zu bequem sind, einen Häuserblock weiter zu laufen, wenn es in nächster Nähe einen anderen Laden mit dem gleichen Angebot gibt. Um den Kunden einen möglichst bequemen Einkauf zu ermöglichen, macht die

Kette, wenn nötig, sogar zwei Läden in einer Straße auf – und verdient gut damit.

Trend: Die wachsende Verantwortung für die Umwelt
Antwort: Grünes Marketing

Hotels der Saunders-Hotelkette wie etwa das Boston Park Plaza Hotel gelten international als „Vorreiter in Umweltfragen". Diese Luxusherbergen schonen die Ressourcen und beruhigen das Gewissen ihrer Kunden, indem sie umweltfreundliche Annehmlichkeiten wie festinstallierte Seifen- und Shampoo-Spender bieten oder die Gäste darauf aufmerksam machen, daß Handtücher, die am Handtuchhalter hängen, als sauber gelten und nicht gewechselt werden. Natürlich werden Handtücher, die auf dem Boden liegen, umgehend durch neue ersetzt.

Trend: Das wachsende Bedürfnis nach multimedialer Erreichbarkeit
Antwort: Internet-Marketing

Die Vanguard Group of Investment Companies und andere Investmentfirmen bieten heute Börsendienste über das Internet an. Über andere Online-Dienste kann man seine Bankgeschäfte erledigen, einkaufen, Artikel aus Zeitschriften und Zeitungen lesen oder wissenschaftliche Recherche betreiben.

Schritt 4: Begeistern Sie alle Mitarbeiter für das Unternehmensziel

Erklären Sie jede Entwicklungsstufe, und reden Sie immer wieder mit den Mitarbeitern.

Als Norman Blake 1990 antrat, um USF & G, eine große Versicherungsgesellschaft in den Vereinigten Staaten, zu sanieren, war es fast schon zu spät. USF & G steckte tief in den roten Zahlen – allein 1990 fuhr das Unternehmen einen Verlust von 569 Millionen Dollar ein. Allen Schätzungen nach stand die Firma kurz vor dem Konkurs. Blake reagierte schnell und senkte die Ausgaben radikal, aber das allein konnte das Unternehmen nicht retten.

„Als ich zu USF & G kam, gab es keine wirklich strategische Vision“, sagt Blake. „Etwa 38 Prozent des Firmengeschäfts hatten nichts mit den Kernkompetenzen im Versicherungsgewerbe zu tun. Die Firma steckte in einer Identitätskrise, und wir mußten sehr schnell entscheiden, in welche Richtung wir uns entwickeln wollten.“[31]

Entwickeln hieß im Falle von USF & G, sich auf die Dienstleistungen in den Bereichen zu konzentrieren, wo sich Kundennutzen und die Kompetenzen des Versicherers überschnitten. Blake mußte in aller Eile nicht weniger als dreizehn Tochterunternehmen verkaufen, um USF & G in die Lage zu versetzen, sich auf seine verbliebenen Kernkompetenzen, die Sach- und Unfallversicherungen, zu konzentrieren.

Doch darüber hinaus mußte mit der Spezialisierung auch eine genaue Definition des Unternehmens USF & G einhergehen: Es galt, die Kernaufgabe der Firma, die Dienstleistung am Kunden, herauszustellen und einen Drei-Phasen-Plan zu entwickeln, der darauf abzielte, die Art und Weise, wie USF & G diese Dienstleistungen lieferte, zu revolutionieren. Blakes Hauptbeitrag bestand darin, daß er einen systematischen Ansatz entwickelte, der USF & G half, sich voll und ganz in den Dienst des Kunden zu stellen. Er beschrieb einen klaren, gut ausgeschilderten Weg, der zu Kundenorientierung und Wachstum führte.

Die ebenso einfache wie geniale Strategie Blakes und seines Teams bestand darin, „sich nur auf Gebieten zu engagieren, auf denen USF & G unserer Einschätzung nach über einen unfairen Vorteil verfügte“. Blake zielte also darauf ab, das gesamte Unternehmen in Feld 4 der Zielmatrix (hoher Kundennutzen, hohe Leistungsfähigkeit) zu bringen.

Die Überlebenden motivieren

Zwischen 1990 und 1994 wurden 85 Prozent des USF & G-Managements ersetzt, 48 Prozent der Belegschaft entlassen und 31 Prozent der Verwaltungsausgaben eingespart.[32] Eine solche Umwälzung kann, liegt ihr kein strukturierter Plan zugrunde, ähnlich fatale Auswirkungen haben wie die Explosion einer Bombe in einem Raum voller Menschen. Blake schaffte das Kunststück, die Reorganisation so zu steuern, daß sie den Kunden effektiv nutzte und das Unternehmen zurück in die Wachstumszone brachte.

Blake und sein Team entwickelten einen klaren Drei-Stufen-Plan, der ein gutes Beispiel für die methodische Vorgehensweise darstellt, ohne die ein solch massiver Wechsel nicht erfolgreich bewältigt werden kann. Die drei Stufen waren: 1. Stabilisierung des Fundaments, 2. Aufbau mit einer Vision und 3. Führungspositionen kapitalisieren.

In der Konsolidierungsphase stoppte Blake die enormen Verluste mit Hilfe von Verkäufen und Downsizing. Und während er Tag für Tag Krisenmanagement betrieb, entwickelte er dauerhaftere Strukturen wie eine Vision und Werte, an denen sich das Unternehmen orientieren konnte.

Seine Vision umfaßte vier Komponenten:

1. Eine Kultur der Spitzenleistung
2. Wettbewerb in Marktführungsbereichen
3. Markt- und Kundenorientierung
4. Menschen, Kapital und Technologien gezielt einsetzen

Zusätzlich zu diesen vier Visionen definierten Blake und sein Team fünf Kernwerte für die gesamte Firma: Kundenorientierung, Integrität, Professionalität, Innovation und Teamarbeit.

Nachdem Blake die akute Krise überwunden und einen Ausweg aus der Misere aufgezeigt hatte, forderte er seine Mitarbeiter auf, die Kernkompetenzen, den Markt und die mögliche Nische für das Unternehmen zu identifizieren und die Wettbewerbsvorteile wie auch die weitere Strategie zu definieren und zu verfeinern – und gab damit den Startschuß zum „Aufbau mit einer Vision“. Das Unternehmen USF & G sieht heute seinen Wettbewerbsvorteil in der „regionalen Spezialisierung“. Nach Ansicht des Versicherers schätzt seine Kundschaft vor allem seine sachkundigen Vertreter auf den lokalen Märkten und hofft, aus der Tatsache, die Schlagkraft eines Großunternehmens mit der Flexibilität eines regionalen Anbieters zu vereinen, Kapital schlagen zu können.

USF & G steht jetzt vor der Wachstumsphase. Da von den 6500 verbliebenen Mitarbeitern rund 30 Prozent seit weniger als zwei Jahren für das Unternehmen arbeiten, wird es vor allem darauf ankommen, das neugewonnene Talent zu wecken und mit dem soliden Fundament zu verbinden. Derzeit betreibt USF & G den aggressiven Aufkauf von Spezialversicherungsanbietern, die in seine Strategie passen, erwirbt beispielsweise einen Autoversicherer für Sonderrisiken oder eine auf den wachsenden Selbstversicherungsmarkt spezialisierte Rückversicherungsgesellschaft. Parallel dazu werden die intensiven Anstrengungen im Kostenmanagement fortgeführt.

USF & G kann schon heute bemerkenswerte Erfolge vorweisen. Die Strategie, sich auf seine Kernkompetenzen zu besinnen, hat das Unternehmen nicht nur vor dem drohenden Bankrott bewahrt, sondern ihm im Jahr 1994 auch noch einen Nettogewinn von 232 Millionen Dollar und damit ein Plus von 41 Prozent gegenüber dem Vorjahr beschert.

Kommunizieren, Kommunizieren, Kommunizieren

Nach Auffassung von Norman Blake hilft auch ein klar definiertes Unternehmensziel nicht weiter, solange nicht alle Mitarbeiter darauf eingeschworen sind. Die Effektivität von Blakes Drei-Stufen-Plan beruht zu einem Gutteil auf dem Umstand, daß sein Team der gesamten Belegschaft klipp und klar auseinandersetzte, was man von ihr erwartete. Statt mit allgemeinen Anweisungen wie „die Kosten senken“ abgespeist zu werden, wurden die Mitarbeiter detailliert über den eingeschlagenen Weg unterrichtet – über die Maßnahmen, die ergriffen wurden und sogar über die anvisierten Termine, an denen die folgenden Stufen in Angriff genommen werden sollten.

Wie Blake hält auch Peter Viner vom schnell wachsenden Fernsehsender Channel 10 Televison in Australien die Kommunikation auf jeder Stufe und insbesondere in der Anfangsphase für außerordentlich wichtig. Das Bravourstück, den Betriebsgewinn des Senders innerhalb von drei Jahren von 18 Millionen auf 100 Millionen Dollar hinaufzuschrauben, verdankt Viner in erster Linie der Tatsache, daß er seinen Mitarbeitern „eine klare Vorstellung von dem Weg, den wir beschreiten wollten“, vermitteln konnte – von einem „blassen Abziehbild der Konkurrenz“ hin zu einem profitablen, innovativen und effektiv geführten Sender mit einem deutlichen Schwerpunkt auf das junge Publikum. Wie die meisten Manager, die ein Unternehmen völlig neu ausrichten, befand sich Viner in einer Zwickmühle: Einerseits mußte er die Kosten radikal senken, andererseits das Programm auf Vordermann bringen – und zwar gleichzeitig. Außerdem stand er vor der wenig dankbaren Aufgabe, seinen Aktionären die dringend notwendige Generalüberholung der Managementstruktur schmackhaft machen zu müssen. Viner erklärt, wie er die Belegschaft über die neue Richtung informierte:

> In den letzten sechs bis acht Monaten teilten wir die Belegschaft in Gruppen zu je fünfzehn Personen ein. In einer Präsentation setzte ich jeder Gruppe jeweils eine halbe Stunde lang die allgemeine Situation und die Ausrichtung des Unternehmens auseinander – wohin wir unterwegs waren und warum. Dann hatten sie eine halbe Stunde Zeit, um Fragen zu stellen. Selbst wenn ihnen womöglich die Richtung nicht paßte, konnten sie so zumindest ihre schlechte Laune an mir abreagieren und ihren Ärger loswerden. Wissen Sie, wir glauben, daß man, solange die Ausrichtung klar ist, damit leben kann. Womit man nicht leben kann, ist Unentschiedenheit, ist Unsicherheit. Auch wenn die Mitarbeiter nicht mit unseren Zielen einverstanden sind, sie verfügen jetzt über die nötigen Informationen, eine sinnvolle Entscheidung zu treffen. Immerhin wissen sie, wo sie stehen.

Das zielgerichtete Unternehmen wird sich selbst zum schlimmsten Feind

Mit neuen Verfahren und Technologien will man sich selbst ersetzen, bevor es jemand anders tut. Erfolg gründet auf dem ständigen Bemühen um Erneuerung.

Gary Tooker,
Generaldirektor Motorola[33]

Auf dem ersten Blick schien Domino's Pizza der Inbegriff eines zielgerichteten Unternehmens zu sein. Über drei Jahrzehnte hinweg lieferte Domino's nicht anderes als Pizza und Coca-Cola, noch nicht einmal Diät-Cola. So eifersüchtig wachte Firmenvater Thomas Monaghan über sein Pizza/Cola-Erfolgsrezept, daß das erste neue Produkt erst nach 32 Jahren eingeführt wurde, und zwar – *einen Tusch bitte* – eine Pizza mit extra dünnem, knusprigem Boden.

Und wenn von Kernkompetenzen die Rede ist: Domino's und „schnell" waren Synonyme. Die klassische Servicegarantie der Marke – „Lieferung innerhalb von 30 Minuten oder ein Rabatt von 3 Dollar“ – war ebenso einfach, einprägsam und erfolgreich wie FedEx’ Motto: „Absolut. Auf jeden Fall. Über Nacht.“ Wie also konnte Thomas Monaghan Anfang der neunziger Jahre auf die Idee kommen, den drohenden Bankrott von Domino’s auf die mangelnde Zielausrichtung des Unternehmens zurückzuführen?

Oh, oh, Domino’s

Mit Hilfe von Pizza und Coca-Cola, einer Investition von 900 Dollar im Jahre 1960 und einem VW Käfer, der ihm nur zur Hälfte gehörte, hatte Monaghan innerhalb von 30 Jahren ein Imperium mit einem Jahresumsatz von 2,5 Milliarden Dollar aus dem Boden gestampft. Er hatte eine einzigartige Geschäftsidee, die so zuverlässig wie ein Geldesel funktionierte. 30 Jahre in Folge wuchsen Gewinn und Umsatz von Jahr zu Jahr. Domino’s lieferte jede zweite von zu Hause aus bestellte Pizza. Monaghan genoß seinen hart erarbeiteten Reichtum ganz offen und in vollen Zügen. Er war in einem Waisenhaus aufgewachsen, einer der wenigen also, die tatsächlich vom Tellerwäscher zum Millionär – in seinem Fall zum Multimillionär – aufgestiegen sind.

1983 kaufte Monaghan für 53 Millionen Dollar die Detroit Tigers und für 28 Millionen Dollar eine Ferieninsel im Huronsee und bekundete sein religiöses Interesse durch den Bau einer Kathedrale in Nicaragua. Seine Ambitionen auf dem Gebiet der Architektur und seine Begeisterung für Frank Lloyd Wright lebte er aus, indem er für 40 Millionen Dollar Möbel, Skulpturen und Zeichnungen von Wright erwarb und in der Konzernzentrale am Frank Lloyd Wright Drive 30 in Ann Arbor, Michigan, ausstellte. Die Zentrale selbst war umgeben von Weiden, auf denen Kühe grasten, ihr angeschlossen waren ein Streichelzoo und eine Pantomimespielschule, die von keinem geringeren als Marcel Marceau geleitet wurde. Die Decke in Monaghans zweigeschossiger Bürosuite war mit Seide ausgeschlagen, die Bodenplatten mit Leder bezogen. Und auch sein Faible für Oldtimer kostete ihn Millionen von Dollars. „In den achtziger Jahren diskutierten wir vor allem darüber, wie groß der Firmenjet sein sollte“, erinnert sich Konzernsprecher Tim McIntyre.

Während Monahgan auf Shoppingtour ging, untersuchte Pizza Hut, was die Kunden wirklich wollten – und das war mehr, als Domino’s ihnen anbot. Der Herausforderer ergriff die Chance und drängte mit

Pizzen mit knusprigem, dünnem Boden, mit deep-dish crusts (in tiefen Backblechen gebackene Pizzen), mit allen möglichen Limonaden und Salaten aggressiv in den Pizzaservice-Markt vor. Im Prinzip bot Pizza Hut ein komplettes Menü an, und das war genau das, was immer mehr Kunden verlangten. Domino's ausschließliche Beschränkung auf Pizza und Cola war nicht mehr zeitgemäß und zielte starr auf einen Markt, der in Bewegung gekommen war.

Monaghan verdankte seinen Reichtum seinem sicheren Gespür für die Bedürfnisse der Babyboomer. Die Kunden, die Domino's in den sechziger und siebziger Jahren in den Colleges und Kasernen belieferte, hatten wenig Auswahl. Damals war es schon eine große Sache, daß man sich eine Pizza ins Haus liefern lassen konnte, vor allem für diejenigen, die kein Auto besaßen. Und dann dauerte es auch noch weniger als eine halbe Stunde, bis die Pizza auf dem Tisch stand. Wahnsinn! Domino's traf mit seinem Angebot mitten ins Schwarze.

Mit der Zeit jedoch änderten sich die Bedürfnisse der Babyboomer, sie wurden erwachsen und gründeten Familien, die versorgt werden wollten. Ein Anruf beim Pizzaservice läutete kein Schlemmermenü im Wohnzimmer mehr ein, sondern war zum festen Bestandteil des wöchentlichen Speiseplans geworden. Die Kunden erwarteten jetzt mehr, und auch die Liefergeschwindigkeit galt inzwischen als selbstverständlich. Domino's hatte gegenüber Pizza Hut keinen eindeutigen Wettbewerbsvorteil mehr.

Pizza Hut fing 1986 mit der Auslieferung von Pizzen an und hatte bis 1990 schon die Hälfte des Marktes erobert. Doch zwei Jahre lang rührte sich Domino's nicht. McIntyre zufolge „litt" Domino's an einem schweren Fall von Konzernegomanie. „Wir dachten, wir seien unschlagbar. Wenn jemand vorschlug, das Angebot zu erweitern, wurde er mit den Worten abgespeist: ‚Vergiß es. Unsere Marktnische sind die 30 Minuten, und das *letzte,* das wir gebrauchen können, ist etwas, das uns Zeit kostet. Punkt.' Wir dachten: ‚Die Leute von Pizza Hut haben keine Ahnung.' Wir haben 30 Jahre lang unseren Service und die Geschwindigkeit aller Abläufe immer wieder optimiert. Was konnten die schon vom Geschäft wissen?"

Nun, sie wußten, daß es nicht darauf ankommt, wie schnell man etwas liefert, wenn es nicht genau das ist, was die Kunden wollen. Erst als Domino's und Pizza Hut sich ein Kopf-an-Kopf-Rennen lieferten und jeweils ein Drittel aller Pizzen lieferten, erkannte der Platzhirsch seinen strategischen Fehler. Domino's hatte sich zu lange auf eine Leistung verlassen, die die Kunden nicht mehr zu schätzen wußten.

Domino's erkannte nicht nur, und selbst das beinahe zu spät, daß man sich zu lange auf den Lorbeeren einer zwischenzeitlich überholten Geschäftsidee ausgeruht hatte, sondern hatte auch viel zu viel Geld für Spielereien ausgegeben, die vollkommen irrelevant für das Kerngeschäft waren. Geld, das Domino's jetzt brauchte, um den Bankrott abwenden und den Turnaround finanzieren zu können. Das erste, was Monaghan tat, als er endlich aus seinem Tiefschlaf erwachte, war, alles zu verkaufen, was nicht direkt dem Nutzen der Kunden diente: die Detroit Tigers, die Immobilien, die Oldtimer und die Hubschrauber. Auch der Firmenjet wurde veräußert, und wenn ein Mitarbeiter Erster Klasse flog, galt das schon als Kündigungsgrund. Dann fing Domino's an, seinen Kunden sehr genau zuzuhören.

Ziele müssen immer wieder überprüft werden

Zwei Jahre, nachdem Pizza Hut in Domino's Domäne eingebrochen war, rang sich Domino's endlich dazu durch, die von den Kunden so heiß begehrte Pizza mit extra dünnem, knusprigem Boden anzubieten – was dem Unternehmen zu Monaghans eigener Überraschung erstmals seit Pizza Huts Vorstoß wieder steigende Verkaufszahlen bescherte. Da viele Kunden den Wunsch nach Salaten äußerten, nahm Domino's auch Salate mit ins Angebot auf – jedoch ohne großen Erfolg. Wie sich zeigte, liefen die Salate vor allem deshalb nicht so gut, weil die Kunden ihre Pizza oft in geselliger Runde aßen. Also bot man Bierstengel und Hähnchenflügel an und machte mit beidem gute Gewinne.

Erst kürzlich nahm Domino's auch eine Spezialitätenpizza in sein Angebot auf, die heute ein Viertel der Bestellungen ausmacht. (Inzwischen bekommt man bei Domino's auch Diät-Cola und Sprite.)

Wegen der – von den Kunden gewünschten – Ausweitung des Angebots hat sich die Lieferzeit zwar von 24 auf 28 Minuten erhöht, doch fällt das kaum jemandem auf. Was den Kunden dagegen sehr deutlich auffällt, ist, daß Domino's seit neuestem alles daransetzt, ihnen genau das anzubieten, was sie wollen. Und bei Domino's wird das Unternehmenszielt jetzt ständig den sich ändernden Bedürfnissen der Kunden angepaßt.

Das Jahr 1994 ging dank der neugefundenen und kundenorientierten Zielvorgaben Service, Qualität und *Vielfalt* mit einem Gewinn von 30 Millionen Dollar als das *beste Geschäftsjahr in die Firmengeschichte ein* – und kein Wölkchen trübt den Horizont. „Ende der achtziger Jahre hingen wir völlig in der Luft", gibt Monaghan zu. „Wenn ich heute das Wort ‚Konzentration' in den Mund nehme, bewegt das niemanden mehr groß. Ein bißchen Konzentration auf den Kunden kann einem viel weiterhelfen. Domino's hat genügend bewegte Zeiten durchgemacht."[34]

Handlungsanweisungen

- Stellen Sie fest, welche Kunden Sie bedienen wollen. Trennen Sie sich von Kundengruppen, die zwar verlockend erscheinen, aber nur marginale Gewinne versprechen. Versuchen Sie es einmal damit: Bitten Sie Manager und Mitarbeiter, folgende Frage schriftlich zu beantworten, ohne vorher mit anderen darüber zu sprechen: „Wer sind unsere Kunden?" Analysieren Sie die Antworten in Hinblick auf ihre Klarheit und Einheitlichkeit; sie zeigen, wie genau Ihr Unternehmen seine Kundenzielgruppe kennt.
- Fragen Sie sich selbst und Ihre Mitarbeiter: „Was verkaufen wir?", und dann fragen Sie die Kunden: „Was kaufen Sie wirklich bei uns?" Entdecken Sie Unterschiede? Wir gehen davon aus, daß wir Produkte und Dienstleistungen verkaufen, doch unsere Kunden kaufen den Nutzen, den sie von unseren Produkten und Dienstleistungen haben, also Dinge wie Sicherheit, höhere Produktivität, ein besseres Selbstimage, höheres Ansehen. Ergebnis: Kunden kaufen nicht immer, was wir ihnen unserer Meinung nach verkaufen.
- Füllen Sie mit einer Gruppe aus Ihrem Unternehmen die Zielmatrix (Abbildung 2.2 auf S. 53) aus. Welche Schritte müssen Sie unternehmen?
- Legen Sie fest, welche der in Ihrer Firma geleisteten Arbeiten sinnvoll ausgelagert werden können. Welche Vor- und Nachteile wären damit verbunden?

- Untersuchen Sie, inwiefern Ihnen Mass Customization helfen kann, spezifische und dem Wettbewerb überlegene Waren oder Dienstleistungen anzubieten. Was können Sie tun, um Ihr Angebot nicht nur auf den Markt, sondern auch auf Individuen in diesem Markt maßzuschneidern?
- Kommunizieren Sie Ihr Unternehmensziel offensiv und so oft wie möglich. Erklären Sie genau, was Ihr Unternehmen leisten und was es nicht leisten will. Lassen Sie keinen Raum für gutgemeinte, aber nicht zielgerichtete unternehmerische Abenteuer.
- Falls die Gefahr besteht, daß veränderte Marktbedingungen oder andere Geschäftsfaktoren Ihr Unternehmensziel obsolet werden lassen, suchen Sie nach einem neuen Weg, wie Sie Herausragendes leisten können – und folgen Sie ihm.

Kapitel 3

Der direkte Draht zum Kunden

Ohne ein klar definiertes Verfahren zur Konzentration der gesamten Organisation auf die Bedürfnisse des Kunden kann keine Kundenzufriedenheit erreicht werden.

Robert Schrandt
Vice President, Customer Relations
Toyota Motor Sales, USA

Ein amüsantes und illustratives Beispiel dafür, wie machtvoll die Stimme des Kunden sein kann, zeigt der 1988 gedrehte Kinofilm *Big*. Darin spielt Tom Hanks einen zwölfjährigen Jungen, der sich – körperlich – über Nacht in einen Erwachsenen verwandelt, seine Spielfreude und seine kindlichen Verhaltensweisen jedoch behält. Als Hanks übermütig in einem Spielzeuggeschäft von F.A.O.-Schwarz herumtobt, erkennt ihn der Präsident einer Spielzeugfirma als das, was er ist: der perfekte Mitarbeiter einer Spielzeugfirma.

Hanks weiß intuitiv, was Kindern gefällt. Schließlich ist er selbst ein Kind. Der aufmerksame Firmenpräsident läßt fortan Hanks alle Produktentscheidungen treffen und verschafft seinem Unternehmen damit einen immensen Vorsprung vor dem Wettbewerb.

Stellen Sie sich vor, welchen Nutzen ein reales Unternehmen aus Mitarbeitern mit einer derart perfekten Kundenkenntnis ziehen könnte. Gleichgültig, ob solche Mitarbeiter den Produktionsablauf verbessern, die Ausschußquoten vermindern oder den Produktentwicklungszyklus verkürzen wollten, sie könnten sich bei allem, was sie in Angriff nähmen, auf ihr profundes Wissen über die tatsächlichen Vorlieben der Kunden verlassen. Kein Kundenwunsch bliebe mehr unerkannt oder unerfüllt, die Leute würden der Firma ihre Produkte aus der Hand reißen und sie an ihre Freunde weiterempfehlen, Umsatz und Gewinne würden explodieren.

Vom Zuhören in der realen Welt

Die Frage, ob eine tatsächlich existierende Firma ihren Kunden genauso gut dienen kann, ist müßig. Schließlich haben erst jüngst eine Reihe von Unternehmen bewiesen, daß es möglich ist, zu verstehen, worauf Kunden wirklich Wert legen und durch die konsequente Anwendung dieses Wissens denselben Wettbewerbsvorteil zu erreichen wie der von Tom Hanks gespielte Mitarbeiter in *Big*.

Diese Firmen bieten bessere Produkte und Dienstleistungen und bringen sie schneller und wirtschaftlicher an den Mann. Das Ergebnis: sie erwirtschaften höhere Profite und wachsen sehr viel schneller als ihre Konkurrenten.

Worin besteht ihr Geheimnis? Nun, genaugenommen gibt es kein Geheimnis. Nur die beharrliche und konsequente Anwendung einer bestimmten Formel, die sich immer wieder bewährt hat. Diese Gewinner integrieren die Meinung des Kunden in ihre Organisation, sie legen einen direkten Draht zum Kunden. Das Bild vom *„direkten Draht“* spielt auf den der Elektrotechnik entliehenen Begriff „verdrahten“ an, der bedeutet, daß eine Leitung – zum Beispiel ein Kupferkabel – zwischen zwei Punkten gelegt wird, über die ein Signal oder Strom übertragen wird. Verdrahtet ein Elektriker beispielsweise ein Feueralarmsystem, „schließt“ er alle Rauchmelder sowohl an das Stromnetz des Gebäudes als auch den zentralen Steuerungskasten an. Diese Zentraleinheit kann im Notfall eine Alarmsirene einschalten, die Notbeleuchtung aktivieren und die Feuerwehr alarmieren.

Eine Verdrahtung kostet Zeit. Alternativ dazu kann in ein paar Minuten ein batteriebetriebener Feuermelder für 8,95 Dollar aus dem lokalen Haushaltswarengeschäft installiert werden. Allerdings arbeitet das verdrahtete Alarmsystem ungleich zuverlässiger. Nicht nur, daß der batteriebetriebene Feuermelder ausfällt, wenn die Batterie leer ist, er ist auch vollkommen nutzlos, wenn niemand da ist, der den Alarm hört. Ein Unternehmen benötigt ein Warnsystem, das fehlerfrei funktioniert.

Aber natürlich hören wir zu

Was Sie benötigen, ist ein direkter Draht zwischen den Kunden und allen Ebenen Ihrer Organisation, eine Verbindung, die als dauerhafter, störungssicherer Kommunikationskanal funktioniert. Leider gleichen die Anstrengungen der meisten Firmen, die versuchen, „sich auf den Kunden zu konzentrieren", der Installation eines batteriebetriebenen Feuermelders. Nehmen wir zum Beispiel den Bürodienstleister mit einem Jahresumsatz von 30 Millionen Dollar, mit dem wir zusammengearbeitet haben. Die Firma hatte sich zum Ziel gesetzt, das kundenorientierteste Unternehmen in ihrer Branche und Weltklasse im Verständnis ihrer Kunden zu werden. Auf allen Ebenen des Unternehmens beschritten Mitarbeiter innovative Wege, um Verbindungen zu den 550 Kunden der Firma herzustellen – von Focus Groups, Telefonumfragen und Testkäufern über Kundenpanels und -konferenzen bis hin zur Installation modernster Kundendatenbanken. Im festen Glauben, dadurch die Kundenbindung deutlich zu stärken, organisierte eine Abteilung des Unternehmens sogar ein Besuchsprogramm bei den Kunden. Doch ein Jahr nach Beginn des Versuchs waren die Kundenbindung um 10 Prozent und die Kundenzufriedenheit um 5 Prozent zurückgegangen.

Was war passiert? Am Engagement und Willen des Unternehmens konnte es nicht gelegen haben: Immerhin hatte die Firma fast eine Million Dollar investiert und insgesamt 200 Mitarbeiter in 17 verschiedenen Abteilungen an 105 Kundenforschungprojekten beteiligt, um zu erfahren, worauf ihre Kunden Wert legen.

Wie sich herausstellte, hatte das Management zwei fatale Fehler begangen. Erstens wurde versäumt, die Datenerhebung zu koordinieren. Manche Kunden wurden bis zu viermal pro Monat kontaktiert und beschwerten sich denn auch häufig, daß ihnen von verschiedenen Leuten mit unterschiedlichsten Begründungen ähnliche Fragen gestellt wurden. Zweitens wurde versäumt, auf Grundlage der für teures Geld gesammelten Daten irgendwelche substantiellen Verbesserungen durchzuführen. *Die Daten lagen einfach herum.* Lediglich 43 Prozent der Mitarbeiter, die Daten gesammelt hatten, gaben diese an jemand anderen weiter. Magere 39 Prozent berichteten, aufgrund der Datenerhebung seien irgendwelche Maßnahmen ergriffen worden. Und nur 27 Prozent der von *externen* Kunden erhobenen Informationen lösten „entsprechende Maßnahmen“ aus. Es hatte den Anschein, als sei der größte Teil der so eifrig zusammengetragenen Daten in einem schwarzen Loch verschwunden.

Das schwarze Datenloch

Die Geschichte mag vielleicht übertrieben erscheinen, doch die meisten der für dieses Buch befragten Firmen berichteten von ähnlichen Erfahrungen: Man machte sich mit den besten Absichten und voller Tatendrang daran, die Kunden zu erforschen, vergaß dann aber meist, die Projekte intern zu koordinieren und die Erkenntnisse hinterher in die Tat umzusetzen. Tatsächlich gaben über 92 Prozent der befragten Unternehmen an, sie seien von den Informationen der Kunden fasziniert gewesen, sie gestanden aber gleichzeitig, die Daten nicht konkret eingesetzt zu haben. Wie der oben erwähnte Bürodienstleister erforschen diese Unternehmen zwar tatsächlich die Bedürfnisse ihrer Kunden und tun scheinbar genau das Richtige – Kundengespräche führen, Umfragen organisieren und (manchmal) sogar Kundenzufriedenheitsindizes erstellen.

Sie haben also – um die Analogie zum Feuermelder wieder aufzugreifen – die Fähigkeit erworben, Rauch zu entdecken. Doch sie haben es versäumt, die Leitung zu legen, über die der Alarm an die Feuerwehr – das Unternehmensmangement – weitergeleitet wird. Firmen, die keinen direkten Draht zu ihren Kunden gelegt haben, fehlt ein zuverlässiger Kommunikationskanal, über den die Kundeninformationen an die zuständigen Personen weitergeleitet werden. Die Folge:

Den Kunden nutzt die Kundenforschung meist nichts.

Sehen wir uns an, wie die Minicomputerindustrie reagierte, als die Hersteller von kleineren und billigeren Mikrocomputern in ihren Markt einbrachen.

Ein Schlüsselfaktor war, daß die Produzenten der kleineren Rechner es ganz einfach verstanden, auf ihre Kunden zu hören und nach dem Gehörten zu handeln. Die Hersteller von Minicomputern dagegen lebten in einer Welt, in der es schwierig war, vom proprietären System eines Anbieters auf das eines anderen zu wechseln, und so verhielten sie sich auch. Einer der größten Anbieter von Minicomputersystemen,

Digital Equipment Corporation (DEC), setzte ausschließlich auf die Technik. Zwar trug das Unternehmen – insbesondere die Marketingabteilung für Geschäftskunden – Ende der achtziger Jahre gewaltige Mengen an Kundendaten zusammen. Diese wurden jedoch im Topmanagement, wo man glaubte, die Bedürfnisse der Kunden bereits zu kennen, nicht zur Kenntnis genommen. DEC-Generaldirektor Ken Olsen erklärte 1991 ausdrücklich: „Wir sagen immer, die Kunden hätten recht, aber sie haben nicht immer recht.“[1] DECs Fall wurde von vielen dieser Kunden vorausgesagt, und der Weg zurück nach oben hat sich als steinig und lang erwiesen: Die Produkte der Firma mochten in der Tat besser gewesen sein als die der Konkurrenz, aber sie lösten die Probleme der Kunden nicht so gut. DEC schrumpfte um die Hälfte, bevor 1995 erstmals wieder ein Gewinn ausgewiesen wurde, und auch das vor allem aufgrund der drastischen Downsizing-Maßnahmen.

„Bitte beschweren“

Dem stehen unübersehbare Vorteile gegenüber, wenn ein Unternehmen es schafft, die Stimme des Kunden effektiv zu integrieren. Ein gutes Beispiel dafür ist Giordano, eine der am schnellsten wachsenden Textileinzelhandelsketten im asiatisch-pazifischen Raum. Hatte das Unternehmen 1986 noch 7,7 Millionen Dollar umgesetzt, so liegt der Umsatz heute bei über 450 Millionen Dollar. Allerdings verlief der Aufstieg nicht ganz so glatt, wie die Zahlen es andeuten: 1993 kam es im China-Geschäft zu einem Einbruch, und Giordano fuhr einen Verlust von über 15 Millionen Dollar ein.

Der neue Vorsitzende des Unternehmens Peter Lau reagierte auf den Umsatzsturz mit einer Reihe von Maßnahmen zur Rentabilitätssteigerung. Vor allem aber strebte er einen überragenden Standard in der Kundenbetreuung an und setzte sich zum Ziel, Giordano „mit eintausend Läden bis zum Ende des Jahrzehnts zum chinesischen H & M zu machen“.

Obwohl die Kette bereits für ihren guten Service bekannt war, ließ er am Perlfluß das größte Neonschild Chinas mit dem Schriftzug „Giordano bedeutet Dienst am Kunden“ aufstellen. Die Rechnung ging auf, und bereits 1995 schrieb Giordano wieder schwarze Zahlen.

Ausschlaggebend für den Erfolg ist, daß Giordano seinen Kunden nicht nur zuhört, sondern die Daten auch tatsächlich zur Verbesserung der Arbeitsabläufe einsetzt. Giordano führt zweimal im Jahr Kundenbefragungen durch und hat ein neuartiges Programm entwickelt, bei dem Mitarbeiter „Testkäufer“ spielen und sich so in die Lage der Kunden versetzen können.

In Hongkong, wo Giordano 26 Prozent seines Gesamtumsatzes erzielt, bemühte sich das Unternehmen noch offensichtlicher um den Kontakt zu seiner Kundschaft. In Zeitungsanzeigen forderte Lau seine Kundschaft dazu auf, Beschwerden einzureichen, und bot für jede Zuschrift ein T-Shirt an. Über vierzigtausend Kunden antworteten.

Nach Auswertung aller Daten ging Giordano in die Offensive. Eine der häufigsten Beschwerden betraf die verfügbaren Kleidergrößen. Viele Kunden beschwerten sich, daß die angebotenen Hemden zu groß seien. Also nahm Giordano extrakleine Polohemden und Crewneck-T-Shirts in sein Sortiment auf. Heute entfallen 12 Prozent des gesamten Umsatzes mit Crewneck-T-Shirts auf die neu eingeführte extrakleine Größe – die, wie Lau überzeugt ist, überwiegend von Neukunden gekauft werden.

Darüber hinaus, so zeigte sich, hielten viele Kunden die Giordano-Verkäufer für übereifrig. Genauere Nachforschungen ergaben, daß ein Großteil der chinesischen Kundschaft eher konservativ eingestellt ist und sich unwohl fühlt, wenn das Verkaufspersonal eine übertriebene Freundlichkeit an den Tag legt. Das Unternehmen schulte seine Mitarbeiter im Umgang mit verschieden Kundentypen, und bereits im folgenden Jahr gewann Giordano den Best Service Award der Fachzeitschrift *Next* für die beste Kundenbetreuung in der Kategorie Boutiquen, gefolgt vom Best Service Award 1995 der Hong Kong Retail Management Association in der Kategorie Spezialgeschäfte.

Peter Lau kennt viele Geschichten über Erfolge, die auf der Nutzung von Kundendaten beruhen, darunter auch die kürzlich getroffene Entscheidung, sich intensiver um die weibliche Kundschaft zu bemühen. „Natürlich hatten wir auch einige Fehlstarts. Manche Kunden hatten gute Ideen, die sich dann doch nicht als gut genug erwiesen“, räumt er ein. „Aber das macht nichts. Mit jedem unserer Erfolge könnten wir ein Dutzend Fehlschläge finanzieren.“

PictureTels Kunden sind Gold wert

Vor kurzem haben wir PictureTel besucht, einen Anbieter von Equipment für Videokonferenzen (Kameras, Bildschirme, Übertragungsgeräte und Bedienungselemente), das es Menschen auf verschiedenen Erdteilen erlaubt, in Echtzeit miteinander zu konferieren.

PictureTel ist ein Unternehmen, das eine weltweite, unabhängige Gruppe von Anwendern pflegt und den direkten Kontakt mit den Geschäftsbereichsleitern und den Vorständen seiner Kunden durch Arbeitsgruppen zur Lösung spezifischer Kundenprobleme ergänzt. Das Standards and Technology Committee kümmert sich um technische Probleme, das Relationship Committee sucht nach Wegen, wie PictureTel die Zusammenarbeit mit seinen Kunden verbessern kann.

Die Entwicklungsabteilung des Unternehmens steht in ständigem Kontakt zu den Kunden, reagiert mit Rückfragen auf Feedback und schafft es, von Kunden vorgebrachte Produktverbesserungsvorschläge innerhalb von Monaten umzusetzen. Beispielsweise schlug ein Anwender vor, für die Redner auf Konferenzen eine Fernsteuerung zu entwikkeln, so daß sie nicht mehr wie bisher quer durch den Raum gehen müssen, um das Eingabefeld des Systems zu bedienen. PictureTel griff die Anregung auf, und im April 1995, kurz nachdem der Kunde seinen Vorschlag geäußert hatte, wurde der Look-At-Me-Button (oder LAMB) vorgestellt. Wenn ein Redner oder der Diskussionsleiter einen der Wandschalter drückt, stellt sich die Kamera automatisch auf ihn ein, und er kann sich frei durch den Raum bewegen, ohne aus dem Bild zu geraten.

Zusätzlich führt PictureTel nach dem Zufallsstichprobenverfahren Befragungen zur Kundenzufriedenheit durch. „Das Feedback von unseren Kunden ist für uns lebenswichtig“, erklärt Anne Barrett, die bei PictureTel für den Kontakt zur Kundengruppe zuständig ist. Obwohl es nicht möglich ist, auf alle Kundenvorschläge einzugehen, da ansonsten die Entwicklung von neuen Produkten ins Hintertreffen geraten würde, hilft der direkte Draht zu den Kunden den PictureTel-Entwicklungsingenieuren, Unwichtiges herauszufiltern und sich auf das zu konzentrieren, was die Kunden tatsächlich brauchen.

Kommt von den Kunden eine klare Anweisung, wird PictureTel schnell aktiv.

Unter Umständen reagiert das Unternehmen auf Kundenvorschläge innerhalb weniger Tage, wie ein Fall aus dem Jahr 1994 zeigt: PictureTel hatte einer Anwendergruppe Umfragebögen zugeschickt und diese an einem Freitag zurückerhalten. Da die für Kundenbeziehung zuständigen Mitarbeiter bereits zuvor mit der Anwendergruppe gearbeitet hatten, konnte schon am folgenden Dienstag eine Erklärung herausgegeben werden, die auf viele der von den Befragten vorgetragenen Beschwerden einging. „Der Leiter des Relationship Committee ist glatt vom Stuhl gefallen", erinnert sich Barrett.

Nicht zuletzt dank dieser engen Kopplung der Kundenbeurteilung mit den internen Entscheidungsinstanzen hält PictureTel heute eine überlegene Position auf dem Markt für Videokonferenzequipment und konnte seinen Umsatz von 37 Millionen Dollar im Jahr 1990 auf 255 Millionen im Jahr 1994 steigern. Und der enge Kontakt mit den Anwendern birgt noch einen weiteren Vorteil. Weil die Mitarbeiter von PictureTel ständig daran erinnert werden, daß ihre Produkte und Dienstleistungen noch lange nicht perfekt sind, erliegen sie nicht der Versuchung, sich auf ihren Lorbeeren auszuruhen – was zwar bequem, aber auch sehr riskant wäre.

Firmen wie PictureTel haben es geschafft, die Meinung des Kunden in ihre Organisation zu integrieren, sprich, eine klare und stabile Verbindung zwischen sich und den Kunden aufzubauen, die sicherstellt, daß die Anforderungen der Kunden erfüllt werden. Anders gesagt, sie haben ganz systematisch die Fähigkeit entwickelt, die Bedürfnisse ihrer Kunden zu ermitteln, aufzunehmen und nach ihnen zu handeln.

Vier Schritte zum direkten Draht

Angenommen, Ihr Unternehmen ist ein „typisches" Unternehmen, dann stapeln sich bereits Tonnen von Kundendaten in zahllosen Aktenschränken und Magnetbändern. Worauf es ankommt, ist, diese Daten zu nutzen. Die wichtigsten Schritte auf dem Weg zur Integration der Stimme des Kunden sind:

1. Entwickeln Sie eine Strategie des Zuhörens.
2. Sammeln, organisieren und präsentieren Sie ihre Informationen.

3. Entwickeln Sie dynamische Scorecards.
4. Richten Sie Team- und Einzelverhalten an der Stimme des Kunden aus.

Obgleich die Abfolge dieser vier Schritte sehr logisch erscheint, wird häufig gerade der Ausgangspunkt übersehen. Viele Unternehmen beginnen mit dem Sammeln und Organisieren von Daten (Schritt 2) oder versuchen gar, ihr Verhalten an der Stimme des Kunden zu orientieren (Schritt 4), bevor sie eine vollständige Strategie des Zuhörens entwickelt haben (Schritt 1). Doch ein Unternehmen, das sich ein klares Ziel gesetzt und seine Kunden identifiziert hat, verfügt mit diesen vier Schritten über eine vollständige Anleitung, wie es den direkten Draht zu seinen Kunden legen kann. Ein Unternehmen, das sich daran hält, *wird* zu einem Unternehmen, das nicht nur zuhört, sondern auch handelt.

Folgende Kundengruppen gehören in Ihren „Kundenpool"

Zu viele Unternehmen denken nur an ihre *aktuellen* Kunden, wenn sie fragen: „Wer sind unsere Kunden?" Das ist eine Falle. Berücksichtigen Sie auch:

- verlorene Kunden
- verlorene Interessenten
- potentielle Kunden
- Kunden der Konkurrenz

Schritt 1: Entwickeln Sie eine Strategie des Zuhörens

Strategisches Zuhören setzt voraus, sich darüber klarzuwerden, warum man überhaupt zuhört. Dieser Schritt ist der schwierigste und wird am ehesten vernachlässigt. Deshalb wird ihm hier besonders viel Platz eingeräumt.

Nehmen wir zum Beispiel Toyota Motor Sales USA. Das Toyota-Management beschloß, detailliert zu untersuchen, was seine aktuellen Kunden von seinen Autos und dem Toyota-Service hielten. Dabei ging es Toyota letztlich darum, herauszufinden, wie diese Kunden ihre *nächste* Kaufentscheidung treffen würden. Hier sind drei Schlüsselfragen, die auf diese Information abzielen, und einige der Methoden, wie Toyota sie zu beantworten sucht:

1. **Auf welche Produkt- und Servicemerkmale legen Sie am meisten Wert?**
   Toyota erfaßt die Anliegen seiner Kunden vor allem über das gutgeschulte Personal in seinem USA-weiten 800-Telefonservice und durch Verfahren wie die Arbeit mit Focus Groups. Focus Groups bieten Kunden eine Chance, so viele Punkte anzusprechen, wie sie wollen. Ein wichtiger Schritt, denn ohne den direkten Input von Kunden kann man nur schwer abschätzen, welche Merkmale ausschlaggebend sein *könnten*.
2. **Wie gut gelingt es uns, gemessen an Ihren Erwartungen und im Vergleich zu unseren Konkurrenten, Ihnen die gewünschten Produkt- und Servicemerkmale zu liefern?**
   Toyota bittet seine Kunden anzugeben, welche Priorität sie den von ihnen selbst erwähnten Merkmalen beimessen, welches Leistungsniveau sie in jedem Bereich erwarten und schließlich, inwieweit Toyota diese Erwartungen erfüllt. Dabei setzt Toyota zwei Umfragen regelmäßig ein: eine Umfrage über das Neuwagengeschäft bei Kunden, die gerade ein Auto gekauft haben, sowie eine Umfrage über die Qualität des Toyota-Service, unmittelbar nachdem eine Garantieleistung erbracht wurde.
3. **Was vermissen Sie und was gefällt Ihnen nicht?**
   Um diese Frage zu beantworten, arbeitet die Kundenforschungsabteilung von Toyota mit Focus Groups und führt andere Untersuchungen durch.

Stellen Sie Ihren „Empfänger" ein

So wenig, wie Sie Radiowellen hören können, wenn ihr Empfangsgerät nicht richtig eingestellt ist, so wenig nehmen die meisten Unternehmen von dem Strom der Kundeninformationen wahr, den sie tagtäglich „empfangen". Ihr Problem ist, daß ihr Empfänger nicht korrekt auf den Datenstrom eingestellt ist.

Die CUNA Mutual Insurance Group ist eine 1935 von den amerikanischen Kreditgenossenschaften gegründete Versicherungsgesellschaft, die Kreditgenossenschaften und Genossenschaftsmitglieder versichert. Die Mitarbeiter der CUNA Mutual sind seit jeher sehr bedacht – und stolz – darauf, die Kreditgenossenschaftsbewegung zu unterstützen. Trotzdem haben sie jahrzehntelang die Zeichen der Frustration übersehen, die in den eingehenden Daten enthalten waren.

Dem Management war zwar seit langem bekannt, daß eine große Zahl der Kunden telefonisch um Hilfe beim Ausfüllen der CUNA-Formulare bat, maß diesem Umstand jedoch keine sonderliche Bedeutung bei. Offensichtlich nahmen die Führungskräfte an, die Mitarbeiter des Telefondiensts würden alle auftretenden Probleme ausräumen.

Dick Heins, der frühere CUNA-Generaldirektor, verschaffte dem Unternehmen einen Empfänger und half ihm, die richtige Frequenz einzustellen. Er organisierte Focus Groups mit Kunden der Firma, ließ die Sitzungen auf Video aufnehmen und zeigte auf wichtigen Managementsitzungen Aufnahmen mit Kundenbeschwerden.

Erschreckende Ergebnisse

„Die Kunden schrien förmlich nach Verbesserungen", sagt Steve Goldberg, Vizepräsident für das Qualitätswesen. Die Kunden klagten, sie könnten die Instruktionen und Broschüren von CUNA Mutual nicht verstehen. Und wenn sie Fragen hatten, kamen sie häufig noch nicht einmal zu den Kundendienstvertretern durch, die im Hauptquartier der Firma in Madison, Wisconsin, saßen.

Das CUNA-Management zeigte sich beeindruckt. Nach der Vorführung wurden Anrufe in der Firmenzentrale erstmals als wichtige Daten behandelt. Zunächst wurde überprüft, wie viele Kunden bei einem Anruf einen Kundendienstvertreter erreichten. Das Ergebnis war erschreckend: 24 Prozent der Anrufer kamen überhaupt nicht zum Kundendienst durch. Und die Mehrheit derer, die jemanden erreichten, mußten durchschnittlich 75 bis 90 Sekunden in der Leitung warten.

Drastische Maßnahmen

CUNA Mutual machte sich daran, ihren Kunden das Leben zu erleichtern. Erst jetzt, da das Unternehmen seinen Kunden zuhörte, zog man den Gedanken in Betracht, daß bei den Vordrucken, auf die sich besonders viele Anrufe bezogen, entweder das Formular selbst, die Instruktionen zum Ausfüllen oder beides schwer verständlich sein mußten. Um diese These zu verifizieren, wurde überprüft, welche Formulare die meisten Anrufe verursachten. Die betreffenden Formulare wurden überarbeitet, und in einigen Fällen, etwa bei der Feststellung der Arbeitsunfähigkeitsansprüche, wurde die Zahl der auszufüllenden Formulare drastisch reduziert. Zusätzlich wurden der Personalplan des telefonischen Kundendienstes reorganisiert und die Servicemitarbeiter intensiver geschult.

Wie sich zeigte, erleichterte die Neugestaltung der Formulare den Kunden in der Tat das Leben, und die Zahl der Anrufe ging stark zurück. Die Veränderungen führten innerhalb eines Jahres zu einem merklichen Anstieg der Kundenzufriedenheitswerte. Der Prozentsatz der Anrufer, die einen Mitarbeiter des Kundendiensts erreichten, stieg auf 98 Prozent, und die durchschnittliche Wartezeit fiel um über 75 Prozent. Nicht zuletzt dank der von Heins in Gang gesetzten Neuerungen konnte CUNA Mutual in den neunziger Jahren den Angriff der Konkurrenten abwehren, die in seine Marktnische drängten. Inzwischen verzeichnet das Unternehmen bei den Gewinnen ein Rekordwachstum.

Dies ist typisch für das, was passiert, wenn den im normalen Geschäftsablauf in das Unternehmen fließenden Kundendaten mehr Aufmerksamkeit geschenkt wird. Bei der Suche nach einer Strategie, Antworten auf die drei Schlüsselfragen zu erhalten, sollten Sie auf jeden Fall drei Arten bereits vorhandener Daten berücksichtigen:

1. **Formell gesammelte Daten**
   Informationen aus Umfragen, von Kommentarkarten, aus Focus Groups und anderen bewußten Anstrengungen, die Stimme des Kunden aufzunehmen.
2. **Nach innen gerichtete Kundenkommunikation**
   Informationen, die aus Anfragen und Beschwerden, aus der Rückgabe beanstandeter Produkte und aus Bewerbungsformularen re-

sultieren, also Daten, die das Unternehmen im normalen Geschäftsverlauf sammelt.

3. **Zufällige Kundenkontakte**
   Informationen aus Zusammenkünften mit Kunden, die nicht im Rahmen formeller Kundenforschung stattfinden. Dazu gehören Begegnungen mit Kunden auf dem Parkplatz, beim Golf und im Verkaufsgespräch.

Offen sein für von außen eingehende und informelle Informationen

Christopher Samuels, Vorstandsvorsitzender des Center for Strategy Research, glaubt, daß sich die besten Chancen aus Daten ergeben, die aufgrund von Anrufen bei Verkaufs- und Servicezentren gesammelt werden. Samuels vergleicht Organisationen mit einem Zimmer mit zwei Türen. Eine Tür ist geschlossen (weil das Unternehmen weder Fragen stellt noch zuhört), die andere – durch die das Unternehmen ständig in die Welt hinausblickt – steht offen. Selbstverständlich ist der Blick durch die offene Tür wichtig. Schließlich will man auch etwas über die Kunden erfahren, die niemals anrufen. Samuels ist jedoch erstaunt, wie viele Unternehmen es versäumen, den Kunden, die von sich aus an die geschlossene Tür anklopfen, mehr Fragen zu stellen. „Man könnte mit ganz einfachen Fragen beginnen", sagte er. „Etwa: ‚Was gefällt Ihnen am besten, wenn Sie mit uns Geschäfte machen?' oder ‚Was tun andere Unternehmen für Sie, das wir auch tun sollten?' Die Chancen liegen im ständigen Dialog zwischen Unternehmen und Kunden."

Kundenorientierte Unternehmen nutzen Anrufe, indem sie nicht nur die Fragen der Anrufer beantworten, sondern sie um zusätzliche Angaben bitten. Angenommen, in einem Unternehmen würden die Mitarbeiter des telefonischen Kundendienstes täglich jeden zehnten Anrufer fragen: „Was tun andere Unternehmen für Sie, das wir nicht tun?" Ein solches Unternehmen besäße ein vorzügliches System zur Erhebung von Kundendaten, wobei die Mitarbeiter des Telefondienstes als „Ohren" der Firma fungierten. Das mag nach viel Aufwand klingen, ist aber machbar, wie Federal Express (mit 380 000 Anrufen pro Tag) und die NationsBank (mit 220 000 Anrufen pro Tag), bei denen nach solchen Regeln verfahren wird, beweisen.

Widmen Sie auch den zufälligen Kundenkontakten besondere Aufmerksamkeit. Über informelle Kanäle erhält man oft Informationen, die bei formellen Erhebungen nicht erfaßt werden. Erfolgreiche Unternehmen arbeiten hart, um informelle Kontakte herzustellen. Der Rollenlagerhersteller Timken gibt seinen Führungskräften jedes Quartal eine neue offene Frage, die sie bei Kundenkontakten stellen sollen. Bei Forum werden Kommentare, die Verkäufer von Kunden hören, über ein robustes „Kunden-Input"-System erfaßt. Pro Woche werden bis zu 50 Kommentare protokolliert – eine solide Grundlage für Aktionen des Managements.

Eine Idee, auf die man durch eine formelle Erhebung kaum kommen kann, ist eine Neuerung, die British Airways für die Passagiere der ersten Klasse auf dem Flug New York–London einführte. Die Flugbegleiter auf der höchst lukrativen Transatlantikroute informierten das Management, der am häufigsten geäußerte Wunsch der Fluggäste beziehe sich auf eine Änderung bei den Mahlzeiten. Vor allem die Passagiere der ersten Klasse – zu einem beträchtlichen Prozentsatz Führungskräfte, die arbeiten müssen, kaum daß sie den Fuß aus dem Flugzeug setzen – legen mehr Wert auf einen ungestörten Schlaf als auf viele Drinks und mehrgängige Menüs. British Airways erkundigte sich bei seinen Erste-Klasse-Passagieren genauer nach deren Bedürfnissen, und heute können BA-Fluggäste sich bereits während der langweiligen Wartezeit zwischen Check-in und Abflug ein Essen servieren lassen – und anschließend für fünfeinhalb Stunden ungestört dösen. (Natürlich ist British Airways auch weiterhin gerne bereit, Ihnen während des Fluges Essen und Getränke zu servieren, sollten Sie dies verlangen.)[2] Konventionelle Umfragen hätten dieses Kundenbedürfnis vermutlich nie ans Licht gebracht, aber Mitarbeiter können solche Anregungen häufig in informellen Gesprächen aufschnappen.

Entwickeln Sie eine strategische Mischung von Taktiken zur Ermittlung der Kundenbedürfnisse

Die Daten in Ihrem Besitz beantworten Ihnen sicher viele, wahrscheinlich jedoch nicht alle Fragen. Wählen Sie sorgfältig Methoden aus, um die Lücken in Ihrem Wissen zu füllen. Und widmen Sie der Eröffnung informeller Kanäle besondere Aufmerksamkeit. Denn diese bringen oft

Informationen, die mit Fragebögen in der Regel nicht zu beschaffen sind.

Wie bereits erwähnt, hat Toyota Motor Sales USA eine effektive Strategie entwickelt, die Stimme des Kunden zu erfassen und in das Unternehmen zu integrieren. Schlüsselelemente sind dabei der USA-weite, mit hochqualifizierten Leuten besetzte 800-Telefondienst und zwei Umfragen, eine bei der Auslieferung von Neuwagen an Kunden, die andere – mit der die Qualität des Toyota-Service gemessen werden soll – unmittelbar nach der Inanspruchnahme einer Garantieleistung.

Ich dachte, du hast mich gern

Laut John McLaughlin, Leiter der Abteilung Kundenmanagment bei Toyota USA, wußten weder die Firma noch ihre Vertragshändler über die wirklichen Ansichten ihrer Kunden Bescheid, bis das Unternehmen in den achtziger Jahren eine Strategie des Zuhörens entwickelte: „Unsere Händler dachten: Die Kunden haben uns wirklich gern“, sagt McLaughlin. „Sie schlossen das aus Gesprächen mit ihren Managern, aus Briefen, die sie bekamen, und aus Gesprächen mit Freunden, die vermutlich gut bedient wurden, weil sie Freunde waren.“

Daß es Toyota gelang herauszufinden, was seine Kunden *wirklich* dachten, bedeutete einen gewaltigen Fortschritt. Heute liegen die durchschnittlichen Kundenzufriedenheitswerte der zwanzig schlechtesten Toyota-Händler nur noch knapp unter den Durchschnittswerten *aller* Händler vor Beginn des Programms. Dank der verbesserten Kundenzufriedenheit konnte Toyota seinen US-Marktanteil von 5,5 Prozent im Jahr 1986 auf heute 8 Prozent steigern, und dies, obwohl der Kursanstieg des Yen die Preise der aus Japan importierten Teile unaufhörlich nach oben trieb.

Doch damit gibt sich Toyota noch nicht zufrieden. In der Hoffnung, seinen Vertragshändlern die Vorteile guter Serviceleistungen noch besser verdeutlichen zu können, initiierte Toyota Ownership Experience Surveys regelmäßige Umfragen unter Kunden, die in den letzten ein bis sechs Jahren einen Toyota erworben hatten. Was veranlaßt einen Toyota-Kunden, sich erneut für einen Toyota zu entscheiden? Warum steigt ein ehemaliger Toyota-Kunde auf Ford um? Was denken diese ehemaligen Käufer wirklich – und was wollen sie? Dies war das fehlende Element, um das Toyota 1995 seinen Datenbestand ergänzte.

Die drei Schlüsselfragen

Hewlett-Packard (HP) ist ein weiteres Unternehmen mit einem strategischen Ansatz zur Erforschung der Kundenbedürfnisse. Abbildung 3.1 faßt HPs Strategie anschaulich zusammen. Wie klar zu erkennen ist, geht diese Strategie, vorausgesetzt, sie wird gut umgesetzt, auf alle drei Schlüsselfragen ein und hilft den Mitarbeitern von Hewlett-Packard, ein Gefühl für die Kunden zu entwickeln. Das Kundenfeedback-System von HP beantwortet die Frage: „Welche Produktmerkmale sind wichtig?" Die Umfrage zur Kundenzufriedenheit beantwortet die Frage: „Wie schneiden wir ab?" Feedbacksystem und Kundenbesuche liefern zusammen eine Antwort auf die Frage „Was fehlt noch?" – und helfen den Mitarbeitern, ein Gespür für die Kunden zu entwickeln.

Toyota Motor Sales und Hewlett-Packard betreiben nicht unbedingt mehr Marktforschung als andere Unternehmen. Nach einer kürzlich von der Forum Corporation in Zusammenarbeit mit der Society of Consumer Affairs Professionals in Business (SOCAP) durchgeführten Untersuchung setzen 70 Prozent der großen Firmen *elf oder mehr* ver-

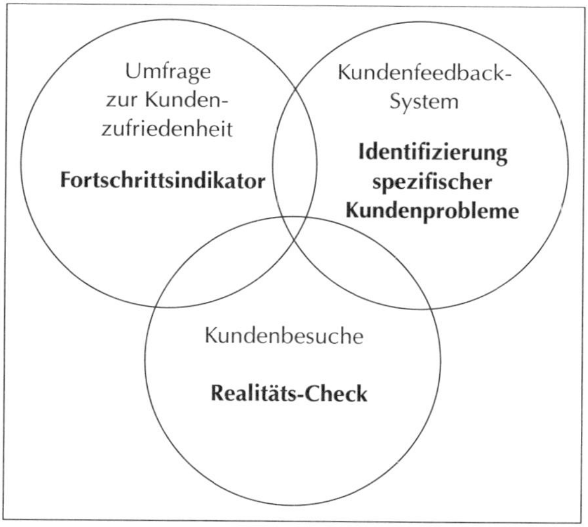

Abbildung 3.1
Das Hewlett-Packard-Kundeninformationssystem

schiedene Methoden zur Erhebung von Kundeninformationen ein. „So gut wie jeder sammelt Daten in rauhen Mengen“, sagt John McLaughlin von Toyota. „Wir könnten ganze Räume mit Computerausdrucken füllen, die kein Mensch liest.“ Die Systeme von Toyota und Hewlett-Packard sind so effektiv, weil sie strategisch aufgebaut sind: Beide Unternehmen haben sorgfältig analysiert, welche Informationen sie brauchen, um ihren Kunden gut dienen zu können. Sie sammeln diese Informationen – und sorgen dafür, daß sie an die richtigen Personen weitergeleitet werden.

Die Meinung des Kunden zu integrieren geht zwar meist mit Problemen einher, und wir werden weiter unten einige der Schwierigkeiten kennenlernen, die Toyota überwinden mußte. Doch CUNA Mutual, Toyota und HP gehen das Problem des Zuhörens strategisch an, und aus eben diesem Grund verfügen sie über einen guten Ausgangspunkt für die Verbesserung ihres Dienstes am Kunden.

Vielfalt statt Einfalt

Damit Sie zwischen verschiedenen Alternativen wählen und Ihren eigenen strategischen Ansatz zur Datenerhebung entwickeln können, haben wir in Abbildung 3.2 die gebräuchlichsten Marktforschungsmethoden mit ihren Vor- und Nachteilen aufgeführt. Dieses Werkzeug wurde von Dr. William Fonvielle entwickelt, Senior-Vizepräsident der Forum Corporation und geistiger Vater vieler der in diesem Kapitel vorgestellten Methoden und Konzepte. Bei der Umsetzung einiger dieser Methoden empfiehlt es sich, vorab die Kunden darum zu bitten, ihre Aussagen auf Kassette oder Video aufzeichnen zu dürfen, da sie vermutlich Informationen enthalten, die Sie anderen aus erster Hand werden präsentieren wollen.

Wie Sie aus der Tabelle ersehen, zielen die verschiedenen Methoden auf unterschiedliche Informationen ab:

- Methoden wie Einzelgespräche, Focus Groups und Kundenpanels dienen vor allem der Beantwortung der Frage: „Welche Produkt- und Servicemerkmale sind meinen Kunden am wichtigsten?“ Bei diesen Techniken treibt der Kunde das Gespräch voran.

Werkzeug	Art und Zweck	Vorteile	Nachteile
Focus Groups	Kleine Gruppen (von Kunden oder generell Mitgliedern einer Zielgruppe) werden zu einem Gespräch mit einem Moderator eingeladen, bei dem frei über offene Fragen diskutiert wird.	Hat sich in unseren Untersuchungen als die *effektivste* Methode erwiesen. Vermittelt ein intimes Bild der Kunden und erlaubt es ihnen, Dinge zu sagen, die sie bei Umfragen nicht erwähnen würden.	Kleine Gruppen von Kunden sind nicht unbedingt repräsentativ für Ihren gesamten Kundenstamm. Falls die Anreise ein Problem darstellt, bietet sich die Virtual Group Technique an. Siehe dazu S. 99 ff.
Kundenpanels	Kundenpanels bestehen wie Focus Groups aus einer kleinen Anzahl von Kunden, die zur Beantwortung offener Fragen eingeladen werden. Ein Kundenpanel tritt jedoch regelmäßig zusammen.	In regelmäßig tagenden Gruppen entsteht eine noch vertrautere Atmosphäre als in Focus Groups. Kunden, die sich über längere Zeit hinweg mit Ihren Problemen auseinandersetzen, haben oft besonders gute Ideen.	Kundenpanels erfordern einen beträchtlichen organisatorischen Aufwand.
Einzelgespräche	Einzelgespräche bieten einen detaillierten Einblick in die Gedanken verschiedener Kunden.	Bei Gruppen besteht die Gefahr, daß die Kunden sich gegenseitig beeinflussen. In Einzelgesprächen können Kunden persönlichere Gedanken äußern.	In Gruppen helfen die Kunden einander, Gedanken zu formulieren, die vielleicht zunächst noch unklar sind, ein Vorteil, der bei Einzelgesprächen wegfällt.
Kundenbesuche und Beobachtung ihres Produktgebrauchs	Die genaue Beobachtung von Kunden in der Umgebung, in der sie Ihr Produkt verwenden, bringt Sie Ihren Kunden wahrscheinlich näher als jede andere Methode.	Vermutlich die am *meisten vernachlässigte* Methode. Wenn die Leute, die wissen, für welche Aufgabe ein Produkt entwickelt wurde, sehen, wie die anderen das Produkt benutzen, entdecken sie Verbesserungsmöglichkeiten, auf die der Kunde selbst nie kommen würde.	Hat weniger Nachteile, als Sie vielleicht vermuten. Viele Kunden reagieren begeistert auf Besuche. Allerdings müssen Besuche vorbereitet werden. Machen Sie sich klar, was Sie wissen wollen, bevor Sie den Kunden aufsuchen.

Besichtigungstouren für Kunden	Laden Sie Kunden in Ihre Einrichtungen ein und besprechen Sie mit Ihnen, wie Sie Ihren Service verbessern können.	Kunden äußern hervorragende Ideen, wenn sie sich am Sitz Ihres Unternehmens befinden.	Im Rahmen von Besichtigungstouren läßt sich kein umfassendes Bild von den Ansichten der Kunden gewinnen.
Kundenkontakte auf Fachmessen	Ein Stand an einem Ort, wo sich Kunden versammeln, ist eine kostengünstige und altbewährte Methode, Kundeninformationen zu gewinnen.	Pro investierten Dollar mehr Kundenkontakte als bei anderen Methoden.	Wenig Zeit für Gespräche; künstliche Atmosphäre.
Gebührenfreie Telefonnummern	Telefonnummern auf Produkten, in Prospekten, Anschreiben …	Eine effektive Methode, Kundendaten zu einem Zeitpunkt zu erheben, an dem Probleme bewußt werden; erhöht außerdem die Kundenzufriedenheit und führt zu Anschlußaufträgen.	Kann teuer werden.
Umfragen per Post und Telefon	Bei Umfragen wird eine große Zahl von Menschen nach einem festen Fragenkatalog befragt; insbesondere nützlich, um Antworten auf geschlossene Fragen zu sammeln, deren Relevanz durch offene Fragen in einem anderen Kontext bereits festgestellt wurde.	Gut organisierte Umfragen können wissenschaftlich gültige Informationen über die Einstellung des gesamten Kundenstamms liefern. (Treffen in kleinen Gruppen sind nicht unbedingt repräsentativ für die Einstellung des gesamten Kundenstamms.)	Liefert Informationen, die über den spezifischen Inhalt der gestellten Fragen hinausgehen. (Fragen wie: „Haben Sie weitere Vorschläge?" sind zwar empfehlenswert, bringen jedoch nur selten ausführliche Antworten hervor.)
Testkäufer	Als Kunden getarnte Mitarbeiter besuchen Ihre Geschäfte und berichten Ihnen, wie sie behandelt wurden.	Liefert genaue Informationen über den Service, den Ihr Unternehmen bietet.	Könnte Angestellten das Gefühl vermitteln, daß man ihnen mißtraut.

Abbildung 3.2 Werkzeuge zur Kundenbefragung

(Fortsetzung nächste Seite)

Werkzeug	Art und Zweck	Vorteile	Nachteile
Gespräche mit Verkaufspersonal und Mitarbeitern des Kundendiensts	Befragen Sie Mitarbeiter mit direktem Kundenkontakt in lockerem Rahmen über ihre Erfahrungen. Sie gewinnen so ein Bild, mit wem es der Kunde zu tun hat und was er will.	Mit dieser Methode zapfen Sie den gewaltigen Datenpool an, der in Ihrem Unternehmen bereits vorhanden ist.	Stellt zwar keine komplette Lösung dar, birgt jedoch auch kaum Risiken.
Kundenkontakt-protokolle	Bitten Sie Mitarbeiter mit Kundenkontakten, über interessante oder wichtige Bemerkungen von Kunden zu berichten.	Sie gewinnen Daten von den Personen, an die sich die meisten Kunden mit einem Problem zuerst wenden.	Mitarbeiter an der Kundenfront empfinden es als bürokratischen Unfug, wenn sie viele „Kundenkontaktberichte" schreiben müssen. Wenn Sie gute Informationen erhalten wollen, müssen Sie die Informationsqualität der Protokolle überprüfen und beweisen, daß Sie auf die Daten tatsächlich reagieren.
Hotline für Mitarbeiter des Kundendiensts	Eine Telefonnummer, die Mitarbeiter des Kundendienstes bei Problemen wählen können. Oft reicht schon ein Anrufbeantworter zur Aufzeichnung der Anfragen.	Dient nicht nur der Gewinnung von Informationen, sondern stärkt dem Außendienst auch zusätzlich den Rücken.	Um verwertbar zu sein, müssen die Daten sorgfältig verwaltet werden.
Gespräche mit neuen oder frisch verlorenen Kunden	Spezielle Kundengespräche unmittelbar nach dem Gewinn oder Verlust eines Kunden.	Der Kunde äußert sich in einem Moment, in dem er intensiv über seine wichtigsten Bedürfnisse nachgedacht und Sie mit Ihren Konkurrenten verglichen hat. Solche Gespräche sind eine große Hilfe für Ihre Verkäufer, wenn sie von einem unparteiischen Dritten (etwa aus dem oberen Management) geführt werden.	Wie bei jedem anderen Gespräch kann es auch hier passieren, daß der Kunde im Einzelgespräch keine klare Position bezieht.

Abbildung 3.2 Werkzeuge zur Kundenbefragung *(Fortsetzung)*

- Die Frage „Wie gut erfüllen wir die Kundenerwartungen, und wie stehen wir im Vergleich zu unseren Konkurrenten da?“ wird am besten durch Umfragen beantwortet.
- Methoden wie Kundenbesuche und Kundenbeobachtung spielen ebenfalls eine wichtige Rolle beim Verständnis der latenten Kundenbedürfnisse.

Reeboks Strategie des Zuhörens

Um seinen Kunden im Vereinigten Königreich besser zuhören zu können, bediente sich Reebok U. K. einer Reihe von aufeinander aufbauenden und sich gegenseitig ergänzenden Marktforschungsverfahren. Interviews bildeten die Grundlage für die Besetzung von Focus Groups, deren Ergebnisse wiederum die Ausgangsbasis für Kundenumfragen darstellten.

Im Vertrauen auf die Stärke seiner Marke und seine Fähigkeit, Schuhe zu entwerfen, die beim Endverbraucher gut ankommen, beschloß das Management von Reebok, sich nicht auf die Endkunden, sondern auf seine unmittelbaren Kunden, die Groß- und Einzelhändler, zu konzentrieren. Reebok rechnete sich aus, durch ein besseres Verständnis für die Bedürfnisse der Händler – einem zentralen Glied seiner Kundenwertkette – und entsprechende Maßnahmen einen zusätzlichen Wettbewerbsvorteil erringen zu können.

Reeboks Strategie bestand aus drei Teilen. Zunächst lernte das Unternehmen durch Interviews und Focus Groups zwölf Gruppen von Händlern sehr genau kennen. Für fünf Gruppen, deren Mitglieder allesamt Großabnehmer waren, wurden sogenannte „Partnership Meetings“ veranstaltet. In drei weiteren Gruppen waren Unternehmen vertreten, deren Pflege für Reebok wichtig war und für die der Sportschuhhersteller „Potential for Partnership Meetings“ organisierte; den restlichen vier Focus Groups gehörten unabhängige Einzelhändler an, die Reebok aus einem Gesamtkundenstamm von 3000 Kunden ausgewählt hatte. In den Interviews, bei denen stets Reebok-Vertreter anwesend waren, wurden gezielt Stärken und Schwächen des Unternehmens und andere wichtige Problembereiche angesprochen.

In der zweiten Phase wurden die Informationen analysiert. Aus einer Liste von über 500 Anliegen der Kunden wurden jene 28 ausgewählt, die den befragten Kunden am wichtigsten waren. Mit Hilfe dieser Liste wurde ein Fragebogen mit exakt der gleichen Terminologie entworfen, die die ausgewählten Einzelhändler benutzt hatten. Nach einem Testdurchlauf bei den zwölf Kundengruppen wurde der Fragebogen in der dritten Phase des Projekts an alle 3000 Kunden verschickt.

Reebok war von dem Resultat begeistert. 38 Prozent der Kunden schickten den Fragebogen vollständig ausgefüllt zurück! Verglichen mit einer üblichen Rücklaufquote von rund 7 Prozent war allein dies schon ein beeindruckender Erfolg. Mit den Umfragen auf dem Tisch machte sich Reebok daran, die Antworten zu analysieren und in konkrete Maßnahmen umzusetzen. Mit Hilfe einer „Lückenanalyse" wurden die Themen einmal nach ihrer Bedeutung für den Kunden und zum anderen nach der Bewertung von Reeboks Leistung klassifiziert. Darauf aufbauend wurde eine Rangliste von Verbesserungsmaßnahmen erstellt. Einige Maßnahmen waren einfach und konnten sofort in die Tat umgesetzt werden, andere brauchten mehr Zeit. So oder so schloß das Unternehmen den Kreis und informierte die Kunden über die Umfrageergebnisse und wie das Unternehmen darauf zu reagieren gedachte. Insgesamt hatten die Kunden 112 Vorschläge gemacht, und Reebok rechnet damit, die meisten davon umsetzen zu können.

So erfolgreich war das Projekt in Großbritannien, daß Reebok es in 19 weiteren Ländern in Europa, Nordamerika, Südamerika und Asien wiederholte. Duncan McWilliam, Direktor für Kundenzufriedenheit bei Reebok International Ltd., der für die internationale Umsetzung verantwortlich war, führt den Erfolg auf eine ganze Reihe von Faktoren zurück, vor allem aber auf Reeboks Strategie, das Verfahren vor dem weltweiten Einsatz auf nationaler Ebene zu testen, sich darüber hinaus direkt bei den Einzelhändlern um weiterführende Informationen zu bemühen, statt sich einfach an die eigenen Führungskräfte zu wenden, und, last not least, die Kunden zu fragen, was ihnen *am wichtigsten* war. „Früher", gesteht McWilliam, „haben wir uns vor allem darum gekümmert, wie wir – unabhängig vom Kunden – im Vergleich zur Konkurrenz abschneiden. Der Versuch, die Konkurrenz in Bereichen zu überholen, die dem Kunden gleichgültig sind, ist eine unfehlbare Methode, viel Geld auszugeben, ohne damit etwas für die Kundenzufriedenheit zu tun."

Den entscheidenden Moment nutzen

Eine Grundannahme im Marketing lautet, daß der Kunde unmittelbar nach einer größeren Kaufentscheidung am „klügsten" ist. Der Kunde hat in diesem Moment das klarste Gefühl für seine eigenen Bedürfnisse und Erwartungen. Außerdem weiß er zu diesem Zeitpunkt sehr genau, was auf dem Markt erhältlich ist. Er hat konkurrierende Produkte miteinander verglichen und ihre Stärken und Schwächen gegeneinander abgewogen. Aus diesem Grund ist es wahrscheinlich, daß die Befragung eines Kunden unmittelbar nach dem Abschluß eines größeren Geschäfts die besten Resultate erbringt. Dasselbe gilt übrigens auch, wenn es zu keinem Abschluß kam. In diesem Fall gewinnen Sie nämlich nicht nur wertvolle Informationen, sondern beeindrucken den Kunden auch noch mit Ihrem Engagement – und haben damit vielleicht schon den Grundstein für ein zukünftiges Geschäft gelegt.

Eine weitere hervorragende Gelegenheit für ein Interview ist die Zeit unmittelbar nach einer schwierigen Periode in der Beziehung zu einem Kunden. Wenn Sie einen Kunden befragen, nachdem Sie gerade ein Problem gelöst haben, geben Sie ihm und sich selbst die Chance herauszufinden, ob das Problem in der Tat gelöst worden ist. Gleichzeitig können Sie erfahren, welche Alternativen der Kunde in Betracht zog, als er der Meinung war, Sie könnten ihn nicht zufriedenstellen.

Wie man Gruppen zum Denken bringt

Mit der Virtual Group Technique hat Forum eine neue Methode zur Erhebung von Kundendaten entwickelt, die es verdient, näher behandelt zu werden. Sie bietet die Möglichkeit, Input von Personen zu erhalten, die aus Termin- oder Entfernungsgründen nicht an einer Focus Group teilnehmen können. Gleichzeitig wird ein tiefergehender Denkprozeß in Gang gebracht, als es in einer ein- oder zweistündigen Focus-Group-Sitzung möglich wäre.

Eine virtuelle Gruppe besteht aus mehreren Leute, die sich bereit erklären, an mehreren vorher festgelegten Tagen jeweils ein Fax zu beantworten (siehe Abbildung 3.3). Der eigentliche Gruppenprozeß beginnt damit, daß der Moderator jedem Teilnehmer einen sehr kurzen Fragebogen faxt, der vielleicht nur eine einzige offene Frage enthält. Sie könnten beispielsweise mit der folgenden Frage anfangen:

Was fällt Ihnen ein, wenn Sie an den exzellenten Service von X denken?

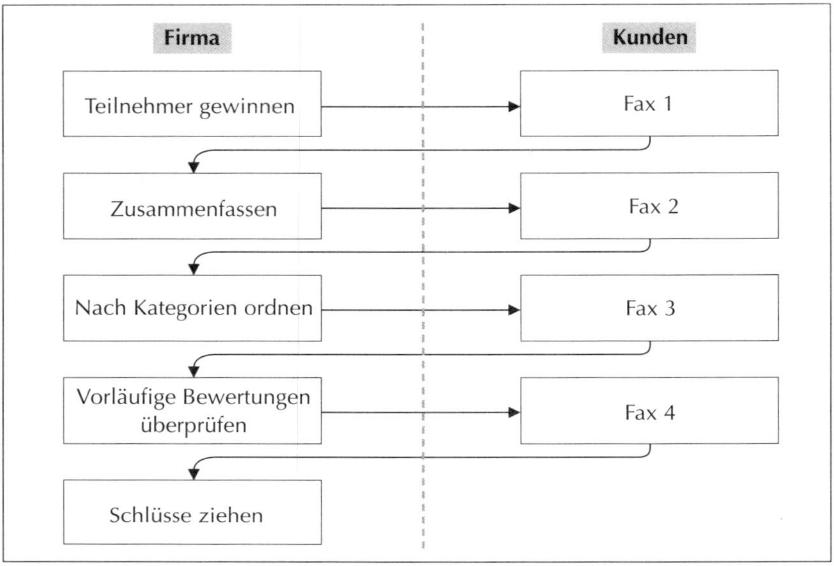

Abbildung 3.3 Virtual Group Technique: Der Informationsfluß

Sobald die Teilnehmer ihre Antworten zurückgefaxt haben, stellt der Moderator eine Liste mit den wichtigsten Aussagen zusammen. In Runde zwei faxt er diese Liste und ein Deckblatt mit folgendem Wortlaut an die Teilnehmer:

> Anbei eine Zusammenfassung von Runde 1. Wurde irgend etwas vergessen?

Auf dem Deckblatt wird außerdem bei Bedarf um die Klärung unklarer Begriffe gebeten, die die Teilnehmer in Runde eins verwendet haben.

Als nächstes kategorisiert der Moderator die Aussagen aus der zweiten Runde nach übergeordneten Themen. In der dritten Runde faxt er die Liste mit den kategorisierten Antworten an die Teilnehmer und fragt nach, ob ihre Ideen korrekt zusammengefaßt und zugeordnet sind.

Alternativ könnte er auch nach dem relativen Gewicht fragen, das die Beteiligten jedem der von ihnen erwähnten Faktoren beimessen. Dieses Spiel wird so lange wiederholt, bis der Moderator ein klares Bild von den Ansichten der Gruppe gewonnen hat. Eventuelle Unklarheiten können telefonisch geklärt werden.

Die Virtual Group Technique erlaubt also, sich ein klares Bild über die Gedanken von Personen zu machen, die sich während des gesamten Ablaufs zu keinem Zeitpunkt im gleichen Raum aufgehalten haben.

Ein lehrreiches Beispiel: NMHG

Hätte man vor ein paar Jahren einen ganz normalen Mitarbeiter der NACCO Materials Handling Group (NMHG) gefragt, was der Zielgruppe der Firma – Käufer von Gabelstaplern – am wichtigsten sei, hätte er wohl geantwortet: Ein niedriger Anschaffungspreis. Das änderte sich mit der Berufung von Victoria Rickey zur neuen Vorstandsvorsitzenden des Unternehmens, das über 2500 Mitarbeiter in Europa und Afrika verfügt. Rickey hinterfragte alle alten Annahmen über die Kunden, ließ einen Kundenzufriedenheitsindex erstellen, rief ein Management-Besuchsprogramm ins Leben, teilte das Händlernetz in 25 kleine Focus Groups ein und führte eine virtuelle Gruppensitzung durch. Dabei zeigte sich, daß der wichtigste Kaufanreiz ein guter Service war (58 Prozent der Kaufmotivation). Wichtiger als der Anschaffungspreis (zu 15 Prozent ausschlaggebend) war den Kunden also, daß die Gabelstapler liefen; nicht verwunderlich, kostet den Kunden doch jede Minute, die ein Gabelstapler nicht einsatzbereit ist, bares Geld. Konsequenterweise betrachtet NMHG seine Stapler heute als „geschäftskritische" Ausrüstung für seine Kunden. Wenn bei einem Kunden die Maschinen stillstehen, weil der Service schlecht ist, schlägt das auf seine Rendite durch. Diese eine aus den Kundendaten gewonnene Einsicht veranlaßte Victoria Rickey und ihr Team, NHMG von Grund auf neu zu definieren – mit dem Erfolg, daß das Unternehmen heute ein zweistelliges Wachstum aufweist.

Herausfinden, was der Kunde noch nicht weiß

Angesichts der scharfen Konkurrenz, der praktisch jedes Produkt und jede Dienstleistung heute unterliegen, müssen Unternehmen unablässig um ihre Wettbewerbsfähigigkeit und die Treue ihrer Kunden kämpfen. Aufgrund der ständig wachsenden Zahl von Optionen und Variationen und des durch den Trend zur Mass Customization vermittelten „Speziell-für-mich"-Gefühls werden die Kunden ständig mit neuen oder aufgepeppten Produkten und Dienstleistungen dazu verlockt, die Marke oder den Anbieter zu wechseln. Nicht umsonst stellen Begriffe wie „neuer“, „frischer“, „billiger“, „schneller“ und „besser“ heutzutage das Grundgerüst von Werbetexten dar, mit denen eben das erreicht werden soll.

Dabei ist es so einfach, konkurrenzfähig zu bleiben: Man muß nur seine Kunden fragen, was sie wollen – und es ihnen dann mit einem kleinen Aufschlag geben. Focus Groups, Fragebögen, Antwortkarten und Interviews sind die Hauptwerkzeuge für eine solche Untersuchung. Sie bringen gute Ergebnisse und führen in der Regel zu Produktverbesserungen und manchmal sogar zu neuen Produkten, mit denen die Kunden bei der Stange gehalten werden können.

Was aber ist mit Bedürfnissen, die den Kunden selbst noch gar nicht bewußt sind? Um sie in Erfahrung zu bringen, reicht es nicht aus, nur zuzuhören – man muß auch beobachten.

Lernen durch beobachten

Beobachten heißt den Kunden in seinem Geschäft aufsuchen und zusehen, wie er Ihre Produkte und Dienstleistungen einsetzt. Beobachten Sie, wie er sein Geschäft führt. Verfolgen Sie den Weg Ihrer Produkte. Erkennen Sie, wo die Anwender Probleme haben. Verstehen Sie die Strategie und die Ziele des Kunden. Kurz gesagt, lernen Sie Ihren Kunden genausogut kennen, wie er sich selbst kennt. Wie verhält er sich? Wie trifft er seine Entscheidungen?

Der beobachtende Blick auf den Kunden lohnt sich in vielerlei Hinsicht. Zunächst und vor allem kann er Ihnen Anregungen zur Entwicklung neuer Produkte geben. Ein gutes Beispiel dafür ist Steelcase, ein Hersteller von Büromöbeln. Der allgemeine Trend, Aufgaben auf Teams zu verlagern, hat Steelcase veranlaßt zu untersuchen, wie Büromöbel die Effektivität von Teams steigern können. Anstatt jedoch die Leute nur zu fragen, was sie gerne hätten, stellte die Firma in einigen Unternehmen Videokameras auf und nahm Teams bei der Arbeit auf. Nach sorgfältiger Auswertung der Bänder brachte Steelcase das neue Produkt Personal Harbor auf den Markt. Es entsprach den besonderen Bedürfnissen von Teammitgliedern, die sowohl individuelle Rückzugsmöglichkeiten als auch gemeinsam genutzte Räume brauchen, um optimal arbeiten zu können. Personal Harbor wurde über Nacht ein Erfolg.

Das Management von Joban Kosan, einem japanischen Bäder- und Kurbetrieb, betrachtete besorgt die immer längeren Warteschlangen an der Rezeption. Man war sich sehr wohl bewußt, daß der erste Eindruck den Gesamteindruck eines Gastes entscheidend prägen kann und der Ablauf der Anmeldeprozedur deshalb mit ausschlaggebend dafür ist, ob die Gäste ihren Aufenthalt als angenehm empfinden. Erkundigt man sich jedoch bei den Gästen, wie lange zu warten sie bereit sind, fallen die Antworten sehr unterschiedlich aus. Wir haben diese Frage Veranstaltungsbesuchern gestellt und in der Regel Antworten erhalten, die irgendwo zwischen „überhaupt nicht" und „fünf Minuten" lagen. Da überhaupt keine Wartezeit nicht realisierbar ist, stellt sich die Frage, was annehmbar ist. Joban Kosan stand vor einem ähnlichen Dilemma – und löste es nicht durch Fragen, sondern durch Beobachten. Die Unternehmensleitung ließ an der Anmeldung eine Videokamera aufstellen und die wartenden Gäste aufnehmen. Dann wurde die Länge der Warteschlange variiert und sorgfältig nach Anzeichen von Ungeduld Ausschau gehalten. Fingen die Leute an, auf die Uhr zu sehen, zu seufzen, von einem Fuß auf den anderen zu treten oder unruhig zu werden, faßte man dies als klares Anzeichen für eine zu lange Wartezeit auf. Heute gilt bei Joban Kosan die Grundregel, keinen Gast länger an der Rezeption warten zu lassen als die aus den Videoaufnahmen abgeleitete akzeptable Wartezeit.

Der Weg zum Kunden lohnt sich

Mit dem Programm PULSE (Product Use in a Local Site Experience, Produktanwendung vor Ort erfahren) will 3M seine Mitarbeiter im Bereich medizinische Produkte mit den Krankenhäusern vertraut machen, in denen die Produkte des Unternehmens zum Einsatz kommen. Das Programm basiert auf der Annahme, daß die Kunden dem Produkt näher sind als 3M und man sich am besten in den Kunden hineinversetzen kann, wenn man dorthin geht, wo er arbeitet. Im Rahmen von PULSE besuchen 3M-Mitarbeiter – manchmal mehrere Wochen lang – ihre Kunden vor Ort und beobachten, wie 3M-Produkte eingesetzt werden. Das Programm, das 1990 für 700 3M-Angestellte eines Produktionsbetriebs für medizinische Produkte in

South Dakota eingeführt wurde, erlaubt vom Fließbandarbeiter bis zum Topmanager allen Mitarbeitern, einen Blick darauf zu werfen, wie das, was sie herstellen, tatsächlich eingesetzt wird. 3M hat von den Krankenhausangestellten nicht nur unaufgefordert eine Wunschliste künftiger Produkte in die Hand gedrückt bekommen, die derzeit auf ihre Vermarktungsfähigkeit hin untersucht werden, hin und wieder können 3M-Mitarbeiter ihren Kunden auch ganz konkret Merkmale neuer Produkte erklären. „Vor allem aber", sagt ein Ingenieur aus der Produktionsabteilung der Firma, „hat der direkte Kontakt mit den Kunden bei Arbeiten in unserer und in anderen PULSE-Fabriken den Sinn dafür gestärkt, daß wir großartige Produkte liefern müssen. Wir fühlen unseren Kunden im wahrsten Sinne des Wortes den Puls. Wir erleben ihre Probleme und Frustrationen aus nächster Nähe."

In einem Fall beobachteten Arbeitsteams, daß die Verpackung bei einigen Produkten schwer zu öffnen war und sich bei anderen, die zur Wiederverwendung bestimmt waren, schlecht schließen ließ. Sie rieten der Entwicklungsabteilung von 3M, den Kunden durch eine Art Reißverschluß das Leben leichter zu machen. Der Vorschlag wurde innerhalb weniger Monate in die Tat umgesetzt.[3]

Mitarbeiter, die an PULSE teilgenommen haben, bestätigen in der Mehrzahl, die Bedürfnisse der Kunden nun viel besser verstehen zu können. Und tatsächlich verzeichnet 3M eine Zunahme der Produktverbesserungsvorschläge. PULSE trägt also nicht nur entscheidend zu einem besseren Kundenverständnis der Mitarbeiter bei, sondern ist auch ein hervorragendes Instrument zur Stärkung der Kundenbeziehungen.

Versteckte Störfaktoren

Ein anderer Vorteil des Beobachtens liegt in der Entdeckung „versteckter Störfaktoren". Ein solcher Störfaktor ist ein Mangel, der die Kunden nervt, ohne daß sie sich darüber beschweren. So seltsam es erscheinen mag: Da wir ohnehin keinen perfekten Service erwarten, geben wir uns oft mit schlechtem Service zufrieden – ohne uns zu beschweren.

Ein Beispiel für einen versteckten Störfaktor sind die Rollen von Plastiktüten in den Obst- und Gemüseabteilungen der Supermärkte. Sie wollen ein paar Äpfel kaufen und sie in eine dieser verdammten Plastiktüten stecken. Problem Nummer 1? Es fällt Ihnen schwer, eine einzelne Tüte von der Rolle zu lösen. Problem Nummer 2? Sie kriegen die Tüte nicht auf. Wir haben dieses Beispiel auf Vorträgen in der ganzen Welt benutzt, und wir warten immer noch darauf, ein Land zu finden, in dem dieses Problem unbekannt ist. Der entscheidende Punkt ist, daß es sich um einen versteckten Störfaktor handelt. Oder haben Sie sich etwa schon einmal deswegen beim Filialleiter im Supermarkt beschwert? Wie wir feststellten, ärgerten sich fast alle unsere Gesprächspartner über das Problem, aber nur zwei Prozent beschwerten sich formell darüber.

Vielleicht der nächste große Wurf

Das inzwischen klassische Beispiel für die Kunst, die Gedanken der Kunden zu lesen, ist der Walkman von Sony. Niemand schrie nach einem kleinen Kassettenrecorder, den man beim Joggen oder in der Badewanne benutzen konnte.

Dennoch schlug das Produkt wie eine Bombe ein. Die Liste von Produkten, die niemand wollte und doch zu Riesenerfolgen wurden, ist lang. Gab es jemanden, der sich nach Post-it-Haftzetteln verzehrte oder nach einem Faxgerät oder dem Mikrowellenherd schrie? Und war es nicht der Professor von FedEx-Gründer Fred Smith, der die Idee für einen Übernacht-Lieferservice in Yale am schwarzen Brett aushängte?

Suchen Sie nach der schweigenden Stimme

Die Mitarbeiter von Mazda Motors verfielen auf eine geniale Methode, die schweigende Stimme des Kunden hörbar zu machen. Sie sahen auf Schrottplätzen nach, welche Teile bei den verschrotteten Autos am häufigsten abgenützt oder defekt waren. Dabei fiel ihnen auf, daß sehr viele Rückspiegel zersprungen waren. Trotzdem hatten sich die Kunden nie über kaputte Rückspiegel beklagt. Warum nicht? Bei Mazda hatte man damit spekuliert, daß die Autofahrer sich selbst die Schuld gaben, wenn ein Rückspiegel zerbrach. Aufgrund der Schrottplatztouren entwickelte Mazda einen neuen Rückspiegel, der jahrzehntelang hält. Ein großer Wurf? Vielleicht nicht. Doch Kundenzufriedenheit beruht auf vielen Dingen, manche sind groß, manche nicht so groß – aber *alle* sind wichtig.

Auf Unternehmen, die diese latenten Kundenbedürfnisse zu nutzen wissen, wartet viel Geld. Nach einer Schätzung der Zeitschrift *Fortune* machen solche bahnbrechenden Produktneuheiten zwar nur 10 Prozent aller Produkte aus, die neu auf dem Markt sind (der Rest sind Verbesserungen bestehender Produkte), mit 24 Prozent tragen sie aber überdurchschnittlich zum Gewinn bei. Allerdings: So verlockend das ist, so riskant ist es auch. Von New Coke über aufblasbare Baseballhandschuhe (ein Spin-off aufblasbarer Turnschuhe) bis hin zu McLean-Diäthamburgern, die Liste der Produkte, für die Marktforscher Kaufbereitschaft ausgemacht hatten, die sich nach ihrer Einführung aber als Flop erwiesen, ist lang. Deshalb sagen manche Experten, ist es sinnlos, Kunden nach ihren Bedürfnissen zu fragen; sie beantworten zwar alle Fragen, die man ihnen stellt, aber die anschließend entwickelten Produkte kaufen sie nicht. Diese Ansicht kann, wie die erwähnten Fehlschläge zeigen, tatsächlich nicht so ohne weiteres von der Hand gewiesen werden. Dennoch darf das nicht zum Vorwand dafür genommen werden, nicht mehr auf die Kunden zu hören. New Coke und Diäthamburger werden zweifellos nicht die letzten Produkte bleiben, die sich zur Überraschung der Marktforscher als Fehlschläge entpuppen.

Abgesehen davon, die Fehler liegen oft genug nicht auf der Seite der Kunden, sondern bei den Unternehmen. Schließlich sind die Erforschung und Einführung neuer Produkte und Dienstleistungen alles andere als exakte Wissenschaften. Die falschen Fragen zu stellen oder Daten bei Kunden zu erheben, die nicht repräsentativ für die angepeilte Zielgruppe sind, sind typisch für die Fehler, die Unternehmen bei der Marktforschung begehen. Dasselbe gilt für die Manipulation von Daten. Viele Unternehmen geben im nachhinein zu, mit ausgeprägten Vorurteilen an die Sache herangegangen zu sein: Das Management will nicht wahrhaben, daß eine liebgewonnene Idee von den Kunden abgelehnt wird, und verfälscht das Verfahren, um die gewünschte Antwort zu erhalten.

Kundenorientierte Unternehmen versuchen also, *die Erfolgsaussichten zu ihren Gunsten zu verbessern.* Das kann jedoch nur gelingen, wenn man seine Kunden nicht ignoriert. Es kommt darauf an, eine Atmosphäre zu erzeugen, die intelligentem, objektivem Zuhören förderlich ist – und die eine fruchtbare Basis für Innovationen darstellt.

Schritt 2: Sammeln, organisieren und präsentieren Sie Ihr Wissen

Eine Datenerhebung produziert gewaltige Informationsmengen. Selbst wenn sie mit einem strategischen Konzept gesammelt wurden, nützen sie den Kunden nur dann, wenn die Mitarbeiter sie auch verstehen. Die Daten müssen so organisiert und dargestellt werden, daß eindeutige Schlüsselergebnisse für die Personen zur Verfügung stehen, die nach ihnen handeln müssen.

Gut geeignet für diesen Zweck ist beispielsweise die Kundenerwartungskarte (Abbildung 3.4), die auf einen Blick alle wichtigen Erwartungen der Kunden zeigt, die ein Mitarbeiter verstehen muß.

Die in Abbildung 3.4 auszugsweise abgedruckte Kundenerwartungskarte wurde von der Nachbarschaftsladenkette Wawa in Pennsylvania anläßlich der Einführung von Total Quality Management (TQM) entwickelt. Wawa war schon vor der Umsetzung des TQM bekannt für seine großen, gutgeführten Läden und sein freundliches Personal und hatte mit die zufriedensten Kunden in seiner Sparte. Dem Unternehmen fiel auf, daß in vielen TQM-Schulungsprogrammen den Managern lediglich Fallstudien aus anderen Unternehmen vorgeführt wurden, deren Relevanz für ihr eigenes Unternehmen unklar blieb. Deshalb beschloß die Geschäftsleitung, die Sache anders aufzuziehen: Sie führte Focus Groups mit Wawa-Kunden durch und erstellte eine umfassende Kundenerwartungskarte, *bevor* das erste TQM-Seminar begann.

Auf der rechten Seite stehen die von Kunden in den Focus Groups geäußerten zentralen Erwartungen. Sie wollen die Waren sichtbar und korrekt ausgezeichnet haben, Kassiererinnen, die richtig herausgeben, und so weiter. Mit der bloßen Auflistung dieser Qualitätskriterien wäre den Mitarbeitern von Wawa jedoch nicht gedient gewesen. Um sie nutzbar zu machen, mußte Wawa sie in überschaubare Gruppen gliedern und Hinweise auf ihre relative Wichtigkeit geben.

SERVICEQUALITÄT

Zuverlässigkeit
u.a. Einhaltung von Zusagen, personelle Kontinuität und Gleichmäßigkeit der Leistung

Genauigkeit (2)*	• Preise gut sichtbar und korrekt ausgezeichnet • Personal an der Kasse gibt richtig heraus
Benötigte Waren vorrätig (4)	• gute Auswahl/ich finde die Ware, die ich suche • Sonderangebote aus der Werbung sind vorrätig
Zuverlässige technische Einrichtungen (3)	• Die Einrichtungen/Geräte im Laden funktionieren, werden gut gewartet • Der Softdrink-Spender funktioniert, passende Deckel und Strohhalme sind vorhanden • Die Getränke sind kalt • Die Telefone funktionieren (2)
Konsistentes Layout (2)	• Gleiches/standardisiertes Layout in allen Läden (2)

* Die Nummern in Klammern stehen für die Zahl der Focus Groups, die die Erwartung formulierten. Kursiv gesetzte Kategorien wurde von zwei oder mehr Focus Groups als „wichtig" bezeichnet.

Nachdruck mit freundlicher Genehmigung von Wawa.

Vertrauensbildung u.a. die Fähigkeit, Vertrauen und Zuversicht bei den Kunden zu wecken	***Saubere und hygienische Bedingungen (4)***	• Hygienischer Umgang mit Wurstscheiben und Sandwiches, saubere Wurstschneidemaschinen/Theken werden gewischt/Gesundheitsvorschriften beachtet • Das Geschäft ist sauber/saubere Böden, Theken (4) usw.
Erscheinungsbild u.a. die äußeren Aspekte eines guten Service	**Das Geschäft ist praktisch eingerichtet (4)**	• Waren leicht zu finden/keine langen Gänge/gut organisiert/Waren nach Kategorien geordnet/logisches Arrangement der Artikel (4) • Anordnung der Ein- und Ausgänge, schnell und zeitsparend zu erreichen; es ist leicht, herein- und herauszukommen usw.
Einfühlungsvermögen u.a. respektvolles und fürsorgliches Verhalten, bei Bedarf persönliche Aufmerksamkeit	**Guter Service (3)**	• Guter Service, gute Behandlung/höfliche, schnelle und freundliche Bedienung/Kunden werden vor Lieferanten bedient (3) usw.
Hilfsbereitschaft u.a. hilfsbereites und -williges Personal, schnelle Bedienung	**Schnelle Abfertigung (4)**	• Schnelle Bedienung/keine langen Schlangen an der Kasse/es sollte immer die nächste Person in der Schlange bedient werden (3) • Immer Kassiererinnen an der Kasse/ausreichend Personal zur Verfügung (3) • Lotteriescheine sollten separat verkauft werden

Abbildung 3.4 Kundenerwartungskarte: Kundenwünsche bezüglich eines Nachbarschaftsladens *(Fortsetzung nächste Seite)*

PRODUKTQUALITÄT

Topqualität bezieht sich auf Aussehen, Design oder Eigenschaften und Qualitätsmerkmale der Waren und auf die Sorgfalt, mit der das Produkt hergestellt wird oder der Service erfolgt	**Erstklassige Marken**	• Bestimmte (erstklassige) Marken, die ich häufig kaufe
	Attraktives Aussehen	• Gefällige Präsentation und Anordnung der Produkte (Auslagen)
	Erstklassige Nahrungsmittel (3)	• Bessere Sonderangebote fürs Mittagessen • Bessere Nahrungsmittel für den Mikrowellenherd • Erstklassige Feinkost
Gebrauchsfähiger Zustand von den Kunden geforderte oder gewünschte Leistung des Geschäfts	***Frische (4)***	• Alles ist frisch, Verfallsdatum nicht überschritten (4) • Frisches Brot, frische Backwaren, Kuchen, Brezeln, Früchte, Milch und Nahrungsmittel (3) • Frischer Kaffee (3) • Frische Blumen (2) • Keine kurzen Verfallsdaten auf Milchprodukten • Artikel an den Selbstbedienungstheken frisch und nicht vergriffen

Korrekte Ausführung von Sonderwünschen betrifft den geforderten Qualitätsstandard und Sonderwünsche	**Sonderbestellungen**	• sofortiger Verzehr, Verkauf über die Straße – ich bekomme, was ich will • Mein Hoagie-Sandwich wird wunschgemäß zubereitet – Verkäufer soll genau zuhören, was ich will
KOSTEN		
Preise bezieht sich auf das Preisschild oder den angegebenen Preis von Produkten oder Dienstleistungen; der Preis, den der Kunde bezahlen soll.	***Gute Preise (4)***	• nicht sehr viel höher als im Supermarkt/vergleichbar bei häufig gekauften Artikeln/konkurrenzfähig bei Stapelwaren, Sandwiches, Arzneimitteln (4) • Ich rechne damit, daß ich bei einigen Waren mehr bezahlen muß (Bequemlichkeit) (2) • Sonderangebote (Schnäppchen) • Preise niedriger als erwartet
Anreize bezieht sich auf versprochene Belohnungen für Käufe oder auf Umtausch/Erstattungsleistungen	**Coupons (2)**	• Nehme Gutscheine (2)
	Sonderangebote	• Das von mir gewünschte Produkt ist im Preis reduziert

Abbildung 3.4 Kundenerwartungskarte: Kundenwünsche bezüglich eines Nachbarschaftsladens *(Fortsetzung)*

Was Kundenerwartungskarten leisten können

Wawa unterteilte die Erwartungen seiner Kunden in drei Kategorien: Servicequalität, Produktqualität und Kosten. Abbildung 3.4 zeigt für jede Kategorie nur einen Teil der Karte. In der Rubrik Servicequalität wurden die Erwartungen in Übereinstimmung mit den an der Texas A & M University entwickelten RATER-Dimensionen der Servicequalität klassifiziert. Sie lauten: **Zuverlässigkeit, Vertrauensbildung, Erscheinungsbild, Einfühlungsvermögen, Verständnis.** Dieses Verfahren erleichterte es allen Mitarbeitern wesentlich, die Bedeutung einer Vielzahl ansonsten isoliert stehender Kundendaten auf einen Blick zu erfassen.

Die RATER-Dimensionen der Servicequalität

Da die Qualität von Serviceleistungen nur schwer quantifizierbar ist, versäumen Unternehmen oft, die Ansichten ihrer Kunden in diesem Punkt zu erkunden. Forscher der A & M University in Texas entwickelten jedoch eine Struktur, die dafür eine gute Anleitung bietet. Ihrer Untersuchung zufolge lassen sich die Erfahrungen des Kunden hinsichtlich Servicequalität in fünf Dimensionen beschreiben, die unter dem Akronym RATER zusammengefaßt werden:

Reliability (Zuverlässigkeit), die Fähigkeit, gegebene Zusagen zuverlässig und exakt einzuhalten.
Assurance (Vertrauensbildung), die Kompetenz und Höflichkeit der Mitarbeiter sowie ihre Fähigkeit, Vertrauen und Zuversicht zu wekken.
Tangibles (Erscheinungsbild), die materielle Einrichtung und Ausrüstung des Geschäfts und das Erscheinungsbild des Personals
Empathy (Einfühlungsvermögen), das Ausmaß der Fürsorge und persönlichen Aufmerksamkeit, das den Kunden zuteil wird.
Responsiveness (Hilfsbereitschaft), die Bereitschaft, den Kunden zu helfen und sie schnell und gut zu bedienen.

Der für die Wawa-Mitarbeiter wichtigste Teil der Karte ist jedoch die rechte Spalte. Sie zeigt die spezifischen Erwartungen der Teilnehmer der Focus Groups, vermittelt ein Bild von „der Psyche der Kunden" und enthält die unmittelbar verwertbaren Informationen. Die zentralen

Kundenerwartungen der Dimension „Zuverlässigkeit“ beispielsweise lauten:

- Genauigkeit
- Benötigte Waren vorrätig
- Zuverlässige technische Einrichtungen
- Konsistentes Layout

Aus der Karte wird auch ersichtlich, was Wawa über das relative Gewicht der Kundenerwartungen weiß. Neben jeder Erwartung steht in Klammern die Zahl der Focus Groups, die sie genannt haben. Die von zwei oder mehr Focus Groups zitierten Erwartungen sind kursiv gesetzt.

In dieser Art der Darstellung können Kundendaten eine erhebliche Wirkung entfalten. Die Mitarbeiter wissen, was der Kunde erwartet, und werden ihre Anstrengungen auf die Erfüllung dieser Erwartungen konzentrieren. Mit derart aufbereiteten Kundendaten können sie die richtigen Prozesse in Gang setzen, zielgerichtete Schulungsprogramme entwickeln und Überflüssiges, also alles das, was die Kunden *nicht* wollen, entfernen – und das, worauf es den Kunden ankommt, schnell und richtig liefern.

Ihr erster Schritt zu einem direkten Draht zwischen Ihrem Unternehmen und Ihren Kunden kann sein, für jede wichtige Gruppe von Mitarbeitern in Ihrer Firma eine Kundenerwartungskarte anzulegen, die ihnen anschaulich zeigt, was die Kunden von ihnen erwarten.

Ein anderer Ansatz zur Darstellung von Informationen

AT&T Network Systems veranschaulicht Kundenerwartungen mit Grafiken, die auf einem anderen Ansatz beruhen. Ein Beispiel ist Abbildung 3.5. Mit einer ausgeklügelten Methodologie zur Kundenbefragung und einer statistischen Analyse ermittelt AT&T nicht nur die wichtigsten Faktoren der Kundenzufriedenheit, sondern auch das Gewicht, das die Kunden den einzelnen Faktoren beimessen. Anschließend versieht das Unternehmen jede zentrale Kundenerwartung mit einer internen Zahl, die ausdrückt, inwieweit das Unternehmen das liefert, was die Kunden nachfragen.

	Geschäftsvorgang	Kundenbedürfnis		Internes Meßsystem
Total Quality	30% Produkt	Zuverlässigkeit	(40%)*	% Reparaturanrufe
		Einfache Handhabung	(20%)	% Anrufe mit Bitten um Hilfe
		Eigenschaften/Funktionen	(40%)	Funktioneller Leistungstest
	30% Verkauf	Wissen	(30%)	Beobachtungen der Supervisoren
		Reaktion	(25%)	% Vorschlag rechtzeitig gemacht
		Nachbetreuung	(10%)	% Nachbetreuung erfolgt
	10% Installation	Lieferfrist entspricht den Bedürfnissen	(30%)	Durchschnittliche Lieferfrist
		Keine Pannen	(25%)	% Reparaturmeldungen
		Zum zugesagten Zeitpunkt installiert	(10%)	% Termingerecht installiert
	15% Reparaturen	Müssen nicht wiederholt werden	(30%)	% Reparaturmeldungen
		Schnell repariert	(25%)	Durchschn. Reparaturgeschwindigkeit
		Auf dem laufenden gehalten	(10%)	% Kunden informiert
	15 % Rechnungen	Genauigkeit, keine Überraschung	(45%)	% Nachfragen zu Rechnungen
		Reaktion bei erstem Anruf	(35%)	% Bei erstem Anruf geklärt
		Leicht verständlich	(10%)	% Nachfragen zu Rechnungen

Quelle: AT & T Network Systems*

Da nicht alle Kundenbedürfnisse in dieser Tabelle abgebildet sind, addieren sich die Zahlen nicht immer zu 100% auf.

Abbildung 3.5 Verknüpfung von Kundenerwartungen mit einem internen Meßsystem

Die Verknüpfung von Kundenerwartungen mit einem internen Meßsystem ist ein hervorragendes Beispiel für die Integration der Stimme des Kunden. Die für die Qualität zuständigen Teams bei AT&T können sich jetzt auf die Verbesserung derjenigen Prozesse konzentrieren, die auf das gemessene Ergebnis Einfluß haben.

Beispielsweise läßt sich aus der Karte ablesen, daß 6 Prozent der von den Kunden wahrgenommenen Qualität sich darauf bezieht, ob das Produkt selbst (das für 30 Prozent der Gesamtbewertung steht) leicht zu handhaben ist (die Handhabung macht 20 Prozent des Produktwerts aus). Da AT&T den Prozentsatz von anrufenden Kunden und ihre Gründe festhält, kann es die Zahl der Anrufe durch Verbesserungen reduzieren und dadurch die Handhabung seiner Produkte erleichtern. So wird sichergestellt, daß sich die Teams vorrangig wichtigen Problemen widmen und keine kostbare Zeit mit der Verbesserung von Dingen verschwenden, die den Kunden unwichtig sind. So gesehen sind es die Kunden, die den Teams sagen, woran sie arbeiten sollen. Und die Teams können sich auf die interne Bewertung stützen, ohne ständig mit der Frage „Was leisten wir?“ zu den Kunden rennen zu müssen.

Die Kundenerwartungskarte von Wawa und die Grafik von AT&T enthalten dieselbe fundamentale Botschaft: Stellen Sie Kundendaten so dar, daß Ihre Mitarbeiter sie verstehen, und Sie werden feststellen, daß Ihre Mitarbeiter die Daten dazu verwenden können, den Kunden zu helfen.

Machen Sie Ihre Prioritäten deutlich

Eine der einfachsten und zugleich wirkungsvollsten Methoden, Kundendaten darzustellen, ist die Prioritätenmatrix. Das Beispiel in Abbildung 3.6 stammt von Bell Atlantic Properties, einer Tochter von Bell Atlantic, die die Immobilien der Mutterfirma verwaltet und darüber hinaus eine Vielzahl von Objekten betreut, die nicht mit Bell Atlantic verbunden sind. Wie Wawa arbeitete auch Bell Atlantic Properties mit Focus Groups und legte eine Kundenerwartungskarte an, ging dann jedoch noch einen Schritt weiter. Bell Atlantic erstellte für alle wichtigen Kundentypen – Entscheidungsträger, Benutzer, Börsenmakler – eine separate Matrix, auf der die Gewichtung jeder einzelnen Erwartung

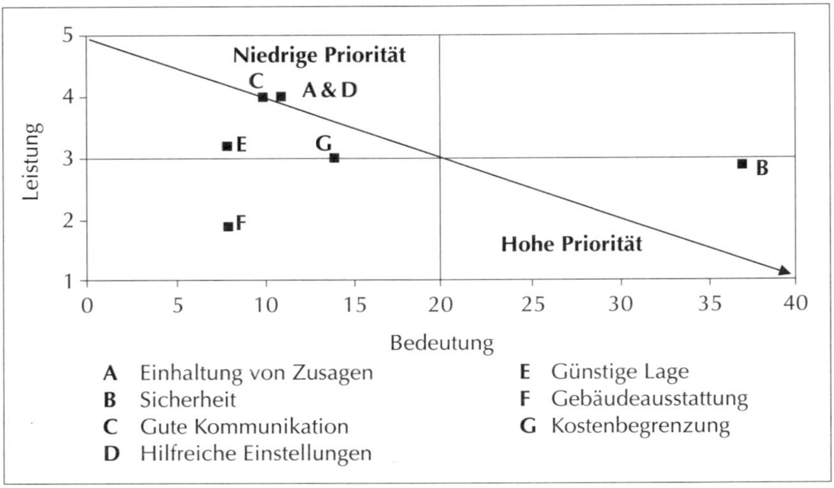

Nachgedruckt mit freundlicher Genehmigung von Bell Atlantic Properties

Abbildung 3.6 Bell Atlantic Properties: Benutzer-Prioritätenmatrix

mit der wahrgenommenen Leistung auf dem jeweiligen Gebiet verglichen wurde.

Die Abbildung gibt die Wahrnehmungen der „Nutzer" wieder, der Personengruppe, die tatsächlich in den von Bell Atlantic Properties verwalteten Gebäuden arbeitet. Wie die Grafik zeigt, sind einige Erwartungen wichtiger als andere; sie zeigt auch, daß Bell Atlantic in den verschiedenen Bereichen unterschiedlich abschnitt. Insbesondere macht sie deutlich, daß die Kunden Punkt B, Sicherheit (bauliche Sicherheit und Brandschutz) am höchsten bewerteten, während sie die Leistung von Bell Atlantic auf diesem Gebiet nur als durchschnittlich einstuften. Genau umgekehrt die Situation bei Punkt C, Gute Kommunikation (aktive Pflege des Kontakts zu den Mietern). Dieser Punkt spielte für die Kunden keine große Rolle, gleichwohl bewerteten sie die Leistung von Bell Atlantic auf diesem Gebiet als hervorragend. Der größte Handlungsbedarf lag, wie die Matrix ganz deutlich zeigt, auf dem Gebiet der Sicherheit.

In der Folge verbesserte Bell Atlantic Properties viele Sicherheitssysteme in seinen Gebäuden und beschloß, genauer zu ergründen, was seine Kunden unter Sicherheit wirklich verstehen. Die Gesellschaft verteilte Fragebögen an die Benutzer, wenn sie morgens zur Arbeit kamen, und versprach jedem, der seinen Bogen vor dem Mittagessen zurückgab, einen Riesenschokoriegel. Entsprechend hoch war die Rücklaufquote der Umfrage, die Bell Atlantic einen wichtigen Hinweis darauf gab, was die Kunden unter Sicherheit verstanden. Wie die Antworten zeigten, fühlten sich die Leute vor allem wegen der ausgesprochen dürftigen Außenbeleuchtung unsicher – eine echte Offenbarung, da sich kaum ein Mitarbeiter von Bell Atlantic Properties nachts in der Nähe der Gebäude aufhielt und das Problem deswegen auch gar nicht erkannt werden konnte. Das Unternehmen investierte in eine bessere Beleuchtung, und sofort stieg die Kundenbewertung an. Dazu erklärt Carol Chiodo, Vizepräsidentin für Vermögensverwaltung: „Wenn wir Informationen sammeln, sie in eine verständliche Form bringen und dann entsprechend handeln, haben alle etwas davon."

Vier von fünf? Nicht genug!

Nehmen wir einmal an, Sie legen Ihren Kunden folgende Bewertungsskala vor und bitten sie, Ihre Leistung anhand der aufgeführten Aussagen mit einer Zahl zwischen 5 und 1 zu bewerten:

5 = Sie sind hervorragend.
4 = Sie sind gut.
3 = Rufen Sie mich an. Es steht nicht alles zum Besten.
2 = Mit Ihnen mache ich nie wieder ein Geschäft.
1 = Ich hänge mich ans Telefon und schwärze Sie bei allen Leuten an, die ich kenne.

Nehmen wir weiter an, daß Sie eine 4 bekommen. Zufrieden? Vorsicht! Die Aussage „Sie sind gut" heißt nicht nur, daß Sie gut sind, sondern auch, daß Sie leichte Beute für jeden schlauen und aggressiven Konkurrenten sind.

Wenn Sie das nicht glauben, sollten Sie sich Abbildung 3.7 einmal genauer betrachten: Kunden, die AT&T als „hervorragend" benoteten, äußerten sehr viel häufiger eine „sehr hohe Bereitschaft, erneut zu kaufen" als Kunden, die das Unternehmen mit „gut" bewerteten. Wer AT&T mit „gut" bewertete, wollte zu 60 Prozent wieder ein (AT&T-)Produkt kaufen. Anders ausgedrückt, 40 Prozent der Befragten spielten mit dem Gedanken, zur Konkurrenz zu wechseln. Demgegenüber wollten in der Gruppe, die AT&T mit „hervorragend" beurteilte, neun von zehn Befragten wieder bei AT&T einkaufen.

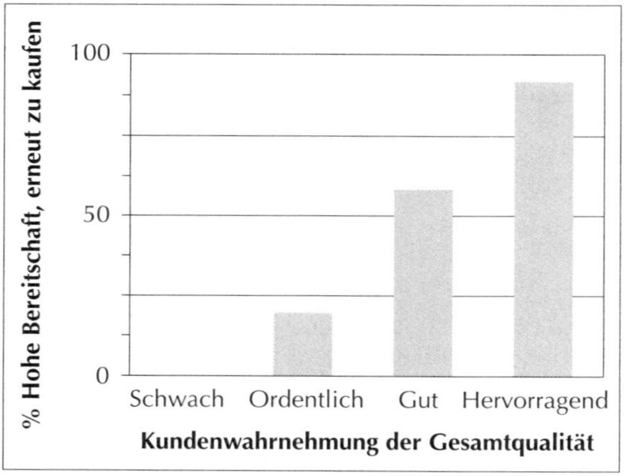

Abbildung 3.7
„Gut" ist nicht gut genug

Quelle: Ray Kordupelski, "The Right Choice – What does it mean?" Copyright © 1994 Dr. Bradley T. Gale, Customer Value, Inc. Nachdruck autorisiert durch die Forum Corporation von Northern Telecom, Ltd. eingeräumte Nutzungslizenz.

Schritt 3: Erstellen Sie eine dynamische Business Scorecard für Ihr Unternehmen[4]

Bücher, Bilanzen, Gewinn- und Verlustrechnungen und was es sonst noch an Aufstellungen über Unternehmen gibt, liefern uns eine Art Röntgenbild, ein Bild vom tragenden Gerüst eines Unternehmens. Doch so, wie Krankheiten, an denen wir am häufigsten sterben – Herzversagen, Krebs, Parkinsonsche Krankheit –, auf einem Röntgenbild unsichtbar bleiben, so tauchen auch der Verlust der Marktposition oder fehlende Innovationsbereitschaft erst dann in den Büchern auf, wenn der Schaden schon eingetreten ist.

Peter Drucker[5]

Wahrscheinlich zählt wie bei den meisten Unternehmen auch bei Ihnen vor allem das, was unter dem Strich übrigbleibt. Dies wird besonders dann zum Problem, wenn es um den direkten Draht zum Kunden geht. Egal, wie viel Arbeit Sie schon in das Sammeln und Aufbereiten von Kundendaten gesteckt und ob sie womöglich sogar schon entsprechende Maßnahmen ergriffen haben: Erst dann nehmen Sie Ihre Kunden wirklich ernst, wenn Sie die Kundendaten als einen dem Gewinn ebenbürtigen Leistungsindikator behandeln.

Der ausschließliche Einsatz traditioneller finanztechnischer Meßverfahren greift in mindestens dreierlei Hinisicht zu kurz. Erstens besteht die Gefahr, daß sie nicht alle strategischen Ziele eines Unternehmens erfassen. Wie sollte beispielsweise Ciba Geigy die in seiner Vision 2000 festgesetzten strategischen Ziele Umweltfreundlichkeit und soziale Verantwortung mit solchen Mitteln erfassen können?

Jetzt ist es zu spät

Das zweite und in der Regel ernstere Manko besteht darin, daß finanztechnische Meßmethoden erst *im nachhinein* zur Anwendung kommen. Wenn Sie ins Meer springen und erst an der Rückenflosse, die neben Ihnen durch das Wasser pflügt, bemerken, daß es hier Haie gibt, ist es zu spät.

Da die finanziellen Konsequenzen von Handlungen und Entscheidungen erst im Rückblick festgestellt werden können, liefern finanztechnische Analyseverfahren kaum Ergebnisse, die dazu beitragen, das Auftreten von Problemen zu verhindern und die Gesundheit des Unternehmens zu sichern.

Wie reagieren Führungskräfte typischerweise auf schlechte Nachrichten? Sie streichen Budgets zusammen, frieren Stellen ein und verkleinern das Unternehmen auf das richtige Maß. Investitionen in Forschung und Entwicklung oder in Verbesserungen des Service werden zurückgestellt. Und es geschieht nicht viel, um die Probleme wirklich bei der Wurzel zu packen. Wir alle wissen, wie das läuft.

Damit sind wir beim dritten Manko einer rein finanztechnischen Analyse: Sie ist kein gutes Diagnoseinstrument. Man erfährt zwar, daß man von lauter Haien umgeben ist, darüber, wie oder warum es dazu gekommen ist, sagt sie jedoch in aller Regel wenig aus.

Um diese Schwäche auszugleichen, ergänzen manche Unternehmen ihre bilanztechnischen durch operative Meßverfahren, die sich auf die Kunden, die Mitarbeiter und das Angebot an Produkten und Dienstleistungen beziehen. Diese Meßverfahren werden zu einer Business Scorecard zusammengefaßt, einem höchst effektiven Werkzeug für das Management eines Unternehmens. Wie Robert Kaplan und David

Norton im *Harvard Business Review* schreiben, können Scorecards mit den „Armaturen im Cockpit eines Flugzeugs“ verglichen werden.

Unternehmen haben eine Vielzahl von Ansätzen verfolgt, um Scorecards zu entwickeln. Die meisten werden von uns als *„generische* Scorecards“ bezeichnet, weil sie auf einer begrenzten Zahl von Standardmeßwerten basieren, die von den Mitarbeitern als zentrale Bewertungskriterien akzeptiert werden müssen. Beispiele für diesen Typ von Scorecard finden sich in vielen Wirtschaftszeitschriften.

Wie Untersuchungen der Forum Corporation gezeigt haben, sind die besten Scorecards *maßgeschneidert,* d. h., sie sind sowohl auf die angestrebten Ergebnisse des einzelnen Unternehmens als auch auf die Kunden zugeschnitten, auf deren Aussagen sie beruhen. Diese von uns so genannten „dynamischen Business Scorecards“ stellen ein unternehmensspezifisches Geschäftsmodell dar. Anders ausgedrückt, das Modell erlaubt Voraussagen über die tatsächlichen Endergebnisse. Kundendaten stehen nicht deshalb auf der Scorecard, weil das mit zum guten Ton gehört, sondern weil die Kundenorientierung nachweislich zu besseren Geschäftsergebnissen führt.

Eine dynamische Scorecard

Abbildung 3.8 zeigt die für eine dynamische Scorecard relevanten Grundelemente. Mitarbeiter und Prozesse in einem Unternehmen sind die Urheber seines Angebots an Produkten und Dienstleistungen. Von diesem Angebot hängt das Kundenverhalten ab. Und vom Kundenverhalten hängen wiederum die Geschäftsergebnisse ab. Abbildung 3.9 ist detaillierter: spezifische Meßgrößen, mit denen sich eine dynamische Scorecard befassen sollte. In Abbildung 3.10 können Sie sehen, was einer unserer Kunden in seine dynamische Business Scorecard einbezogen hat.

Scorecards werden auf die unterschiedlichste Art und Weise verwendet. Bei Hewlett-Packard etwa messen die einzelnen Abteilungen 18 bis 20 „Basisfaktoren“. Einige Basisfaktoren wie Mitarbeiter- und Kundenzufriedenheit, Finanzen und Pünktlichkeit der Lieferungen werden von der Konzernleitung vorgegeben und in allen Unternehmensbereichen gemessen. Den Rest wählen die Einzelbereiche je nach ihrem Aufgabengebiet selbst aus.

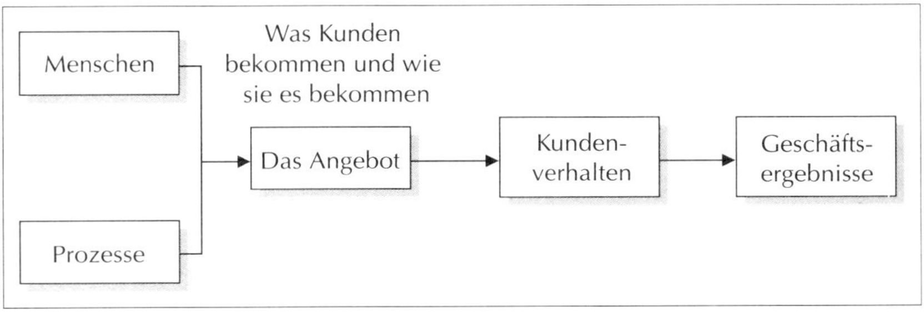

Abbildung 3.8 Dynamische Business Scorecard: Überblick

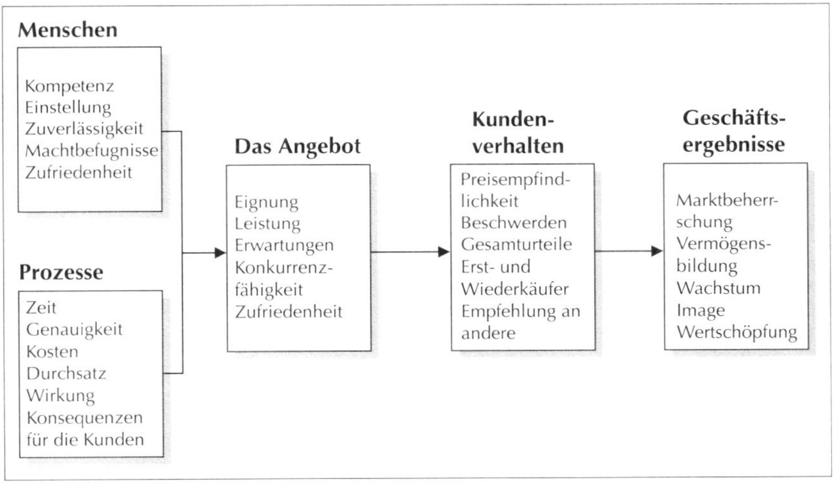

Abbildung 3.9 Dynamische Business Scorecard: Meßgrößen

Eine dynamische Business Scorecard muß nicht alle Kundendaten enthalten. Eine gut konzipierte Scorecard jedoch sollte dazu beitragen, klar zu zeigen, welches Ziel mit den Verbesserungen angestrebt wird. Statt das Gefühl zu haben, daß ein Prozeß nur verbessert wird, um die Kunden zu beglücken, erkennen die Mitarbeiter dann auch den Bezug zur Leistung des Unternehmens. Dies erleichtert es, Prioritäten zu setzen, und die Logik des Geschäfts wird klarer.

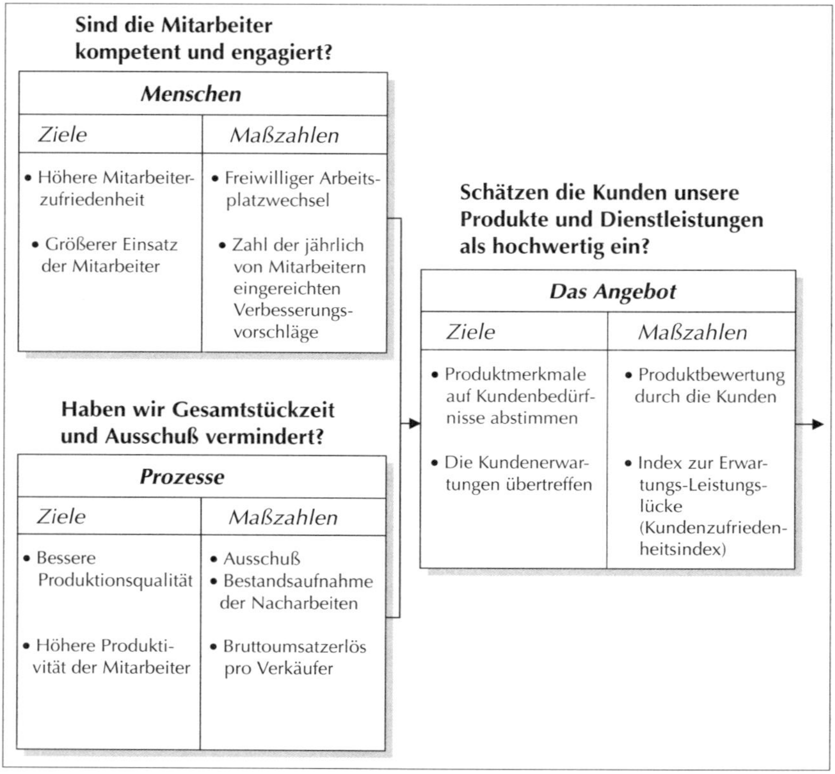

Abbildung 3.10 Details einer dynamischen Business Scorecard

Schritt 4: Team- und Einzelverhalten am Kunden orientieren

Mit der Fähigkeit zum strategischen Zuhören, guter Kommunikation und einer dynamischen Scorecard ist ein Unternehmen bestens dafür gerüstet, einen direkten Draht zum Kunden zu legen. Eines der überzeugendsten Beispiele für ein Unternehmen, das dies geschafft hat, ist die Johnson & Johnson-Neugründung Vistakon. Die Führungskräfte dieses neuen Unternehmens lernten, die Stimme des Kunden in ihre Organisation zu integrieren, als sie in den achtziger Jahren das Wagnis eingin-

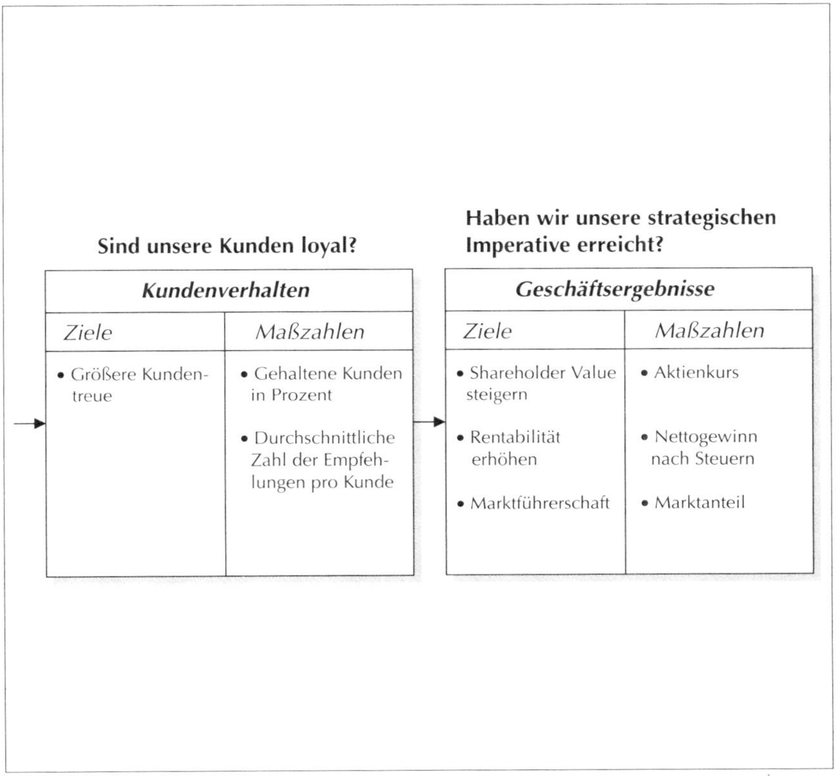

gen, eine radikal neue Kontaktlinse auf dem von Bausch & Lomb und Ciba Vision dominierten Markt einzuführen.

Was? Sie einfach wegwerfen, nachdem ich all die Jahre danach gesucht habe?

Johnson & Johnson war Anfang der achtziger Jahre durch Kauf eines kleinen Kontaktlinsenherstellers in das Geschäft eingestiegen, hatte jedoch zunächst nur einen kleinen Marktanteil. Dann hörte ein Vertreter der Firma in Europa von einer verblüffenden neuen Technologie, mit der man angeblich sehr viel billiger weiche Kontaktlinsen herstellen konnte – Linsen, die vielleicht so preisgünstig sein würden, daß man sie nach einer Woche wegwerfen könnte. Das Management von Johnson & Johnson nahm an, die neuen Linsen würden sich als angenehmer und bequemer erweisen. Eine Fehlannahme, wie eingehendere Untersuchungen zeigten. Die Technologie war noch zu primitiv, viele der produzierten Linsen wiesen Mängel auf und waren unverwendbar. Außerdem fürchtete Johnson & Johnson, daß sich Augenärzte und Optiker gegen die Verwendung wegwerfbarer Linsen aussprechen könnten.

Das Unternehmen Vistakon verbesserte nicht nur die Qualität der Kontaktlinsen dramatisch, bevor es sie schließlich doch einführte, sondern entwickelte auch eine eindrucksvolle Strategie des Zuhörens. Das, was die Kunden sagten, wurde an die Mitarbeiter weitergegeben, und Maßzahlen wurden definiert, die sich exakt an den Wünschen der Kunden orientierten. Kurz gesagt, Vistakon sorgte dafür, daß jeder Mitarbeiter die Kundenbedürfnisse verinnerlichte.

Der erste Schritt war eine sorgfältige Analyse der Kontaktlinsen-Wertkette. Wie Bernie Walsh, der damalige Präsident von Vistakon erkannte, lassen sich selbst die besten Kontaktlinsen der Welt nicht verkaufen, wenn die Augenärzte sie nicht verschreiben. „Sie müssen verstehen, daß weder die Augenärzte oder Optiker noch die Verbraucher uns um wegwerfbare Kontaktlinsen gebeten hatten", erklärte Walsh, kurz bevor er 1994 zum Konzernleiter von Johnson & Johnson ernannt wurde. „Kontaktlinsen wurden für 15 Dollar an die Ärzte verkauft. Und nun kamen wir daher und brachten eine Linse für einen Bruchteil dieses Preises auf den Markt. Also mußten wir Verbraucher und Augenspezialisten von der Qualität des Produkts überzeugen."[6]

Vistakon gründete zunächst ein Beratungsgremium aus führenden Spezialisten auf dem Gebiet der Augenheilkunde. Sie wiesen die Firma auf drohende Schwierigkeiten hin und halfen ihr bei der Entwicklung von Ansätzen, mit denen die Kunden zufrieden sein würden.

Vistakon taufte die Linsen auf den Namen Acuvue. Sie sollten eine Woche lange getragen und dann weggeworfen werden, wobei an die Patienten jeweils ein Drei-Monats-Vorrat verkauft werden sollte. Doch die Augenärzte, die Johnson & Johnson hauptsächlich als Hersteller von rezeptfreien Produkten wie Heftpflastern und dem leichten Schmerzmittel Paracetamol kannten, reagierten zurückhaltend. Als Vistakon in

Florida die ersten Acuvue-Linsen auf den Markt brachte, blieb der Umsatz beträchtlich hinter dem gesteckten Ziel zurück.

Vistakon nahm sich Zeit, um die Reaktion des Marktes zu analysieren. „Wir stellten sehr grundlegende Fragen", sagte Walsh. „Die meisten von uns waren Neulinge im Kontaktlinsenmarkt. Wir waren keine Experten. Wir sagten den Ärzten nicht, daß sie sich zu Unrecht Sorgen machten. Statt dessen stellten wir Fragen und hörten zu."

Bedenken ausräumen

Um den Eindruck zu vermeiden, man würde sich zuwenig um die Anliegen der Augenspezialisten kümmern, entwickelte Vistakon eine neue Strategie, die aus mindestens drei zentralen Teilen bestand: Erstens verpflichtete sich das Unternehmen, die Kontaktlinsen ausschließlich über Optiker und Augenärzte zu vertreiben und weder einen Postversand aufzubauen noch andere Vertriebskanäle zu erschließen.

Zweitens beschloß Vistakon, das Geschäft auf einer Partnerschaft mit seinen Geschäftskunden zu gründen. Die meisten Kontaktlinsenhersteller verkauften ihre Linsen in Kommission, nahmen also unverkaufte Linsen wieder zurück. Vistakon dagegen setzte auf eine besonders enge Beziehung zwischen Hersteller und Augenspezialist. Walsh versprach den Augenärzten und Optikern eine hervorragende Betreuung, verlangte aber im Gegenzug, daß sie vorab eine Grundausstattung mit Acuvue-Produkten erwarben. Aufgrund dieses Kaufzwangs mußte das Verkaufspersonal von Vistakon den potentiellen „Anbietern" noch mehr Zeit widmen, um sie davon zu überzeugen, sich dem Kreis der Acuvue-Verkäufer anzuschließen. Damit hatte sich Vistakon zwar selbst die Latte höher gelegt, gleichzeitig aber deutlich gemacht, daß man großen Wert auf eine ernsthafte und langfristige Beziehung zu einer ausgewählten Kundengruppe legte.

Drittens benutzte Vistakon die Informationen, die es aus den Gesprächen mit seinem Beratergremium und anderen Kunden gewann, zum Aufbau einer Verkaufs- und Serviceorganisation, die hervorragend auf die Bedürfnisse der Augenspezialisten zugeschnitten war. Walsh arbeitete persönlich mit dem Verkaufspersonal, um sicherzustellen, daß jeder Mitarbeiter die Anliegen der Zielkunden kannte und sich auf sie einstellen konnte. Darüber hinaus mußten alle Mitglieder des Telefondienstes eine augenmedizinische Schulung besuchen, bevor sie eingesetzt wurden.

Heute, nach acht Jahren im Geschäft, hat Vistakon die gesamte Konkurrenz überflügelt und ist mit einem Umsatz von über 600 Millionen Dollar unangefochtener Marktführer im Kontaktlinsenmarkt. Eine Position, die dadurch abgesichert wird, daß Vistakon in dieser Zeit eine ausgezeichnete Strategie des Zuhörens entwickelt hat, mit der es auf die Bedürfnisse jedes Glieds seiner Wertkette und jedes Segments seines Marktes eingehen kann. Abbildung 3.11 zeigt die Marktsegmente, über die Vistakon mit Umfragen, Focus Groups und anderen Mitteln jeweils spezielle Informationen sammelt.

Klare Sicht bei Vistakon

Anfangs konzentrierte sich Vistakon vor allem auf Augenärzte mit Privatpraxen und pickte darunter insbesondere die angesehensten heraus. Vistakon gründete ein Beratergremium mit einigen der bekanntesten Optometrie-Spezialisten und Augenärzte der Vereinigten Staaten und ließ sie Acuvue testen. Dadurch gewann die Firma ein klares Bild, wie hervorragende Experten ihre Produkte beurteilten. Später wurde dieser Kreis um die umsatzstärksten Optikerketten und Großhändler erweitert, die kleine Arztpraxen belieferten.

Über diese Kanäle nahm Vistakon zunächst die Kontaktlinsenträger zwischen 18 und 39 Jahren ins Visier. „Wir wollten sichergehen, daß alles gut ging und wir Patienten hatten, die ausreichend motiviert waren“, sagte Bob Breslin, Direktor für Qualitätsverbesserung. Teenager befolgen die Anordnungen von Ärzten zwar weniger zuverlässig als ältere Patienten, aber Patienten ab vierzig leiden oft an komplexen Sehschwächen, die mit der ersten Generation der Acuvue-Kontaktlinsen nicht behandelt werden konnten. Später entwickelte Vistakon Spezialprodukte, um auch diese Märkte zu versorgen, wobei jeder Neueinführung ausgedehnte Marktuntersuchungen vorausgingen.

Der vielleicht beste Kanal zur Erfassung der Kundenbedürfnisse ist jedoch das computergestützte Customer Closed Loop Action and Satisfaction System (C^2LASS), das Vistakon nach dem Vorbild von Systemen von IBM Rochester, Xerox und Federal Express entwickelte.

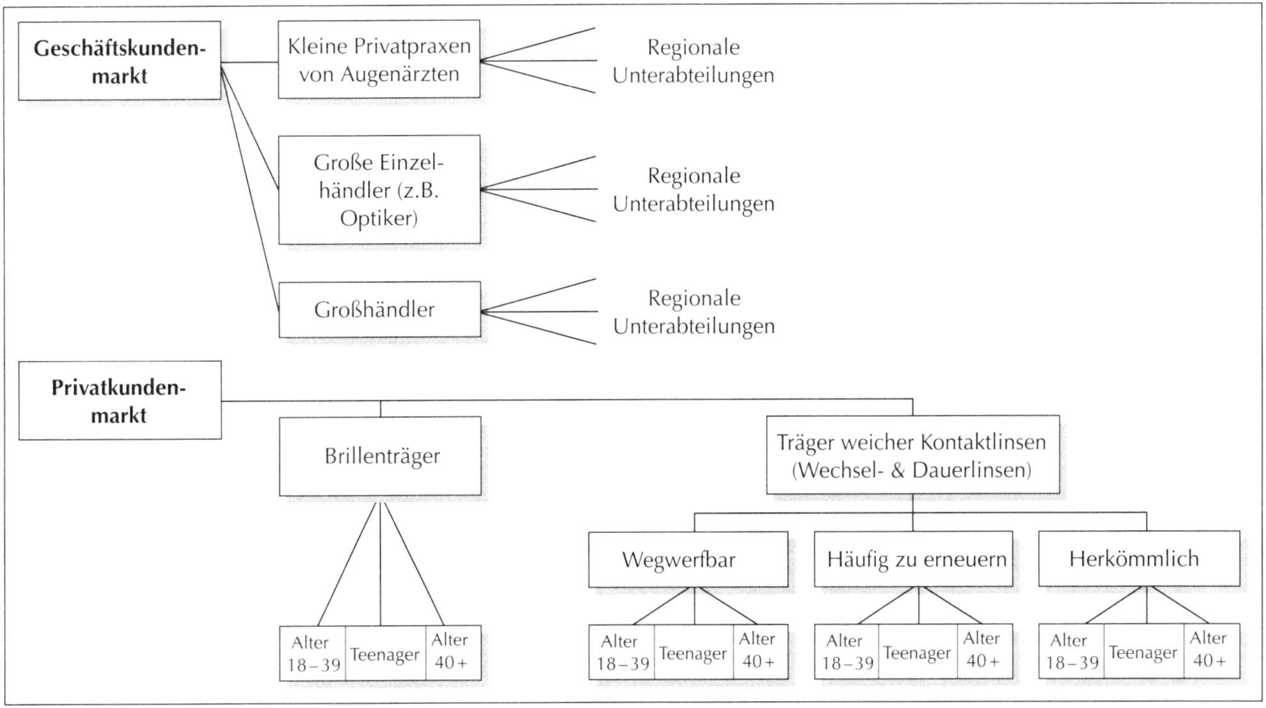

Abbildung 3.11 Wertkettendenken und Segmentierung bei Vistakon. Marktsegmente, für die Vistakon separate Kundendaten erhebt

C^2LASS

C^2LASS erfaßt automatisch die Telefonnummer eines Anrufers, bevor der Anruf beantwortet wird, und stellt eventuell existierende Geschäftsverträge auf dem Bildschirm des zuständigen Mitarbeiters dar. Ebenso werden alle Käufe, Anfragen und Kommentare der Kunden in dem System erfaßt und an die zuständige Abteilung von Vistakon weitergeleitet. Zusätzlich speichert das System die relevanten Informationen in einer Datenbank, in der jederzeit Mitarbeiter auf sie zugreifen können.

Mit dem System wird die Beobachtung von Trends zu einem Kinderspiel. Beispielsweise hatte Vistakon bei seinem Einstieg in das Geschäft Augenärzte und Optiker großzügig mit kostenlosen Kontaktlinsen versorgt, damit ihre Patienten sie ausprobieren konnten. Anfang der neunziger Jahre gewann das Unternehmen den Eindruck, die kostenlose Abgabe allzu vieler Kontaktlinsen verführe zu Verschwendung, und reduzierte die Abgabemengen. Augenärzte, die beim telefonischen Kundendienst anriefen und zusätzliche kostenlose Linsen anforderten, erhielten nun die Antwort, ein Verkaufsvertreter werde sie zurückrufen und den höheren Bedarf mit ihnen abklären. Gleichzeitig signalisierte C^2LASS der Verkaufsabteilung, daß sich sofort jemand mit dem betreffenden Kunden in Verbindung setzen sollte. Vistakon glaubte, mit dieser Politik eine effektive und kostengünstige Lösung zum Umgang mit diesem Problem gefunden zu haben – was sie in bezug auf die meisten Kriterien auch war.

Einige Augenärzte waren da jedoch anderer Meinung. Eine beträchtliche Zahl reagierte auf die Versprechungen des Telefondienstes mit Bemerkungen wie „Das ist eine Schweinerei!“ oder „Ich sollte nicht auf meinen Vertreter warten müssen!“ oder „Ruft er heute noch an? Was soll ich mit den Patienten tun, die vorher in die Praxis kommen?“

„Wenn wir früher Beschwerden von Kunden bekamen, gingen wir zum Marketingmanager und sagten: ‚Wir haben da einige Beschwerden wegen eines bestimmten Problems‘“, berichtet Fran Mirmina, Direktorin des Kunden- und Verteilungsdienstes bei Vistakon. „Der Marketingmanager fragte: ‚Wie viele Beschwerden?‘ Und wir antworteten: ‚Ein paar‘ oder ‚Eine ganze Menge.‘ Die nächste Frage lautete: ‚Was ist eine Menge?‘“ Die Beschwerden ließen sich nicht quantifizieren. Bei den herkömmlichen Systemen konnte man eine datenorientierte Entscheidung erst treffen, wenn eine neue Geschäftspolitik bei den Kunden schon beträchtliches Unbehagen ausgelöst hatte.

Mit C²LASS änderte sich das. Wann immer ein Augenspezialist eine negative Bemerkung machte, mußten die Kundendienstleute nur eine spezielle „heiße Taste" drücken, um ein Programm aufzurufen, das die Beschwerde registrierte und sie an die zuständige Abteilung des Unternehmens weiterleitete. Jedesmal wenn eine Beschwerde einging, piepste ein PC in der Marketingabteilung, und die Beschwerde erschien auf dem Schirm.

Bei Vistakon wußte man schon nach wenigen Tagen, daß die neue Politik problematisch war, und revidierte sie. Die Mitarbeiter des Kundendiensts sind nun ermächtigt, Optikern und Augenärzten die „Überziehung" der ihnen zustehenden Quoten an freien Kontaktlinsen einzuräumen. Die Information wird sofort an den zuständigen Verkaufsvertreter weitergeleitet, und wenn die Quote beträchtlich überschritten wird, erkundigt sich der Vertreter nach den Gründen. Die Kontrolle bleibt gewährleistet, aber aufstrebende Optikläden, die von Vistakons Produkt begeistert sind, werden nicht mehr behindert.

Nicht nur auf Worte hören

Diese Effizienz ist typisch für Vistakons Arbeit. Vorhandene Informationen werden sorgfältig an die Mitarbeiter vermittelt, und diese werden geschult, sofort auf die Stimme des Kunden zu reagieren. Neue Kundendienstmitarbeiter absolvieren eine achtzigstündige Schulung, die von der Anatomie des Auges bis hin zu Servicemaßnahmen alle relevanten Aspekte abdeckt, bevor sie an die Telefone gesetzt werden. Die Richtlinien für den Telefondienst wurden von Kundendienstteams aufgestellt, die Zugang zu allen Forschungsergebnissen des Unternehmens hatten. Betreuer helfen dem Personal zu erkennen, ob ein Anrufer „zufrieden", „unentschieden", „wütend" oder „hartnäckig" ist, und bringen ihnen bei, wie man mit den verschiedenen Kundentypen umgeht. Im Rahmen des „Kundennähe"-Programms können Mitarbeiter aus der Produktion zuhören, wenn Kundendienstler mit Kunden telefonieren. Vistakon hat damit im wahrsten Sinne des Wortes einen direkten Draht zwischen der Stimme des Kunden und den Produktionsmitarbeitern hergestellt.

Die Ergebnisse sind bezeichnend für ein Unternehmen, das einen direkten Draht zum Kunden hat. Vistakon war schnell führend im Bereich Kundenzufriedenheit und stieg innerhalb von gerade einmal fünf Jahren zum größten Kontaktlinsenhersteller der Welt auf. Außerdem gewann es den Johnson & Johnson Signature of Quality Award in Bronze, eine Auszeichnung, die dem Malcolm Baldrige National Quality Award vergleichbar ist, der bei Johnson & Johnson den Unternehmensbereichen mit dem kundenfreundlichsten Management verliehen wird. Heute verkauft Vistakon Kontaktlinsen in über 50 Ländern.

Natürlich hatte das Unternehmen einen Konkurrenzvorteil, weil es im Besitz einer wichtigen neuen Technologie war. Und doch gibt es eine lange Liste von Unternehmen, die ebenfalls mit großem technischem Vorsprung in den Markt gingen, aber von Konkurrenten geschlagen wurden, die sich effektiver an der Stimme des Kunden orientierten. Nur indem Vistakon seine Kunden auf allen Ebenen seiner Organisation einbezog, konnte es seinen technischen Vorsprung in eine marktbeherrschende Stellung ummünzen.

Die fünf Was-Fragen

Die Stimme des Kunden in eine Organisation zu integrieren erfordert mehr als nur Kommunikation von oben nach unten. Jeder Mitarbeiter muß wissen, wie man die Stimme des Kunden hören kann. Bloße Aussagen über Kundenbedürfnisse reichen nicht aus – dies gilt sowohl für die Aussagen der Kunden selbst als auch für die Aussagen von Mitarbeitern des Unternehmens.

Eine gute Technik, um zu einem echten Verständnis zu gelangen, sind die „fünf Was-Fragen". Genau wie Mitarbeiter hin und wieder fünfmal „Warum" fragen sollten, um zum Kern eines operativen Problems vorzustoßen, sollten sie fünfmal „Was" fragen, um ein Kundenbedürfnis wirklich zu verstehen. Verlangt ein Kunde etwa „absolute Qualität", sollte man fragen: „*Was* verstehen Sie darunter?" Wenn er dann antwortet: „Eine schnelle Reaktion auf meine Probleme", können Sie beispielsweise zurückfragen: „*Was* verstehen Sie unter einer schnellen Reaktion?" Nachdem Sie das fünfmal getan haben, werden Sie und der Kunde in der Lage sein, die Natur des Problems exakt zu definieren. Abbildung 3.12 zeigt ein ausgefülltes Arbeitsblatt mit fünf Was-Fragen zu den Serviceerwartungen.

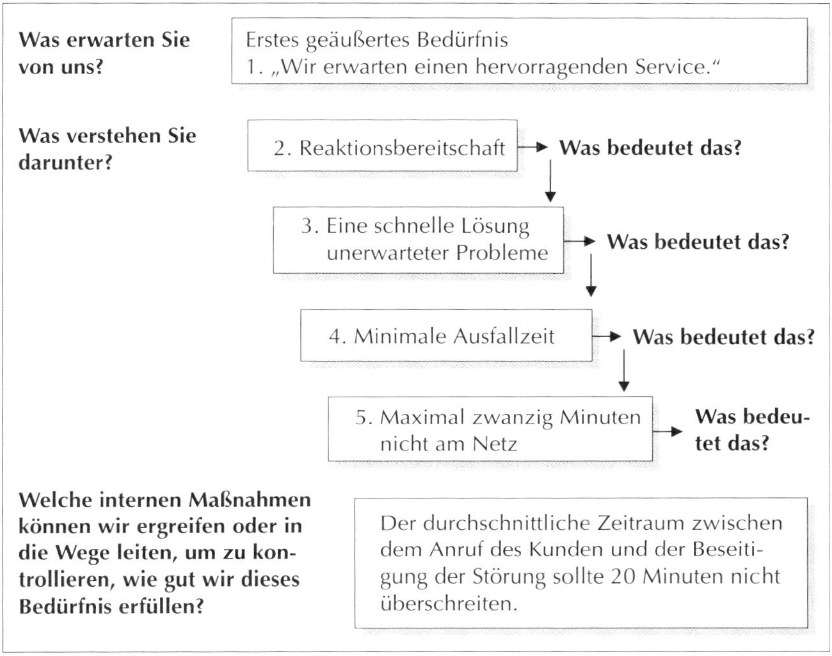

Abbildung 3.12 Arbeitsblatt zu den fünf Was-Fragen

Es gibt weitere bemerkenswerte Beispiele für den direkten Draht.

Die Hotels Westin Stanford und Westin Plaza in Singapur haben ein „Fast-Feedback"-Verfahren eingeführt, welches sicherstellt, daß das Management Tag für Tag die Stimme des Kunden hört. Westin-Generalmanager Bernard Agache, der großen Wert darauf legt, die Bedürfnisse des Kunden kennenzulernen, hat eine Rund-um-die-Uhr-Hotline eingerichtet und sie mit hervorragend geschulten Mitarbeitern besetzt, die bevollmächtigt sind, Kundenprobleme sofort zu lösen. Die Informationen aus dem Fast-Feedback-System werden jeden Morgen auf einer Sitzung mit Agache und dem Generaldirektor David Shackleton besprochen, die, falls erforderlich, entsprechende Maßnahmen anordnen. Im Laufe des letzten Jahres ist die Kundenzufriedenheit bei Westin um fünf Prozent gestiegen, und die Belegungsquote der Westin-Hotels übertrifft die aller anderen Hotels in Singapur.

Ein gewaltiger Input für die Midland Bank

Als die Midland Bank in England sich aufmachte, ihren Kundenservice zu verbessern, schickte sie über viereinhalb Millionen Kunden als erstes einen Brief des Midland-CEOs ins Haus. Der Manager beschrieb die Reise, zu der die Midland Bank aufbrechen wollte, merkte an, daß sie Zeit in Anspruch nehmen würde, und bat darum, einen Fragebogen auszufüllen, um Möglichkeiten für einen besseren Service herauszufinden. Die Rücklaufquote war sehr hoch. Nach der Auswertung der Fragebögen wurden die Ergebnisse in einem weiteren Brief zusammengefaßt, der die Kunden darüber informierte, wie die Bank weiter vorzugehen gedachte. Der Effekt war enorm: Die Bank erhielt *10000 spontane Anworten* voll des Lobes. Ebenso erfolgreich waren die Maßnahmen, die Midland aufgrund der Umfrage einleitete: Die Zahl der Kundenbeschwerden ging um mehr als die Hälfte und die der Kontoauflösungen um ein Viertel zurück, während die der Komplimente um 75 Prozent in die Höhe schnellte und der eigene Marktanteil deutlich erhöht werden konnte.

Die Midland Bank hat vorexerziert, wie einfach es ist, die Beziehungen zu den Kunden drastisch zu verbesserten: Alles, was man tun muß, ist, den Kunden zuhören und dann die entsprechenden Maßnahmen ergreifen.

Das von Kunden geschaffene Unternehmen

Der Hightech-Unternehmer und Professor für Betriebswirtschaft Don Jones praktiziert, was er predigt. Er lehrt seine Studenten an der Carnegie Mellon Graduate School, daß Kunden die besten Produktdesigner sind. Wenn jemand glaubt, ein wundervolles Produkt entworfen zu haben, und den Kunden gefällt es nicht, dann nützt ihm dieser Glaube nämlich gar nichts. Jones' Unternehmen, Industry.Net, ist das direkte Ergebnis Hunderter von Umfragen und Hunderter von Focus Groups mit Hightech-Kunden. Von diesen Kunden erfuhr Jones, daß sie nach einem Weg suchten, kontinuierlich über all die Produktveränderungen, die sich mit halsbrecherischer Geschwindigkeit vollziehen, informiert zu werden. Industry.Net bringt Käufer, Hersteller und Verkäufer in einer World Wide Web-Site zusammen, die auf Anfrage rund um die Uhr Produkt- und Industrieinformationen anbietet. Industry.Net ist nicht nur ein von Kunden geschaffener Dienst, sondern entwickelt sich auch fast täglich weiter, weil es die Stimme des Kunden kompromißlos integriert hat. Laut Jones sprechen in den meisten Unternehmen durchschnittlich nur vier bis fünf Prozent der Mitarbeiter tatsächlich mit den Kunden, bei Industry.Net dagegen alle. Die aus diesen

Interaktionen gewonnenen Informationen werden konsequent zur Verbesserung des Service genutzt. „Industry.Net wird", sagt sein Vizepräsident David Mawhinney, „von den Nutzern definiert… Sie sagen uns, was sie wollen, und wir versuchen, es in die Tat umzusetzen."[7]

Und sie versuchen es nicht nur, sie machen es auch: Industry.Net ist der erste und größte Online-Markt für Business-to-Business-Informationen – mit gegenwärtig 100000 Käufern sowie 3300 Herstellern und Händlern, die zusammen eine Milliarde Dollar pro Jahr umsetzen. Mit einer monatlich zweistelligen Zunahme der Abonnenten ist Industry.Net (http://www.industry.net) außerdem die am schnellsten wachsende Internet-Site.

Das Barometer des Club Méditerranée

Getreu seinem Motto „Glück ist unser Geschäft" ist sich das französische Unternehmen Club Méditerranée oder Club Med seit langem über die Bedeutung direkter Kommunikationsverbindungen zu seinen Kunden im klaren. Bereits 1967 installierten die Leiter des Clubs ein zentrales Computersystem, das das Feedback der Gäste aus Niederlassungen überall auf der Welt sammelte und analysierte. Dieses ausgeklügelte, „Barometer" genannte System wertet jährlich über eine Million Reaktionen von Gästen aus. Dank dieser umfassenden Datenbank sind sowohl das Hauptquartier wie auch die Regionalbüros des Clubs in der Lage, den Service zu modifizieren oder neue Dienstleistungen zu kreieren – eine Fähigkeit, die, wie das Management der Clubs genau weiß, wesentlich zur anhaltenden Begeisterung der Kunden beiträgt.

Außer den Informationen des Barometers setzt der Club noch andere Methoden ein, um mit seinen Kunden in Kontakt zu bleiben. Sämtliche Briefe – egal ob lobend oder tadelnd – werden sorgfältig analysiert. Zusätzlich werden nach Clubferien Gäste zu Focus Groups eingeladen und selbst Vermittler und Reisebüros nach den bei ihnen eingegangenen Verbesserungsvorschlägen gefragt.

Während des Clubaufenthalts werden ausgewählte Gäste (natürlich unaufdringlich) gebeten, ihre Ansichten und Vorschläge zu äußern. Und als Mittel zur Erhebung größerer Mengen beiläufiger Daten wird das Personal des Clubs darin geschult und dazu ermutigt, allen Problemen, die während des Clubaufenthalts eines Gastes auftreten, nicht nur besondere Aufmerksamkeit zu schenken und sie auszuräumen, sondern auch weiterzuleiten.

Diese Informationen bilden die Grundlage der Qualitätscharta des Clubs, in der die zehn wichtigsten Anliegen der Gäste festgehalten sind. Dazu gehören unter anderem: ohne Sorgen und Risiken leben, Wahlfreiheit bei den Freizeitangeboten, neue Fähigkeiten erwerben und sich bei der Nutzung der Clubeinrichtungen entspannen können.

Aus der Qualitätscharta wurden Servicestandards abgeleitet, die zur Beurteilung bestehender Clubs, zur Führung und Schulung des Personals und als Leitlinie bei Neugründungen verwendet werden. Der Club Med hat damit nicht nur eine Vielzahl von Kanälen aktiviert, um wichtige Informationen über seine Gäste zu sammeln, sondern hat auch dafür gesorgt, daß in erster Linie die Gäste selbst bestimmen, welchen Service sie bekommen und wie sie ihn bekommen.

Im Internet fischen

Als Fords „Explorer"-Designteam ins Internet ging, um sich mit der Stimme des Kunden zu vernetzen, waren seine Mitglieder über ihre Entdeckungen völlig verblüfft. Gemeinsam mit der *Detroit Free Press* und CompuServe Online Services hatte Ford ein CompuServe-Online-Forum eingerichtet und dessen Nutzer dazu aufgerufen, „an der Entwicklung des nächsten ‚Explorer' mitzuwirken." Das Entwicklungsteam, das für das auf zwölf Tage ausgelegte Projekt mit etwa einem Dutzend Botschaften pro Tag gerechnet hatte, sah sich aufgrund der überwältigenden Resonanz schon nach drei Tagen dazu genötigt, mit folgender Botschaft zu reagieren: „Wow! Jetzt wissen wir, wie es sich anfühlt, wenn man in einem Faß einen Cyber-Wasserfall hinabstürzt. Es ist nicht der Sturz, der einen schafft, sondern der Datenstrom, den man über den Kopf kriegt, wenn man unten angekommen ist."

Die Leute von Ford wurden mit 700 ebensooft gefühlsbetonten wie technischen Antworten auf höchstem Niveau aus der ganzen Welt überflutet. „Ich hatte allgemeine Äußerungen erwartet...", sagt Rick Ratcliff, stellvertretender Direktor der Online-Adresse der *Detroit Free Press.* „Aber die Leute kritisierten einfach alles, vom Sitz des Ölmeßstabs bis hin zur Ruhelage der Scheibenwischer."[8] Die für Ford wichtigste Beschwerde war, daß es den „Explorer" nicht mit einem V-8-Motor zu kaufen gab. „Ich habe einen ‚Bronco' gekauft, weil mir der ‚Explorer' zu schwach ist...", klagte eines der CompuServe-Mitglieder, „... aber ich würde ihn sofort umtauschen, wenn ich dafür einen V-8-Explorer bekommen könnte." Dieses Mitglied und einhundert andere mit ähnlichen Statements wurden von Ford klar und deutlich gehört. Fords Designteam arbeitet derzeit an einem neuen „Explorer" mit einer optionalen V-8-Maschine und eigenen weiteren, weniger wichtigen Veränderungen, die direkt auf dem „Datenstrom" aus dem Cybernet beruhen. Und das Team sucht nach weiteren Wegen, das Internet im wahrsten Sinne des Wortes als Netz zum Einfangen von Kundenstimmen zu nutzen.

Abschließende Gedanken: Über den Mißbrauch der Meinung des Kunden

Toyota orientierte sein Verhalten an den Ergebnissen seiner exzellenten Kundenforschung und hatte damit auch großen Erfolg. Berichte lieferten Daten über jeden einzelnen Verkäufer und Serviceberater. Die Händler und ihr Personal entwickelten echtes Interesse für die Umfrageergebnisse, reagierten auf die Umfragen mit entsprechenden Veränderungen und bescherten Toyota rapide ansteigende Kundenzufriedenheitswerte.

Den direkten Draht zum Kunden aufrechtzuerhalten setzt jedoch permanente Arbeit voraus. Murphys Gesetz – alles, was schiefgehen kann, wird früher oder später auch schiefgehen – findet auch hier Anwendung. Davon kann die US-Automobilindustrie ein Lied singen, als nach der Einführung des J.-D.-Power-Bewertungssystems für Kundenzufriedenheit der Druck auf die Händler stieg und es hier und da zu Mißbräuchen kam.

Zwar verbesserten die Autohändler ihre Servicequalität, doch wie sich alsbald herausstellte, handelte es sich dabei nicht immer um echte Verbesserungen. Unter dem Druck, möglichst viele Pluspunkte zu sammeln, griffen manche Händler zu unlauteren Mitteln, und viele Kunden bekamen plötzlich Briefe wie den unten abgedruckten.

(Der Brief wurde in dieser Form einem unserer Partner zugeschickt. Nur die Namen wurden geändert.)

Lieber Mr. Smith,

Vielen Dank, daß Sie Whoville Motors als Ihren Autohändler gewählt haben. Mit Ihrer Entscheidung, bei uns zu kaufen, beweisen Sie uns und unserem Produkt großes Vertrauen.

Unser Zentralbüro wird Sie bald anrufen und Ihnen einige Fragen bezüglich Ihrer Kauferfahrung stellen. Ihre Antworten bei dieser Befragung sind für uns sehr wichtig. Man wird Sie bitten, alle Fragen mit einem der folgenden Begriffe zu beantworten: TRIFFT GENAU ZU, trifft zu, trifft nicht zu und trifft überhaupt nicht zu. Die einzig positive Antwort lautet TRIFFT GENAU ZU.

Wenn Sie alle Fragen mit TRIFFT GENAU ZU beantworten, wird unsere Leistung mit 100 Prozent bewertet. Wir wären sehr erfreut, Ihnen in diesem Fall als kleine Aufmerksamkeit einen Gutschein für einen kostenlosen 5000-Kilometer-Kundendienst schicken zu dürfen!!

Also, bitte nicht vergessen. Wenn die Zentrale anruft, sagen Sie einfach nur: TRIFFT GENAU ZU!!!

Mit den besten Grüßen

John G. Doe
Verkaufsleiter

Toyota war offen genug, uns mitzuteilen, daß auch einige seiner Kunden solche Briefe von ihren Händlern bekommen hatten. Die Umfragen fingen an, zu einem Spiel zu werden. Schlimmer noch, manche Strategien zur Manipulation der Werte wirkten überaus kontraproduktiv. Nach Auskunft von Toyota führten einige Händler „negative Anreize" ein. Für jedes schlechte Umfrageergebnis zogen sie ihren Verkäufern einige Dollar vom Lohn ab, was in Extremfällen dazu führte, daß Verkäufer ihre Kunden beknieten, die Fragebögen doch bitte „richtig" auszufüllen. Einige Regionalbüros, deren Kundenzufriedenheitsergebnisse unter denen anderer Regionalbüros lagen und die das schnellstmöglich ändern wollten, bemühten sich erst gar nicht darum, ihren schwachen Händlern zu einem besseren Abschneiden zu verhelfen (was viel zu lange gedauert hätte), sondern besuchten Händler mit *bereits guten* Ergebnissen und bedrängten sie, ihre Werte noch mehr zu puschen.

Das ist typisch für den Versuch, einen Kundenzufriedenheitsindex mit finanziellen Anreizen zu verknüpfen. Der Zweck von Statistiken zur Kundenzufriedenheit ist es, den Mitarbeitern zu zeigen, wo sie stehen und was sie verbessern können. Eigentlich wollen ja die meisten

Mitarbeiter den Kunden einen guten Service bieten. Wenn jedoch finanzielle Anreize in die falsche Richtung zielen, wird das ganze System korrumpiert. Toyota jedenfalls stand vor einem ernsthaften Problem.

Das Unternehmen reagierte schnell und konsequent. In den ersten fünf Monaten des Jahres 1995 wurden keine Kundenzufriedenheitsberichte von den Händlern mehr angefordert. Damit wollte man die Händler dazu bringen, ihre kontraproduktiven Lohnabzüge einzustellen. Gleichzeitig hörte man auf, von den Händlern immer höhere Kundenzufriedenheitsraten einzufordern. Toyota kümmert sich zwar noch immer intensiv um Händler mit schlechten Ergebnissen, hat jedoch zumindest gegenwärtig die Belohnung der besten Händler eingestellt. Außerdem startete das Unternehmen eine Telefonumfrage und erkundigte sich bei seinen Kunden danach, ob ihre Händler irgendwelche Vorschläge zum Ausfüllen der Fragebögen gemacht hätten.

Vor allem aber legt Toyota immer mehr Gewicht auf die neu entwikkelte Umfrage zur Ownership Experience, anhand deren sich genau feststellen läßt, wie viele Wiederkäufe jeder Händler verzeichnet. Früher wußten nur wenige Händler, wie hoch der Anteil der Kunden war, die erneut einen Wagen bei ihnen kauften. Heute fragt das Unternehmen seine Kunden schon nach dem Kauf des ersten Wagens nach ihrer „Neigung zum Wiederkauf". Wie zu erwarten war, neigten Kunden, die sich gut behandelt fühlten, viel eher dazu, ihren nächsten Wagen wieder beim selben Händler zu kaufen, als solche, die sich schlecht behandelt fühlten. 90 Prozent der Kunden mit guten Erfahrungen bei Kauf und Service sagten, sie würden wiederkommen, während immer noch 46 Prozent der Kunden, die zwar schlechte Kauf- aber gute Serviceerfahrungen gemacht hatten, äußerten, erneut beim gleichen Händler kaufen zu wollen. Und von denen, die schlechte Erfahrungen bei Kauf und Service monierten, hatten nur 3 Prozent die Absicht, erneut denselben Händler in Anspruch zu nehmen.

Toyota Motor Sales will seine Händler fest auf das Ziel der Kundenzufriedenheit verpflichten – aber nicht mit Zuckerbrot und Peitsche, sondern durch harte Fakten. Die Händler sollen erkennen, daß die Kundenzufriedenheit in ihrem ureigenen Interesse liegt. Auf diese Weise hofft das Unternehmen, eine dauerhafte Kundenorientierung der Händler zu erreichen.

Die Ownership Experience Survey, die mißt, wie hoch der Anteil der Kunden ist, die drei, vier oder fünf Jahre nach dem ersten Kauf wieder zum selben Händler gehen, kann ein hochwirksames Instrument sein. Kürzlich informierte Toyota einen Händler, daß nur 17 Prozent seiner Kunden nach dem ersten Kauf erneut ein Auto bei ihm kauften. Andere Händler in derselben Region, die einen besseren Service boten, brachten es dagegen auf bis zu 50 Prozent Wiederkäufe. „Unserer Ansicht nach gibt es keinen besseren Weg, die Händler zur Ausrichtung an der Kundenzufriedenheit zu bewegen, als ihnen die Vorteile der Kundentreue zu verdeutlichen", sagt John McLaughlin.

Das Beispiel Toyota hat gezeigt, daß große Wachsamkeit angebracht ist, will man das Verhalten an der Stimme des Kunden orientieren. Mit seinem neuen Kurs hat das Unternehmen gute Chancen, sein kontinuierlich verbessertes Programm ein großes Stück voran zu bringen.

Vermeiden Sie, den Kunden am Reden zu hindern

Wie wir gesehen haben, bringt der direkte Draht zum Kunden überwältigende Vorteile. Trotzdem profitieren die meisten Unternehmen wenig von den Kundeninformationen, die sie erhalten. Wie ist das möglich?

Der Grund dafür ist in einigen typischen und weitverbreiteten Fehlern zu suchen:

- **Die Gesamtverantwortung fehlt.** Jeder Teil des Unternehmens sammelt die Daten, die er zu benötigen glaubt, aber niemand bemüht sich darum, die Teile zu einem kohärenten Ganzen zusammenzufügen.
- **Die Bemühungen werden nicht systematisiert.** Die Vorstellung, daß jedermann an der Erhebung von Kundendaten beteiligt sein sollte, führt zu einer unkoordinierten Verdopplung der Ergebnisse. Eine hochwertige, koordinierte Analyse der Daten findet nicht statt. Das Ergebnis ist kein klarer Konsens – beispielsweise darüber, eine Kundenerwartungskarte anzulegen – sondern zuviel verwirrender „Lärm".

- Für die Aufgabe werden untaugliche **traditionelle Instrumente der Marktforschung** eingesetzt. Demographische Daten über den Kundenstamm mögen ja ganz interessant sein, sie sind jedoch fast völlig nutzlos, wenn es darum geht, sich darauf zu konzentrieren, was die Kunden wirklich wollen und wofür sie Geld auszugeben bereit sind. Demographische Daten sagen etwas darüber aus, *wer* und *wo* Ihre Kunden sind, aber nicht, was sie wollen.
- **Die Daten werden nur von einem Teil Ihrer Kunden erhoben.** Niemand hat den Kundenstamm adäquat segmentiert. Die Stimme des Kunden ist zwar authentisch, spiegelt allerdings nur die Bedürfnisse eines Bruchteils der Menschen wider, denen Sie dienen wollen.
- **Daten zur Kundenzufriedenheit werden zwar erhoben, aber nicht verglichen,** beispielsweise anhand von Kundenerwartungskarten oder anderen Meßmethoden, die helfen, die Top-Prioritäten zu identifizieren.
- **Nichtkunden,** die die Bedürfnisse realer und potentieller Kunden zum Ausdruck bringen können, werden bei der Datenerhebung *nicht berücksichtigt.* Versäumen Sie nicht, auch Verkäufer, Serviceleute, verlorene Kunden, verlorene potentielle Kunden und Kunden der Konkurrenz zu befragen.

Am schlimmsten sind jedoch zwei andere Fehler:

Manche Unternehmen führen alle Schritte der Datenerhebung technisch korrekt durch, *versäumen es jedoch, die Informationen in der ganzen Organisation zu verbreiten.* In diesem Fall gibt es in der Organisation zwar Leute, die wissen, was der Kunde will, leider sind das aber nicht diejenigen, die darüber entscheiden, was der Kunde bekommt. Diese erhalten nie die Daten, die sie brauchen.

In anderen Unternehmen werden die *Informationen zwar verbreitet, aber kaum genutzt.* Manager legen viele hübsche Ordner mit Umfragedaten an, aber kaum jemand ergreift jemals Maßnahmen, die auf dem Inhalt der Ordner basieren.

Diese zwei Fehler sind deshalb so tragisch, weil sie bedeuten, daß eine gewaltige und potentiell auch lukrative Investition keinen Gewinn abwirft. Das ist vergleichbar mit einem Unternehmen, das die gesamte Forschungs- und Entwicklungsarbeit für ein neues Produkt leistet, nur um es dann gar nicht oder so mängelbehaftet zu produzieren, daß es keine Chance hat, je auf den Markt zu kommen.

Kundendaten bleiben nicht etwa deswegen ungenutzt liegen, weil sie den Mitarbeitern gleichgültig sind, sondern weil sie ihnen nicht mit der notwendigen Klarheit und Konsequenz vermittelt werden. Fängt ein Unternehmen, das eben unter diesem Mangel leidet, wirklich an, dem Kunden zuzuhören und seine Stimme zu integrieren, hat es einen Wendepunkt erreicht, der das ganze Unternehmen verwandelt.

Handlungsanweisungen

- Entwickeln Sie für Ihr Unternehmen eine Strategie, den Kunden zu hören. Sorgen Sie dafür, daß Sie getrennte Informationen von allen Segmenten Ihrer Zielgruppe bekommen. Hören Sie auch, was verlorene Kunden, verlorene potentielle Kunden, potentielle Kunden und Kunden der Konkurrenz zu sagen haben.
- Verwenden Sie Kundendaten, um drei Schlüsselfragen zu beantworten:
  1. Welche Produktmerkmale sind wichtig?
  2. Wie schneiden wir ab?
  3. Was fehlt?
- Verwenden Sie alle drei Kanäle, um Kundeninformationen zu sammeln: formelle Umfragen, informelle Kontakte und beiläufige Informationen. Wählen Sie je nach den gesuchten Informationen unterschiedliche Kanäle. Geben Sie unproduktive Kanäle auf und erschließen Sie neue, die zwar schon vorhanden sind, aber noch nicht ausgewertet werden.
- Machen Sie „versteckte Störfaktoren" ausfindig, indem Sie Ihre Kunden im alltäglichen Umgang mit Ihren Produkten und Dienstleistungen beobachten. Die Kunden sind begeistert, wenn Sie ihre Bedürfnisse schon erfüllen, noch bevor sie diese geäußert haben.
- Erstellen Sie eine Kundenerwartungskarte und etablieren Sie mit ihrer Hilfe einen direkten Draht zwischen den Kunden und allen Ebenen Ihrer Organisation.
- Verbessern Sie Ihre Meßverfahren, um eine dynamische Business Scorecard zu erstellen. Messen Sie vier zentrale Faktoren: die

Stimme der Kunden, die Stimme der Mitarbeiter, die Prozesse (qualitativ) und die Geschäftsergebnisse (finanziell).

- Vorsicht! Häufig wird zuviel Gewicht auf Erfolgskennziffern wie den Kundenzufriedenheitsindex gelegt. Mitarbeiter für gute Werte zu belohnen beschwört die Gefahr herauf, daß Zeit, Ressourcen und kreative Energie investiert werden, um die Werte zu manipulieren, und nicht, um den Kunden besser zu dienen. In manchen Fällen können den Kunden daraus sogar Nachteile entstehen. Überprüfen Sie Ihre Anreizsysteme und fragen Sie sich, ob in Ihrem Unternehmen Manipulationen möglich sind.

Kapitel 4

Von Teamitis zu rückhaltloser Zusammenarbeit

Die größte Herausforderung besteht darin, den gleichen Traum – nicht meine private, sondern eine kollektive Vision – in die Köpfe aller Mitarbeiter zu pflanzen, damit daraus eine Stimme und eine einheitliche Kultur wird.

Dr. Enson de Godoy Bueno
Präsident/Ausbildungsmanager
Amil Assistencia Medica International

In Katastrophensituationen können Menschen wunderbar Hand in Hand arbeiten. Richard Whiteley hat das schon mit neunzehn Jahren erfahren. Er erinnert sich:

> Meine Freunde und ich waren in zwei verschiedene Autos gestiegen, um dann gemeinsam zum Haus eines weiteren Freundes zu fahren. Der vorausfahrende Wagen ging eine Kurve etwas zu schnell an. Plötzlich geriet er ins Schleudern und überschlug sich nicht einmal, sondern gleich fünfmal.
>
> Wir reagierten ganz instinktiv. Wir waren aus dem Auto, noch ehe es ganz zum Stehen gekommen war. Das Unfallfahrzeug war nur noch ein Haufen zerknäultes Blech und lag mit den Rädern nach oben da; überall roch es nach ausgelaufenem Benzin. Binnen Sekunden begannen wir mit der Hilfe. Die Arbeitsteilung stellte sich dabei wie von selbst ein.
>
> Einer rief die Insassen nacheinander beim Namen. Zum Glück waren alle am Leben und konnten sich bewegen. Ein anderes Auto hielt an. Einer von uns berichtete den Leuten, was vorgefallen war. Ein Insasse stieg aus und half an der Unfallstelle mit, während der Fahrer sich aufmachte, den Notarzt zu alarmieren.
>
> Was zu tun war, war klar: Da das Auto jeden Moment in Flammen aufgehen konnte, mußten wir unsere Freunde so rasch wie möglich aus dem Wagen holen. Wir brachen die Türen auf und zogen die Verletzten heraus. Als der Krankenwagen eintraf, hatten wir bereits alle in Sicherheit gebracht. Mit Mänteln bedeckt, warteten sie am Straßenrand auf den Abtransport ins Krankenhaus.

Das war Teamarbeit in Reinkultur – instinktive Zusammenarbeit. Wir kannten nur das eine klare, vorrangige Ziel: unsere Freunde retten, und das taten wir schnell und effizient. Wir hatten Glück im Unglück: Wie durch ein Wunder hatten die Insassen, abgesehen von ein paar Abschürfungen und Prellungen, den Unfall unversehrt überstanden.

Die Kooperationslücke

Warum fällt es Menschen unter alltäglicheren Umständen soviel schwerer, zusammenzuarbeiten? Und warum bewirken Maßnahmen, die die Teamarbeit im Unternehmen fördern sollen, selten jene Art der Zusammenarbeit, die, wie wir alle spüren, das Leben für alle, Mitarbeiter wie Kunden, leichter machen würde?

Fragen, die sich heutzutage besonders drängend stellen. Die Fähigkeit zur Teamarbeit in einem Unternehmen ist zu einem Schlüsselfaktor geworden, der über seinen Erfolg oder Mißerfolg entscheidet. Was wir heute beobachten, ist eine klare Verschiebung des Schwergewichts vom Hersteller zum Kunden, ein Wechsel vom Verkäufer- zum Käufermarkt. In ihrem Buch *World Class: Thriving Locally in the Global Economy* (1995) beschreibt Rosabeth Moss Kanter diese Gewichtsverlagerung als eine der bedeutsamsten strukturellen Veränderungen der jüngsten Vergangenheit.

Heute hat der Kunde die Wahl. In vielen Ländern hat die Zahl der inländischen Anbieter stark zugelegt, der Wettbewerb ist insgesamt aggressiver geworden. Weltweit geht der Trend hin zum Abbau von Handelsbeschränkungen und zur Schaffung großer, einheitlicher Wirtschaftsräume durch Handelsvereinbarungen, wie NAFTA, Mercosur und Maastricht-Vertrag, die einst geschützte nationale Märkte für Scharen neuer Wettbewerber öffnen.

Der daraus resultierende weltweite, gnadenlose und zielgerichtete Wettbewerb beschert den Kunden mehr und mehr Wahlmöglichkeiten. Die immense Auswahl erlaubt den Verbrauchern den neuartigen Luxus, sich zurückzulehnen und zuzuschauen, wie sich andere um ihr Geschäft balgen. Sie lassen ihre Kaufkraftmuskeln spielen und sagen: „Wir wollen es nach unserem Geschmack, und zwar sofort.“

Wer heute Erfolg haben will, muß flexibel und schnell auf Kundenbedürfnisse reagieren. Das aber ist ohne bessere Zusammenarbeit sowohl innerhalb als auch zwischen den einzelnen Geschäftsbereichen eines Unternehmens nicht erreichbar.

Die typische Antwort von Unternehmen auf diese neue Herausforderung erschöpft sich in Stellenabbau, Reengineering, der Umsetzung von Rationalisierungsmaßnahmen und der verschärften Qualitätskontrolle. Mit solchen Maßnahmen lassen sich zwar oft die Gewinne halten, aber sie tragen nicht unbedingt zu einer besseren unternehmensinternen Zusammenarbeit bei.

Um die Kommunikationsbarrieren innerhalb des Betriebs abzubauen und die Zusammenarbeit zu fördern, wurde mehr und mehr Aufmerksamkeit auf den Aufbau vernetzter Kooperationsmethoden gelegt. Eine entscheidende Rolle spielte dabei die Bildung von Teams auf allen Ebenen der Unternehmensorganisation. Wenn Mitarbeiter mit unterschiedlichen Funktionen zum selben Team gehören und den Kunden nicht außer acht lassen, können sie die Schranken der traditionellen Unternehmenshierarchie überwinden. Manche Teams haben bewiesen, daß man auch in Betrieben so effektiv zusammenarbeiten kann wie meine Freunde und ich an der Unfallstelle. Wenn das gelingt, kommen erstaunliche Resultate dabei heraus. Der Autohersteller Cadillac beispielsweise konnte allein dank des Verbesserungsvorschlags eines Teams Kosten in Höhe von 52 Millionen Dollar einsparen. Einem DuPont-Team gelang es, mit der Entwicklung einer Maissorte mit höherem Nährwert, die sich trotz eines um 33 bis 40 Prozent höheren Preises besser verkauft als das Saatgut der Konkurrenz, Marktanteil und Rentabilität des Unternehmens zu steigern. Und ein Team in einer Amway-Fabrik schaffte es, die Rüst- und Umstellungszeit einer Verpackungsmaschine zu halbieren und damit die Auslastung der Maschine um 47 Prozent zu erhöhen.

Doch das sind eher Ausnahmen. Eine Umfrage der Firma Benchmark Communications aus Carlisle, Massachusetts, förderte zutage, daß noch nicht einmal 15 Prozent der US-Konzerne ihren Produktivitätszielen mit der von ihnen gewählten Form der Teamarbeit wirklich näher kommen. In den meisten anderen Ländern sieht es kaum besser aus.

Statt den Startschuß zu wirklich effektiver Zusammenarbeit zu geben, haben die meisten Qualitätsoffensiven und Teamprogramme ein

Übel ausgelöst, das man „Teamitis" nennen könnte: Wahllos werden Teams zur Lösung praktisch aller anfallenden Management- und Produktionsaufgaben gebildet, ohne daß Sinn und Zweck dieser Arbeitsform im jeweiligen Einzelfall bedacht werden. Teams scheinen auf den ersten Blick das Allheilmittel gegen den Bürokratismus zu sein, führen aber ironischerweise häufig zu einer neuen Form von Bürokratie: Teams um der Teams willen.

Obwohl effektive Teamarbeit heute zweifellos eine der Grundvoraussetzungen für wirtschaftlichen Erfolg ist, ist es damit noch nicht getan. Erfolg setzt ein Arbeitsverhalten voraus, das wir in erfolgreichen Unternehmen beobachtet haben und das wir **rückhaltlose Zusammenarbeit** nennen.

In diesen Unternehmen hat praktisch jeder Mitarbeiter die Einstellung und die Fähigkeit, teamorientiert zu arbeiten, *unabhängig davon, ob er einem Team angehört oder nicht.* Das ganze Unternehmen wird gewissermaßen zu einem einzigen großen Team, dem jeder Mitarbeiter angehört und in dem alle Hand in Hand arbeiten.

Die vielleicht wichtigste Ursache für Teamitis liegt in dem Irrglauben, daß es eine einfache Methode gibt, nach der sich ein ganz auf Kooperation ausgelegtes Unternehmen aus dem Boden stampfen läßt. Rückhaltlose Zusammenarbeit kann nur erreicht werden, wenn das Management und die Beschäftigten den Sinn und Zweck verstehen und der Mühe wert finden.

Vom Verschwinden der Zusammenarbeit

In der Aufbauphase eines Unternehmens entsteht von ganz allein eine Kultur der rückhaltlosen Zusammenarbeit. Am Anfang steht noch alles auf dem Spiel, und wenn auch die Herausforderungen nicht so dramatisch sind wie bei einem Autounfall, so kämpft die Belegschaft doch täglich um das wirtschaftliche Überleben. Der ganze Betrieb ist von diesem Gemeinschaftsgefühl erfüllt: Der Chef kocht Kaffee, die Sekretärin führt die Bücher, der Mann vom Versand betätigt sich nebenbei als Verkäufer, wenn er eine Bestellung ausliefert. Was gemacht werden muß, wird auch gemacht.

Taugt die Firma etwas (oder hat sie Glück), dann wächst sie auch. Doch dann passiert etwas Merkwürdiges. Das Gefühl der Dringlichkeit, die Arbeitsfreude und der Pioniergeist verschwinden. Man kommt zur Arbeit, um Geld zu verdienen und seinen Job zu behalten, mehr nicht. Die Zusammenarbeit und der Teamgeist der „heroischen Gründerzeit", als jeder einzelne mit seinen Fähigkeiten und Talenten gefordert war, sind verschwunden; sie werden als Eigenschaften abgeschrieben, die ein „erwachsenes" Unternehmen einfach nicht mehr zurückgewinnen kann.

Doch dieses allmähliche Verschwinden der rückhaltlosen Zusammenarbeit ist kein Naturgesetz. Sollte sie tatsächlich verschwunden sein, kann sie wiedererweckt werden. Und was sich mit rückhaltloser Zusammenarbeit erreichen läßt, ist in der Tat verblüffend.

Amil: Die Seele eines Kleinbetriebs im Körper eines Großunternehmens

Können Sie sich ein Unternehmen vorstellen, das seit achtzehn Jahren am Markt ist, Jahresumsätze von nahezu einer Milliarde Dollar erwirtschaftet und sich trotzdem den Schwung und die Vision einer Firma in der Aufbauphase bewahrt hat? Wir können es uns nicht nur vorstellen, wir kennen sogar ein solches Unternehmen: die Amil Assistencia Medica International, ein führender Anbieter von Dienstleistungen im Gesundheitswesen.

Amil sieht keinen Widerspruch darin, nicht nur eines der größten, sondern mit einem atemberaubenden Wachstum von jährlich 62 Prozent auch das am schnellsten wachsende Unternehmen Brasiliens zu sein. Amil-Gründer Dr. Edson de Godoy Bueno hält das für die natürliche Folge eines Merkmals, das Jack Welch, der Generaldirektor von General Motors, als „die Seele eines Kleinbetriebs im Körper eines Großunternehmens" beschreibt. Die Frage drängt sich auf: Wie schafft es Amil, sich mit 5000 Beschäftigten, einer Million Kunden und Tochterunternehmen in vier Kontinenten diesen Enthusiasmus zu bewahren – vor allem, wenn man bedenkt, daß solch ein überwältigender Erfolg gewöhnlich eher träge macht und nicht anspornend wirkt? Bueno glaubt, daß von zwei gleich starken Unternehmen dasjenige den Wettbewerb für sich entscheidet, dessen Organisation am besten die Fähigkeiten und Begabungen seiner Mitarbeiter fördert und nutzt.

Tatsächlich kennt man bei Amil keine Arbeiter, Angestellten oder „Beschäftigten" mehr, jeder wird als Mitarbeiter bezeichnet.

Ähnlich sieht es auf der Ebene des Managements aus: Manager heißen hier „Koordinatoren", denn sie kommandieren ihre Untergebenen nicht herum, sondern koordinieren die gemeinschaftlichen Aktivitäten der Mitarbeiter.

Amil will keine Helden oder Stars heranzüchten. Vielmehr gilt derjenige als „Champion", der gut mit anderen zusammenarbeiten kann. Michael Lund, Leiter der internationalen Geschäfte, formuliert es so: „Wir sagen unseren Mitarbeitern, daß sie nichts auf eigene Faust durchsetzen, sondern die Meinung der anderen einholen, sie respektieren sollen, wann immer eine Entscheidung ansteht. Wenn sie nicht einverstanden sind, ist es ihre Aufgabe, ihre Idee so zu verkaufen, daß Konsens entsteht. Es geht nicht darum, wer hinterher als Gewinner und wer als Verlierer dasteht. Es geht darum, wie wir zusammenarbeiten, damit alle Beteiligten gewinnen. Diese Regel wird immer und immer wieder wiederholt."

Die Motoren des Wachstums

Der Gründer von Amil, Dr. Edson de Godoy Bueno, ist ein echter Selfmademan, der als Schuhputzer in Rio de Janeiro begonnen und sich nach Schule und Medizinstudium zu internationalem Erfolg hochgearbeitet hat. Das Unternehmen beruht in seinem Kern auf dem Vertrauen in die menschlichen Talente und die persönliche Fortentwicklung der Mitarbeiter als Motoren des Wachstums. Dr. Buenos Traum ist, „das größte, beste und glücklichste Unternehmen in Südamerika zu schaffen". Und er glaubt, daß dies nur durch Investitionen in die Menschen möglich ist. Wahrscheinlich investiert Amil mehr als jedes andere bedeutende internationale Unternehmen in die Zukunft seiner Mitarbeiter.

Amil schickt seine Mitarbeiter im Durchschnitt 18 Tage im Jahr auf Schulungen und übertrifft damit selbst so fortbildungsintensive Unternehmen wie Motorola. Damit nicht genug, hat Bueno ein eigenes, stark beachtetes und sehr selektives internes Master-of-Business-Administration-Programm entwickelt, nach dem Amil-Manager unterrichten und das auf der Fallstudien-Methode der Harvard Business School aufbaut. Der Unternehmensgründer sieht die Aufgabe der Führungskräfte darin, die Mitarbeiter zum Aufbau des Unternehmens zu befähigen – ein Vertrauen in die Entwicklungsfähigkeit der Menschen, das sich auch auf seiner Visitenkarte widerspiegelt, auf der sich neben der Bezeichnung „Präsident“ der Zusatz „Ausbildungsmanager“ findet.

Totale Beteiligung

Amil fördert die Zusammenarbeit, indem es jeden Mitarbeiter in den gesamten Unternehmensprozeß einbezieht. Bei vierteljährlich anberaumten Zusammenkünften, die unter dem Titel „Amil 2000“ firmieren, stellen die Koordinatoren ein aktuelles Managementbuch vor. Dann wird versucht, ein gerade anstehendes Problem im Unternehmen mit Hilfe der in dem Buch vertretenen Thesen zu lösen. Bei der Diskussion verschiedener Lösungsvorschläge kommt es zu einem regen Ideenaustausch, der auf die unterschiedlichste Art und Weise gefördert wird. Beispielsweise präsentieren die Koordinatoren das Quartalsergebnis und erläutern es den Mitarbeitern. Anschließend findet eine freie Aussprache über das Ergebnis statt, und man diskutiert darüber, wie sich die Gewinnsituation weiter verbessern läßt. Dabei werden kein Thema und keine Person ausgespart. Niemand stößt sich daran, wenn ein Mitglied des Geschäftsbereichs pharmazeutische Produkte auf den Gedanken kommt, ein Mitglied des Bereichs Krankenhausbedarf zu kritisieren.

Unsere Untersuchungen haben ergeben, daß einer der Hauptgründe für die hohe Personalfluktuation bei marktnahen Serviceanbietern an dem Mangel an „interdisziplinärer“ Schulung liegt. Interdisziplinär angelegte Ausbildungsmaßnahmen verbreitern die Kompetenzbasis, was bedeutet, daß die Mitarbeiter sich gegenseitig unterstützen können. Amil hat diesen Ansatz noch weiter ausgebaut. Hier wechseln Mitarbeiter alle drei Jahre ihre Stelle, da man davon ausgeht, daß Job-Rotation den Ideenaustausch fördert und die Mitarbeiter für neue Ideen empfänglich macht. Außerdem wird dadurch die Bereitschaft zu lebenslangem Lernen geschaffen. „Wenn wir jemandem eine Stelle geben“, erklärt Bueno, „unterschreibt der Betreffende eine Erklärung, wonach er damit einverstanden ist, daß er höchstens drei Jahre auf dieser Position bleiben wird.“

Amil strebt an, daß die Mitarbeiter interne und externe Kunden so behandeln, wie auch sie behandelt werden. Zu diesem Zweck wurde eigens ein internes Kundenbewertungssystem entwickelt. Jeden Monat bewertet jeder interne „Kunde“ seinen „Lieferanten“. Die interne Kundenzufriedenheitsquote beeinflußt die Höhe der Bonuszahlungen, wobei der Grad der Kundenzufriedenheit von der Dringlichkeit der Aufgabe des internen Kunden und der Höhe des geleisteten Zusatznutzens abhängt.

Das Ergebnis

„Amil hat die motivierteste und lernbegierigste Belegschaft, die ich jemals gesehen habe“, lobt José Salibi, Gründer des international renommierten Seminaranbieters HSM. Amils spektakulärer Erfolg ist das Ergebnis einer übergreifenden Vision, die Bueno auf allen Ebenen seines Unternehmens zur Leitlinie gemacht hat und in deren Mittelpunkt kooperative Zusammenarbeit und die menschliche Erfindungskraft stehen. Buenos Vertrauen in seine Mitarbeiter und ihre Leistungsfähigkeit bildete die Grundlage seines Aufstiegs von den schäbigen Straßen Rios an die Spitze eines internationalen Unternehmens, das täglich zig Millionen Patienten in aller Welt dient.

Die sieben Säulen rückhaltloser Zusammenarbeit

Auf der Suche nach einer Strategie, wie die Kultur der rückhaltlosen Zusammenarbeit bewahrt oder wiederbelebt werden kann, bietet es sich an, Unternehmen zu untersuchen, die das erreicht haben. Wo immer wir auf ein solches Unternehmen gestoßen sind, waren die folgenden sieben Voraussetzungen erfüllt:

1. **Ein überzeugendes übergreifendes Ziel.** Die Personen in einem wirklich kooperativ arbeitenden Unternehmen glauben an ein gemeinsames Ziel, das über die Einzelinteressen und -funktionen hinausreicht. Um dieses Zieles willen sind sie bereit, von ihren egoistischen Interessen abzurücken und sich für das Wohl des ganzen Unternehmens einzusetzen.

2. **Beteiligung am Entscheidungsprozeß** aller Mitarbeiter auf allen Unternehmensebenen. Erfolgreiche Unternehmen sorgen dafür, daß Mitarbeiter, die von anstehenden Entscheidungen betroffen werden, in die Meinungsbildung mit einbezogen werden, ehe die endgültige Entscheidung fällt.
3. **Die interne Kundenbeziehung.** Firmen mit kooperativer Unternehmenskultur bringen ihre Mitarbeiter dazu, nicht nur den Endabnehmer, sondern auch den Kollegen, der als nächster das Arbeitsprodukt erhält, als Kunden zu betrachten. So entsteht ein klar definiertes Netzwerk interner Kunden-Lieferanten-Beziehung und ein Verantwortungsgefühl, das die Zusammenarbeit fördert.
4. **Kooperationsfähigkeit.** Rückhaltlose Zusammenarbeit erfordert besondere Fähigkeiten, zum Beispiel, andere zur Artikulation eigener Ideen zu ermuntern. Die Fähigkeiten, die Mitarbeiter benötigen, um in hierarchisch organisierten Unternehmen erfolgreich zu arbeiten, sind nicht unbedingt dieselben, die ein kooperativer Arbeitsstil voraussetzt. Effiziente Unternehmen finden Wege, die Kooperationsfähigkeit ihrer Mitarbeiter zu fördern.
5. **Effektiver Einsatz von Teams.** In Firmen mit kooperativer Unternehmenskultur werden Probleme nicht einfach zur Lösung an Teams übertragen. Vielmehr bauen sie intelligente Strukturen zum Management von Teams auf und fördern den Aufbau von Teamleitern, die ihre eigentliche Aufgabe nicht darin sehen, über einzelne Mitarbeiter zu bestimmen, sondern für die Verzahnung des Teams mit dem Gesamtunternehmen sorgen.
6. Eine **Unternehmensorganisation,** die von ihrer Struktur her auf den Dienst am Kunden ausgelegt ist. Statt einer funktionalen Organisation nach Abteilungen wie „Verkauf", „Herstellung" und „Finanzen" besitzen Firmen mit kooperativer Unternehmenskultur eine Aufgliederung in Mitarbeitergruppen, die sich dank ihrer Kooperationsfähigkeit besser um die Kunden kümmern können.
7. Eine **Infrastruktur,** die eine zweckmäßige partnerschaftliche Zusammenarbeit fördert und unterstützt. Kommunikationssysteme, physisches Layout, Technologie, Entgelt- und Anerkennungssysteme dienen dem einen Ziel, die Zusammenarbeit zu stärken. Solche Maßnahmen stehen nicht unverbunden nebeneinander,

sondern tragen und fördern die Vernetzung innerhalb des Unternehmens.

Ford Australien: Überleben durch Zusammenarbeit

Die australische Ford-Tochter hatte keine Wahl: Wollte sie überleben, mußte sie rückhaltlose Zusammenarbeit lernen.

Bis Anfang der achtziger Jahre genoß Ford Australien ein vergleichsweise sorgenfreies Leben. Handelszölle und -quoten schützten den australischen Automarkt, und nur die im Land ansässigen Tochtergesellschaften von Ford und General Motors stellten die großen Limousinen mit Hinterradantrieb her, die die Australier bevorzugten. Australien war ein Verkäufermarkt.

Doch dann lockerte die Regierung in Canberra die Handelsbeschränkungen, und es war klar, daß es mit der Ruhe auf dem australischen Automarkt bald vorbei sein würde. In der Detroiter Ford-Zentrale fing man an, sich zu fragen, ob die Abteilungen Konstruktion und Fertigung in Australien nicht besser abgebaut werden sollten. Schließlich lebten auf dem fünften Kontinent gerade einmal 16 Millionen Menschen – ungefähr ebenso viele wie im Großraum Los Angeles. Warum nicht vorgefertigte, in einem größeren Land konstruierte Fahrzeugteile importieren und vor Ort montieren lassen? Auf diese Weise hätte Ford ohne weiteres einen Großteil seiner australischen Belegschaft abbauen können.

So wie die australische Tochter dastand, schien es nur noch eine Frage der Zeit, bis sie ihre Tore schließen mußte. Das Arbeitsklima war alles andere als kooperativ, und wenn heute Fordmitarbeiter von früher reden, dann fällt in jedem zweiten Satz das Wort „Maloche“. Die Vorarbeiter gaben Anweisungen, und wenn einmal jemand eine Frage stellte, dann hieß es bloß: „Halt die Klappe und mach deine Arbeit.“

Jack Nasser, der damalige Präsident von Ford Australien, erkannte, daß sich das Unternehmen von Grund auf ändern mußte. Er baute die Belegschaft ab und machte sich daran, die Produktentwicklung und die Herstellung zu verbessern. Für die verbliebenen Beschäftigten brach eine Periode der Umstrukturierung und Neuorientierung an. Der Wandel, den Nasser und später sein Nachfolger John Ogden in Gang setzten, war tiefgreifend. So tiefgreifend, daß Ford Australien heute das Musterbeispiel eines kooperativen Unternehmens ist, satte Gewinne einfährt und zu den Schmuckstücken des internationalen Ford-Konzerns gehört.

Um diesen Wandel nachzuvollziehen, muß man sich vor Augen führen, wie Ford Australien die sieben Grundsätze für rückhaltlose Zusammenarbeit in die Tat umgesetzt hat.

Ein überzeugendes übergreifendes Ziel. Als Ford Australien nach dem Fall der Handelsbarrieren in eine Krise schlitterte und Detroit immer öfter wenig Gutes verheißende Andeutungen machte, schwor Präsident Nasser das ganze Unternehmen auf das zwingendste übergreifende Ziel überhaupt ein: den Fortbestand des Unternehmens. Er verdeutlichte den radikalen Wandel, der nötig sein würde, wollte Ford Australien verhindern, zur bloßen Marketingabteilung degradiert zu werden. Dabei scheute er auch vor einschneidenden Maßnahmen nicht zurück. Und er setzte Ford Australien ein positives Ziel im Rahmen der internationalen Ford Motor Company. Heute haben alle Abteilungen von Ford Australien klare Vorgaben, die allen Beschäftigten ihren Platz innerhalb eines weltumspannenden Konzerns zuweisen. Übergreifendes Ziel ist, die besten Automobile für die wichtigsten Märkte der Welt anzubieten. Aus dem Kampf ums nackte Überleben ist Ford Australien als Zentrum für die Konstruktion von Automobilen mit Hinterradantrieb hervorgegangen, und zwar nicht nur für Australien, sondern für Ford weltweit.

Beteiligung am Entscheidungsprozeß. In den Abteilungen von Ford Australien gilt ein kooperativer Entscheidungsprozeß heute als eine Grundvoraussetzung für Erfolg. Warum das so ist, läßt sich anhand der Produktentwicklung veranschaulichen. Einfach gute Autos bauen reicht heute nicht mehr aus. Worauf es ankommt, ist, die Kosten zu minimieren und das Gewicht zu senken und trotzdem Spitzenqualität zu liefern. Immer preisgünstigere, haltbarere und leichtere Teile setzten jedoch voraus, daß alle Mitarbeiter Initiative ergreifen. Ford Australien stellte fest, daß Teammitglieder, die in den Managern „Bosse“ sehen und weniger gleichberechtigte Partner in einem Team, nicht ihr Bestes geben. Um dem entgegenzuwirken und die Beteiligung am Entscheidungsprozeß zu formalisieren, erließ Ford Australien eine Richtlinie, wonach erst dann eine Entscheidung gefällt werden darf, wenn alle Betroffenen sich dazu äußern konnten.

Die interne Kundenbeziehung. Ford Australien revolutionierte die Beziehung zwischen Produktentwicklung und Fertigung durch die Einführung interner Kundenbeziehungen. Heute ist es gang und gäbe, daß nicht nur die Fertigung als Kunde der Produktentwicklung gilt. Jede Designgruppe, die am Entwurf eines neuen Teils arbeitet, behandelt das Team, das an benachbarten Teilen arbeitet, als seinen Kunden. Das Team, das die Hupe des nächsten Falcon-Modells entwirft, versteht sich als Zulieferer des Teams, das die Lenksäule konstruiert, in die die Hupe später eingebaut wird, so wie das Konstruktionsteam der Lenksäule der Lieferant des Teams ist, das sich mit der Hupe beschäftigt. Das hat weitreichende Folgen. Jedes Team muß nun so arbeiten, daß es die Anforderungen des anderen erfüllt, statt darauf zu warten, daß ein übergeordneter „Koordinator“ die Entwürfe aufeinander abstimmt.

Kooperationsfähigkeit. Ford Australien ist sich darüber im klaren, daß die alte „Malocher“-Philosophie seinen Mitarbeitern keine Chance gab, einen kooperativen Arbeitsstil zu lernen. Deshalb fördert das Unternehmen mit eigens hierfür entwickelten Seminaren und Fortbildungsmaßnahmen gezielt die Fähigkeit seiner Mitarbeiter zur Kooperation und effektiven Teamarbeit über organisatorische Schranken hinweg.

Effektiver Teameinsatz. Seit den achtziger Jahren unterhält Ford Australien ein kontinuierlich weiterentwickeltes Verfahren, das auf die zweckmäßige Bildung von Arbeitsgruppen abzielt, Verbesserungsvorschläge systematisch erfaßt und sicherstellt, daß die Teams die Unterstützung erhalten, die sie brauchen. Neigten die Teams anfangs noch dazu, ihr Terrain zu verteidigen und sich vor allem mit sich selbst zu beschäftigen, so fand man später zu einem neuen Ansatz. Heute steuern sich die Teams selbst und kooperieren sich, falls erforderlich, schnell und effektiv mit anderen Teams innerhalb des Unternehmens.

Unternehmensorganisation. Unter Jack Nasser brach Ford Australien mit der herkömmlichen funktionalen Struktur. Früher war es zum Beispiel üblich, daß die Produktentwicklung neue Modelle quasi im luftleeren Raum entwarf, unabhängig von der Fertigung, die die Autos montieren, und unabhängig von der Marketingabteilung, die sie später an Mann bringen mußte. Heute gehören zu jeder der 160 Arbeitsgruppen, die an der Entwicklung des nächsten Falcon-Modells mitarbeiten, außer Konstrukteuren auch Leute aus der Fertigung, aus dem Marketing und in vielen Fällen auch Vertreter der Zulieferer.

Infrastruktur. Die Leitung von Ford Australien hatte erkannt, daß Mitbestimmung und Fortbildung allein nicht genügen, um das geforderte neue Arbeitsverhalten nachhaltig zu fördern. Sollte rückhaltlose Zusammenarbeit zu einem Kennzeichen des Unternehmens werden, dann mußte sich vieles in den Kernbereichen des Geschäfts ändern. Im Anschluß an diese Überlegungen ließ das Management ein Computerinformationssystem und neue CAD-Systeme installieren und veränderte das Layout der Fertigungshallen und Büros. Außerdem führte es ein neues Entgelt- und Anerkennungssystem ein, um den kooperativen Arbeitsstil zu fördern.

Die Australier lernten rückhaltlose Zusammenarbeit und erzielten hervorragende Resultate. Damit bewiesen sie, daß ihr Unternehmen den Fortbestand verdiente. Im Jahr 1994 nannte Alex Trotman, der Präsident der Konzernmutter in Detroit, die Einführung des neuen 1994er Falcon die gelungenste Markteinführung innerhalb der Ford Motor Company. Im gleichen Jahr erhielt Ford Australien den Gold Award, die höchste Qualitätsauszeichnung des Landes. Nach diesen Erfolgen bereiten sich die australischen Konstrukteure und Hersteller darauf vor, in Zukunft auch im Export eine führende Rolle zu spielen. Mitte 1995 meldete die Ford-Zentrale, der australischen Tochter werde eine Investition in Höhe von einer Milliarde Dollar gewährt, einschließlich der Mittel für das neue Falcon-Design. Der neue Ford-Chef John Ogden nannte diese Entscheidung „einen Vertrauensbeweis für die australische Tochtergesellschaft und eine Anerkennung für eingelöste Verpflichtungen“. Zugleich war es auch eine Bestätigung dafür, daß sich der alte Kommandostil zu rückhaltloser Zusammenarbeit wandeln kann. Ford Australien präsentiert sich nun als reibungslos funktionierender, kundenorientierter Großbetrieb.

Schauen wir uns nun die sieben Säulen der rückhaltlosen Zusammenarbeit einmal im Detail an.

1. Ein überzeugendes übergreifendes Ziel

Ein überzeugendes Ziel, für das sich alle Mitarbeiter eines Unternehmens einsetzen, ist der wahrscheinlich wichtigste Faktor auf dem Weg zu rückhaltloser Zusammenarbeit. Obwohl viele Unternehmen über eine „Vision“ verfügen, sind nur wenige tatsächlich „visionär“. Warum?

Das Problem ist, daß Unternehmensphilosophien oder -visionen allzuoft von oben herab verkündet werden, eine Aufgabe, die in manchen Fällen dann auch noch vom Spitzenmanagement in ein paar Stunden abgehakt wird. Wo die Unternehmensphilosophie zum übergreifenden Ziel wurde, wurde im Normalfall die gesamte Belegschaft in die Formulierung der gemeinsamen Vision mit einbezogen.

An diesem Punkt lohnt es sich, einen Blick auf die Geschichte der U. S. Bancorp zu werfen, eine der größten Bankholdinggesellschaften im pazifischen Nordwesten der USA. Ende 1993 waren die Gewinne der U.S. Bancorp gesunken, was zum Teil auf die viel zu rasche Expansion in den späten achtziger Jahren zurückzuführen war. Die Umsatzbelastung (Aufwand geteilt durch Umsatz) war auf 74,5 Prozent gestiegen und lag damit um rund 20 Prozent höher als die der Branchenführer. Die Gefahr einer unfreundlichen Übernahme drohte, und es war klar, daß U. S. Bancorp etwas unternehmen mußte.

Die Rettung kam mit der Ernennung Gerry Camerons zum Generaldirektor der U. S. Bancorp. Cameron, seit 39 Jahren im Bankgeschäft, gab zuerst einmal die Parole „Focus 59“ aus: Die Bank sollte bis 1997 ihre Umsatzbelastung auf 59 Prozent senken. Dazu wurden Geschäftsbereiche, die nicht zum Kerngeschäft gehörten, geschlossen oder verkauft. Rund 2500 Beschäftigte mußten in den Vorruhestand gehen oder erhielten ihre Entlassungspapiere, darunter auch viele, die Cameron im Lauf seiner Karriere kennengelernt hatte. „Das sind Frauen und Männer, die mitgeholfen haben, diese Bank aufzubauen“, sagte er einem Journalisten. „Diesen Menschen zu sagen, daß hier kein Platz mehr für sie ist, das war der schwerste Teil.“[1]

Der Aderlaß schlug sich in jährlichen Kosteneinsparungen in Höhe von 100 Millionen Dollar nieder und sicherte den Fortbestand der Bank. Binnen eines Jahres war das Verhältnis von Aufwand zu Umsatzerlösen auf respektable 63,3 Prozent gesunken. Der Kurs der U. S. Bancorp-Aktie stieg wieder.

Dennoch blieben einige Analysten skeptisch. „Bancorp hat alle tiefhängenden Früchte gepflückt", hieß es. Der Stellenabbau hatte sich demotivierend auf die Mitarbeiter ausgewirkt. „Focus 59" galt nicht als Zeichen zum Aufbruch, sondern als ein Signal, daß noch mehr Bankangestellte Gefahr liefen, ihren Job zu verlieren.

Cameron hatte mit dieser Parole steigende Gewinne und sinkende Kosten als Ziel signalisieren wollen. Doch was die meisten Beschäftigten sahen, war nur, daß viele Kollegen ihre Schreibtische räumen mußten.

Auf den routinemäßigen Seminaren für Führungskräfte wurden plötzlich neue Töne angeschlagen. Immer mehr Manager äußerten Bedenken über den Weg, den die Bank eingeschlagen hatte. Einer beklagte sich über die „mangelnde Klarheit, die in den Köpfen der Geschäftsführer über die Richtung des Unternehmens herrscht". Wohin steuerte Cameron die Bank?

Die ganze Belegschaft wird in die Unternehmensphilosophie miteinbezogen

Angesichts der Unsicherheit in der Belegschaft war es höchste Zeit für Cameron und seinen Stab, ihre Strategie in aller Klarheit vorzustellen – eine Strategie, die die Bank neu belebte und ihr wieder ein Ziel gab.

Auf Grundlage der in den Führungsseminaren geäußerten Ansichten entwickelte Cameron eine übergreifende Vision von dem Weg, den er zu gehen gedachte. Der Anstoß, der von dieser Vision ausging, beweist einmal mehr, wieviel ein klar formuliertes Ziel bewirken kann.

U. S. Bancorp entwickelte in vier Monaten eine neue Unternehmensvision. Der eigentliche Grund, weshalb die Bank die Downsizing-Krise überwinden konnte, bestand aber darin, daß ein überzeugendes gemeinsames Ziel gefunden wurde. Dabei machte die Bereitschaft der Unternehmensleitung, die ganze Belegschaft an diesem Prozeß zu beteiligen, den Unterschied zu anderen Unternehmen aus und gab letztlich den Ausschlag für den Erfolg.

Beim ersten Treffen des Spitzenmanagements wurde folgendes Motto formuliert:

„Exzellenter Service mit engagierten Mitarbeitern"

Nicht schlecht. Statt sich aber sofort auf dieses Motto festzulegen und es offiziell zu verkünden, bildete das Führungsgremium zunächst eine aus fünf Mitgliedern bestehende Projektgruppe Unternehmensvision. Die Projektgruppe sollte das vorgeschlagene Motto innerhalb der Bank bekanntmachen und auf seine Akzeptanz testen. Schließlich waren es die Mitarbeiter, die das Motto mit Leben füllen sollten.

In Interviews, Focus Groups und mit elektronischer Post gaben über 1000 Angestellte Kommentare zu dem Motto ab. Was sie sagten, hat dem Management die Augen geöffnet. Das Konzept „Exzellenter Service" stieß auf die einhellige Zustimmung der Mitarbeiter. Dafür waren sie ja, so sahen sie es, eingestellt worden. Hingegen fühlten sie sich durch den Zusatz „mit engagierten Mitarbeitern" herablassend behandelt, da die Formulierung unterstellte, sie hätten es bislang an Engagement fehlen lassen.

Nach dieser Rückmeldung von der Basis gab das Management ein abgewandeltes Motto aus:

„Gemeinsam für einen exzellenten Kundenservice arbeiten"

Abbildung 4.1 gibt eine Zusammenfassung der Unternehmensphilosophie der U.S. Bancorp. Wichtig dabei ist, daß der Text von allen Spitzenmanagern unterschrieben wurde. Das Motto trug maßgeblich dazu bei, daß die Bank nun ein gemeinsames Ziel hatte und nicht nur Kostensenkung zum Wohl ihrer Aktionäre betrieb.

Gemeinsam für einen exzellenten Kundenservice arbeiten

Auf dem Weg zu einer neuen Vision freuen wir uns, Ihnen unsere neue Mission, unsere neuen Ziele und die unserer Zusammenarbeit zugrundeliegenden Werte vorzustellen. Wir danken Ihnen für Ihre Mitarbeit dabei und hoffen, daß Sie die Begeisterung, die wir für unsere Vision fühlen, teilen, für die Richtung, die wir mit unserer Mission und unseren Zielen vorgegeben haben, und für die zentralen Werte, von denen wir uns in unserer täglichen Arbeit, unseren Beziehungen zueinander und zu unseren Kunden und Mitmenschen leiten lassen wollen.

Abbildung 4.1
Die Unternehmensvision der U.S. Bancorp

Das Motto und die daraus folgende Philosophie können auf jedes andere Dienstleistungsunternehmen angewendet werden; im Fall der U.S. Bancorp war es aus zwei Gründen erfolgreich. Erstens besaßen die Worte des Mottos Bedeutung für die Mitarbeiter, weil sie selbst an der Formulierung mitgewirkt hatten.

Soll eine Unternehmensphilosophie wie im Fall der U.S. Bancorp Wirkung haben, muß die gesamte Belegschaft in ihre Formulierung mit einbezogen werden. Dadurch setzen sich die Mitarbeiter ihr eigenes Ziel und schmieden ihre eigene Zukunft. Das alte Sprichwort „Nur das gehört einem, was man mit erbaut" bestätigt sich auch hier.

Man kann sich leicht ausmalen, was passiert wäre, hätte das Management die Belegschaft nicht mit in den Prozeß einbezogen und das ursprüngliche Motto zur Unternehmensvision erhoben. Die Mitarbeiter hätten sich von der elitären Führung brüskiert und zurechtgewiesen gefühlt und mit Ablehnung reagiert. Weil die Unternehmensleitung ihren Mitarbeitern eine Chance gegeben hatte, sich zu äußern, ihnen zugehört und dann auch darauf reagiert hatte, konnten sich alle mit der Vision identifizieren.

Der zweite und eigentliche Grund für den Erfolg der U.S. Bancorp ist die Art und Weise, *wie die Vision im Alltag tatsächlich gelebt wird.*

Als es dann soweit war, wurde die neue Vision dem ganzen Unternehmen über Satellitenfernsehen vorgestellt. Aber es war nicht nur von der Vision und ihrer Entstehung die Rede, sondern jeder Spitzenmanager erklärte auch, was er persönlich für ihre Umsetzung tun würde. Als nächstes wurden alle leitenden Angestellten des Unternehmens aufgefordert, sich innerhalb von 30 Tagen mit jedem einzelnen der ihnen unterstellten Mitarbeiter ein Gespräch zu führen, ihnen die neue Vision und Werte zu erläutern und dabei zu helfen, sie auf ihre jeweilige Aufgabe zu beziehen. Für diese Gespräche wurden spezielle Gesprächsanleitungen erstellt.

Obwohl das Managementteam den Prozeß umsetzte, deutete das Feedback von den Mitarbeitern darauf hin, daß sie der Unternehmensleitung unterstellten, im Schatten von „Focus 59" das ganze Gerede von einem exzellenten Kundenservice gar nicht so ernst zu nehmen.

Das Führungsteam handelte rasch und für alle sichtbar, um zu beweisen, daß dem Aufruf für besseren Service auch Taten folgten. Es bildete vier Projektgruppen unter der Leitung von mehreren Spitzenmanagern, darunter auch Phyllis Campbell, Präsidentin und Direktorin der U.S. Bancorp-Tochter U.S. Bank of Washington. Die Projektgruppen befaßten sich mit wichtigen kundenrelevanten Problemen, beispielsweise dem Abbau von internen Schranken, die einem noch besseren Kundendienst entgegenstanden, gingen aber auch die Verbesserung der Kundenbeziehungen direkt an.

Nach nur vier Monaten hatte die erste Gruppe ihre Analyse abgeschlossen und stellte ihre Vorschläge vor. Obwohl es sich dabei um alles andere als kosmetische Veränderungen handelte, stießen sie auf einhellige Zustimmung.

Ein zentrales Problem beispielsweise war, daß Mitarbeiter in der Kreditabteilung der Zentrale und Vertreter einer Filiale oft die gleichen Geschäftskunden bedienten. Das warf die Frage auf, wer die Lorbeeren (und vor allem die Provision) erhalten sollte, wenn ein Kunde ein Darlehen aufnahm. Dem Kunden konnte das zwar gleichgültig sein, wenn ihn auch die Tatsache, daß es zwei verschiedene Kontaktstellen gab, verwirren mochte. Schlimmer war, daß die Bankangestellten wertvolle Zeit damit verschwendeten zu klären, wem wofür die Provision zustand.

Die Handlungsanweisung in diesem Fall lautete: einen gemeinsamen Pool von Leistungsanreizen für die Angestellten in der Kreditabteilung und den Filialen einrichten, der beide zur Zusammenarbeit anspornt. Der Trick dabei ist, daß mit steigenden Einlagen die Einkommen beider Seiten steigen. Eine Lösung, bei der alle Beteiligten nur gewinnen konnten – die Kunden, die Mitarbeiter in den Filialen und die Bank.

Als der Teamleiter Jim Kemmish seine Vorschläge präsentierte, stimmten die versammelten Manager jeder Empfehlung so schnell zu, daß er ausrief: „Was, sind wir schon fertig?“ Durch seine rückhaltlose Zustimmung bewies das Spitzenmanagement seine Entschlossenheit, die Umsetzung der neuen Vision zum zentralen Ziel der Bank zu machen.

U.S. Bancorp hat energische Maßnahmen zur Förderung rückhaltloser Zusammenarbeit ergriffen. Die Manager sagen durch ihre Maßnahmen allen Mitarbeitern klar und deutlich: „Daran glauben wir ... Das halten wir für wichtig ... Das ist das übergreifende Ziel unseres Unternehmens ... Wir sind bereit, zuzuhören und zu reagieren ... Wir sind bereit, den ersten Schritt zu tun.“ Wenn das Management und die Belegschaft dieselbe Vision teilen, wird vieles möglich, nicht zuletzt eine intensivere Zusammenarbeit innerhalb des Unternehmens.

Für U. S. Bancorp sieht die Bilanz positiv aus. Die Nettogewinne des dritten Quartals sind im Vergleich zum Vorjahr um 29 Prozent und die durchschnittliche Eigenkapitalrendite um 3,05 Prozent gestiegen, während die Kreditnebenkosten um 17,5 Prozent zurückgingen und die Umsatzbelastung deutlich unter das 59-Prozent-Ziel, nämlich auf 57 Prozent, gedrückt werden konnte. „Den Kunden Service zu bieten war noch nie so wichtig ...", unterstreicht Garry Cameron die Bedeutung der neuen U. S. Bankcorp-Vision. „Viele unserer Maßnahmen zur Verbesserung des Kundenservice haben gleichzeitig unsere Operationen effektiver gemacht. Das spiegelt sich nicht nur in den Ergebnissen des dritten Quartals wider, sondern wird sich auch positiv auf die künftigen Leistungen von U. S. Bancorp auswirken."[2]

Wie ein gemeinsames Ziel zur Zusammenarbeit motiviert

Drei Dinge, so heißt es, können Menschen zu höherer Leistung anspornen:

- Geld
- ein Führer
- ein Glaube

Allerdings wiegen diese Dinge unterschiedlich schwer. Ein Führer motiviert stärker als Geld, ein Glaube stärker als ein Führer. Es reicht, an den Begriff der Freiheit zu denken, um zu verstehen, was Menschen alles auf sich zu nehmen bereit sind, wenn es darum geht, etwas zu erreichen oder zu verteidigen, an das sie glauben. Der „Glaubenssatz" im Wirtschaftsleben ist das übergreifende Unternehmensziel. Es kann die Menschen zusammenbringen und sie vereinen.

Tiefgreifende Veränderungen, ob nun als Folge von Firmenfusionen oder von Schrumpfungen, führen fast unweigerlich dazu, daß Unternehmen den Blick nach innen wenden. Fast alle Manager, die wir befragt haben, sagten, daß Mitarbeiter auf Kostensenkungen vor allem mit Angst reagieren. Sie machen sie extreme Sorgen um das, was ihnen bevorsteht, halten Ausschau nach Anzeichen für die nächste Entlassungswelle und fragen sich, ob es dann auch sie treffen wird. Ein Manager beschrieb diesen Prozeß sehr anschaulich: „Es war wie bei der Reise nach Jerusalem. Immer wenn die Musik aufhörte, fehlten ein paar Stühle." In einer Atmosphäre, in der wie beim Darwinschen Kampf ums Dasein nur die Stärksten überleben, zählt rückhaltlose Zusammenarbeit nicht gerade zu den Top-Prioritäten der Mitarbeiter.

Um den Blick in Krisenzeiten von innen nach außen zu lenken, müssen Unternehmen ein Zielbewußtsein in ihren Mitarbeitern wecken. Der erste Schritt auf diesem Weg ist die Suche nach einer gemeinsamen Unternehmensvision.

Das gilt natürlich nicht nur für Unternehmen, die Stellen abbauen und Geschäftsbereiche auslagern. Jedes Unternehmen, das rückhaltlose Zusammenarbeit anstrebt, braucht ein klares Zielbewußtsein

Den Mitarbeitern muß die Vision einleuchten, sie muß etwas sein, für das jeder bereit ist, noch ein bißchen härter zu arbeiten. Nur dann kann sie einen engen Zusammenhalt schaffen zwischen dem einzelnen und den Kollegen, mit denen er zusammenarbeiten muß, kann beiden von Nutzen sein. In herkömmlichen, hierarchisch strukturierten Unternehmensorganisationen muß der, der Erfolg haben will, Macht anhäufen – einen neuen Titel, mehr Geld, ein größeres Büro – und nicht abgeben. Da Mitarbeiter in einer solchen Umwelt ihre Kollegen vor allem als Konkurrenten im Kampf um Macht sehen, mißtrauen sie instinktiv allzu engen Formen der Zusammenarbeit. Unter einem übergreifenden Unternehmensziel wird ein Mitarbeiter eher bereit sein, Macht um des gemeinsamen Zieles zu teilen – und dasselbe von anderen erwarten.

2. Beteiligung am Entscheidungsprozeß

Das Beispiel U.S. Bancorp zeigt, wie wichtig die Einbeziehung der Mitarbeiter für die Formulierung einer Vision sein kann – und daß sie für ein gemeinsames übergreifendes Ziel unerläßlich ist.

Wird das Unternehmensziel erst einmal von der ganzen Belegschaft geteilt, dann werden Sie feststellen, daß sich die Beteiligung der Mitarbeiter an allen möglichen Entscheidungen nicht nur in erheblichen direkten Vorteilen niederschlägt, sondern auch entscheidend die Entstehung rückhaltloser Zusammenarbeit im Unternehmen fördert. Das Prinzip ist einfach: Beteiligung schafft Miteigentum. Miteigentum motiviert zu Erfolgswillen. Und wenn Erfolg von Zusammenarbeit abhängt, dann ist man eher dazu bereit. Außerdem werden Menschen, die bei Entscheidungen, die sie selbst betreffen, um ihre Meinung gefragt werden, sich kooperativ verhalten und ihr Know-how zur Verfügung stellen, das die Unternehmensleitung auf keine andere Weise erhalten kann.

Alles spricht dafür, daß Unternehmen dann erfolgreich sind, wenn sie ihre Mitarbeiter auf allen Ebenen partizipieren lassen. Der Unternehmensberater Dennis Kravitz verglich 150 teils erfolgreiche, teils in die Krise geratene Firmen und fand heraus, daß 70 Prozent der Erfolgsunternehmen ihre Mitarbeiter aktiv in Entscheidungsprozesse einbezogen. Bei den am wenigsten erfolgreichen Firmen lag dieser Anteil bei nur 4 Prozent.[3]

Betrachten wir die Luftfahrt- und Wehrtechniksparte der Firma Texas Instruments, die den Malcolm Baldrige Award gewonnen hat. Ein „auf Partizipation beruhender Führungsstil“ gehört dort zum Kern der Managementkultur. Nach Aussage der TI-Manager führt Partizipation – *die Zeit für die Umsetzung der Entscheidung mitgerechnet* – nicht nur zu besseren Entscheidungen und besserer Zusammenarbeit, sondern sie spart auch Zeit. Rechnet man die Zeit für die Entscheidungsfindung und die Umsetzung zusammen, ist der partizipatorische Führungsstil, wie Abbildung 4.2 zeigt, deutlich überlegen. Werden Mitarbeiter mit unterschiedlichen Funktionen an einer Entscheidung beteiligt, sind sie auch eher bereit, gemeinsam an ihrer Umsetzung zu arbeiten.

Mitarbeiter am Entscheidungsprozeß zu beteiligen ist möglich, ohne dafür übermäßig Zeit investieren zu müssen. Der mittlerweile legendäre „Workout“-Prozeß bei General Motors, bei dem sich Mitarbeiterteams mit Spitzenmanagern und Verbindungsleuten in einem großen Raum versammeln und Verbesserungsvorschläge machen, dauert Stunden, keine Tage.

Ein unternehmensweiter Entscheidungsprozeß braucht nicht nur Zeit, sondern setzt auch ein reibungslos funktionierendes Kommunikationssystem voraus. Die Leitung des Pittsburgher Finanzdienstleisters PNC Bank Corp. hat im gesamten Unternehmen sogenannte „Netzwerkleiter“ ernannt: 2200 höhere Führungskräfte und Angehörige der unteren Managementebene, die alle Organisationsbereiche in allen Geschäftszweigen und allen geographischen Regionen repräsentieren.

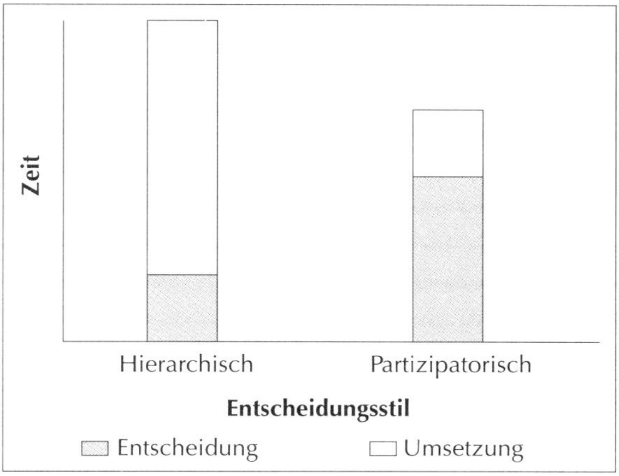

Abbildung 4.2
Partizipatorischer Führungsstil

Bemerkung: Obgleich eine auf Partizipation beruhende Entscheidung länger braucht, ist der zeitliche Aufwand für Entscheidung und Umsetzung beim partizipatorischen Entscheidungsstil deutlich geringer als beim hierarchischen.

Quelle: Texas Instruments

In der Anfangsphase halfen die Netzwerkleiter, das Unternehmen auf das Ziel einzuschwören, eine Bank mit herausragendem Marketing zu werden. Sie brachten die Strategien und Pläne an die Verkaufsfront und sorgten in der Gegenrichtung dafür, daß Impulse von den Mitarbeitern bis hinauf in die Unternehmensspitze drangen. Die Netzwerkleiter bildeten ein starkes patrizipatorisches Element innerhalb des Unternehmens und schafften es, binnen kürzester Zeit eine absatz- und marketingorientierte Kultur in der weitgespannten PNC-Bank hervorzubringen.

Die direkt an der Verkaufsfront agierenden Netzwerkleiter gelten bei den übrigen Mitarbeitern als glaubhafte Managementvertreter. Und da sie in enger Verbindung zur Unternehmensleitung stehen und über Initiativen und die Richtung des Konzern bestens informiert sind, können sie solche Initiativen effektiv und nachhaltig fördern.

Viele Netzwerkleiter nehmen zusätzlich zu ihrer Verantwortung für das Gesamtunternehmen auch noch an den monatlichen Informationstreffen des Managements teil, die in jedem regionalen Markt der PNC-Bank stattfinden. Auch hier spielen die Netzwerkleiter eine Schlüsselrolle, da sie sowohl Informationen, die das gesamte Unternehmen betreffen, als auch lokal begrenzte Informationen in jeden Geschäftsbereich und jeden Mitarbeiterkreis weiterleiten und damit den Kommunikationsfluß erleichtern, ohne den das Matrixmanagement im Chaos enden würde.

Da die PNC-Bank durch Fusionen und Zukäufe weiter wächst, verfügt sie über einen weiteren Wettbewerbsvorteil: eine auf Partizipation beruhende Unternehmensorganisation, die mit der Expansion Schritt halten kann und dadurch der Bank zu mehr Effizienz verhilft, ohne daß es zu Reibungsverlusten kommt.

3. Mitarbeiter werden zu internen Kunden

Eine ebenfalls wirkungsvolle Methode zur Förderung rückhaltloser Zusammenarbeit ist die Umstellung auf interne Kundenbeziehungen. Dazu bedarf es einer Organisation, die jeden Mitarbeiter und jedes Team darin unterstützt, den Kollegen beziehungsweise das Team, das im Arbeitsablauf als nächstes das Produkt erhält, als „internen Kunden" zu behandeln. In diesem Prozeß soll sich jeder Mitarbeiter bemühen, dem nächsten in der Reihe zu helfen, Nutzen für den „externen Kunden" zu schaffen. Wenn das gelingt, orientiert sich das ganze Unternehmen horizontal, und keine Barrieren hemmen die Zusammenarbeit.

Bei der Hotelkette Sheraton ist die Ausbildung im Umgang mit Gästen nicht nur für das Dienstpersonal vorgeschrieben. Bei Sheraton wird jeder getrimmt – vom Zimmermädchen bis zum Stabsmitarbeiter –, daran zu glauben, daß, wenn Kollegen einander als Kunden behandeln, sie auch den Willen und die Energie haben, die Hotelgäste gut zu bedienen.

Obwohl heute in vielen Unternehmen vom Konzept des internen Kunden geredet wird, erfüllen es nur wenige auch mit Leben.

Ein Betrieb, der erfolgreich auf interne Kundenbeziehungen umgestellt hat, ist die Saturn-Gruppe innerhalb des General-Motors-Konzerns. Ein Jahr bevor Saturn das erste Auto auf den Markt brachte, stellte die Betriebsleitung Mitarbeiter für die mittlere Führungsebene ein und bildete sie schwerpunktmäßig für die Pflege interner Kunden-Lieferanten-Beziehungen aus. Jeder Teamleiter hatte genügend Zeit, seine Kunden und Lieferanten innerhalb und außerhalb der Saturn-Gruppe kennenzulernen. Das führte dazu, daß die Beziehungen der Saturn-Mitarbeiter untereinander so reibungslos und kooperativ ablaufen, wie man es sich nur wünschen kann. Beispiel gefällig? Lisa McClain ist Teamführerin einer Schweißabteilung. Als sie von einem Kollegen in der Getriebemontage, ihrem internen Kunden, erfuhr, daß Schmelze auf die Werkstücke gespritzt war, die der Kollege aus der Schweißabteilung erhalten hatte, machte sie sich sofort daran, ein Verfahren auszutüfteln, das solche Schäden zukünftig verhindern sollte. Doch damit nicht genug. Nachdem das Qualitätsproblem gelöst war, rief sie den Kollegen an und *bedankte* sich bei ihm für seine Beschwerde. Dieser Anruf in der Montageabteilung sei wichtig gewesen, sagte Lisa McClain später, denn „so spürten die Kollegen, daß wir das Problem ernst nahmen und nicht etwa glaubten, sie würden uns bloß das Leben schwermachen wollen." Was glauben Sie, wie viele Ihrer Mitarbeiter sich bei einem Kollegen für eine Beschwerde bedanken würden?

Auch die britische Midland Bank setzt mit Erfolg auf interne Kundenbeziehungen. Die Zentralabteilungen betrachten die Filialen der Bank als ihre Kunden. Jede Filiale benotet regelmäßig die Qualität des Service, den sie von jeder Abteilung erhält. Die dabei verwendete Skala reicht von 1 als bester bis zur 5 als schlechtester Note. Wird ein interner Dienstleister zwischen 4 und 5 benotet, muß er in die Filiale gehen und seine „Kunden" fragen, wo genau das Problem liegt.

Andy Stephens, Midlands Direktor für Servicequalität, hält diese Besuche für sehr produktiv. Einfühlung, vielleicht auch ein bißchen Angst, sich vor den Kollegen bloßzustellen, sind die Faktoren, die aus dem internen Berichtswesen und den Filialbesuchen ein wirkungsvolles Mittel zur Förderung der Zusammenarbeit gemacht haben.

Auch CUNA Mutual nutzt das Konzept des internen Kunden. Die Mitarbeiter der Poststelle beispielsweise haben ihre „Kunden" in der Schadensabteilung interviewt und sich erkundigt, bis wann sie die Post brauchen, damit sie gegenüber externen Kunden nicht in Verzug geraten.

Überall im Unternehmen zeigen bunte Schautafeln, wie jede Abteilung ihre internen Kunden bedient. Die von jeder Abteilung selbst entworfenen und gezeichneten Schautafeln variieren in Größe und Gestalt. In der Pensionsabteilung sieht man zum Beispiel eine Tafel mit bekannten Zeichentrickfiguren, einem Strauß und einem Kojoten. Wenn sich die Serviceleistung dem kritischen Punkt nähert, beginnt der Kojote nach den Fersen des Straußes zu schnappen. Die im ganzen Unternehmen verbreiteten und monatlich von den Abteilungen aktualisierten Schautafeln zeigen anschaulich, daß CUNA Mutual die internen und externen Kundenbeziehungen sorgsam aufeinander abgestimmt hat.

Die kundenorientierte Fortbildungsabteilung

Die meisten Abteilungen, die mit der Fortbildung der Mitarbeiter zu tun haben, unterstehen einem Angehörigen der obersten Führungsebene. Das gibt den Managern an der Kundenfront allzuoft das Gefühl, daß sie von „denen da oben" nicht richtig verstanden werden. Als Jim Shields zum Vizepräsidenten der Fortbildungsabteilung der kanadischen Scotiabank ernannt wurde, beschloß er, genau das zu ändern.

Shields organisierte die Abteilung neu. Statt einen Mitarbeiterstab zu beschäftigen, der Fortbildungsmaßnahmen nach den Vorstellungen der Direktion konzipierte, schuf er die Funktion eines „Kundenmanagers" für jede Abteilung im Unternehmen. Aufgabe der „Kundenmanager" ist es, in die Abteilung zu gehen und die Mitarbeiter zu fragen, in welchen Bereichen sie Fortbildungsbedarf sehen. Die Scotiabank bietet heute genau die Schulungen an, die die einzelnen Abteilungen als ausschlaggebend für ihren Erfolg halten, und entsprechend enthusiastisch bewerten die Linienmanager den Nutzen der neuen Fortbildungsprogramme.

Der Erfolg des Konzept des internen Kunden hängt maßgeblich davon ab, in welchem Geist diese Idee im Unternehmen umgesetzt wird. Die meisten von uns haben im Laufe ihres Berufslebens gelernt, sich möglichst nicht in die Angelegenheiten anderer einzumischen. Es widerstrebt uns, Probleme mit Kollegen zur Sprache zu bringen, geschweige denn, sie vor der übrigen Belegschaft in Form eines internen Lieferanten-Ratings publik zu machen, was noch verstärkt wird, wenn der interne Lieferant in der Hierarchie über uns steht. Wenn aber keine klaren Fakten über den Zustand der Beziehungen zwischen den internen Kunden und Lieferanten auf den Tisch kommen, ist das Konzept zum Scheitern verurteilt. Schlimmer noch, es führt zu bloßer Zeit- und Energieverschwendung, weil sich zwar alle an den Mitarbeiter-Ratings beteiligen, aber keiner ehrlich seine Meinung sagt.

Um diese natürlichen Hemmungen zu überwinden, sind zwei Faktoren wichtig.

Der erste ist das übergreifende Ziel. Ohne Zielbewußtsein werden freimütige Rückmeldungen über andere oft nur als bloßer Tratsch empfunden. Stehen aber eine Unternehmensphilosophie und Werte dahinter wie Kundenbegeisterung, ständige Qualitätsverbesserung, rückhaltlose Zusammenarbeit und so weiter, dann sind Mitarbeiter eher bereit, sich frei zu äußern, weil sie das Gefühl haben, dies zum Wohl des Unternehmens zu tun und nicht, um einen Kollegen anzuschwärzen.

Der zweite Faktor ist die Art und Weise, wie das Feedback der Mitarbeiter genutzt wird. Wenn Personen öffentlich angeprangert und bestraft werden, kann man von solchen Ratings nicht viel Ehrlichkeit erwarten. Werden die Kritisierten hingegen als Teamkollegen behandelt, die versuchen, besser zu werden, fängt das System an zu funktionieren.

Das Prinzip lautet, daß kein Beschäftigter, egal ob als interner Kunde oder Lieferant, Fehler hinnimmt oder durchgehen läßt. Das beste Beispiel für diese Haltung fanden Vertreter der Forum Corporation bei einer Studienreise in Japan. Bei der Besichtigung einer Fabrik der Firma Komatsu, die schwere Baustellenfahrzeuge herstellt, wurde den Besuchern erklärt, daß jeder Mitarbeiter, der einen Qualitätsfehler entdeckt, einen Knopf drücken kann, mit dem die gesamte Fertigungsstraße zum Stillstand gebracht wird, eine Vorstellung, bei der dem alten Henry Ford wohl die Haare zu Berge gestanden wären. So selten das auch vorkommt, wenn jemand den Knopf drückt, *klatschen die anderen Mitarbeiter Beifall.* Der Grund dafür leuchtet ein: Man hat zwar einen Fehler gemacht, aber der Kunde wird nie darunter zu leiden haben.

Kundenverwirrung

Manche Unternehmen scheuen sich, den Begriff *interner Kunde* zu verwenden. Sie fürchten, der eigentliche Kunde könnte in Vergessenheit geraten, wenn Gruppen interner Kunden sich bemühen, sich gegenseitig das Leben leichterzumachen.

Die Firma Pepsi-Cola, bei der man genau diese Befürchtungen hegte, wechselte die Etiketten. Die externen Kunden sind diejenigen, die das Produkt tatsächlich trinken. Pepsi nennt sie „Konsumenten".

Die zwischen Produzent und Konsument geschalteten Händler bzw. Supermarktketten werden unternehmensintern als „Kunden" bezeichnet.

Das Unternehmen glaubt zwar an das Konzept des internen Kunden, möchte aber keine Zweifel darüber aufkommen lassen, wem alle Bemühungen letztlich gelten ... seinen „Kunden" und „Konsumenten". Der Begriff „interner Kunde" wird daher nicht benutzt. Statt dessen heißen diejenigen Mitarbeiter, die andere beliefern und sich gemeinsam um hohe Qualität bemühen, „Erfüller".

Der springende Punkt ist, daß Pepsi zwar andere Etiketten gewählt, am Konzept des internen Kunden aber nichts geändert hat.

4. Fähigkeit zur Teamarbeit

Man kann noch nicht einmal annähernd einschätzen, wie viele gute Ideen tagtäglich unter den Tisch fallen, weil die Chemie zwischen den Mitarbeitern nicht stimmt.

John Kotter,
Professor an der Harvard Business School

Rückhaltlose Zusammenarbeit bedeutet oft, sich neue Formen des Arbeitens oder ungewohnte Verhaltensweisen anzueignen. Von den Beschäftigten wird erwartet, Leistungen in informellen Partnerschaften mit anderen zu erbringen, die weder ihnen unterstehen noch denen gegenüber sie weisungsgebunden sind. Da dies für die meisten Leute ein relativ neues Konzept ist, müssen ihnen neue Verhaltensweisen und Fähigkeiten antrainiert werden.

In solchen Situationen sind die Fähigkeiten, die Mitarbeiter traditionell zum Erfolg verholfen haben, nutzlos. Früher war es gang und gäbe, daß Mitarbeiter, die darauf aus waren, Ansehen bei einem Vorgesetzten zu gewinnen, Informationen zurückhielten, um sich dann bei passender Gelegenheit über alles orientiert zeigen zu können, selbst wenn diese Informationen für eine andere Abteilung von Nutzen gewesen wären. Diese Haltung ist passé. Erfolgreiche Teamarbeit setzt voraus, daß jeder sein Wissen weitergibt.

Ferner müssen Mitarbeiter autoritäre Verhaltensweisen im Umgang miteinander ablegen. Am Arbeitsplatz zeigen Menschen oft subtile, gleichwohl kontraproduktive autoritäre Züge („Schauen Sie mal, der

Kunde will es so haben, also machen Sie es auch so!"). Wer so angesprochen wird, fühlt sich gedemütigt. Mehr noch, wissenschaftliche Untersuchungen haben gezeigt, daß solche Verhaltensweisen das gemeinsame Wissen einer Arbeitsgruppe einschränken. Die Kommunikation läuft nur in einer Richtung, vermittelt keine Informationen, sondern nur einen Befehl. Folglich wissen die Mitarbeiter nicht, worum es eigentlich geht. Folge: Sie können dem internen oder externen Kunden nicht so effektiv dienen, wie es ihnen eigentlich möglich wäre.

Wer in einer solchen Unternehmenskultur arbeitet, verwendet normalerweise einen großen Teil seiner Zeit darauf, sich bei seinen Vorgesetzten einzuschmeicheln, sein Revier zu verteidigen und sich ins rechte Licht zu setzen – samt und sonders Verhaltensweisen, die dem Kunden in keiner Weise nutzen.

Eine kürzlich von der North Western University durchgeführte Bewertung der Leistung von Krankenhaus-Intensivstationen zeigt, welch erschreckenden Preis autoritäre, machtorientierte Hierarchien im Gesundheitsbereich fordern. Die Forscher fanden heraus, daß in Krankenhäusern, in denen das Personal kritiklos die Anordnungen des diensthabenden Arztes ausführt, die Sterberate *doppelt so hoch* ist wie auf Intensivstationen, die als Team organisiert sind und in denen jeder Mitarbeiter Behandlungsvorschläge einbringen kann.

Alte Gewohnheiten aberziehen

Es gibt viele Methoden, die darauf abzielen, alte, in hierarchischen Strukturen erworbene Verhaltensweisen zu durchbrechen und durch spezifische, zur Teamarbeit befähigende Verhaltensweisen zu ersetzen.

Als eine effektive Methode, eine Atmosphäre rückhaltloser Zusammenarbeit zu schaffen, haben sich Workshops für Gruppen mit verbesserungsbedürftigen internen Beziehungsstrukturen bewährt, die von einem Moderator betreut werden, der die Dynamik echter Zusammenarbeit kennt und statt bloßer „Theorievermittlung" die Mitarbeiter an Problemen aus der Praxis lernen läßt. Nehmen wir das Beispiel eines Managers, der gerade eine neue Position in einer Bank an der Ostküste angetreten hatte und sich um das Filialnetz kümmern sollte. Das erste, was ihm auffiel, war das ungewöhnliche Maß an Konkurrenzdenken, Angst und gegenseitiger Geringschätzung unter den Mitarbeitern.

Kurz gesagt, das Arbeitsklima war alles andere als kooperativ. Der Manager fing an, die Hierarchie zu reorganisieren und startete ein Schulungsprogramm, um den Betroffenen bei der Umstellung zu helfen.

Die ersten, die an dem Programm teilnahmen, waren die Bezirksleiter, die wütend und verunsichert waren. Ihr neuer Vorgesetzter hatte nämlich nicht nur ein übergreifendes Unternehmensziel formuliert – den Kunden der Bank einen hervorragenden Service bieten –, sondern gleich noch ihren unmittelbar Untergebenen, den Filialleitern, mehr Macht eingeräumt. Am ersten Tag des Workshops prägten Häme, Grabenkämpfe und harsche Worte die Stimmung in der Gruppe. Erst als der Moderator es schaffte, ihnen sozusagen einen „Spiegel vorzuhalten" und ihnen damit ihr eigenes Fehlverhalten zu zeigen, kam die Gruppe langsam zur Vernunft. Unter Anleitung des Moderators dachten die Bezirksleiter nun über Möglichkeiten nach, wie sie ihre Arbeit auf eine neue Grundlage stellen und ihrem neuen Vorgesetzten helfen konnten, einen besseren Kundenservice zu anzubieten. Am zweiten Tag waren die Teilnehmer schon sehr viel lockerer. Man verhielt sich tatsächlich kooperativ, und aus dem Seminarraum drang ab zu sogar Gelächter nach draußen!

Erstaunlicherweise hatten die Teilnehmer keinerlei Vorstellung davon, wie ineffektiv, verletzend und unkooperativ ihr Verhalten tatsächlich war. Schließlich war es das in ihrer Unternehmenskultur normale Verhalten. Warum also sich Gedanken darüber machen? Ihre Verhaltensweise spiegelte ganz einfach die traditionelle Kultur der Bank wider. Nachdem weitere Gruppen ähnliche Workshops absolviert hatten und zum Abschluß ein gemeinsamer Workshop für alle Gruppen abgehalten worden war, kam Bewegung in die erstarrten Strukturen, und es entstand ein kooperatives Klima. Das Beispiel zeigt zweierlei: Erstens nehmen wir unseren eigenen Mangel an kooperativem Verhalten oft gar nicht wahr, zweitens genügt es häufig, die Menschen zusammenzubringen und ihnen ihr eigenes Verhalten bewußtzumachen, um die Blockade, die durch unkooperatives Verhalten entsteht, wieder zu lösen.

Erlebnisbetonte Trainingsprogramme sind eine weitere Möglichkeit, zu mehr Zusammenarbeit zu motivieren. Diese oft als „Abenteuer" qualifizierten Unternehmungen setzen auf die freie Natur als Seminarraum. Als Teil eines achttägigen Programms mit dem Titel „Globale Führungskompetenz" ging das leitende Management des Reiseveranstalters Thomas Cook für einen Tag in die Berge. Dort waren Aufgaben und Übungen zu bewältigen, die die Zusammenarbeit einer eingespielten Truppe erforderten. Der Zweck solcher Programme ist nicht etwa, heimliche Schwächen der Teilnehmer, etwa Höhenangst oder ein Mangel an Muskelmasse, aufzudecken. Vielmehr soll das Team lernen, Stärken zu bündeln und für den angestrebten Erfolg zusammenzuarbeiten.

Oft gelingen im Teamwork Leistungen, über die die Beteiligten selbst staunen. („Alle Gruppenmitglieder überwinden die dreieinhalb Meter hohe Mauer, aber nur einer darf ein Seil zum Klettern benutzen.“) Bei den Gesprächen nach den Übungen zeigt sich dann, was bei echter Zusammenarbeit zu beachten und was zu vermeiden ist und wie die Manager sich im Umfeld des Unternehmens gegenseitig behandeln.

Erwerb von Beeinflussungsstrategien

Ford Australien zog aus seinem erfolgreichen Schulungsprogramm noch einen weiteren Vorteil und arbeitete gezielt darauf hin, seinen Mitarbeitern die für effektive Zusammenarbeit erforderlichen Fähigkeiten beizubringen und dadurch die Zusammenarbeit zu verbessern.

In den vergangenen fünfzehn Jahren hat die Forum Corporation Manager untersucht, die für ihr kooperatives Arbeitsverhalten bekannt sind, und die Strategien analysiert, die sie so erfolgreich machen. Aus unseren Forschungen geht hervor, daß die Überzeugungskraft solcher Führungspersonen auf ganz bestimmten Verhaltensweisen beruht, die sie gezielt einsetzen. Insgesamt haben wir 21 Beeinflussungsstrategien identifiziert, die in dem Selbst-Test im Werkzeugkasten aufgeführt sind. (Siehe: „Wie gut sind Ihre Beeinflussungsfähigkeiten?“ auf S. 311). Wenn Sie den Selbst-Test ausfüllen, können Sie feststellen, wo Ihre Stärken liegen und wo sie noch an sich arbeiten müssen. Schlagen Sie hierzu im Taktik-Ratgeber nach, der Ihnen Hinweise gibt, wie Sie ihre Fähigkeiten verbessern können.

Im Schnitt verbringen Führungspersönlichkeiten über 80 Prozent ihrer Arbeitszeit damit, ihnen nicht direkt unterstehende Menschen dazu zu bewegen, etwas Bestimmtes zu tun – genau die Art Situation, in der Beeinflussungsstrategien gefragt sind. Vor allem in schlanken Unternehmen mit sich selbst regulierenden Teams und lateraler Kooperation sind solche Strategien von wesentlicher Bedeutung. Vielen sind sie aber ungewohnt oder überhaupt unbekannt.

Die meisten Menschen zeigen, wenn sie in Situationen geraten, in denen sie andere beeinflussen müssen, die eine von zwei typischen Verhaltensweisen, wobei beide nicht gerade sehr wirkungsvoll sind. Die einen versuchen, ihre Mitmenschen von ihren Ideen zu überzeugen oder zur Kooperation zu überreden; die anderen gehen vorsichtiger zu Werke und versuchen, durch Nettigkeit ihr Ziel zu erreichen. Wie gesagt, und das wird von wissenschaftlichen Untersuchungen bestätigt, sind beide Verfahren nicht sonderlich erfolgversprechend – weder in dem einen noch in dem anderen Fall kommt es zu echter Zusammenarbeit. Und da die dergestalt Umworbenen letztendlich zuwenig über die Situation erfahren, können sie ihre jeweiligen Fähigkeiten auch gar nicht voll einsetzen. Diese beiden Reaktionsweisen, die aktive und die passive, sind instinktiv und gehen auf die überkommene Konkurrenzvorstellung zurück, nach der es darum geht, die anderen „auf die eigene Seite zu ziehen".

Wie die Forschungen der Forum Corporation gezeigt haben, steigt die Innovationsrate signifikant an, sobald solche Situationen mit Neugier und Lerneifer angegangen werden und nicht mit dem Ziel, andere zu überreden oder auf andere Art für sich einzunehmen. In einer Untersuchung gaben 91 Prozent der Mitglieder der befragten „hochinnovativen Teams" an, sehr viel voneinander zu lernen.

Wie gut das funktioniert, beweist beispielsweise die Strategie, die Kodak anwendete, um die Zahl der Produktinnovationen und patentreifen Erfindungen aus seinen Forschungs- und Entwicklungslabors zu erhöhen. Um die Ergebnisse der Labors häufiger in Patente umzumünzen, stellte Kodak ein interdisziplinäres Team aus Rechtsanwälten, Ingenieuren, Wissenschaftlern und F & E-Managern zusammen. Das Resultat kann sich sehen lassen. Heute reichen die Labors 60 Prozent mehr Patentanträge ein als früher, und die Gesamtzahl der von ihnen gehaltenen Patente hat sich verdoppelt. Der springende Punkt ist, daß Kodak es verstanden hat, Juristen und Wissenschaftlern dazu zu bringen, gemeinsam zu arbeiten und voneinander zu lernen.

Die verschiedenen Beeinflussungsstrategien lassen sich in drei Gruppen unterteilen. Die Strategien der ersten Gruppe helfen, Einfluß aufzubauen, die der zweiten, Einfluß richtig einzusetzen, und die der dritten,

Einfluß zu erhalten. Eine Strategie zum Aufbau von Einfluß ist zum Beispiel, „andere zu ermuntern, ihre Ideen zu äußern". Das mag selbstverständlich klingen, doch wir sind immer wieder erstaunt, wie selten dies in der Praxis geschieht.

Die Innovationsoffensive bei Kodak ist ein Beispiel für den richtigen Einsatz von Beeinflussungsstrategien. Hier wurde Kompetenz bewiesen, indem genau das Wissen und die Fertigkeiten in die Teamarbeit einflossen, die für die Erreichung des Ziels notwendig waren.

Wie Einfluß dauerhaft gesichert werden kann, zeigt beispielsweise PowerGen, ein britischer Versorgungsbetrieb, der sämtliche Abteilungen aufforderte, sich eine eigene Charta zu schaffen. Gemeinsam verfaßten die Mitarbeiter jeder Abteilung ein Papier, in dem sie Ziel und Nutzen ihrer Arbeit beschrieben und ihre persönlichen Verantwortungsbereiche umrissen. Das führte nicht nur zu mehr Verbessserungsvorschlägen zur Gestaltung der Arbeitsabläufe und der Produkte, sondern half den Mitarbeitern, die Funktion ihrer Abteilung in der gesamten Unternehmensorganisation besser zu begreifen. Zugleich entwickelten die Mitarbeiter ein Gefühl der Verpflichtung gegenüber ihrer Charta. Sie hatten nun Vertrauen, daß die Unternehmensziele fundiert und richtig waren und zeigten mehr Willen, diese Ziele auch zu erreichen.

Mit diesem Beispiel soll in erster Linie gezeigt werden, daß Sie Ihren Mitarbeitern die Einstellungen und Fertigkeiten beibringen können, die diese für eine effektive Zusammenarbeit brauchen. Wahrscheinlich werden Sie das sogar tun müssen. Es ist nämlich ein gravierender Fehler anzunehmen, Mitarbeiter in einem schlanken Betrieb oder in sich selbst regelnden Teams würden von sich aus die nötige Kompetenz für die neue Situation entwickeln. Wollen Sie Fehlstarts und demoralisierende Ineffizienz auf dem Weg zu rückhaltloser Zusammenarbeit vermeiden, stellen Sie zuerst fest, über welche Voraussetzungen Ihre Mitarbeiter in der neuen, von Ihnen geschaffenen Organisation verfügen müssen. Fehlen die nötigen Einstellungen und Fertigkeiten, dann helfen Sie ihnen, sie zu erwerben.

5. Effektiver Einsatz von Teams

Die „Teamitis" hat Teams in Verruf gebracht. Gleichwohl können Teams erfolgreich eingesetzt werden. Um eine Antwort auf die Frage zu finden, warum manche Teams glänzende Arbeit leisten, während andere nichts zustande bringen, hat die Forum Corporation ein aufwendiges Forschungsprojekt durchgeführt. Dazu wurden Teams in sechs Unternehmen intensiv untersucht und Interviews mit Teamleitern in siebenundzwanzig anderen Unternehmen geführt.

Wie sich zeigte, müssen Teams ganz bestimmte Bedingungen erfüllen, um erfolgreich zu sein. Teams können nur dann ihr volles Potential ausschöpfen, wenn sie die sechs folgenden Fragen durchweg mit ja beantworten:

1. Haben Teammitglieder das gleiche Ziel vor Augen, für das sie zusammenarbeiten?
2. Haben Teammitglieder die Möglichkeit, die dem Team gesetzten Ziele zu beeinflussen?
3. Tragen Teammitglieder die Verantwortung für die Arbeit, die sie machen?
4. Sind Teammitglieder überzeugt, das richtige Ausbildungsniveau und die Qualifikationen zu besitzen, die sie für das gesetzte Ziel brauchen?
5. Halten Teammitglieder alle anderen für gleichermaßen verantwortlich für die Erreichung des Teamziels?
6. Bemißt sich das Entgelt jedes einzelnen Teammitglieds nach der Leistung des gesamten Teams?

Um Bedingungen zu schaffen, unter denen Teammitglieder diese Fragen mit ja beantworten können, setzen erfolgreiche Unternehmen eine systematische Teamregistrierung ein. Dabei wird die Zusammensetzung und die Aufgabenbeschreibung aller Teams auf der Führungsebene genehmigt. Das mag zwar nach Kontrolle und Bevormundung klingen (was ja gerade vermieden werden sollte). Andererseits sanktioniert die erforderliche Registrierung die Aufgabe des Teams. Jeder im Team weiß, daß seine Arbeit den Segen der Unternehmensleitung hat und daß hier keine bloße Beschäftigungstherapie betrieben wird. Ein-

Verbesserungsvorschlag: ______________________________

____

____

Sponsor: ______________________________

Das Ergebnis der Verbesserung hat Auswirkungen auf: ☐ Qualität ☐ Kosten ☐ Lieferung ☐ Sicherheit ☐ Motivation

Prüfen: Wird an dieser Verbesserungsmaßnahme bereits an anderer Stelle gearbeitet?

Teamleiter: ______________________________ **Vorausgehende Schulung**

Teammitglieder:

1. ______________________________
2. ______________________________
3. ______________________________
4. ______________________________

Billigung durch Vorgesetzten: ______________________________ Name ______________ Datum

Billigung durch Vorstand: ______________________________ Name ______________ Datum

Abbildung 4.3 Kundenorientierte Qualitätsregistrierung

mal registriert, kennt jedes Team seine strategische Rolle und kommt nicht in Verlegenheit, etwas zu machen, woran bereits andere Teams arbeiten. Abbildung 4.3 zeigt ein Beispiel eines Teamregisterformulars.

Selbstverständlich spielt auch der Teamleiter eine wichtige Rolle dabei, ob ein Team Erfolg hat oder nicht. Allerdings ist seine Rolle eine andere, als gemeinhin angenommen wird. Erfolgreiche Teamleiter führen ihre Mitarbeiter nicht im herkömmlichen Sinn; sie verwenden vergleichsweise wenig Zeit darauf, Konflikte zu schlichten, die Stimmung zu verbessern oder anderen zu sagen, was sie zu tun haben.

Statt dessen verbringen, wie unsere Untersuchungen zeigen, die Leiter hervorragender Teams einen Großteil ihrer Zeit damit, die *Verbindung* zwischen dem Team und dem übrigen Unternehmen zu optimieren. Oft genug betrachten gute Teamleiter die Pflege dieser Verbindung als ihren wichtigsten Beitrag zum Teamerfolg. Eric Shuler, ein erfolgreicher Teamleiter bei DuPont, formuliert das folgendermaßen: „Sie müssen ständig neue Sponsoren finden, denn Sponsoren kommen und gehen. Vor allem wenn die Initiative noch in den Anfängen steckt und noch alles unsicher ist, kommt es darauf an, nach außen zu gehen und Sponsoren zu finden. Kein Wunder, daß die Leute, die anfangs die Hand heben und sich als Sponsor anbieten, oft nicht wissen, worauf sie sich da eigentlich einlassen."

Erfahrene Teamleiter sind vorsichtige Skeptiker, die um die Stärken und Schwächen dieser Arbeitsform wissen und sie entsprechend organisieren. „Richtig gemanagt", sagt ein alter Hase, „sind Teams wunderbar. Schlecht gemanagt, können sie allerdings auch einiges kaputtmachen." Ein anderer drückt denselben Inhalt sehr bildlich aus:

> Mit einem Team ist es wie mit einem Tigerbaby, das man zu Weihnachten geschenkt bekommt. Die ersten zwölf Monate sind prima, denn es vertilgt alle Mäuse im Haus. Aber irgendwann kommt der Punkt, an dem deine eigenen Kinder nicht mehr vor ihm sicher sind.

Ein Bombenteam

Kürzlich veranstalteten wir in Italien eine Präsentation vor einer Gruppe von Topmanagern. Die Sitzung war nicht leicht, denn die Leute hörten nicht zu, redeten aufeinander ein und fielen sich ständig gegenseitig ins

Wort. Unruhe und Rivalität prägte die ganze Gruppe, und jeder verfolgte seine eigene Taktik.

Plötzlich sprang einer wie von der Tarantel gestochen von seinem Stuhl auf und teilte den anderen ganz aufgeregt einen Gedanken mit, der ihm gerade durch den Kopf geschossen war: „Wir gehen herum und predigen allen, wie wichtig doch Teamarbeit sei. Sogar ein Markenzeichen unserer Firma soll es sein. Aber schauen wir uns doch selber an. Wir geben ein denkbar schlechtes Beispiel für Teamarbeit ab. Kein Wunder, daß es bei uns keine rückhaltlose Zusammenarbeit gibt!"

Dem ist nichts hinzuzufügen!

Prüfen Sie einmal, wie es mit dem Leitungsteam aussieht, dem Sie angehören. Welche Schlüsse könnte ein Beobachter aus dem Verhalten Ihres Teams ziehen? Bieten Sie ein Musterbeispiel rückhaltloser Zusammenarbeit oder eher das Gegenteil?

Eine weitere wichtige Erkenntnis über erfolgreiche Teams ist die Tatsache, daß die Fähigkeit von Teams, komplexe Probleme zu lösen, wächst, je länger sie zusammen sind. Daraus folgt für die Praxis: Geben Sie einem frischgebackenen Team, das gerade erst lernt, was es heißt, zusammenzuarbeiten, nicht die undankbare Aufgabe, die notorisch schlecht funktionierende Fakturierung auf Vordermann zu bringen.

Wenn sich die Teammitglieder in den firmenspezifischen Problemlösungsprozeß eingearbeitet haben und sich in ihrem Arbeitsumfeld wohl fühlen, können sie auch mit komplexen Aufgaben betraut werden.

Was junge Teams angeht, gibt es drei Hauptindikatoren für Erfolg.

Erstens: *Begeisterung.* Wenn ein neues Team seine Arbeit erfolgreich beendet hat, sollten die Mitglieder Freude über ihre Leistungen zeigen. Begeisterung zeigt sich zum Beispiel daran, daß sich Teammitglieder aus eigenem Antrieb für die nächste Teamaufgabe melden oder sich um die Leitung eines künftigen Teams bewerben. Das ist wichtig, denn die übrige Belegschaft wird ihre Reaktionen genau verfolgen. Sprechen die Teammitglieder begeistert von ihrer Arbeit, werden sich auch andere Mitarbeiter beim nächsten Projekt melden. Äußern sie sich dagegen negativ, wird man beim Aufstellen neuer Teams auf wenig Resonanz stoßen.

Der zweite Indikator ist der *Lerneffekt.* Was haben die ersten Teams gelernt, um die Arbeit künftiger Teams effektiver zu gestalten? Diese

Frage sollte in dieser Form gestellt werden und die Antwort darauf möglichst präzise ausfallen. Es versteht sich von selbst, daß die Anregungen in die künftige Teamarbeit einfließen. Ein Manager der Strategieabteilung von Milliken & Company sagte uns, daß einer der wichtigsten Wettbewerbsvorteile des Unternehmens seine Fähigkeit ist, neue Erfahrungen sehr schnell und effektiv in seiner weltumspannenden Organisation umzusetzen.

Der dritte Indikator schließlich ist das *Ergebnis.* Erfolgreich arbeitende Teams befassen sich mit Problemen, die einen Bezug zu den Kunden und zur Firmenleitung haben. Ihr Aufgabenbereich mag begrenzt sein, muß aber Relevanz und Bedeutung besitzen. Die Frage, in welcher Farbe die Kantine gestrichen werden soll, kann kein ernsthafter Gegenstand einer Teamberatung sein.

6. Organisationsstruktur

Rückhaltlose Zusammenarbeit erfordert eine Organisationsstruktur, die einen flexiblen Service und Vertrautheit mit dem Kunden ermöglicht. So selbstverständlich das klingen mag, haben Unternehmen immer wieder neue Wege gefunden, Strukturen zu schaffen, die alle Bemühungen um Kundennähe von vornherein zum Scheitern verurteilen.

Vor Thomas Ryders Ernennung zum Präsidenten waren die American Express Establishment Services in acht funktionelle Gruppen wie „Absatz" und „Rechnungswesen" aufgespalten. Das mochte für das Management in gewisser Hinsicht eine gute Lösung gewesen sein. Alle Geschäfte wurden von einer Gruppe abgewickelt. Für die Kunden war diese Struktur jedoch ein Alptraum. Sie hatten keine Chance herauszufinden, wer in der weitläufigen Organisation ihnen eine Antwort auf eine ganz konkrete Anfrage geben konnte. Andererseits hatten die Mitarbeiter, die mit den vielfältigen Bedürfnissen einer sehr heterogenen Kundschaft alle Hände voll zu tun hatten, keine Möglichkeit, sich mit ihren Kunden näher vertraut zu machen.

Ryder ging mit seinem Mitarbeiterstab sämtlichen Kontakten nach, die zwischen Kunden und den diversen Stellen in der Firma stattfanden, um der Komplexität der Beziehungen zwischen Kunden und funktionellen Gruppen beziehungsweise zwischen den Gruppen untereinander auf die Spur zu kommen. Wie nicht anders zu erwarten war, kam dabei ein kompliziertes Geflecht zum Vorschein, das den Namen „Spaghetti-Diagramm“ erhielt.

Sollten die Geschäfte geradliniger ablaufen und das Augenmerk auf dem Kunden liegen, dann durfte es kein „Spaghetti-Diagramm“ mehr geben. Ryder gliederte die Establishment Services in vier neue Gruppen, die jeweils für einen Geschäftsbereich zuständig waren:

- Reisen
- Einzelhandel
- Restaurants und Unterhaltung
- „neue Märkte“ (zum Beispiel Versandhandel)

Nach dieser Neugliederung war nun jede Gruppe in der Lage, einen maßgeschneiderten Service für die rund einhundert größten Geschäftskunden in seinem Bereich zu bieten.

Die American-Express-Angestellten hatten nun die Kunden und nicht die in der Hierarchie über ihnen rangierenden Manager im Visier. Die strukturelle Neugliederung vereinfachte die innerbetrieblichen Abläufe. Die Organisation dient nun nicht mehr sich selbst, sondern ist ganz auf den Dienst am Kunden abgestellt.

Auch CUNA Mutual entrümpelte die Unternehmensorganisation mit dem Ziel besserer Zusammenarbeit und größerer Kundennähe. Entscheidungskompetenzen wurden näher zum Kunden verlagert, eine zentrale Kundenkontaktstelle eingerichtet und die vormals über zweihundert Abteilungen in drei Gruppen gebündelt. Der Vorstand dezentralisierte auch die Marketingpolitik und die Unternehmensleitung, indem er acht Regionalzentren mit jeweils einem Marketingchef an der Spitze schuf. Hatten früher verschiedene Abteilungen unterschiedliche Versicherungsprodukte vermarktet, kann heute jede Abteilung ihren Kunden fast alle Produkte der CUNA Mutual anbieten.

Im Rahmen einer internen Neugliederung der Geschäftsbereiche, die die Veränderungen im Außendienst widerspiegelt, wurde die Verantwortung für Produktpaletten an neu ernannte Marketingbereichsmanager übertragen. Brauchen Außendienstler Hilfe, können sie sich jetzt an *einen* kompetenten Ansprechpartner für die gesamte Produktpalette wenden. Die Unternehmensorganisation ist nun auf Kundenbedürfnisse ausgerichtet. Gleichzeitig arbeitet CUNA Mutual daran, seinen Mitarbeitern Beeinflussungsstrategien beizubringen. Da auch das Konzept der internen Kunden-Lieferanten-Beziehung fest verankert ist, besitzt CUNA Mutual alle Trümpfe für einen hervorragenden und nahtlosen Kundendienst.

Das Prinzip, das hinter dieser Neugliederung steht, hat ein CUNA-Manager in einem Satz zusammengefaßt: „Wir beginnen bei unseren Kunden und bauen die Organisation von außen nach innen auf und nicht etwa umgekehrt."

Unternehmen, die sich dieser Erkenntnis verschließen, bleiben jener Mentalität verhaftet, die folgende Anekdote illustriert. Ein Mann möchte zwei Anzüge reinigen lassen und fährt bei einer chemischen Reinigung vorbei. Draußen sieht er ein Schild, das in großen Lettern verkündet: REIN 9 Uhr – RAUS 17 Uhr. Es ist Viertel vor neun. Der Mann betritt den Laden, gibt seine beiden Anzüge ab und sagt: „Um fünf hole ich die Anzüge wieder ab." Worauf der Ladenangestellte erwidert: „Die Anzüge sehen Sie nicht vor nächsten Dienstag wieder!" „Das verstehe ich jetzt nicht", sagt der Mann, „auf dem Schild steht doch rein 9 Uhr, raus 17 Uhr." „Oh, das haben Sie mißverstanden", klärt ihn der Angestellte auf, „das bezieht sich nicht auf Ihre Anzüge, sondern auf mich. *Ich gehe um 9 Uhr rein und um 17 Uhr raus!"*

Die Anekdote gibt ein Beispiel für ein Unternehmen, das um seiner selbst und nicht um des Kunden willen da ist, es hat sich selbst und nicht den Kunden im Blick. Woran können Sie erkennen, daß die Organisation Ihres Unternehmens mehr der Hierarchie als dem Kunden dient? Stellen Sie sich die folgenden fünf Fragen:

1. Wenn Sie sich die Abläufe zwischen verschiedenen Gruppen innerhalb Ihres Unternehmens und den Kunden verdeutlichen und eine grafische Darstellung versuchen, ergibt sich daraus ein „Spaghetti-Diagramm"? Falls ja, welche Linien können beseitigt werden?
2. Wie viele Hierarchieebenen gibt es in Ihrem Unternehmen? Manche Großkonzerne kommen mit vier Ebenen aus. Stellen Sie fest, welche Ebenen dem Kunden direkt nutzen, und schaffen Sie die ab, die nur wenig oder überhaupt keinen Kundennutzen bewirken.
3. Ist Ihr Unternehmen grundsätzlich vertikal (nach Funktionen und Hierarchien) oder horizontal (nach Geschäftsablauf und auf Zu-

sammenarbeit) ausgerichtet? Was könnten Sie organisatorisch tun, um mehr Zusammenarbeit und laterales Denken zu ermöglichen?
4. Wo liegt der Fokus bei Ihren Entscheidungsprozessen? Was können Sie tun, um ihn näher zum Kunden zu verlagern?
5. Wenn sich ein Kunde mit einem Problem an Ihr Unternehmen wendet, mit wie vielen Abteilungen muß er in Kontakt treten? Hat er die Möglichkeit, mit einem einzigen Telefonanruf Hilfe zu bekommen?

7. Infrastruktur

Um rückhaltlose Zusammenarbeit zu fördern, muß ein Unternehmen auch seine Infrastruktur reorganisieren. In vielen Fällen unterstützt die vorhandene Infrastruktur – das Layout der Gebäude, das Entgeltsystem, möglicherweise sogar die Computersysteme – eine überkommene, hierarchische Arbeitsweise. Neue Formen der kundenorientierten horizontalen Zusammenarbeit setzen entsprechende Infrastrukturen voraus. Dazu gehören

- Layout der Anlagen,
- Technologie,
- interne Kommunikationssysteme,
- Entgelt und
- Anerkennungssysteme.

Layout der Anlagen

Der physische Raum, den Ihr Unternehmen einnimmt, kann die Art und Weise der Zusammenarbeit ganz erheblich beeinflussen. Fragen Sie sich, ob Ihre Büroarchitektur die Kooperation der Mitarbeiter fördert oder hemmt und was Sie daran ändern können.

Der Büromöbelhersteller Steelcase ließ Arbeitsabläufe in Büros mit der Videokamera festhalten. Die anschließende Auswertung der Aufnahmen ergab, daß Angestellte, die effektiv zusammenarbeiteten, andere Raumaufteilungen für ihre individuelle und ihre Gruppenarbeit brauchten.[4]

Hewlett-Packard änderte mehrere Fertigungsstraßen von anfänglich geraden zu hufeisenförmigen Anordnungen, so daß die Mitarbeiter am Anfang der Fertigung mit eigenen Augen sehen können, wie das Endprodukt aussieht. Schon allein diese neue Anordnung symbolisierte Zusammenarbeit, und tatsächlich schnellte die Produktivitätsrate nach der Umordnung in die Höhe.

Applied Materials, der weltweit größte Hersteller von Maschinen für die Halbleiterfertigung, fördert die Zusammenarbeit dadurch, daß keinem Mitarbeiter gestattet ist, ein individuelles Büro oder auch nur einen persönlich eingerichteten Arbeitsplatz zu haben. Jeder bei Applied Materials, vom neu eingestellten Verkäufer bis hin zum Generaldirektor, hat das mehr oder weniger gleiche Büro.

Ein anderes simples, aber symbolkräftiges Mittel physischer Raumgestaltung findet sich bei Saturn. Gewöhnlich sind die Parkplätze vor Büro- und Werkseinrichtungen reserviert und mit Schildchen versehen, die die Unternehmenshierarchie exakt widerspiegeln. Der Generaldirektor hat seinen Stellplatz gleich neben dem Haupteingang, dann kommt der Verwaltungsratsvorsitzende, dann sein Stellvertreter und so weiter.

Nicht so bei Saturn. Vor Werksanlagen und Büros der Zentrale in Spring Hill, Tennessee, gibt es keine reservierten Stellplätze. Für alle gilt das gleiche Prinzip: Wer zuerst kommt, parkt zuerst. Damit ist jedem Mitarbeiter klar, daß die Zuerstgekommenen auch die ersten Plätze verdienen. Mit Hierarchie hat das nichts zu tun.

Technologie

Moderne Bürotechnologie kann die Zusammenarbeit erleichtern, aber nur, wenn sie richtig eingesetzt wird.

Der Autor Michael Schrage hebt in seinem 1995 erschienen Buch *No more Teams*[5] hervor, daß die Neuen Medien einen von allen benutzten Raum schaffen können, an dem jede Gruppe teilhaben kann. Die traditionelle Form eines solchen Raums ist das Schwarze Brett. Die Ideen und Vorschläge, die am Schwarzen Brett veröffentlicht werden, sind eine Aufforderung an jeden Mitarbeiter, sich an diesem Prozeß zu beteiligen. Voicemail, E-Mail und Videokonferenzen dehnen den gemeinsamen Raum auf mehrere Kontinente aus. Es ist so, als ob

Menschen in New York, Paris und Bangkok zur gleichen Zeit ein „elektronisches Schwarzes Brett" zur Verfügung hätten. Schrage stellt in seinem Buch Informationstechnologien vor, die es Mitarbeitern an verschiedenen Orten rund um den Globus erlauben, auf eine elektronische Tafel zu schreiben und ihre Informationen zur gleichen Zeit an allen anderen Orten erscheinen zu lassen.

Wir brauchen keine Zukunftstechnologien, um ein Schwarzes Brett über Kontinente hinweg einzurichten. Schon heute können wir Voicemailboxen verwenden, um einem Team die Zusammenarbeit zu erleichtern. Wir können selbst Kunden eine Voicemailbox innerhalb des Unternehmens einrichten, so daß er über einen direkten Zugang zum Team verfügt.

E-Mail und Videokonferenzen können ähnlich weitreichende Effekte haben. Für U.S. Bancorp wäre es sicherlich weitaus schwieriger gewesen, die Reaktionen von rund tausend Mitarbeitern auf das neue Unternehmensmotto zu sammeln, hätte die Bank nicht über ein elektronisches Kommunikationssystem verfügt. Gleichzeitig konnte das Management über die gleichen Kanäle der Belegschaft ohne Zeitverzögerung mitteilen, wie sie ihre Antworten umsetzen wollte.

Halten Sie stets nach Technologien Ausschau, die ihnen helfen, besser mit Ihren Kunden zusammenzuarbeiten. Astra Merck, ein Joint-Venture des schwedischen Pharmariesen Astra und des US-amerikanischen Merck-Konzerns, richtete unter der Bezeichnung Express Link ein Desktop-Publishing-System für jede seiner 35 Kundengruppen ein. Mit dem System können die Mitarbeiter in den lokalen Filialen in kürzester Zeit qualitativ hochwertige Verkaufsordner für so gut wie alle Astra-Merck-Produkte erstellen. Beispielsweise können sie mit dem neuen System eine kundengerechte Verkaufsbroschüre zu einem ganz bestimmten Medikament zusammenstellen, indem sie das Logo der örtlichen Gesundheitsvorsorgeorganisation, die ein Astra-Merck-Medikament den ansässigen Ärzten empfehlen möchte, in eine Astra-Merck-Broschüre einfügen.

Dieses Verfahren erlaubt eine sehr viel effizientere Absatzwerbung als die herkömmlichen Verkaufsprospekte, sagt Astra-Merck-Präsident Wayne Yetter. „Wenn wir heute einem Arzt ein bestimmtes Präparat anbieten, sagen wir Plendil, dann steht auf der Informationsbroschüre, die wir ihm in die Hand drücken, der Name der Gesundheitsvorsorgeorganisation, der dieser Arzt angehört."[6]

Bei jeder Technologie lautet die entscheidende Frage: „Verbessern wir damit unseren Dienst am Kunden, oder ist es bloß technischer Schnickschnack?" Das DTP-System von Astra Merck erleichtert die Zusammenarbeit und bringt dem Kunden deutlich mehr Nutzen.

Interne Kommunikationssysteme

In Kapitel 3 haben wir gesehen, wie die erfolgreichsten Unternehmen die Stimme des Kunden integrieren. Dieselben Unternehmen haben auch ein offenes Ohr für ihre Mitarbeiter und wissen, wie man Botschaften erfolgreich vermittelt. Ihr internes Kommunikationssystem ist ein wichtiger Bestandteil ihrer Unternehmensinfrastruktur.

Dr. Edson de Godoy Bueno von der Amil Assistencia Medica beweist, für wie wichtig er den Faktor Kommunikation hält, wenn er auf seiner Visitenkarte neben die Bezeichnung „Präsident" das Wort „Ausbildungsmanager" drucken läßt. In regelmäßigen Fortbildungskursen vermittelt er seine Strategien und nutzt die Gelegenheit, ein direktes Feedback von seinen Mitarbeitern zu bekommen.

Auch John Ward bewies eine durchdachte Kommunikationsstrategie, als er 1993 die Leitung der Kreditkartenabteilung der Chase Manhattan Bank, Chase Bankcard Services, übernahm. Angesichts einer sich auf 38 Prozent pro Jahr verdoppelnden Fluktuationsrate lag es auf der Hand, daß der Geschäftsbereich an Motivationsproblemen der Mitarbeiter litt. In der Rezession Anfang der neunziger Jahre hatte die Bank das Kreditkartengeschäft vernachlässigt, zugleich aber die hier erwirtschafteten Überschüsse zur Deckung von Defiziten in anderen Geschäftsbereichen verwendet. Die Mitarbeiter fühlten sich ganz offensichtlich nicht anerkannt, aber keiner wußte so genau, woran es lag.

Ward und seine Personalchefin Pat Roswell beschlossen, die jährliche Mitarbeiterbefragung zum Thema Arbeitsklima zum Ausgangspunkt ihrer Kommunikationsstrategie zu machen. Die Erhebung, die aus Multiple-choice-Verfahren und Fragen mit Antworten auf einer Bewertungskala von 1 bis 5 bestand, wurde seit 1989 durchgeführt, allerdings ohne bislang viel in Gang gesetzt zu haben.

Wie die Umfrage im Antrittsjahr Wards zutage förderte, waren nur 50 Prozent der Beschäftigten mit ihrem Arbeitgeber zufrieden, während in anderen Kreditinstituten, mit denen die Chase Manhattan im direkten Wettbewerb stand, die Mitarbeiterzufriedenheit bei über 70 Prozent lag. Hauptkritikpunkte waren die interne Kommunikation und das Entgeltsystem.

Gestützt auf die Ergebnisse der Erhebung erarbeitete Pat Roswell ein Kommunikationskonzept, das sie in Seminaren allen leitenden Bankcard-Angestellten der Kreditkartenabteilung erläuterte. In diesen Seminaren konnten die Manager auch erklären, warum die Themen Kommunikation und Entgelt ihrer Ansicht nach für so viel Unzufriedenheit sorgten. Anschließend stellte jeder Manager seinen Mitarbeitern die Ergebnisse der Umfrage vor und wies darauf hin, daß die Geschäftsleitung an einer Lösung arbeite. Erst dann nahm man im Topmanagement eine Neugestaltung der kommunikativen Abläufe und des Entgeltsystems in Angriff.

Die Firma Chase Bankcard beschloß, ihren Mitarbeitern in Zukunft massive Leistungsanreize zu bieten – vor allem den umsatzstarken Spitzenleuten. Das eigentlich Neue daran war jedoch, daß Chase den Mitarbeitern das neue Entgeltsystem mit Hilfe neuer Kommunikationsmethoden erläuterte. In Mitteilungsblättern, Broschüren und in Seminaren gab es nur dieses zentrale Thema; Ward und andere Topmanager nahmen an Mitarbeiterversammlungen in jeder einzelnen Filiale der Kreditkartenabteilung teil.

Fazit: Im darauffolgenden Jahr stieg die Mitarbeiterzufriedenheit um 20 Punkte auf 70 Prozent. Die Personalfluktuation sank, und die Chase Bankcard erzielte wieder glänzende Wachstumsraten.

Die entscheidende Erkenntnis lautet: Das Kommunikationskonzept von John Ward und Pat Roswell hatte Erfolg, weil es strategisch war. Beide machten sich ein bereits bestehendes, aber vernachlässigtes Kommunikationsinstrument (die Mitarbeiterbefragung zum Arbeitsklima) zunutze und reagierten einfach auf die bereits vorhandenen Informationen. Die existierende kommunikative Infrastruktur brauchte lediglich neu fokussiert und ausgeweitet und die Ergebnisse richtig ausgewertet werden, und schon verbesserte sich die Zusammenarbeit.

Mitarbeiterbotschafter für besseren Kundenservice

Ein Ohr für die Stimme des Mitarbeiters zu haben ist genauso wichtig wie die Stimme des Kunden in das Unternehmen zu integrieren. Das eine ergänzt das andere. Die Fluggesellschaft Delta Airlines wählte im Rahmen ihrer Initiative für Integrierten Kundendienst (ICS) 120 „Botschafter" unter den Mitarbeitern aus, die einen Kommunikationsstrang quer durch das ganze Unternehmen bilden sollten. Die Initiative zielt auf eine grundlegende Verbesserung des Services ab. Das Management ließ sich dabei von dem Gedanken leiten: Wenn irgend jemand im Unternehmen weiß, wo Verbesserungen nötig sind, dann die Mitarbeiter mit direktem Kundenkontakt, die schließlich Tag für Tag auf immer neue Probleme reagieren müssen. Die „Botschafter" wurden mit Bedacht ausgewählt. Nur wer auch bei seinen Kollegen als kompetent und kundenorientiert galt, kam in die engere Wahl. Zu den Botschaftern gehören neben Mitarbeitern mit Kundenkontakt wie Piloten, Flugbegleiter, Schalterpersonal für Ticketverkauf und Reservierung auch Innendienstmitarbeiter wie Mechaniker, Gepäckabfertiger und Personalsachbearbeiter. Die Botschafter interviewten über 7100 Angestellte der Fluggesellschaft, um Ideen und Verbesserungsvorschläge für die Kundendienstinitiative zu sammeln. Dieses Material bildet neben Informationen aus der Kundendatenbank die Grundlage für das neue Kundendienstkonzept. Daß die Belegschaft mit in die Konzeption einbezogen wurde, macht eine erfolgreiche Umsetzung des Plans um so wahrscheinlicher.

Bei der Konzeption einer Kommunikationsstrategie sollten Sie, wo immer möglich, persönliche Kontakte anderen Interaktionsformen vorziehen. Ein Vorstandsmitglied, ein leitender Manager oder eine sonstige Führungskraft, die direkt mit den Beschäftigten spricht, auf die Sachlage eingeht – und nicht bloß Versprechungen macht – und auf Fragen klare Antworten gibt, erreicht allemal mehr als eine schriftliche Erklärung, eine telefonische Botschaft oder ein Kommuniqué, das über E-Mail versandt wird. Um die Wirksamkeit ihres Kommunikationsprogramms zu testen, griff eine Großbank zu einem ungewöhnlichen Mittel: Sie unterbrach die üblichen Informationswege und wartete dann auf die Reaktion der Mitarbeiter. Von den insgesamt 40 000 Beschäftigten erkundigten sich nur vier danach, was mit dem monatlichen Video geschehen sei, 36 fragten nach der alle zwei Monate erscheinenden Hauszeitung und 890 nach den Publikationen des Sozialausschusses, während 2112 das Ausbleiben der monatlichen Auflistung der freien Positionen, Beförderungen und Versetzungen beklagten.[7]

Das bedarf keines Kommentars. Erfolgreiche Kommunikation ist keine Sache der Anzahl der benutzten Kanäle. Den Ausschlag gibt der oder die Kanäle, die am besten funktionieren. Alle anderen sind hinausgeworfenes Geld.

Entgelt

Ein Entgeltsystem, das die Zusammenarbeit fördert, kann eine entscheidende Rolle bei der Entwicklung kooperativer Arbeitsformen spielen. Bei der Saturn-Gruppe sind die Komponenten, aus denen sich das Entgelt zusammensetzt, für alle Mitarbeiter gleich, von der Putzfrau, die die Gänge fegt, bis hinauf zum Präsidenten. Die Komponenten sind: wirtschaftliche Leistung des Unternehmens, Qualitäts- und Serviceleistung des Unternehmens und Leistung im persönlichen Entwicklungsplan des jeweiligen Mitarbeiters (zum Beispiel erfolgreicher Abschluß einer Fortbildungsmaßnahme, Aneignung von Fachwissen). Ein solches Entgeltsystem stärkt die Werte der Unternehmensphilosophie der Saturn-Gruppe: wirtschaftliche Zielgrößen erreichen, hervorragende Qualität und ebensolchen Service gewährleisten und die berufliche Fortentwicklung der Mitarbeiter fördern. Persönliche Karriereziele, die in vielen Unternehmen den Wettbewerb zwischen den Mitarbeitern prägen, gibt es bei Saturn nicht.

CUNA Mutual konnte teambezogene Leistungsanreize in einem gewerkschaftlich organisierten Arbeitsmilieu einführen. Die Gewerkschaft hatte sich lange gegen individuelle Leistungsprämien gesperrt, da sie befürchtete, dadurch der subjektiven Bewertung einzelner Mitarbeiter durch das Management Tür und Tor zu öffnen. Bei ihrem Bemühen um mehr Zusammenarbeit am Arbeitsplatz fanden die Manager heraus, daß ein gruppenorientierter Leistungslohn ihren Vorstellungen am ehesten entgegenkam. Beide Seiten einigten sich auf ein Modell, das – abhängig von der wirtschaftlichen Gesamtleistung des Unternehmens und von der Erfüllung von Planzielen, zu denen sich das Arbeitsteam vorher verpflichtet hatte – eine fünfprozentige Leistungsprämie vorsah.

Die MBNA America Bank, ein führender Kreditkartenanbieter, berechnet die Werte von 16 Schlüsselindikatoren für Kundenservice täglich neu. An einer großen Anzeigetafel in der Eingangshalle der Zentrale erscheinen alle Einzelwerte und darüber der Durchschnittswert. Für jeden Tag, an dem dieser Durchschnittswert bei über 95 Prozent liegt, stellt die Bank Prämien zurück, die den Mitarbeitern am Quartalsende ausbezahlt werden. Das heißt nichts anderes, als daß die Beschäftigten im Prinzip von ihren Kunden bezahlt werden!

Anerkennungssysteme

Um rückhaltlose Zusammenarbeit zu fördern, lassen Sie den Mitarbeitern Anerkennung zukommen, die sich um mehr Kooperation bemühen. Zum Beispiel können Sie für Teams besondere Anerkennungprogramme konzipieren. Programme, die nur individuelle Leistungen belohnen, fördern ausschließlich individuelle Leistungen. In einer Firma, in der bis 1989 kein einziges Team den prestigeträchtigen Chairman's Award erhalten hatte, gingen 1995 die Hälfte der Auszeichnungen an Teams.

American Express Establishment Services legt nicht nur Wert darauf, Teams auszuzeichnen, sondern läßt diese Ehre sogar Mitarbeitern aus anderen Geschäftsbereichen zukommen, die in vorbildlicher Weise mit der Geschäftskundenabteilung zusammengearbeitet haben. Ein Beispiel spartenübergreifender Kooperation, das Schule machen sollte.

Da es zunehmend schwieriger wird, die Leistungen eines Unternehmens genau auf die Anforderungen der Kunden abzustimmen, wechseln viele Vertriebsorganisationen von Einzel- zu Gruppenboni. Eine Firma, die ihre Verkaufskanonen seit eh und je mit Reisen in exotische Urlaubsorte verwöhnt hat, lädt seit neuestem auch das den Absatz unterstützende Personal zu solchen Touren ein. Beide Personengruppen reisen nun gemeinsam zu näher gelegenen Ferienhotels der Spitzenklasse und schaffen, während sie sich vergnügen, die Grundlage für künftige erfolgreiche Zusammenarbeit.

Manche Firmen beziehen auch ihre Kunden direkt ein und fragen sie beispielsweise nach den Namen von Angestellten, die sich durch vorbildlichen Service empfohlen haben.

Es steht außer Frage, daß in Weltklasse-Unternehmen die Anerkennung der Mitarbeiter zur Unternehmensphilosophie gehört. Teams und alle, die zur guten Zusammenarbeit beitragen, werden geehrt und gefeiert. Welche Formen die Anerkennung konkret annimmt, bleibt der Phantasie der Verantwortlichen überlassen. Eine Form freilich hat sich schon seit Jahrtausenden bewährt und ist wahrscheinlich die meistgebrauchte – nämlich ein schlichtes und ehrlich gemeintes „Dankeschön".

Teamgeist macht das Rennen

Echtes Lernen berührt den Kern des Menschseins … Durch Lernen vergrößern wir unsere kreativen Fähigkeiten und nehmen am schöpferischen Prozeß des Lebens teil.

Peter M. Senge
The Fifth Discipline

Es gibt viele Organisationen, die dem Ideal rückhaltloser Zusammenarbeit sehr nahe kommen. Betrachten Sie nur ein Team, das die Teilnahme an der Hochseeregatta um den America's Cup, die prestigeträchtigste Auszeichnung im Segelsport überhaupt, vorbereitet. Die Organisatoren müssen strategisch vorgehen: Wie soll das eigens für das Rennen gebaute Boot aussehen? Wie soll es gesegelt werden? Sie brauchen Führer – einen, der das Kommando auf See, und einen, der es an Land führt.

Aber ohne eine Crew kommt das Schiff nicht einmal aus dem Hafen. Die Führer stellen die beste Crew zusammen, die sie bekommen können, und sobald sie sie haben, geht das Training los, werden die Leute gedrillt und gezielt aufgebaut. Sie arbeiten so lange mit jedem einzelnen zusammen, bis sie sich darauf verlassen können, daß jeder aus der Crew weiß, wie er mit den anderen zusammenarbeiten muß. Jedes Crewmitglied ist der Partner jedes anderen Crewmitglieds.

Beim Rennen des Jahres 1995 um den America's Cup wurde bald deutlich, daß das neuseeländische Team in puncto Zusammenarbeit mehr erreicht hatte als die US-Mannschaft. Amerika ist zwar nach Ansicht der meisten Beobachter führend auf dem Feld des Bootsbaus, und auch die US-Segelcrew war hervorragend. Doch Neuseeland hielt eine noch höhere Trumpfkarte auf der Hand: Die neuseeländischen Bootsbauingenieure arbeiteten besser mit der Crew zusammen.

Statt ein Boot zu bauen und es dann der Crew zu übergeben, hatten die neuseeländischen Ingenieure zu jedem Konstruktionsdetail erst einmal die Crew befragt und deren Meinung berücksichtigt. Das Ergebnis war ein Boot, das den Vorstellungen von erfahrenen Regattaseglern entsprach. Die amerikanischen Ingenieure konnten sich bei der Konstruktion auf die besten Computer stützen, hörten aber nicht so gut auf das, was die Crewmitglieder beitrugen.

Fazit: Das neuseeländische Team schlug die amerikanischen Computercracks 4 zu 0.

Handlungsanweisungen

- Hat Ihr Unternehmen eine tragfähige Philosophie? Ehe Sie diese Frage bejahen, machen Sie folgenden Test. Wählen Sie aufs Geratewohl zehn Mitarbeiter aus, die nicht dem Management angehören. Fragen Sie jeden: Haben wir eine Philosophie? Worin besteht sie? Hat sie Bedeutung für Sie? Wenn die Mitarbeiter nicht recht wissen, worin die Philosophie eigentlich besteht, oder wenn sie mit ihr nicht viel anfangen können, dann fehlt ihr die nötige Überzeugungskraft. Das können Sie ändern, indem Sie einen Prozeß in Gang setzen, der die Erneuerung oder Veränderung der Philosophie zum Ziel hat.
- Inwiefern fühlen sich Ihre Mitarbeiter aktiv an der Entwicklung des Unternehmens beteiligt? Stellen Sie in kleinen Gruppen Mitarbeitern diese Frage und weitere Fragen, die für Sie oder für die Mitarbeiter von Belang sind. Wie möchten Mitarbeiter einbezogen werden? Was fördert und was behindert ihre Partizipation? Daß Sie solche Gruppen bilden und befragen, ist an sich schon eine Form der Partizipation. Doch **Vorsicht:** Tun Sie es nur, wenn Sie wirklich bereit sind zuzuhören und wenn Sie vor Veränderungen nicht zurückschrecken.
- Regen Sie eine interne Kunden-Lieferanten-Beziehung an, und füllen Sie sie mit Leben. Richten Sie „Besuchstermine“ von internen Lieferanten bei ihren internen Kunden ein. Legen Sie Maßstäbe für die internen Kunden fest, die an den Anforderungen der externen Kunden ausgerichtet sind. Gewähren Sie Prämien oder

andere Zeichen der Anerkennung, wenn die vorgegebenen Werte erreicht werden.

- Wie steht es um die Zusammenarbeit unter den Beschäftigten Ihres Unternehmens? Ist eine Verbesserung nötig, dann stellen Sie drei Fragen:
  1. Sind die Beschäftigten tatsächlich hinreichend qualifiziert?
  2. Werden herausragende Mitarbeiter belohnt, und werden solche, die nicht den Normen entsprechend arbeiten, herabgestuft?
  3. Inwieweit gelingt es Ihrem Topmanagement, das Ideal einer rückhaltlosen Zusammenarbeit untereinander zu verwirklichen?

  Wenn Sie die Antworten auf diese Fragen erhalten haben, korrigieren Sie die Mißstände.
- Leidet auch Ihr Unternehmen an Teamitis? Bitten Sie jedes Team, sich anhand der Fragen auf S. 174 selbst zu überprüfen. Allen Teams, die sich nicht als effizient erweisen, sollten Sie erlauben, sich aufzulösen. Machen Sie den Betroffenen aber keine Vorhaltungen, sondern danken Sie ihnen für die geleistete Arbeit. Stellen Sie bei diesem Vorgang fest, wo die Ursachen für mangelnde Effizienz liegen, und stellen Sie sie ab.
- Überprüfen Sie die Organisationsstruktur und die Ziele Ihres Unternehmens. Fördern oder behindern sie rückhaltlose Zusammenarbeit. Was muß sich ändern?
- Tragen das Layout der Gebäude und der Arbeitsplätze, der technologische Standard, die internen Kommunikationssysteme, das Entgelt- und Anerkennungssystem zur effektiveren Zusammenarbeit bei? Beauftragen Sie je eine Führungskraft mit der Untersuchung eines einzelnen Aspekts, und lassen Sie Verbesserungsvorschläge machen.

Kapitel 5

Von Kundenzufriedenheit zu dauerhafter Kundenbegeisterung

Loyalität ist heute keine Selbstverständlichkeit oder Pflicht mehr, sondern entspringt der Begeisterung für ein Produkt. Man muß die Dinge so erstaunlich gut tun, daß die Kunden nicht einfach nur treue, sondern geradezu gläubige Anhänger werden.

Skip LeFauve
Vorstandsvorsitzender, Saturn[1]

Wer an einem bestimmten Freitag im Juni 1994 von Nashville aus zu der Saturn-Produktionsanlage in Spring Hill, Tennessee, unterwegs war, mußte spüren, daß irgend etwas Seltsames im Gange war. Zuerst einmal war da ein Riesenstau, etwas, was man in diesem gottverlorenen Teil des rauhen Tennesseer Hügellandes so gut wie noch nie erlebt hatte.

Und wer den Blick von der Wagenkolonne vor sich losriß und in seinen Rück- oder Seitenspiegel sah, mußte feststellen, daß er zwischen Abertausenden derselben kleinen Autos feststeckte, die wie Lemminge auf der Straße, die über den Hügel führte, vorwärtskrochen – und daß eins um das andere ohne Ausnahme einen kleinen orangefarbenen Ball auf der Antenne stecken hatte, auf dem derselbe tapfere Spruch prangte: „Spring Hill oder Schrottplatz."

Eine „Kundendienst-Orgie"

Einander völlig fremde Menschen stiegen aus ihren Autos und verbrüderten sich mitten auf der Straße – umarmten sich, schüttelten sich die Hände oder gaben sich zur Begrüßung einen Klaps auf den Rücken. Das vielleicht Allerseltsamste an dem Aufzug aber war, daß diese insgesamt achtundzwanzigtausend (!) Fahrzeuge keine Harleys, Chevrolettes oder Porsches waren, sondern ganz einfache, praktische Kleinwagen. Aus irgendeinem Grund liebten diese Menschen dennoch ihre Autos – so sehr sogar, daß manche von ihnen es offensichtlich für notwendig gehalten hatten, von so weit entfernten Gegenden wie Taiwan oder Hawaii nach Spring Hill zu kommen, um sich hier zu versammeln, zu feiern und ein bißchen auf den Putz zu hauen.

Saturns Fabrikwochenende war, wie ein Journalist schrieb, eine „Kundendienst-Orgie".[2] Trotz des starken Windes und des Dauerregens, der die Parkplätze unter Wasser setzte, nahmen *mehr als 44 000 Besucher* an allen möglichen Veranstaltungen von Betriebsführungen bis hin zur Hochzeit zweier Saturn-Mitarbeiter teil.

Doch das Hauptereignis des Wochenendes waren die Saturn-Verrückten, die hier zusammensaßen und von ihren Erlebnissen mit Saturn schwärmten, begeisterte Fans wie der weißhaarige dreiundsiebzigjährige Jack Drohan aus Quincy, Massachusetts, der erzählte: „Ich habe zu meiner Tochter gesagt: ‚Weißt du, so wie ich in dieses Auto vernarrt bin, würde ich schon mal gerne nach Tennessee runterfahren und ihnen zusehen, wie sie es zusammenbauen.' Zwei Wochen später steckte die Einladung zu dem Fabrikwochenende im Briefkasten. Ich konnte es nicht fassen." In der Tat, wie *kann* man eine solche Begeisterung für ein Auto und das Unternehmen, das es herstellt, nachvollziehen?

Ein Geistesblitz

Die Antwort auf diese Frage lautet, daß einige wenige Firmen – darunter zweifellos auch Saturn – herausgefunden haben, wie sie eine besondere, unverwechselbare Beziehung zu ihren Kunden aufbauen können und wie sie dank dieser Beziehung die Bedürfnisse dieser Kunden aufs Neue immer wieder so genau vorausahnen, daß diese buchstäblich den Mund vor lauter Staunen nicht mehr zu bekommen.

Saturn hat es geschafft, die Automobilindustrie zu revolutionieren, weil das Unternehmen nach Ansicht von Skip LeFauve, dem Gründungspräsidenten und jetzigen Vorstandsvorsitzenden von Saturn, mehr bietet als nur ein großartiges kleines Auto. Dieses Auto, sagt LeFauve, repräsentiert „eine Idee ... eine völlig neue Herangehensweise, eine neue Art der Zusammenarbeit mit unseren Kunden und innerhalb der Firma. Es ist eher eine Revolution der Firmenkultur als der Produktion".[3]

Denken Sie an das Jahr 1982 zurück. GM war heftig ins Schleudern geraten. Die Japaner mit ihren billigen, aber hochwertigen Autos eroberten Marktanteil um Marktanteil, doch der Konzern schien völlig unfähig, darauf zu reagieren. Roger Smith, der vielgeschmähte Vorstandsvorsitzende von General Motors, mußte etwas unternehmen, und in seiner Verzweiflung kam ihm eine Idee, ein echter Geistesblitz.[4]

Was, fragte sich Smith, spricht eigentlich dagegen, die Japaner mit ihren eigenen Waffen zu schlagen und ein billiges, hochwertiges Auto hier in Amerika zu produzieren? Was, wenn es GM tatsächlich gelänge, eine ganz andere Art von Autofirma zu erschaffen, eine, die sich nicht wie die Konkurrenz bloße „Kundenzufriedenheit" auf die Fahnen schreibt, sondern die Schallmauer zur „Kundenbegeisterung" durchbricht? Was, wenn die Art und Weise, wie das Unternehmen sein Produkt herstellt, verkauft und betreut, so unverwechselbar wäre, daß nicht nur das Auto selbst, sondern auch die Weise, wie sich das Unternehmen um seine Kunden kümmert, für Aufsehen sorgte?

Smiths Idee war, wie sich herausstellte, in der Tat ein Geistesblitz. Nur fünf Jahre, nachdem das erste Saturn-Modell vom Band rollte, war Saturn der am hellsten strahlende Stern am GM-Himmel. Saturn

- war gemessen an den absoluten Verkaufszahlen die Nummer 2 in Amerika;
- hatte die niedrigsten Servicekosten aller Fahrzeuge (53 gegenüber 85 Dollar im Durchschnitt);
- hatte den höchsten relativen Wiederverkaufswert aller Fahrzeuge in allen Autoklassen;
- hatte die höchste Kundenbindungsrate der Automobilindustrie (61 Prozent der Kunden gaben an, sie würden wieder einen Saturn kaufen);
- hatte die höchsten Verkäufe pro Händler (899 Einheiten) der gesamten Branche.

Im Jahr 1995 lag Saturn, von den Branchen-Analysten zuvor immer nur als GMs „Saturn-Experiment" bezeichnet, an der Spitze des von J. D. Power and Associates entwickelten Kundenzufriedenheitsindex beim Autokauf.[5] Der J. D. Power-Index mißt die Kundenzufriedenheit in bezug auf Verkauf und Auslieferung, und die von Saturn erreichten 160 Punkte sind aus einer Reihe von Gründen bemerkenswert.

Erstens deklassierte Saturn mit dem Verkaufs- und Auslieferungsservice für seinen Kleinwagen so hochpreisige Luxuskarossen wie Nissans Infiniti (150), Toyotas Lexus (149), GMs Cadillac (149), Volvo (149) und Mercedes-Benz (147). Um genau zu sein, Saturn übertraf sogar den alten Rekordwert aller Fahrzeugklassen.

Damit nicht genug. 90 Prozent der Saturn-Besitzer äußerten sich „sehr zufrieden" über die Verkaufsberatung und die Auslieferungsmodalitäten. So beeindruckend diese Zahl für sich genommen schon ist, wird ihre wahre Bedeutung erst dann klar, wenn man bedenkt, daß die große Mehrheit der befragten Amerikaner das Drumherum beim Autokauf höchst abstoßend findet. David Aaker, Professor für Marketingstrategien an der University of California in Berkeley, lobt den Weg, den Saturn beim Umgang mit den Kunden einschlägt, als „einen echten Durchbruch in der Autoindustrie, die sich im allgemeinen überaus bizarrer Verkaufsstrategien bedient. Saturn behandelt seine Kunden wie Freunde, wie einen denkenden Menschen".[6]

Fast schon peinlich gut

Betty Moe, die 4500 Meilen von Anchorage, Alaska, zum Fabrikwochenende fuhr, findet den Verkaufsprozeß bei Saturn „beinahe schon peinlich gut".[7] Saturn behandelt die Kunden so, wie sie behandelt werden wollen; die Verkäufer, die sich selbst „Transportberater" nennen, bezeichnen sie sogar als „Gäste". Die Berater legen bei ihren Gesprächen besonderen Wert darauf, die Interessenten über den Saturn-„Unterschied" aufzuklären.

Dieser Unterschied besteht darin, daß sich die Kunden nicht als Opfer fühlen, die sich, sobald sie den Entschluß fassen, ein Auto zu kaufen, mit aalglatten Verkäufern und Händlern herumschlagen müssen, die sie mit einer scheinbar unendlichen Anzahl von immer neuen Sonderangeboten verwirren. Saturn hat das Geheimnis um die Berechnung der Preise gelüftet und die Angst vor einer Übervorteilung beseitigt, indem das Unternehmen Festpreise einführte, die den Kunden garantieren, daß sie nicht übers Ohr gehauen werden, nur weil sie etwa Frauen sind, einer Minderheit angehören oder einfach nicht gut verhandeln können.

Auch Marc Gorelick aus Michigan ist von Saturn begeistert: „Ich hatte wirklich den Eindruck, daß unser Händler sich ernsthaft darum bemühte, alle unsere Fragen zu beantworten … im Gegensatz zu anderen Händlern, wo man sich als Käufer wie ein Stück Fleisch vorkommt, das in ein Becken voller Piranhas geworfen wird."[8]

Die Kunden zeigen ihre Wertschätzung für die Art, wie Saturn mit ihnen umgeht, indem sie die Marke mit der höchsten Kundenbindung der gesamten Automobilindustrie belohnen – und das trotz einer alles andere als vollkommenen Produktqualität. „Gemessen an den Defekten, Reparaturen und so weiter ist der Saturn ein sehr durchschnittliches Produkt", sagt Daryl Hazel, Marktforschungsleiterin der Ford Motor Company, „doch wenn sie mit den Menschen reden, die einen Saturn fahren, stellen sie einen Unterschied fest. Und dieser Unterschied läßt sich auf die gute Kundenbehandlung zurückführen."

Eine ganz neue Verkaufs- und Servicemarke

Saturn schreibt schwarze Zahlen in einer Branche, in der die Gewinnspannen immer kleiner werden und die Barrieren für die Einführung einer neuen Automarke beinahe unüberwindlich scheinen. Grundlage für Saturns Erfolg ist, daß sich das Unternehmen mit Haut und Haaren der *Kundenbegeisterung* verschrieben hat. Dieses eine Wertkriterium hat die Geschichte des Automobilkaufs verändert. Was eine klassische „Kundenzufriedenheits"-Kampagne im Stil der achtziger Jahre hätte werden können – mit dem Ziel, im Verkauf und Service die Konkurrenz hinter sich zu lassen –, erwies sich als Selbstverpflichtung, die Art und Weise, wie mit Kunden umgegangen wird, zu *revolutionieren.* Das Ergebnis ist ein *Markenzeichen* – das nicht einfach nur für ein Auto, sondern auch für eine positive Erfahrung beim Autokauf steht.

In der Werbung gilt ein Markenzeichen als eine schwer faßbare Eigenschaft, die ein Produkt von den anderen unterscheidet. Die Firma Saturn schuf ein Markenbewußtsein durch die bewußte Ausrichtung seiner Produkt- und Marketingpolitik auf Wettbewerbsvorteile an der Schnittstelle zum Kunden. Letztendlich ist die Art und Weise, wie die Kunden über Saturn informiert werden, wie sie das Auto kaufen und wie sie nach dem Kauf betreut werden, ebenso ein unverwechselbares Saturn-Produkt wie das Fahrzeug selbst.

Saturns erfolgreiches und wegweisendes Konzept, eine für die Marke charakteristische Form der Kundeninteraktion zu entwickeln, hat sich auch bei anderen Unternehmen bewährt – und zwar mit ähnlich durchschlagendem Erfolg.

Kundenorientiertes Marketing bei 3M

Wer *3M* sagt, denkt meist auch sofort an *Innovation*. Wer bei 3M arbeitet und eine gute Idee hat, findet, so heißt es, immer jemanden, der ihm das Geld gibt, um daraus den nächsten Verkaufshit zu machen – vielleicht sogar die Neuauflage der Post-it-Notes. Jahr für Jahr wird 3M für seinen ständigen Strom an bahnbrechenden neuen Technikanwendungen und Produkten gelobt – so nützliche und dabei so unterschiedliche Produkte wie Klebestreifen, Mundschutz für Chirurgen oder Zubehör für die Verkehrskontrollsysteme.

3M besteht aus fünfzig Geschäftseinheiten in mehr als sechzig Ländern und verkauft über 60 000 innovative Produkte, die auf 85 einzigartigen Technologien basieren. Ein unternehmerischer Elan, der jedoch für die Kunden, die mehrere verschiedene 3M-Produkte benötigten, auch seine Schattenseiten hatte. Was sie zum Teil erlebten, läßt sich noch am besten mit dem Versuch vergleichen, in einer Kleinstadt kurz vor Ladenschluß ein paar Lebensmittel einzukaufen:

> Stellen Sie sich vor, Sie haben viel zu tun und kaum Zeit, einkaufen zu gehen. Sagen wir, Sie halten nach der Arbeit kurz an einem Laden, packen Milch und Eier in den Einkaufskorb und suchen dann nach Brot. „Tut mir leid“, sagt der Verkäufer, „da müssen Sie die Straße runter zum Bäcker.“ Sie schauen auf ihre Einkaufsliste. „Wie sieht es mit Äpfeln aus?“ fragen Sie. „Der Obst- und Gemüsemarkt ist zwei Blöcke weiter“, erklärt der Verkäufer. „Und was ist mit Fleisch?“ Der Verkäufer schüttelt den Kopf: „Um diese Uhrzeit bekommen sie Fleisch nur noch bei der Metzgerei unten an der Hauptstraße.“ Es ist zum Verrücktwerden. Doch die Geschichte geht noch weiter. Wie sich nämlich herausstellt, nimmt der Obsthändler nur Schecks, der Metzger will gerade schließen und besteht deshalb darauf, daß Sie Ihre Kreditkarte benutzen, und in der Bäckerei kann man sowieso nur bar bezahlen. Wie sollen Sie da Ihre Ausgaben noch im Blick behalten?

Ein Alptraum. Bis Sie die fünf Dinge auf ihrer Einkaufsliste abgehakt haben, sind Sie mit den Nerven am Ende und haben wertvolle Zeit vertan, die Sie sicher anders (und besser) hätten nutzen können. Bis vor kurzem standen viele 3M-Kunden aus Industrie und Handel vor einer ähnlichen Situation und stellten sich Fragen wie: „Wie kommt es, daß ich vier 3M-Vertreter in meinem Wartezimmer herumsitzen habe?“ „Warum muß ich meine Bestellungen bei drei verschiedenen Großhändlern aufgeben?“ „Warum muß ich zwölf verschiedene Rechnungen bearbeiten und zwölf verschiedene Zahlungstermine im Auge behalten?“ Heute antwortet 3M: „Sie müssen es nicht, und Sie werden es nie mehr müssen.“

3M: Alles aus einer Hand

3M reagierte auf die lautstarken Klagen mit dem Aufbau eines „Kundenzentrierten Marketing“ (KZM), ein proprietärer Prozeß, der den Kunden die Geschäftsbeziehung mit 3M erleichtert. Kunden, die sich früher mit den oben beschriebenen Problemen herumärgern mußten, werden heute von einem einzigen Firmenrepräsentanten betreut, der für Verkauf und Vertrieb zuständig ist – ein Repräsentant für die gesamte 3M-Produktpalette. Durch diese Zusammenfassung des Angebots bekommt der Kunde mehr Verhandlungsmacht, der Papierkrieg wird reduziert, und die Zeit wird sinnvoller genutzt. So können zum Beispiel alle Endverbraucher der 3M Automotive Trades Division dank KZM direkt auf das Produktsortiment aus sechzehn verschiedenen 3M-Geschäftseinheiten zugreifen – über einen Firmenrepräsentanten und einen Vertriebsweg.

Die Erfolge? Spektakulär. Nach Kundenaussage ist KZM der wichtigste Grund, warum sie ihre Beziehung zu 3M ausbauen wollen. Das erklärt auch, warum der Absatz über 3Ms Kundenzentriertes Marketing in den letzten Jahren *fünfmal schneller* als der über die traditionellen Vertriebswege gewachsen ist. Abgesehen davon arbeitet das KZM eindeutig wirtschaftlicher.

3M hatte seinen Kunden in dieser Sache lange Zeit schlicht und ergreifend kein Gehör geschenkt. Beklagte sich jemand über die mangelnde Koordination, erhielt er ein Lächeln und eine hoffentlich beschwichtigende Entschuldigung als Antwort. Der erste Kunde, der sich lautstark beklagte und wirklich mit den Füßen auf den Boden stampfte, war die Supermarktkette Wal-Mart, die nicht länger bereit war, sich mit acht 3M-Vertretern und ebenso vielen Vertriebsplänen, Zahlungsterminen und Werbevorschlägen abzufinden. Wie sich zeigte, waren nicht wenige Kunden aus Industrie und Handel derselben Meinung wie Wal-Mart. Die Konkurrenten von 3M, die vor demselben Problem standen, rieben sich die Hände und prophezeiten, das Unternehmen sei nicht in der Lage, eine Lösung für das Problem zu finden. 3M und Koordination, das sei, kommentierten sie süffisant, ein Widerspruch in sich.

Ein kapitales Fehlurteil, wie sich bald herausstellte. Bruce Hamilton, der ehemalige Leiter von 3M Kanada, übernahm die Verantwortung für das Projekt. Mit den Kundendaten unter dem Arm ging Hamilton direkt zu den einzelnen Geschäftsbereichsleitern, legte ihnen die Zahlen und Hochrechnungen auf den Tisch und schaffte es, sie für das im ZKM-Projekt steckende Potential zu begeistern. Aber Hamilton versicherte sich nicht nur der Unterstützung des Managements für die Kampagne zur hundertprozentigen Kundenzufriedenheit, sondern ergriff gleichzeitig mehrere flankierende Maßnahmen, von der Reform der Preis- und Verkaufsstruktur bis hin zur intensiveren Schulung der Kundenberater.

Durch das Kundenzentrierte Marketing konnte 3M eine Atmosphäre erzeugen, die die Geschäftsbeziehung mit 3M zu einem angenehmen, ganz und gar nicht „alptraumhaften“ Erlebnis macht und 3M direkt an der Schnittstelle zum Kunden einen Wettbewerbsvorteil beschert hat.

Ein „schockierend“ guter Kundennutzen

Die Standards für eine ausgezeichnete Verkaufs- und Servicequalität sind inzwischen so hoch, daß es nicht mehr ausreicht, dasselbe – nur besser – wie die Konkurrenz anzubieten, um sich vom Wettbewerb abzuheben. Nehmen wir an, Sie sind in einen Autounfall verwickelt. Wenn der Service Ihrer (oder der gegnerischen) Versicherung etwas taugt, kommt innerhalb eines angemessenen Zeitraums ein freundlicher Mitarbeiter vorbei, schätzt den entstandenen Schaden und leitet eine zügige Regulierung in die Wege. Die Plymouth Rock Assurance dagegen schickt einen „Crashbuster“ zum Unfallort, der die Kosten der notwendigen Reparaturen schätzt und an Ort und Stelle einen Scheck ausschreibt.

Das Besondere an Saturn, 3M und Plymouth Rock Assurance ist, daß sie sich nicht damit zufrieden gegeben haben, ihren Kunden einfach nur gute Produkte und einen guten Service zu liefern. Sie haben die Art und Weise, wie sie mit ihren Kunden umgehen, neu erfunden. Das Ergebnis ist echte Verbundenheit, Begeisterung und Anerkennung sowohl bei den Kunden als auch bei den eigenen Mitarbeitern. Wenn man die Menschen fair, intelligent und respektvoll behandelt, also so, wie sie behandelt werden wollen (die Platin-Regel), erregt man, um es zurückhaltend auszudrücken, Aufsehen. Und man verschafft sich treue Kunden.

Wettbewerbsvorteile an der Schnittstelle zum Kunden schaffen

Die Definition ist weiter geworden. Eine Marke ist heute kein Synonym mehr für etwas, das in einem Karton, einer Dose oder einer Flasche daherkommt. Jedes Produkt, jede Dienstleistung, alles, was einen Konkurrenten hat, ist eine Marke, die ihre Einzigartigkeit erklären und verteidigen muß.

Barry Day
Stellvertretender Vorstandsvorsitzender
Lintas International[9]

Die meisten Unternehmen haben gelernt, wie sie bei der *Produktion* von Waren und Dienstleistungen die Kosten reduzieren und die Qualität steigern können. Total Quality Management, auf den Herstellungsprozeß angewandt, war früher ein Weg, einen großen Wettbewerbsvorteil herauszuarbeiten. Heute ist es nur noch die Eintrittskarte für das Mitspielen am Markt. Bei unseren Untersuchungen haben wir festgestellt, daß das Geheimnis der kundenorientierten Unternehmen darin liegt, wie sie sich *an der Schnittstelle zum Kunden* von ihren Konkurrenten unterscheiden.

Einer der wichtigsten Ansatzpunkte für ein gewinnorientiertes Wachstum ist die Kundenbindung. Jagdish Sheth, Professor für Marketing an der Emory University, hat ausgerechnet, daß es fünfmal mehr kostet, einen neuen Kunden zu gewinnen, als einen neuen Auftrag von einem bisherigen Kunden zu bekommen. Angesichts der heutigen wirtschaftlichen Situation kommt der Investition in bestehende Kundenkontakte sogar noch mehr Bedeutung zu.

Das bestätigen auch zahlreiche andere Studien, darunter eine Untersuchung Fred Reichhelds von Bain and Company und Earl Sassers von der Harvard Business School, die nachweist, daß eine um fünf Prozent höhere Kundentreue die Rentabilität um 100 Prozent steigen lassen kann.[10]

Obgleich diese Zahlen wiederholt publiziert wurden, deuten neueste Forschungsergebnisse darauf hin, daß es nicht mehr genügt, nur „zufriedene" Kunden zu haben, wenn man sicher sein will, daß sie dem Unternehmen treu bleiben. In dieses Bild paßt, daß Earl Sasser und der gleichfalls als Professor an Harvard Business School lehrende Thomas Jones keine nennenswerte Korrelation zwischen „zufriedenen" (im Gegensatz zu „sehr zufriedenen") Kunden und der Kundenbindung nachweisen konnten.[11] Und erst vor kurzem bestätigte die PNC Bank Corp., ein schnell wachsender Finanzdienstleister, dieses Ergebnis mit einer eigenen Untersuchung, die ergeben hat, daß nur „überaus zufriedene" Kunden (solche, die auf einer Skala von 1 bis 7 eine 6 oder 7 angekreuzt hatten) dem Unternehmen mit einigermaßen hoher Wahrscheinlichkeit die Stange halten.

Es lohnt sich also, den Kunden immer wieder außergewöhnlich positive Erfahrungen zu bieten, die Schwelle der ewigen Mittelmäßigkeit – „Verkaufsberatung und Service gut genug" – zu überwinden und eine Interaktion mit den Kunden zu entwickeln, die Sie so deutlich von anderen unterscheidet, daß sie an sich schon ein Markenzeichen ist – ein einzigartiger Eindruck, durch den sich Ihr Unternehmen von allen anderen abhebt. Eben das veranlaßte eine Saturn-Kundin zu der Bemerkung, daß sie *sich darauf freute,* zu ihrem Autohändler zu gehen. Stellen Sie sich das vor!

Die Schnittstelle zum Kunden ist ein Brennpunkt, in den Sie kaum zu viel investieren können. Der Erfolg von allem, was Sie hinter den Kulissen getan haben – Forschung und Entwicklung, Strategieplanung, Fortbildung, Rationalisierung, Aufbau der Kundenbetreuung, Produktion –, liegt letztlich in den Händen der Menschen, die im direkten Kontakt zu den Kunden stehen. Sie wecken Erwartungen, fühlen den Puls der Kunden, bekommen das Feedback für gelieferte Waren und Dienstleistungen, lösen Probleme und suchen vor Ort nach Information, etwa zu der Frage, wo Sie im Vergleich zu Ihren Konkurrenten in der Kundengunst stehen. Aktionen an der Schnittstelle zum Kunden haben die stärksten direkt meßbaren Auswirkungen auf den Gewinn. Das sieht auch Robert Lee so, der für Ausbildung und Entwicklung zuständige geschäftsführende Vizepräsident bei Pacific Bell: „Wenn wir unsere Verkäufer ausbilden und sie mehr Abschlüsse tätigen, macht sich das sofort in der Kasse bemerkbar.“[12]

Mit dem Versuch, Verkauf, Service und Marketing immer nur stückchenweise zu verbessern, können Sie niemals eine Kundenbegeisterung wecken, die sich in deutlich höheren Gewinnen niederschlägt. Dazu brauchen Sie einen strategischen, ganzheitlichen und integrierten Ansatz, den wir als Proprietary Customer Interaction Process (Proprietärer Kundeninteraktionsprozeß) bezeichnen: eine zuverlässige, zum Kundennutzen beitragende Form des Umgangs als ein Markenzeichen, das ebenso unverwechselbar für Ihre Firma steht wie Ihr Logo.[13]

Folgende Schritte sollte man unternehmen, um sich einen Wettbewerbsvorteil an der Schnittstelle zum Kunden zu verschaffen:

1. Stellen Sie fest, wie die Kunden mit Ihnen Geschäfte machen wollen.
2. Begeistern Sie Ihre Führungskräfte für eine Kundenbeziehung, die zum Markenzeichen wird.
3. Bauen Sie einen nutzenintensiven, unverwechselbaren und konsistenten Prozeß der Kundeninteraktion auf.

Schritt 1: Stellen Sie fest, wie die Kunden mit Ihnen Geschäfte machen wollen

Wie entwickeln Unternehmen einen „perfekten“ Interaktionsprozeß mit den Kunden? Zunächst einmal müssen wir uns klarmachen, daß „perfekt“ für jeden Kunden etwas anderes bedeutet. Forum hat zum Beispiel bei den neuesten Untersuchungen der Frage, wie Kunden *Nutzen* definieren – und wofür sie wirklich bereit sind, mehr zu zahlen – festgestellt, daß Unternehmen oft irrtümlich annehmen, alle ihre Kunden seien an einer partnerschaftlichen Zusammenarbeit interessiert. Doch das ist gar nicht der Fall. Wie die Matrix der Wertorientierung in Abbildung 5.1 zeigt, lassen sich die besonderen Ansprüche der Kunden anhand von zwei Dimensionen abbilden: dem Bedürfnis nach Beziehung und dem nach Information.

Kunden mit einem ausgeprägten Beziehungsbedürfnis legen vor allem Wert darauf, daß ihr Lieferant ihnen Verständnis entgegenbringt: Verständnis für ihre Bedürfnisse, ihre Unternehmensstrategie, ihre Zukunftspläne und die Herausforderungen, vor denen sie stehen. Lieferanten, die eine solche enge Beziehung herstellen können, schaffen mehr Nutzen, weil sie die Bedürfnisse ihrer Kunden vorwegnehmen können – und spielen oft eine Schlüsselrolle bei der Entscheidungsfindung ihrer Kunden. Oft legen gerade Käufer, die wenig Erfahrung mit dem Produkt haben, das sie kaufen wollen, großen Wert auf diese Art von Beziehung. Was sie im Prinzip sagen, ist: „Sie kennen Ihre Produkte und Dienstleistungen. Ich erkläre Ihnen, was ich brauche, und Sie sorgen dafür, daß ich das bekomme."

Die zweite Dimension ist das Informationsbedürfnis. Kunden, die sehr weit rechts auf der horizontalen Achse angesiedelt sind, sind

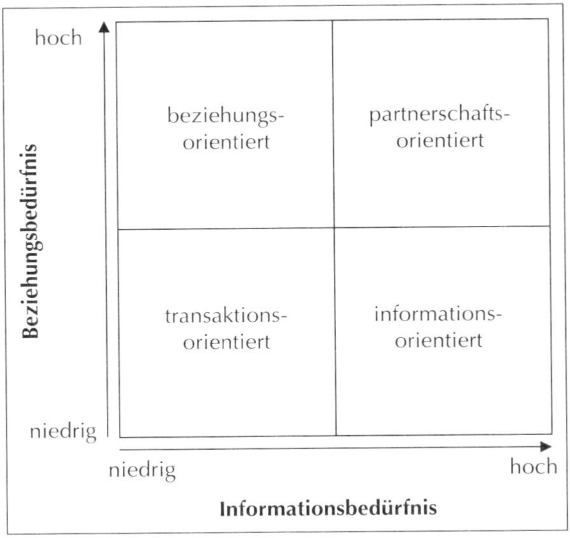

Abbildung 5.1
Matrix der Wertorientierung

durchaus bereit, mehr zu bezahlen, wenn der Lieferant sie auf dem laufenden hält und sie im Umgang mit den Produkten schult. Lieferanten, die leichten Zugang zu solchen Informationen bieten, sparen ihren Kunden Zeit und Arbeit und vereinfachen die Geschäftsbeziehung. Solche Käufer sind oft sehr gut informiert und wissen manchmal sogar mehr über die angebotenen Waren und Dienstleistungen als das Verkaufspersonal selbst.

Durch die Kombination dieser Bedürfnisse entstehen vier Käufertypen. Die beiden Achsen bilden eine Zwei-zu-zwei-Matrix, mit deren Hilfe man die Kunden nach ihren besonderen Wünschen einteilen kann. Abhängig davon, worauf die Kunden am meisten Wert legen, kann man sie als transaktionsorientiert, beziehungsorientiert, informationsorientiert oder partnerschaftsorientiert einordnen.

Unsere Untersuchungen in Nordamerika ergaben eine gleichmäßige Verteilung der Kundenpräferenzen über alle vier Segmente – anders ausgedrückt, rund ein Viertel der Kunden war transaktionsorientiert, wollte also einfach nur das richtige Produkt zur richtigen Zeit und zu einem möglichst günstigen Preis, ein Viertel war beziehungsorientiert und so weiter. In Europa bot sich weitgehend dasselbe Bild. Der einzige Unterschied war, daß mehr Kunden einen insgesamt etwas höheren Wert auf eine gute Beziehung legten. In Asien waren die Kunden zwar stärker transaktionsorientiert, doch auch dort verteilten sie sich relativ gleichmäßig über alle vier Quadranten. Außerdem, so zeigte sich, dauert es in Asien länger, bis ein Lieferant sich für eine langfristige Partnerschaft mit einem Kunden qualifiziert. Während, wie zu erwarten, einige branchenabhängige Unterschiede auftraten, zeigte sich auch, daß sich die Nutzenperspektiven überraschend vieler Kunden, die das gleiche Produkt von ein und demselben Unternehmen erwarben, drastisch voneinander unterschieden. Der Schlüssel liegt also in den differenzierten Wertvorstellungen der Kunden. Deshalb muß eine kundenorientierte Firma ihre Zielgruppen einteilen und verstehen, *bevor* sie einen proprietären Kundeninteraktionsprozeß aufbaut. Damit vermeidet sie das Risiko, kreative Verkaufs- und Serviceleistungen zu entwickeln, auf die niemand sonderlichen Wert legt. Detailliertere Informationen zur Wertorientierungsmatrix finden sich im Werkzeugkasten auf den Seiten 334 ff.

Die vier Segmente der Kundenwertschätzung

Bei den Interviews, die Forum mit über 300 erfahrenen Käufern führte, kristallisierten sich vier Typen bevorzugter Kundeninteraktionen heraus:

1. **Der transaktionsorientierte Kauf:** Die Kunden haben wenig Bedürfnis, eine Beziehung zum verkaufenden Unternehmen aufzubauen, und wenig Bedürfnis nach Information (zum Beispiel beim Kauf am Automaten).
2. **Der beziehungsorientierte Kauf:** Die Kunden haben ein großes Bedürfnis, eine Beziehung aufzubauen. Sie brauchen Verkaufs- und Servicepersonal, um sich über ihre Situation von Grund auf klarzuwerden (zum Beispiel beim Kauf von komplizierten Versicherungsprodukten oder Rechtsberatungen).
3. **Der informationsorientierte Kauf:** Die Kunden haben ein großes Informationsbedürfnis und ein geringes Beziehungsbedürfnis. Sie wissen, was sie wollen, und möchten informiert und weitergebildet werden (zum Beispiel Kunden von Diskontmaklern, Ärzte, die Medikamente kaufen).
4. **Der partnerschaftsorientierte Kauf:** Die Kunden haben ein großes Beziehungs- und ein großes Informationsbedürfnis. Sie wollen Unternehmen, die schon im voraus für sie aktiv werden, die informieren und weiterbilden, die ihre Firma und ihre Bedürfnisse verstehen. Sie legen Wert auf eine persönliche Beziehung, Ziele, von denen beide profitieren, und auf das Gefühl, das Risiko nicht alleine tragen zu müssen (zum Beispiel Wal-Marts anerkannt gute Beziehungen zu seinen Hauptlieferanten).

Der erste Schritt ist, sich klarzumachen, worauf Ihre Kunden Wert legen und welche Methoden im Umgang mit ihnen sinnvoll sind. Wichtig bei der Datenerhebung ist, daß Sie sich sehr genau mit den *aktuellen* Erfahrungen des Kunden vertraut machen. Kunden sind nicht immer in der Lage, zu beschreiben, wie sie sich den Interaktionsprozeß wünschen, aber sie können Ihnen helfen, ihre Erwartungen zu verstehen, und Ihnen tiefe Einblicke in die gegenwärtige Situation gewähren, um sich in sie hineinzuversetzen.

Bei diesem Schritt geht es vor allem darum, die Vorgehensweisen und Werkzeuge, die in Kapitel 3 beschrieben werden, zu benutzen und gezielt Ihren Kunden anzupassen.

Die wichtigsten Fragen

1. Wie ist es, mit unserem Unternehmen Geschäfte zu machen?
2. Was stört Sie am meisten an der Art unserer Verkaufsberatung und unseres Service?
3. Was ist gut an unserem Verhalten?
4. Wie können wir es noch besser machen?
5. Was können wir tun, um bei diesen Interaktionen Zeit zu sparen?
6. Wie würden Sie eine ideale Interaktion mit einem Unternehmen wie dem unseren beschreiben?
7. Mit welchem Unternehmen machen Sie am liebsten Geschäfte? Warum?

Wie die Kunden die Zusammenarbeit mit Ihnen beurteilen, wird Sie wahrscheinlich überraschen – vielleicht sogar schockieren. Als die Standard Life, die größte europäische Lebensversicherungsgesellschaft auf Gegenseitigkeit, immer heftiger von der Konkurrenz bedrängt wurde und die Anforderungen am Markt stiegen, entschied Scott Bell, der Geschäftsführer der Unternehmensgruppe, daß es an der Zeit sei herauszufinden, was seine Kunden über das Unternehmen denken.

Standard Life bat seine Kunden, sich über ihre Erfahrungen mit dem Versicherungsunternehmen zu äußern. Man erwartete Antworten wie: „Nun, in einer Branche, die nicht gerade das beste Ansehen genießt, ist Standard Life noch das beste Unternehmen." Statt dessen beschrieben die Kunden den Lebensversicherer als „distanziert", „gleichgültig", „unflexibel" und „arrogant". Zuerst war das Management versucht zu erklären, daß die Kunden „gar nicht wissen, wovon sie reden", besann sich dann aber eines Besseren, akzeptierte die Objektivität der erhobenen Daten und ergriff gezielte Gegenmaßnahmen. Derzeit befindet sich die Standard Life mitten in einem höchst erfolgreichen Prozeß der Neuorientierung ihrer Kundenbeziehungen – sie konnte ihren Marktanteil in nur sechs Monaten erheblich ausbauen. Darüber hinaus zeigen Kundenbefragungen, daß „exzellenter Service" zu einem Markenzeichen der Standard Life geworden ist.

Standard Life konnte nur deshalb so schnell reagieren, weil die leitenden Angestellten mit der Datenerhebung beauftragt wurden: eine wirksame Methode, die Führungskräfte für den Gedanken zu begeistern, einen Wettbewerbsvorteil an der Schnittstelle zum Kunden aufzubauen. Ähnlich ging die weltweit operierende Investmentbank Goldman Sachs vor, die die zwei Dutzend Gesellschafter des Wertpapiergeschäfts bat, vor dem Jahrestreffen jeweils einige Klienten zu interviewen. Dank dieser Interviews herrschte auf dem Jahrestreffen eine hochmotivierte Stimmung, die Diskussionen konzentrierten sich ganz auf die Kunden, und am Ende wurde noch während des Treffens das Konzept für ein vollkommen neues Produkt entwickelt.

Schritt 2: Begeistern Sie Ihre Führungskräfte für eine Kundenbeziehung, die zum Markenzeichen wird

Obwohl es verschiedene Wege gibt, einen proprietären Kundeninteraktionsprozeß zu entwickeln, spart es Zeit, an der Spitze anzufangen. Der Grund dafür liegt auf der Hand: Eine tiefgreifende Neuorientierung der Kundenbeziehungen geht zumeist nicht ohne größere Veränderungen innerhalb des Unternehmens ab. Die Angestellten müssen die Art, wie sie verkaufen und die Kunden betreuen, ändern. Das wiederum geht nicht ohne eine Anpassung des innerbetrieblichen Prämiensystems, der Kommunikationsmethoden, der Informationsflüsse und ganz allgemein des Geschäftsablaufs. 3M verstand es, die Entwicklung eines konzerntypischen Kundeninteraktionsprozesses zügig voranzutreiben. „Aber der Knackpunkt war“, erklärt Bruce Hamilton, „das Management dazu zu bringen, die Sache entschlossen voranzutreiben.“ Eine Aufgabe, die, milde ausgedrückt, nicht immer ganz einfach ist.

In dieser Phase stehen die Projektleiter vor Fragen wie: Wofür wollen wir uns einsetzen? Wie soll unser Markenzeichen/unser Image aussehen? Welche Aussagen der Kunden über eine Zusammenarbeit mit uns erhoffen wir uns? Wie können wir wissen, ob unsere Anstrengungen anerkannt werden? Wieviel wollen wir in diese Arbeit investieren? Sollen wir die Bedürfnisse unserer gesamten Kundschaft erfüllen, oder haben wir eine Zielgruppe, die bereit ist, für einen Interaktionsprozeß, der Weltklasse ist, auch mehr zu bezahlen?

David Morgan von der Standard Chartered Bank, Vorstand der Global Corporate Banking U.K., hatte den Eindruck, daß die britische Standard-Chartered-Tochter sich zuwenig auf das Wesentliche kon-

John Guaspari, Vizepräsident der Unternehmensberatung Rath and Strong, glaubt, daß ein starker Einsatz der Geschäftsleitung für hervorragende Kundenbeziehungen die „Anstrengungen ... bündelt und verstärkt und damit schnell zu dauerhafteren Ergebnissen führt". Bei der MBNA America Bank beispielsweise, einem sehr erfolgreichen Kreditkartenanbieter, sind alle höheren Angestellten verpflichtet, vier Stunden im Monat am Kundentelefon zu verbringen. Auch das Management von British Airways nimmt über Telefon Kundenbeschwerden an. Das „Service-Partner"-Programm von Best Products verlangt von den leitenden Angestellten, daß sie während der Hochsaison in den Geschäftsräumen mit anfassen. Und die Manager der CUNA Mutual arbeiten jedes zweite Jahr einen Monat lang in einem Kundenbetrieb. Natürlich ist der direkte Kundenkontakt der Manager nur ein Element des Interaktionsprozesses. Auch wenn das Management nicht in direktem Kontakt zu Kunden steht, kann es den Ausschlag für die Durchsetzung besonders guter Kundeninteraktionen geben.

zentrierte und nicht die Stärken ausspielte, die das Bankhaus nach Meinung seiner Kunden hatte. Gestützt auf interne und auf Kundendaten, setzten Morgan und seine Kollegen bei der starken Position der Bank im Fernen und Mittleren Osten, in Afrika und Südostasien an. Sie beschlossen, anspruchsvolle Kunden ins Visier zu nehmen, die Standard Chartereds Fähigkeit, sie beim Handel und bei Investitionen in diesen Teilen der Welt zu unterstützen, schätzen würden. Die Konzentration auf diese Geschäftskunden erforderte eine fundamentale Umstrukturierung des Kundenportfolios – und einen neuen Ansatz im Beziehungsmanagement; der Bankangestellte, der mit dem Kunden in Kontakt trat, mußte dessen Bedürfnisse erkennen und einen Weg finden, wie die Bank sie erfüllen konnte. Das letzte, was Standard Chartered nach Morgans Meinung gebrauchen konnte, war eine Einstellung nach dem Motto: „Hier, das ist, was wir zu bieten haben; laßt uns einen Kunden suchen, dem wir es andrehen können."

Standard Chartereds neue, anspruchsvollere Zielgruppe reagierte nicht gerade enthusiastisch. Die Kunden warfen der Bank Defizite in so fundamentalen Bereichen wie der Koordination globaler Strategien, dem Engagement leitender Angestellter dem Kunden gegenüber, den Fähigkeiten, eine Beziehung aufzubauen, und der Überwachung vor. Doch statt sich von diesen Vorwürfen einschüchtern zu lassen, begriff

Morgan sie als Chance. „Diese Kundendaten erleichterten den Prozeß der Einbindung des Managements wesentlich“, erklärt Morgan. „Wir hatten zwar einen Kundeninteraktionsprozeß, aber so viele verschiedene Formen der Zusammenarbeit mit den Kunden wie Kundenmanager. Die Konsistenz fehlte, und das sahen unsere Kunden.“

Das vernichtende Urteil der Kunden ließ keinen Zweifel daran, daß tiefgreifende Veränderungen notwendig waren. Und vor allem kam es darauf an, daß das Management sich diesen neuen Arbeitsstil zu eigen machte. Morgan erklärt: „Ein Schulungsprogramm, das die Angestellten eine Woche lang von der Arbeit freistellt, ist ein Ding der Unmöglichkeit, solange das Management nicht von seiner Notwendigkeit überzeugt ist. Bei uns war das kein Problem. Die Geschäftsleitung wußte, daß die Kundenmanager-Schulungen alles andere als ein paar schöne Tage auf dem Land sind. Immerhin hatten wir uns das ehrgeizige Ziel gesteckt, das Denken unserer Leute und ihre Art, mit den Kunden umgehen, von Grund auf zu ändern.“

Die bis jetzt erzielten Ergebnisse sind phantastisch. Während zu Beginn des Programms magere 11 Prozent der Zielkunden von Standard Chartered U.K. ihren Kundenmanager als „Spitzenkraft“ bewerteten, glauben heute über 70 Prozent der Kunden, daß „ihr“ Manager diesen Titel verdient. Da überrascht es auch nicht, daß das Geschäft in Großbritannien wieder besser läuft und nach deutlichen Betriebsverlusten heute wieder schwarze Zahlen geschrieben werden.

David King, Direktor des operativen Geschäfts des John Hancock Funds, sieht einen der wichtigsten Wettsbewerbsvorteile seines Unternehmens in der Tatsache, daß die Hancock-Kundendienstler denen der Konkurrenz meilenweit überlegen sind. Daß dem so ist, liegt daran, daß die Kundenbetreuer innerhalb des Unternehmens sehr hoch angesehen sind – und daß die Geschäftsführung dies auch jeden Tag aufs neue bekräftigt. Bei Hancock gibt es Börsenmakler, Investment-Analysten und Vertriebsleiter, die sich ihre ersten Sporen im Kundendienst verdient haben. Die Aussicht auf eine mögliche berufliche Karriere in ihrer Firma – und das Wissen, einen wichtigen Anteil zum Erfolg des Unternehmens beizutragen – motiviert die Kundendienstbetreuer, sich noch mehr dafür einzusetzen, ihre Kunden zufriedenzustellen.

Insgesamt gesehen ergriffen die von uns untersuchten kundenorientierten Unternehmen eine Reihe vergleichbarer Maßnahmen, um sich die Unterstützung der Führungskräfte zu sichern:

1. **Sie bezogen das Management bereits im Vorfeld mit ein,** untermauerten ihre Position mit Kundendaten und beteiligten auch die Führungskräfte an der direkten Datensammlung. Bei Standard Life verbrachten einige leitende Angestellte über einen Monat damit, ihre Mitarbeiter im Umgang mit den Kunden zu beobachten.
2. **Sie schufen alternative „Markenzeichen"** auf der Grundlage dieser Kundendaten – Beschreibungen, wie eine einzigartig positive Erfahrung der Kunden im Umgang mit ihrem Unternehmen aussehen sollte. Richard Kovacevich beispielsweise, Generaldirektor der in Minneapolis angesiedelten Norwest Corporation, weist nicht nur gerne darauf hin, daß er eigentlich im Einzelhandel tätig ist, sondern bezeichnet Bankfilialen sogar als „Läden". Norwests Verkaufs- und Serviceprozeß steht und fällt mit den Bankangestellten am Schalter, die den Kunden „hochdosierte persönliche Aufmerksamkeit" zukommen lassen.[14] Der Kassierer, der das völlig chaotisch geführte Scheckbuch eines Kunden mit nach Hause nahm, um die Ausgaben zusammenzurechnen und zu ordnen, der nicht abreißende Strom von Dankschreiben oder die beispielhafte Unterstützung der Mitarbeiter durch das Management gehören zu den Geschichten und Ereignissen, die Eingang gefunden haben in die Geschichte des Unternehmens. Norwests Eigenkapitalrendite ist im Vergleich zum Durchschnitt der Großbanken sehr hoch, der Nettogewinn des Unternehmens explodiert, und der durchschnittliche Norwest-Kunde kauft dreimal so viele „Produkte" wie die Kunden der Konkurrenzbanken.
3. **Sie sparten Zeit, indem sie dem Management Ideen lieferten, d. h., das Management mußte die Pläne nicht mehr von Grund auf selbst entwickeln.** Die Führungskräfte wurden mit einbezogen in die Interpretation der Daten, konnten Vorschläge machen, Ideen sichten, Konzepte testen und so weiter, mußten aber nicht bei Null anfangen. Ein AlliedSignal-Verkaufsdirektor drückt das so aus: „Die Entscheidung, einen charakteristischen Interaktionsprozeß in Gang zu setzen, wurde ziemlich autokratisch gefällt,

aber an der Gestaltung und Umsetzung waren viele Managementebenen beteiligt."

4. **Die Führungskräfte bekamen eine Liste mit spezifischen Aufträgen,** die sie abarbeiten mußten, um ihre Einbindung für alle sichtbar zu demonstrieren. Dazu gehörten Präsentationen zu Beginn der Schulungsprogramme, um die Bedeutung des Trainings in den größeren Kontext einzubetten, Treffen mit kleinen Gruppen, um die Barrieren gegen die anstehenden Veränderungen zu überwinden, das Abhalten von Trainingsprogrammen, Anschlußinterviews mit Kunden und vierteljährliche Zusammenkünfte mit aktuellen Berichten, um neue Ansätze zu stärken. David Morgan von der Standard Chartered Bank eröffnete persönlich jedes Fortbildungsprogramm und gesellte sich auch gegen Ende wieder dazu, um mit den Teilnehmern über „Umsetzungsblockaden" zu diskutieren. Während dieser Unterredungen sprachen die Mitarbeiter alle möglichen Themen an, von der Bezahlung bis zu den notwendigen Veränderungen im Kreditvergabeprozeß. Oft waren die Kommentare so detailliert, daß er sofort Gegenmaßnahmen einleiten konnte.
5. **Die Führungskräfte spielten eine Schlüsselrolle bei der Auswertung der Ergebnisse.** Wie Forum herausfand, benutzten die Manager bei fast allen erfolgreichen Umstrukturierungen Scorecards (siehe Kapitel 3) und andere Meßmethoden, um sicherzugehen, daß ihr täglicher Einsatz auch Früchte trug. Morgan erklärt: „Wir zogen großen Nutzen aus der regelmäßigen Überprüfung unseres Fortschritts und der ständigen Anpassung während des Prozesses. Die vielen kleinen Justierungen waren viel einfacher umzusetzen als ein Stop-and-go-Management, bei dem man die Firma alle zwei, drei Jahre komplett umkrempeln muß."

Was Führungskräfte über das Management der Schnittstelle zum Kunden wissen müssen

Selbst heute im Zeitalter der flachen Unternehmensorganisation wird das Verhalten der Beschäftigten sehr stark von dem Vorbild ihrer Führungskräfte geprägt.

- **Verbinden Sie Vision und tägliche Arbeit miteinander**
  Der Manager muß das Verbindungsglied zwischen der Unternehmensstrategie und dem Geschehen an der Schnittstelle zum Kunden werden. Er muß die Unternehmensvision nicht nur verinnerlicht haben, sondern auch fähig sein, sie im Hinblick auf ihre Auswirkungen auf die Verkaufs- und Servicepraktiken verständlich zu machen.
- **Zeigen Sie Kompetenz**
  Die Mitarbeiter an der Kundenfront müssen darauf vertrauen können, daß ihnen die Führungskräfte Rückhalt bieten und sie bei Verhandlungen mit wichtigen Kunden als bewährte Verkäufer und Kundendienstler unterstützen.
- **Geben Sie eine Richtung vor**
  Ein Team zu trainieren ist genauso wichtig wie es einzusetzen. Manager müssen fähig sein, mit Hilfe von Training, Feedback und Unterstützung eine klare Richtung vorzugeben. Sie müssen sich zu den Fürsprechern der Angestellten an der Kundenfront machen. Nach unseren Untersuchungen im Verkaufsbereich ist die nützlichste Managementstrategie, sich für sein Verkaufspersonal „zu schlagen".
- **Belohnen Sie Veränderungen**
  Die Analysen von Forum haben ergeben, daß Unternehmen schneller Ergebnisse erreichen, wenn sie die Kriterien unter die Lupe nehmen, nach denen das Servicepersonal mit Lob und Prämien belohnt wird. Wenn zum Beispiel langfristige Kundenbeziehungen das Unternehmensziel sind, sollte die Firma ihre Mitarbeiter nicht nur nach deren kurzfristigen Umsätzen bewerten.

Schritt 3: Bauen Sie einen hochwertigen, unverwechselbaren und konsistenten Kundeninteraktionsprozeß auf

Die Einrichtung Ihres Kundeninteraktionsprozesses ist in sich bereits ein Prozeß, eine Serie logischer Schritte, die Sie in die Lage versetzen werden, kontinuierliche Verbesserungen vorzunehmen. Bevor wir diesen Prozeß beschreiben, lesen Sie die Erfolgsgeschichte von PCA International – ein Modellfall auf dem Gebiet der verbesserten Kundeninteraktion, dem viele nacheifern.

PCA – das perfekte Bild

Den meisten Eltern fallen sicher gleich auf Anhieb Hunderte von Dingen ein, die sie lieber tun würden, als mit ihren Kindern zum Fotografen zu gehen. Kein Wunder. Die großen Fotodiscounter haben zwar dafür gesorgt, daß Farbporträts überall erhältlich und auch für die Durchschnittsfamilie erschwinglich sind, darüber aber anscheinend vergessen, eine angenehme Atmosphäre zu schaffen. Die Kunden werden bombardiert mit aggressiven Werbeslogans, Porträtserien, die Bilder enthalten, die sie gar nicht wollen, und unpersönlichen Fließbandaufnahmen.

PCA International mit Sitz in Matthews, North Carolina, war eine dieser Studio-Ketten. Das Unternehmen konzentrierte sich auf Aufnahme, Entwicklung und Verkauf von preisgünstigen Porträtserien und arbeitete mit einer Exklusivlizenz in mehr als 1400 Kmart-Porträtstudios.

Zwei Veränderungen in der Branche brachten PCA dazu, sich Gedanken über die Zukunft zu machen. Erstens informierten sich die Kunden immer genauer, stellten höhere Ansprüche und ließen sich nicht mehr alles bieten. Sie wollten mehr Kontrolle über den Ablauf der Fotositzungen und lehnten die aggressiven Verkaufsmethoden ab.

Zweitens gab es einen Boom bei den Fotostudios. Sechs Jahre zuvor konnten die Kunden insgesamt zwischen rund 1200 Studios der großen Ketten auswählen. Heute betreibt allein PCA mehr als 1400 Studios, und rechnet man die Konkurrenten dazu, dann buhlen insgesamt fast 3500 Studios um die Gunst der Kunden. Da jedoch die Zahl der Kinder, die man fotografieren könnte, in diesen sechs Jahren kaum gestiegen ist, herrscht ein erbitterter Kampf um Marktanteile.

Der Fototermin als phantastisches Erlebnis

Ende 1992 unternahm PCA den ersten Schritt, um sich von seinen Konkurrenten abzusetzen. Das Unternehmen führte testweise ein neues, fortschrittliches Fotostudiosystem ein, das die traditionelle Fotografie mit den Vorteilen der computergestützten digitalen Bildverarbeitung verknüpfte. Das 50 Millionen Dollar teure digitale Bildbearbeitungssystem – mit dem heute alle PCA-Studios ausgestattet sind – eröffnete den Fotografen die Möglichkeit, sofort einen digitalen Abzug jeder Aufnahme auf dem Farbmonitor zu präsentieren.

Obwohl die Kunden es begrüßten, daß sie jetzt dank der digitalen Bildbearbeitung das Foto sehen konnten, bevor sie eine Kaufentscheidung trafen, zeigten die von PCA durchgeführten Kundenbefragungen ganz deutlich, daß es mit dieser Technologie noch nicht getan war. Jan Rivenbark, Direktor des operativen Geschäfts bei PCA, beschreibt das so: „Die Kunden erklärten uns, daß unser Verfahren zwar ganz nett sei, doch die Konkurrenz habe das auch. Unser System war ein echter Knüller und sehr viel ausgereifter und kostengünstiger als das der Konkurrenz, aber den Kunden war das egal. Es war wie bei McDonald's – den Leuten ist egal, was in den Hamburgern drin ist, Hauptsache, es schmeckt."

Die Kunden wollten tolle Bilder *und* ganz allgemein ein positives Fotografiererlebnis. Der „Fototermin als phantastisches Erlebnis" wurde zum Schlachtruf für die 3100 Angestellten von PCA. Das langfristige Ziel war, eine so außergewöhnlich gute Interaktion mit den Kunden zu schaffen, daß sie immer wieder kommen. Bislang war die Unternehmensstrategie darauf angelegt gewesen, den Kunden beim ersten (und üblicherweise einzigen) Besuch soviel Geld wie möglich aus der Tasche zu ziehen.

Seit dieser Entscheidung arbeitet die PCA-Unternehmensspitze unablässig daran, die Qualität an der Schnittstelle zum Kunden als entscheidendes Plus im Konkurrenzkampf auszubauen.

Eingeläutet wurde die Kampagne mit einem unter dem Motto „Hin zu einem Superservice" stehenden Schulungsprogramm für alle leitenden Angestellten auf Regional-, Bezirks- und Studioebene. Statt nur mit Vorträgen über das abstrakte Prinzip der Kundenzufriedenheit belehrt zu werden, wurden die Mitarbeiter von ihren Managern in Schlüsselfähigkeiten trainiert und sahen Videos, in denen PCA-Kunden erklärten, wie sie sich das Fotostudio ihrer Träume vorstellten. Darüber hinaus wurde in den Kursen fotografisches Fachwissen und der effektive Einsatz der Computer in den Studios vermittelt.

In einem weiteren Schritt verabschiedete PCA eine Kommunikationsstrategie, die darauf abzielte, die Mitarbeiter in die Bemühungen um einen besseren Service miteinzubeziehen, und führte darüber hinaus ein Prämiensystem ein, das den Mitarbeitern einen Anreiz bot, mehr zu tun, als bei Einmalkunden soviel Geld wie möglich zu verdienen.

Die Maßnahmen schlugen voll ein: Die Kundenreklamationen gingen um 60 Prozent zurück (und das selbst in der hektischen Urlaubszeit), und die Verkaufszahlen stiegen um durchschnittlich 25 Prozent – was direkt auf den höheren Komfort und das gesteigerte Vertrauen der Kunden in die PCA-Fotografen und ihr System zurückgeführt werden kann. Daß der Konzernertrag um über 70 Prozent stieg, beweist, daß die Anstrengungen, PCA zum Vorreiter der Branche zu machen, auf einer vernünftigen, nachhaltigen Geschäftsstrategie aufbauten.

Einen Kundeninteraktionsprozeß mit Markenqualität aufzubauen setzt eine Mischung aus systematischem Denken und einer guten Intuition dafür voraus, was den Kunden in den Geschäftsbeziehungen zu Ihrem Unternehmen Nutzen bringt. Die folgenden Schritte können Ihnen dabei helfen:

1. Skizzieren Sie Ihren Verkaufsprozeß, und identifizieren Sie Bereiche hohen und niedrigen Kundennutzens.
2. Schaffen Sie erstklassige Kompetenz bei Ihren Mitarbeitern.
3. Reagieren Sie gezielt auf Reklamationen.
4. Entwickeln Sie einen besonderen Prozeß für Ihre besten Kunden.
5. Bauen Sie Systeme auf, die die Interaktion unterstützen.
6. Schaffen Sie schnelle Ergebnisse mit einer schnellen und zielgerichteten Umsetzung.

Skizzieren Sie Ihren Verkaufsprozeß, und identifizieren Sie Bereiche hohen und niedrigen Kundennutzens

Eine Skizze der aktuellen Kundeninteraktionen in Ihrem Unternehmen liefert Ihnen eine Entscheidungsgrundlage für Verbesserungsmaßnahmen. Erstellen Sie ein Ablaufdiagramm aller Vorgänge von der Suche potentieller Käufer bis zum Kundendienst nach dem Verkauf, der Erweiterung der Kundenbasis und so weiter, ähnlich wie in Abbildung 5.2 dargestellt.

Besonders wichtig ist es, die einzelnen Schritte festzuhalten, bei denen der Kunde mit dem Unternehmen in Kontakt kommt, und die Qualität dieser Begegnungen zu dokumentieren. Abbildung 5.3 zeigt, wie

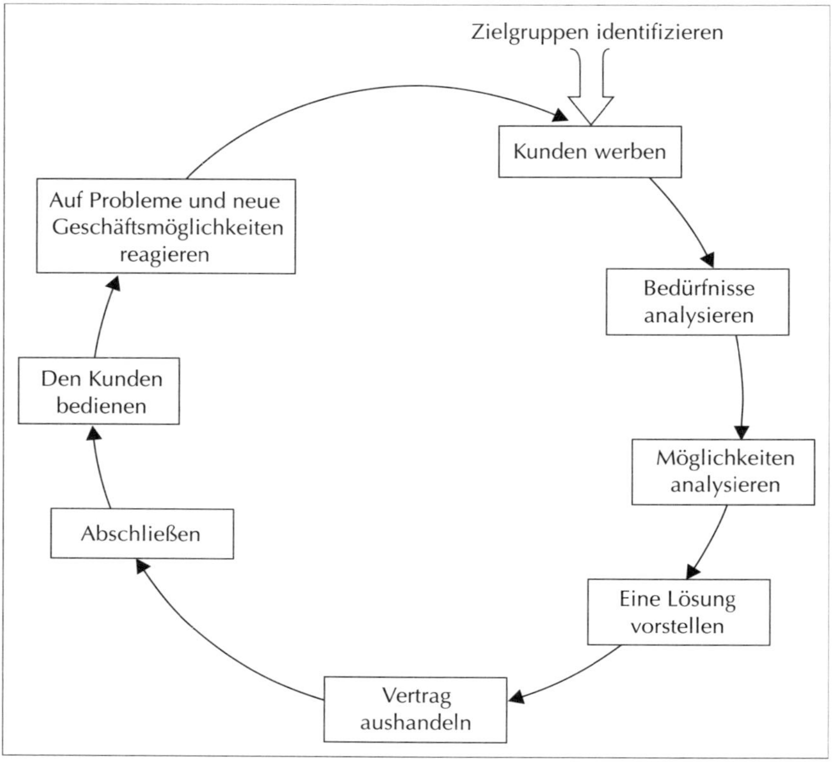

Abbildung 5.2 Ein typischer Kundeninteraktionsprozeß

eine solche Dokumentation für die ersten drei in Abbildung 5.2 vorgestellten Schritte aussehen könnte. Im Prinzip bietet jeder Schritt in diesem Prozeß eine Möglichkeit, den Nutzen für den Kunden zu erhöhen oder zu verringern. Zum Beispiel sollten Sie sich bei dem Schritt „Suche nach potentiellen Kunden" darum kümmern, ob Ihre Vertreter nach strategischen Gesichtspunkten ausgewählte Kunden besuchen oder ob sie nach dem Zufallsprinzip arbeiten.

Im nächsten Schritt entwickeln Sie mögliche Lösungen und die entsprechenden Kontrollkriterien, mit deren Hilfe Sie feststellen können, ob Ihre Lösung Erfolg hat. Und schließlich benutzen Sie die Tabelle noch dazu, mögliche Ansatzpunkte für einen echten Durchbruch bei der Kundeninteraktion festzulegen. Sie sollten sich fragen: Gibt es

Schritt	Hauptprobleme	Vorgeschlagene Lösungen	Kontrollkriterien
Suche nach potentiellen Kunden	Zufällige, ungelenkte Annäherung an den Markt	• Kundensegmentierung	Prozentsatz der Kunden im Segment, zu denen wir Kontakt herstellen
Werbung um potentielle Kunden	Niedrige Trefferquote Keine Übertragung über regionale Märkte hinweg	• Werbefeldzug „Kunden werben Kunden" • Training • Klar strukturierte globale Kundenakquisition	Rückgang der Zahl unangemeldeter Besuche Zahl der Besuche bei Kunden innerhalb von Kundengruppen
Analyse der Bedürfnisse	Die Vertreter sind nicht in der Lage, Druck zu erzeugen	• Training in kundenorientierten Verkaufsstrategien • Gemeinsamer Akquisitions-Support	Prozentsatz der fortgeführten Kontakte

Abbildung 5.3 Mustertabelle der einzelnen Schritte der Kundeninteraktion

Versuchen Sie diese Übung:

Nach Ansicht der Harvard-Business-School-Professoren Ben Shapiro, Kash Rangan und John Sviokla ist der beste Weg, um herauszufinden, welche Erfahrungen die Kunden bei solchen Transaktionen machen, „sich einem Auftrag an die Fersen zu heften."[15] Sie raten Managern, jeden Schritt der Auftragsabwicklung nachzuvollziehen – wohin der Auftrag geht, wie lange es dauert, ihn zu erfüllen, wer damit beschäftigt ist –, um Einblick in die Lebenswelt des Kunden zu bekommen. Aus dieser Übung lassen sich zahlreiche Erkenntnisse ziehen, zum Beispiel ein besseres Verständnis dafür, wie (und wo) in einer Organisation die Bedürfnisse des Kunden unter die Räder kommen können. Sie kann Ihnen aber auch helfen, Verbesserungsmaßnahmen und die Mitarbeiter, die sie umsetzen müssen, zu identifzieren.

Spalten in dieser Tabelle, die uns einen Königsweg bei der Erhöhung des Kundennutzens aufzeigen – vielleicht sogar einen Weg, der zum Markenzeichen unseres Unternehmens werden kann? Hier sollten Sie zuerst ansetzen.

PCA erkannte, daß die Kette eine entscheidende Möglichkeit hatte, die Interaktion mit den Kunden zu verbessern. Üblicherweise wird das Geschäft so betrieben, daß der Fotograf sich ein Studio in einem Einkaufszentrum einrichtet, am Eingang eine Reklametafel aufhängt, die Kunden möglichst schnell durchschleust, die Abzüge verschickt und die Kunden nie mehr wiedersieht – bestenfalls also eine flüchtige Beziehung aufbaut. Eine Skizze des Verkaufsprozesses hätte also etwa so ausgesehen:

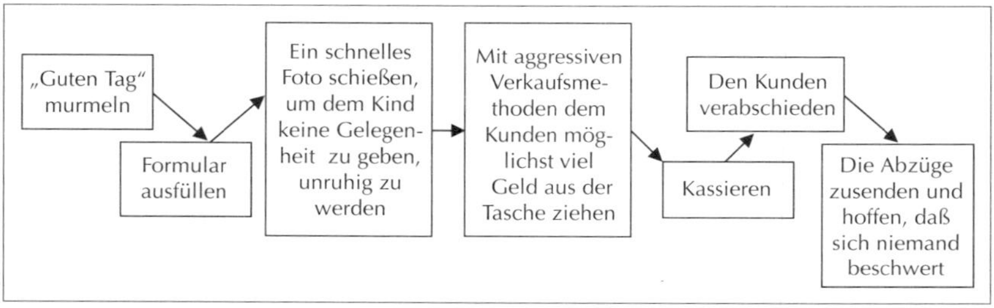

Abbildung 5.4 Der Kundeninteraktionsprozeß in einem normalen Fotostudio

PCA dagegen strukturierte seinen gesamten Kundeninteraktionsprozeß neu und bemühte sich, bei jedem Schritt ein phänomenales Einkaufserlebnis zu liefern, das genau auf die Bedürfnisse der Kunden zugeschnitten war. Das Unternehmen und sein gut ausgebildetes Personal bemühten sich außerdem um den Aufbau langfristiger Beziehungen zu den Kunden. Dahinter steckte das Kalkül, daß der hoffentlich angenehme erste Gang ins Fotoatelier die Kunden veranlassen würde, immer wieder zurückzukehren – und daß damit langfristig auch die Gewinne steigen würden. Das Konzept war nicht auf Einmalkunden ausgelegt.

Der Abschnitt zur Bewertung der Kundeninteraktion im Werkzeugkasten enthält eine Beschreibung der Schlüsselfertigkeiten zur effektiven Gestaltung des Kundeninteraktionsprozesses und gibt Ihnen die Möglichkeit, sich über Ihre eigenen Stärken in diesem Bereich klarzuwerden. Außerdem haben wir vierzehn weitere bewährte Werkzeuge aufgenommen, die Sie benutzen können, um Ihren Erfolg im Umgang mit den Kunden zu steigern.

In einer anderen Erfolgsstory geht es um Lutron, ein in Privatbesitz befindliches Unternehmen, das hochwertige innovative und ästhetische

Lichtschalter entwickelt und herstellt. Als General Electric beschloß, in das für Lutron wichtige Dimmer-Geschäft einzusteigen, prophezeiten Marktbeobachter dem Unternehmen harte Zeiten. Doch Lutron reagierte mit einem geschickten Schachzug und setzte voll auf Mass Customization. Die neuen Lutron-Schalter, die modular aufgebaut und mit Schnappverbindungen ausgestattet sind, können wie Legosteine beliebig aneinandergebaut und je nach Kundenwunsch binnen kürzester Zeit in verschiedenen Farben und Formen geliefert werden. Diese Möglichkeit, die Produkte ohne Probleme individuellen Bedürfnissen anzupassen, eröffnete Lutron zudem die Chance, seinen Kundeninteraktionsprozeß zu vereinfachen. Statt Scharen von schulungs- und kostenintensiven Ingenieuren und Vertragshändlern für den Entwurf und die Installation der Systeme in den Verkaufsprozeß einzubinden, wurde das Fachwissen in die Produkte eingebaut. Die Kundenbetreuer konnten sich darauf konzentrieren, ihre Kunden zu beraten, die die Systeme dann nach ihren individuellen Bedürfnissen zusammenstellten. Alle möglichen Installationen wurden in der Fabrik je nach Kundenwunsch schnell und problemlos zusammengebaut.

Lutron setzte Mass Customization ein, um an der Schnittstelle zum Kunden einfache Lösungen und gleichzeitig unübertrefflichen Nutzen anbieten zu können. Seit der Umstellung wächst das Unternehmen um 20 Prozent pro Jahr und ist heute der weltweit größte Produzent von Lichtschaltern und Zubehör – eine hervorragende Leistung, vor allem im Schatten des mächtigen Riesen General Electric.[16]

Schaffen Sie erstklassige Kompetenz bei Ihren Mitarbeitern

Um einen Kundenkreis zu gewinnen, zu erweitern und bei der Stange zu halten, muß man, um mit Milliken & Co. zu sprechen, aus seinem Unternehmen eine „Kundenzufriedenheitsmaschine“ machen. Das ganze Unternehmen muß sich einsetzen, um Kunden an Land zu ziehen, sie zu behalten und aufzubauen. Das erfordert einen ebenso zuverlässigen wie einzigartigen Kundeninteraktionsprozeß und ausgebildete Mitarbeiter, die erstklassige Fähigkeiten im Umgang mit den Kunden vorweisen können.

Vor einigen Jahren machte sich die UNUM, eine in Portland, Maine, ansässige Invaliditätsversicherungsgesellschaft mit 5000 Mitarbeitern, Gedanken darüber, wie sie sich von der Konkurrenz abheben könnte – und kam zu dem Schluß, daß einer der vielversprechendsten Ansätze darin bestand, an der Schnittstelle zum Kunden eine überlegene Leistung anzubieten. UNUM arbeitete mit verschiedenen Teilen der Belegschaft, unter anderem mit Kundenbetreuern und neu eingestellten Mitarbeitern, auf dieses Ziel hin, vor allem aber verstand es die Gesellschaft, ihre erfahrensten Vertreter und deren Manager effektiv in diesen Prozeß einzubinden.

Die Leute brachten zu den Schulungen aktuelle Fallbeispiele mit, die sie gemeinsam durchgingen. Die daraus gewonnenen Kenntnisse und Strategien wandten sie direkt auf die betreffenden Kundensituationen an. Die Hoffnung, mit Hilfe der besser geschulten Mitarbeiter bei einigen Großkunden einen Durchbruch zu erzielen, ging auf. Die Investitionen in die Schulung zahlten sich praktisch sofort aus, als ein leitender Verkaufsrepräsentant seine neuerworbenen Fähigkeiten anwendete, geschickte Fragen stellte, eine neuentwickelte Wettbewerbsstrategie einsetzte und noch einmal darüber nachdachte, was sein Kunde wirklich schätzte – und das größte Geschäft in der Firmengeschichte an Land zog.

Erstklassige Kompetenz macht sich an Individuen fest.
Um Kompetenz aufzubauen:

1. Stellen Sie fest, welche Mitarbeiter besonders gut beziehungsweise besonders schlecht arbeiten.
2. Fragen Sie Kunden, Kollegen und Vorgesetzte, was diese Mitarbeiter tun, wie sie sich verhalten und so weiter.
3. Benutzen Sie diese Daten, um festzustellen, worin sich die besten Mitarbeiter von den anderen unterscheiden.
4. Richten Sie Ihre Fortbildungsmaßnahmen an diesen Unterschieden aus.

Fähigkeiten aufbauen

Der von der Abteilung für Verkaufs-/Marketingschulung und Entwicklung bei 3M entworfene und oft kopierte Prozeß, mit dem das Unternehmen seinen Mitarbeitern erstklassige Kompetenz im Umgang mit

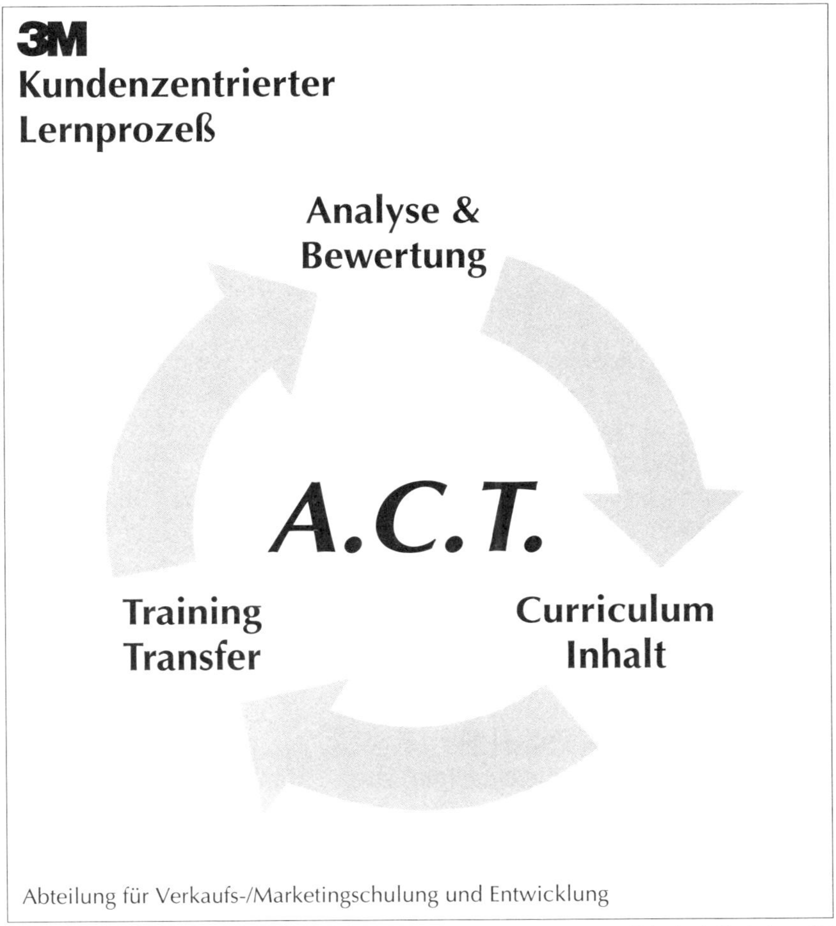

Abdruck mit Erlaubnis von 3M

Abbildung 5.5 Der kundenzentrierte Lernprozeß von 3M

Kunden verschafft, heißt A.C.T. – für *A*nalyse, *C*urriculum und *T*ransfer.[17] Der Konzern *analysiert* zunächst die Grundkenntnisse jedes einzelnen Angestellten, um die Priorität der diversen Verbesserungsschritte festzulegen. Das führt zu einem Trainings-*Curriculum* und – mit Hilfe verschiedener Methoden – schlußendlich zum *Transfer,* der sicherstellt, daß die neuerworbenen Kenntnisse in der täglichen Arbeit eingesetzt werden.

Weil die Ansprüche der Kunden sich ändern, sind neue Fähigkeiten und Kenntnisse gefragt – sogar alte Hasen müssen dazulernen. Scott Evans, der für die Vereinigten Staaten zuständige Verkaufsdirektor der Sparte Schleifsysteme, erklärt: „Wir müssen ständig besser werden, weil die Zeit der Kunden extrem wertvoll ist. Es ist nicht mehr wie früher, als der Einkäufer einer Firma erst einmal eine halbe Stunde Zeit hatte, um über das Fischen zu reden, bevor es zur Sache ging. Die Kunden haben nur Zeit für uns, wenn wir wissen, wie wir ihnen nützen und ihre Geschäftsprobleme lösen können. Und das erfordert ganz neue Fertigkeiten."

Die *Analyse* wird bei 3M meist durch eine anonyme Kundenbefragung erarbeitet, ein Prozeß mit überzeugenden Ergebnissen. Evans ergänzt: „Wenn die Leute vom Vertrieb hören, was sie aus Sicht der Kunden anders machen müssen, sind sie bereit zu lernen." 3Ms Trainings-*Curriculum* richtet sich dann an den Wünschen und individuellen Bedürfnissen der Kunden aus. Als das Curriculum für das neue Verkaufstraining fertig war, absolvierten es die Vertreter zusammen mit anderen Angestellten, die mit Kunden in Kontakt kamen – Verkaufsmanager, Mitarbeiter des Kundendienstes und des technischen Dienstes sowie andere Marketingmitarbeiter.

Der *Transfer* ist für Evans der wichtigste Schritt; Transfer stellt sicher, daß der A.C.T.-Prozeß eben das bleibt – ein ständiger Prozeß. Das Training im Schulungszimmer wird während der täglichen Arbeit durch kleinere Gruppentreffen, Anschlußaktivitäten und Auffrischungssitzungen unterstützt, in denen die Mitarbeiter ihre Kenntnisse anwenden können. Zum Schluß findet eine zweite Bewertung statt, so daß die Teilnehmer sehen können, wo sie stehen – und der Prozeß von neuem starten kann.

Lassen Sie sich bedienen

Wenn wir einen Workshop zum Thema Service veranstalten, nehmen wir oft eine besondere „Live"-Übung mit auf. Sie funktioniert so:

Am Ende des Seminartages geben wir allen Teilnehmern eine leichte Aufgabe für den Abend. Wir bitten sie, einfach „auszugehen und sich bedienen zu lassen" – in einem Geschäft, einem Restaurant und so weiter – und sich zwei Dinge zu merken: Wie der Service war und wie sie sich dabei fühlten.

Verkäufer, Kellner, Taxifahrer und Hotelportiers gehören immer zu den Personen, mit denen die Teilnehmer zwischen dem Ende des ersten und dem Anfang des zweiten Seminartages interagieren.

Am nächsten Morgen hört man üblicherweise immer die gleichen Klagen. Die meisten sagen, sie seien nicht gut bedient worden und hätten sich angesichts des miesen Service „aufgebracht", „wütend", „vernachlässigt", „ignoriert" oder „geneppt" gefühlt.

Dieser Ausflug in die Realität veranschaulicht jedem das Konzept eines guten beziehungsweise schlechten Service und verstärkt die Bereitschaft der Teilnehmer, bessere Serviceformen kennenzulernen.

Auf einem Eintagesseminar kann diese Übung in der Mittagspause durchgeführt werden.

Die Eigenschaften von Spitzenverkäufern

In den letzten 20 Jahren hat Forum in unabhängigen Studien die charakteristischen Eigenschaften von Menschen untersucht, die an der Schnittstelle zum Kunden Höchstleistungen erzielen. Diese Menschen ragen nicht nur durch ihre Kenntnisse heraus, sondern auch durch ihre Einstellung zu und ihre Meinung über die Kunden. Die wichtigsten Erkenntnisse sind:

1. **Spitzenverkäufer arbeiten kundenorientiert**
   Wenn ein Begriff das ausdrückt, was Spitzenverkäufer auszeichnet, dann das Wort *kundenorientiert.* Unsere Untersuchung zeigt, daß herausragende Ergebnisse von der Fähigkeit abhängen, vom Kunden aus zu denken – die anstehenden Aufgaben, den Beschaffungszyklus und die vorrangigen Interessen des Kunden zu erfassen und sich darauf einzustellen. Spitzenverkäufer wissen genau über die langfristigen Ziele ihrer Kunden Bescheid und können das allgemeine Geschäftsklima einschätzen. Sie sehen jeden Kunden als Individuum wie auch als Teil des Unternehmens, das er vertritt.
2. **Spitzenvertreter setzen das Recht auf einen Geschäftsabschluß nicht einfach voraus, sie verdienen es sich**
   Spitzenleute – Verkäufer, die jede Geschäftsmöglichkeit erfolgreich nutzen – verstehen, daß sie sich auf jeder Stufe der Ge-

schäftsbeziehung das Vertrauen, den Respekt und das Interesse des Kunden verdienen müssen. In der Praxis heißt das, daß sie dem Kunden nicht ständig Lösungen aufdrängen oder – schlimmer noch – Lösungen anbieten, bevor der Kunde überhaupt ein Bedürfnis geäußert hat. „Probeabschlüsse" (eine Technik, bei der der Verkäufer zum Beispiel vorschlägt: „Wenn ich Ihnen zeigen kann, wie Sie Problem ‚x' lösen, sind Sie dann bereit, das Produkt bei uns einzukaufen?") setzen sie nur sehr zurückhaltend ein. Sie drängen ihre Kunden nicht, wenn sie noch nicht bereit sind, und sie entwickeln die Beziehung vorsichtig, um die Aufgeschlossenheit und Verhandlungsbereitschaft der Kunden nicht allzusehr zu strapazieren. Sie stellen sich Einwänden, statt sie zu zerstreuen, und genausowenig gehen sie davon aus, daß die Kunden notwendigerweise einen Nutzen darin sehen, ihre Fragen zu beantworten. Und sie kümmern sich darum, daß die Qualität der Auftragsabwicklung und des Service das Privileg weiterer Verkäufe rechtfertigt.

3. **Spitzenverkäufer beziehen die Kunden mit ein, so daß diese sich schließlich von ihren eigenen Ideen überzeugen lassen**
   Erfolg verlangt heute eine radikale Wende weg von der alten „Hausierer"-Mentalität, die sich in der Vorführung der Produkte und der Auflistung ihrer Qualitäten erschöpft. Die Kunden wollen als gleichberechtigte Teilnehmer am Kaufprozeß behandelt werden. Oft genug provoziert eine allzu großspurige Präsentation eher Ablehnung, als daß sie überzeugt. Spitzenverkäufer betrachten die Interaktion mit dem Kunden als ein Gespräch, nicht als eine einseitige Werbeshow. Sie ermutigen den Kunden, das Gespräch an sich zu ziehen, und sie hören ihm ganz genau zu, um zu lernen. So geben die Spitzenverkäufer den Kunden die Möglichkeit, selbst ihre Bedürfnisse zu entdecken und Gründe für den Kauf und für weitere Anschlußaufträge zu finden. Letztendlich werden die Kunden viel mehr von ihren eigenen Ideen überzeugt als von dem, was ihnen gesagt wird.
4. **Spitzenverkäufer nutzen interne Ressourcen produktiv**
   In den meisten Branchen können die Kundenbetreuer die Kundenbeziehungen nicht mehr allein organisieren. Das wachsende Informationsbedürfnis der Kunden zwingt sie, auf eine Vielzahl von

internen Produkt-, Technik-, Finanz- und sonstigen Experten zurückzugreifen. Spitzenleute wissen, wie sie diese Ressourcen einsetzen, damit ihr Unternehmen effizient zum Wohle des Kunden arbeitet. Sie bleiben weiterhin wichtigste Kontaktperson des Kunden und fungieren intern als Teamleiter. Untersuchungen von Forum zu diesem Thema haben ergeben, daß Spitzenleute aus der Kundenbetreuung in 21 von 23 Dimensionen des „internen Einflusses“ allen anderen überlegen waren – das heißt, daß die besten Leute ebenso tüchtig sind, wenn sie innerhalb des Unternehmens agieren, wie sie es im Umgang mit den Kunden sind.

5. **Spitzenverkäufer denken an den langfristigen Profit**
   Wer heute Erfolg beim Kunden haben will, muß von der einst allgemein üblichen Vorstellung des „Übertölpelungskaufs“ wegkommen. Spitzenleute betrachten ihre Beziehungen zu wichtigen Kunden als langfristig und kultivieren sie dementsprechend. In einigen Fällen mag das vielleicht sogar bedeuten, daß man sich eine kurzfristige Gelegenheit durch die Lappen gehen läßt – indem man zum Beispiel das Produkt einer anderen Firma empfiehlt, obwohl man das Gewünschte selbst anbietet, aber genau weiß, daß man auf dem Gebiet nicht gerade Spitzenleistungen erzielt. Wenn die Kunden vor schwierigen geschäftlichen Herausforderungen oder komplexen technischen Entscheidungen stehen, vertrauen sie höchstwahrscheinlich eher den Verkaufsrepräsentanten, die ihnen helfen, die für sie richtigen Entscheidungen zu treffen.
   Um festzustellen, wie gut sich Ihre Mitarbeiter im Vergleich mit den Spitzenleuten schlagen, benutzen Sie bitte den Schulungsleitfaden zur Kundeninteraktion im Werkzeugkasten auf den Seiten 352 ff.

American Express verdient sich sein Geschäft

Entscheidend für die Wende bei American Express Establishment Services war, daß das Unternehmen Mega-Kunden wie Sears und Wal-Mart ins Visier nahm und sie auch für sich gewann. Unter der Führung von James Berrien entwickelte ein handverlesenes Expertenteam ein spezielles Programm, mit dem American Express die zurückhaltenden Großkunden angehen und davon überzeugen wollte, seine Kreditkarten zu akzeptieren.

Ein Schlüsselelement dabei war die Richtlinie, daß keine Präsentation gemacht wurde, bevor sie nicht zumindest auf einem allein diesem Thema gewidmeten Treffen besprochen worden war. So konnte Berriens Team seine Vorschläge den spezifischen Bedürfnissen jedes potentiellen Kunden anpassen. Die intensive Vorbereitung zahlte sich aus: Die meisten „harten Brocken" wurden als Kunden gewonnen. Nach seiner Präsentation bei der lange zurückhaltenden Geschäftsführung von Sears wurde das AmEx-Team sogar mit lautem Beifall gefeiert!

Reagieren Sie gezielt auf Reklamationen

Merlin Stone, Managementberater und ehemaliger Dekan der geisteswissenschaftlichen Fakultät an der britischen Kingston University, erklärt: „Unzufriedene Kunden können ein Unternehmen zugrunde richten ... Wenn Kunden schlechte Erfahrungen gemacht haben, beschweren sie sich meist nicht beim jeweiligen Lieferanten, sondern tragen den Ärger mit sich herum. Mit ihrer negativen Einstellung beeinflussen sie andere Kunden und lösen einen Schneeballeffekt aus."

Genau dieses Schicksal drohte vor nicht allzu langer Zeit einem Starbucks-Kaffeeladen in Berkeley, Kalifornien. Starbucks ist die größte Kette von Kaffeeläden in den Vereinigten Staaten und bekannt dafür, ihren Kunden „außergewöhnliche Qualität" zu garantieren. Dennoch reagierte Starbucks offensichtlich nicht angemessen, als sich ein Kunde über zwei defekte Espresso-Maschinen beschwerte, die er in der Filiale gekauft hatte. Der Kunde, Jeremy Dorosin, machte in der Folge einige unangenehme Erfahrungen mit Angestellten von Starbucks und schlug schließlich mit vier Anzeigen im *Wall Street Journal* zurück, in denen er andere unzufriedene Kunden des Unternehmens aufforderte, sich bei ihm zu melden.

Daraufhin bot Starbucks Dorosin an, ihn zu entschädigen. Dorosin, der das Angebot als halbherzig abkanzelte und meinte, das Unternehmen habe „viel zuwenig und viel zu spät" reagiert, begann das Unternehmen zu terrorisieren. Schließlich forderte er, daß Starbucks Anzeigen für fast 250 000 Dollar schalten sollte, in denen es sich entschuldigte – und daß es ein Zentrum für jugendliche Ausreißer in San Francisco einrichten sollte.

Dorosin mag ein Kunde gewesen sein, wie er „direkt der Hölle entsteigt", aber diese Geschichte illustriert anschaulich, wie zeitaufwendig und teuer es werden kann, wenn man in einer durch unzufriedene Kunden ausgelösten Krisensituation, die ein geschicktes Krisenmanagement verlangt, stümperhaft reagiert. Das Technical Assistance Research Programs Institute in Washington, D.C., deckte in Marktuntersuchungen einen sehr bezeichnenden Umstand auf: Ein zufriedener Kunde erzählt im Durchschnitt drei anderen Menschen von seinen Erfahrungen, ein unzufriedener dagegen spricht mit bis zu neun Personen darüber.

So schmerzhaft Reklamationen sein können, so *wertvoll* sind sie auch. Das General Electric Answer Center in Louisville, Kentucky, erhält jährlich drei Millionen Anrufe, darunter etwa 10 bis 15 Prozent Beschwerden. Und genau die hält N. Powell Taylor, der frühere Leiter des Centers, für besonders wichtig: „Wir wollen, daß die Reklamationen bei uns ankommen, weil Untersuchungen gezeigt haben, daß nur vier Prozent der unzufriedenen Kunden sich auch wirklich beschweren. Der Rest schweigt sich gegenüber dem Unternehmen aus, spricht aber mit Freunden und seiner Familie um so mehr über seine schlechten Erfahrungen. Von hundert Leuten, die sich bei uns beschweren und die dann zufriedengestellt werden, kaufen achtzig wieder ein Produkt von uns."[18]

Sharon Whiteley, Richard Whiteleys Ehefrau, machte vor kurzem eine Erfahrung, die vielen von Ihnen vertraut sein wird. Sie brachte einen defekten Luftbefeuchter in das Geschäft zurück, in dem sie ihn gekauft hatte. Der Verkäufer, bei dem sie sich beschwerte, war sehr zuvorkommend: „Es tut mir leid, daß Sie damit Schwierigkeiten hatten, und ich bedauere die Unannehmlichkeiten – nicht nur, daß das Gerät nicht funktionierte, sondern auch, daß Sie es extra zurückbringen mußten." *Wow.* Sharon spürte, wie ihre Anspannung sich löste. Das läuft ja besser, als ich es mir vorgestellt habe, dachte sie.

Doch gerade, als Sharon dem Verkäufer erleichtert danken wollte, kam der Hammer. Der Verkäufer fuhr nämlich fort: „Aber dieses Problem ist nicht unsere Schuld..." Von da an ging es mit dem Gespräch bergab. Hatte Sharon eben noch das Gefühl gehabt, endlich einmal leibhaftig in den seltenen Genuß eines aufmerksamen und zuvorkommenden Kundendienstes zu kommen, so sah sie jetzt ihre ursprüngliche Befürchtung bestätigt: *Das wird in einen Kampf ausarten.* Dabei hatte sie gar nicht behauptet, daß irgend jemand Schuld an dem Defekt habe. Eigentlich war es ihr ganz egal, wessen Schuld es war. Alles, was sie wollte, war, das Problem aus der Welt zu schaffen – und dann wieder nach Hause zu gehen.

War der Verkäufer mit seiner ersten Antwort noch auf dem besten Wege gewesen, einer reklamierenden Kundin eine ungewöhnlich positive Erfahrung zu bereiten und ihre Treue zu dem Geschäft zu festigen, so hatte er mit seinem zweiten Satz eine Kundin verloren, was, wenn es öfter vorkommt, das Geschäft seine Existenz und ihn seinen Arbeitsplatz kosten kann.

Ganz offensichtlich mangelte es dem Verkäufer an der Fähigkeit, angemessen mit einem aufgebrachten Kunden umzugehen. Sharon beschuldigte niemanden, aber der Verkäufer verstand sie falsch und ging sofort in die Defensive. Richtig auf Beschwerden zu reagieren setzt zwar einige Fähigkeiten voraus, die unseren natürlichen Instinkten zuwiderlaufen, doch man kann – und sollte – sie erlernen.

Abbildung 5.6 zeigt, wie ein kundenorientierter Verkäufer Sharons Reklamation in eine positive Erfahrung umgesetzt hätte.

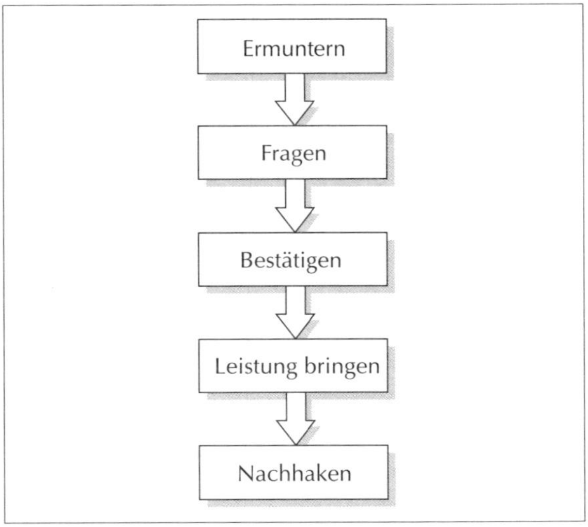

Abbildung 5.6
Wie man mit Reklamationen umgeht

Schritt 1: Ermuntern

Ermunterungen (Kopfnicken oder Äußerungen wie: „Oh, erzählen Sie das genauer!“ oder „Das muß wirklich frustrierend gewesen sein.“) signalisieren dem Kunden, daß Sie interessiert sind, bereit, die Interaktion weiterzuführen, daß Sie mitfühlen und sich schließlich sein Problem „zu eigen“ machen werden. Aus der Sicht des Kunden ist ein Kundenbetreuer, der so reagiert, ein Verbündeter, jemand, der die Sache aus der Kundenperspektive betrachtet und als Partner bei der Lösung des Problems hilft. Sharons Verkäufer löste diesen Teil der Aufgabe gut und konnte sie besänftigen.

Schritt 2: Fragen

„Können Sie mir das Problem genau beschreiben, Mrs. Whiteley?“

In einem nächsten Schritt sollten Sie die Beschwerde klären, damit Sie eine angemessene Lösung finden können. Durch Nachfragen kann der Kundenbetreuer oder Verkäufer das Problem des Kunden genau einkreisen. Wenn sich ein Kunde zum Beispiel über zu hohe Preise beschwert, müssen Sie klären, was er damit meint: Ist der Preis im Vergleich zum Nutzen zu hoch? Sprengt er das Budget des Kunden? Ist er höher als beim letzten Einkauf? Besteht ein Mißverständnis in bezug auf den wirklichen Preis? Oder ist die Beschwerde anders gemeint? Wenn man Fragen stellt, vermeidet man das Risiko, auf ein Problem einzugehen, das der Kunde gar nicht hat.

Schritt 3: Bestätigen

„Wenn ich richtig verstehe, leckt der Luftbefeuchter, sobald er eingeschaltet ist. Treten noch andere Probleme auf?“

Ein Schritt, der oft fehlt, aber sehr wichtig ist, um dem Kunden zu helfen, ist das Wiederholen der vom Kunden genannten Schwierigkeiten. Damit zeigen Sie ihm, daß Sie nicht nur Informationen sammeln, sondern auch versuchen, das Problem einzukreisen, um es dann lösen zu können. Vor allem aber zeigen Sie damit, daß Sie zugehört und sich so das Recht verdient haben fortzufahren. Außerdem geben Sie dem Kunden die Chance, Sie zu korrigieren, wenn Sie etwas falsch verstanden haben – was immer möglich ist.

Schritt 4: Leistung bringen

„Lassen Sie uns die Ware, die Sie zurückgebracht haben, umtauschen, Mrs. Whiteley. Ich sorge dafür, daß jemand einen neuen Luftbefeuchter aus dem Lager holt und direkt zu Ihrem Auto bringt."

An dieser Stelle kann Ihr Unternehmen Pluspunkte sammeln, indem es nicht nur eine angenehme Erfahrung bei der Wiedergutmachung des Schadens liefert, sondern den Kunden sogar positiv überrascht. Der Vorteil liegt auf Ihrer Seite. Die Kunden sind so sehr daran gewöhnt, daß sie schlecht behandelt werden, wenn sie auf Probleme aufmerksam machen, daß sie meist absolut verblüfft sind, wenn alles glatt geht.

Als die norwegische Saab-Tochter sich gezwungen sah, ein bestimmtes Modell in die Werkstätten zurückzurufen, verwandelte das Unternehmen ein potentiell unangenehmes Zusammentreffen mit seinen Kunden in ein äußerst angenehmes. Statt nur das zu tun, wozu sie verpflichtet waren – den Defekt reparieren – „reparierten" die Saab-Händler gleich auch noch ihr lädiertes Image: Sie holten die Autos nicht nur selbst ab, saugten sie nach der Reparatur aus und brachten sie dann wieder frisch gewaschen zurück, sondern legten auch noch in jeden Wagen eine Dose mit echtem norwegischem Lachs. Jetzt fragen die Kunden: „Hey, wann gibt's denn den nächsten Rückruf?"

Schritt 5: Nachhaken

„Wir möchten uns noch einmal für die Unannehmlichkeiten entschuldigen. Ist das Problem jetzt aus der Welt geschafft, oder können wir sonst noch etwas für Sie tun?"

Dieser Schritt wird oft vergessen. Es geht dabei einfach darum, in Übereinstimmung mit dem Kunden festzustellen, daß die vorgeschlagene Lösung sein Vertrauen wiederherstellen wird. Wenn der Kundenbetreuer dies nicht erreicht, muß er zu Schritt 2 zurückkehren und es noch einmal versuchen.

„Bitte schicken Sie mir einen inkorrekten Kontoauszug"

Manchmal verlangt Krisenmanagement mehr als bessere zwischenmenschliche Fähigkeiten. Eine Möglichkeit ist zum Beispiel eine Servicegarantie, die dem Kunden die Rückerstattung des gesamten oder zumindest eines Teils des Kaufpreises garantiert, wenn er nicht zufrieden ist.

Sie können Vorteile aus einer solchen Servicegarantie ziehen, solange Sie die Erwartungen, die sie weckt, zuverlässig erfüllen. Daß zum Beispiel Holiday Inn mit seinem „Garantiert keine Überraschungen"-Programm eine böse Überraschung erlebte, lag daran, daß die Hotelkette etwas so Allgemeines versprochen hatte, daß sie ihr Versprechen nicht einhalten konnte, wollte sie weiter schwarze Zahlen schreiben. Vor Überraschungen ist man nie sicher, und Holiday Inn hatte von vornherein keine Chance, seine Garantie einzulösen. Wenn man eine Garantie anbietet, die man nicht erfüllen kann, schafft man ein Qualitätsproblem, weil man die Erwartungen der Kunden in die Höhe geschraubt hat und eine Lücke zwischen den geweckten Erwartungen und dem gelieferten Produkt aufgerissen hat. Verläßliche Servicegarantien dagegen beweisen Kunden wie Mitarbeitern, daß Sie an Ihr Produkt und Ihren Service glauben und dazu stehen.

John Hancock Funds bietet als einzige Investmentfonds-Gruppe eine Servicegarantie an, und bislang hat noch niemand versucht, sie zu kopieren. Im Grundsatz geht es darum, daß das Unternehmen dem Kunden für jeden Fehler in seiner Kontoführung fünfundzwanzig Dollar überweist. Letztes Jahr mußte die Gruppe nach Aussagen David Kings, Direktor des operativen Geschäfts, gerade einmal fünfzehntausend Dollar ausgeben, um diese Garantie einzulösen – ein Bruchteil ihres Marketingwerts, der darin besteht, Kunden davon zu überzeugen, daß John Hancock Funds ein Unternehmen mit hohem Berufsethos ist und für seine Fehler geradesteht.

Anfang 1991 meldete Best Products Co., Inc., ein großes Versandhaus mit Ausstellungsräumen, Vergleich an, und hat seitdem sowohl das Aussehen seiner Filialen wie auch seinen Umgang mit den Kunden gründlich verändert.

Das Unternehmen hat eine dramatische 180-Grad-Wende hinter sich. Im Juni 1994 endete das Vergleichsverfahren, und Best startete neu – mit einer soliden Finanzierung im Rücken und der klaren Bereitschaft, seinen Kunden zu dienen. Durch die Analyse seiner Kundeninteraktionen hatte das Unternehmen festgestellt, daß sich die meisten Beschwerden auf ausverkaufte Artikel bezogen. Die Kunden reagierten enttäuscht und verärgert, wenn sie extra von weither angereist waren und dann feststellen mußten, daß gerade die Sonderangebote, die sie sich ausgesucht hatten, ausverkauft waren.

Best entwickelte eine ganz offizielle Regelung für dieses Problem und informierte auch die Kunden darüber. Wurde in der Werbung beispielsweise ein Videorecorder für 219 Dollar mit einem Rabatt von 10% angeboten und ist dieser Recorder dann im Laden ausverkauft, können die Mitarbeiter von Best jede der folgenden fünf Maßnahmen ergreifen:

- Den Artikel schnell in einem anderen Best-Geschäft ausfindig machen.
- Den Videorecorder per Post schicken und die Frachtkosten für den Kunden übernehmen.
- Einen beliebigen anderen Videorecorder mit 10% Rabatt anbieten.
- Dem Kunden helfen, einen anderen Recorder zu finden, der das gleiche leistet, und diesen zum gleichen Preis verkaufen.
- Dem Kunden einen Gutschein ausstellen, mit dem er den gewünschten Artikel später zum Sonderangebotspreis bekommen kann.

Diese Firmenpolitik ist in Ihren Augen vielleicht nicht gerade außergewöhnlich, sondern nur das, was jeder fähige Kundenbetreuer anbieten würde. Dennoch erhöhte das Unternehmen den Kundennutzen, indem es diese Politik institutionalisierte und die verschiedenen Möglichkeiten sowohl seinen Kunden als auch seinen Mitarbeitern explizit vor Augen führte. So war sichergestellt, daß selbst der unfähigste Verkäufer richtig reagieren würde.

Entwickeln Sie einen besonderen Prozeß für Ihre besten Kunden

Manchmal stellen Unternehmen fest, daß eine bestimmte Kundengruppe einen genau auf ihre Bedürfnisse abgestimmten Interaktionsprozeß besonders zu würdigen weiß. Die Angehörigen dieser Gruppe sind oft die besten Kunden.

Als David Shackleton 1994 zum Generaldirektor der Westin Stamford und Westin Plaza Hotels in Singapur berufen wurde, sprach er gezielt die Top-Kunden an und fragte sie, was sie an seinen Hotels besonders schätzten. „Die Lage“ war die einhellige – und einzige – Antwort. „Es war ganz klar, daß wir uns verändern mußten, während wir noch an der Spitze waren“, erklärt Shackleton „Schließlich kann jeder ein Hotel bauen. Wenn die Lage tatsächlich unseren ganzen Unterschied gegenüber der Konkurrenz ausmachte, war das Ende unseres Erfolges absehbar."

Die Umfrage ergab außerdem, daß die Hotels einen beträchtlichen Anteil ihres Geschäfts – 27 Prozent – mit einer relativ geringen Anzahl von Großkunden wie Fluglinien und Reiseveranstaltern verdankten. Die Beziehung zu diesen Großkunden war in der Vergangenheit alles andere als glänzend gewesen und wurde weitgehend von den alljährlichen Verhandlungssitzungen geprägt, bei der beide Seiten vor allem versuchten, ihre finanziellen Vorstellungen durchzusetzen.

Um das zu ändern, schlossen Shackleton und sein Team zwölf strategische Partnerschaften mit Großkunden in Singapur. Im Gegensatz zu den bisherigen Kontrakten, bei denen vor allem der Preis eine Rolle spielte, basieren die neuen Vereinbarungen auf dem gemeinsamen Nutzen und einer gegenseitigen Verpflichtung, diesen gemeinsamen Nutzen in der Partnerschaft zu fördern. Als Vorzugspartner garantiert ihnen Westin Zugang zu den sonst so knappen Hotelzimmern in Singapur, und im Gegenzug verpflichten sich die Partner, ihre Gäste für die nächsten vier bis fünf Jahre bevorzugt in den Singapurer Westin-Hotels unterzubringen. Inzwischen verhandeln die Partner über einen für beide Seiten akzeptablen Zimmerpreis und stehen in einem ständigen Dialog darüber, welchen zusätzlichen Service die Hotels ihren Kunden noch bieten könnten. Dazu gehört beispielsweise Westins Buchungssystem, in das sich ihre Partner einwählen und in dem sie ihre Reservierungen selbst vornehmen können. Als eines der wenigen Hotelunternehmen in Singapur hat es Westin geschafft, von den ewigen Preisdiskussionen mit seinen Kunden wegzukommen und andere wichtige Aspekte der Partnerschaft, die beiden Seiten nützen, in den Mittelpunkt zu rücken.

Vor allem die Branchen, die an Geschäftsreisen verdienen, haben erkannt, wie wichtig es ist, gerade den besten Kunden einen besonderen Service anzubieten. Dazu zählen die Executive Floors in den Hotels, Rabattprogramme für Vielflieger, besondere VIP-Privilegien wie die Elite Flyers Card der Delta Airlines und so weiter. Diese Strategie, die auch in anderen Branchen funktioniert, kann Ihnen helfen, Ihr Markenzeichen, die besonders gute Kundeninteraktion, noch stärker in den Vordergrund zu rücken. Im Extremfall können Sie sich ein Beispiel an Poochies nehmen, einem Self-Service-Hundesalon. Poochies hat sich tatsächlich dazu durchgerungen, seine besten Kunden, die Hunde, di-

POOCHIES

Self-Service-Hundesalon

Espresso-Bar • Alles für das Haustier

619-541-2525   619-541-BONE

1995 unter den Top 100 der Händler für Heimtierbedarf

August 1995

Lieber Waldi,

Wir sind froh, daß wir dich zu unseren Kunden zählen dürfen. Bitte richte auch Carole unseren Dank dafür aus, daß sie dir aus ihrer liebenden Fürsorge heraus das beste Qualitätshundefutter und Zubehör besorgt, eben die guten Dinge, die es hier bei Poochies zu kaufen gibt. Nicht jeder Hund ist in der glücklichen Lage, eine Besitzerin wie Carole zu haben, die in dem Laden einkauft, der seinen Bedürfnissen am besten gerecht wird. Um ihr zu danken, schlagen wir vor, daß du das nächste Mal mit ihr vorbeikommst und sie mit einem erfrischenden Smoothie aus frischen Früchten an der Espresso-Bar belohnst.

Sag' bitte Carole, sie soll auf unser Monatsinserat mit den Preisvergleichen für Haustierzubehör achten. Wir beweisen wieder einmal, daß man nicht im Supermarkt einkaufen muß, um einen Superpreis zu bekommen. Zum Beispiel kosten 10 kg Nutro Nutral Choice im Supermarkt für Heimtierbedarf 16.13 Dollar und bei Poochies 14.99 Dollar. Wir wissen, was wir sagen, wenn wir unseren Laden den „weltweit kleinsten Supermarkt für Heimtierbedarf"® nennen.

Coupon für

Waldi Mullins

Eine 1,5-Kilo-Gratispackung IAMS-Hundekuchen als Geburtstagsgeschenk!

000779-0895-0008

Nicht gültig in Verbindung mit anderen Angeboten – gültig bis zum 31.8.95

Neues auf der Getränkekarte! Versucht doch mal unseren neugemixten Eis-Whippuccino mit Kaffee- oder Mokka-Geschmack. Ein Geheimrezept von Sandy und Laura an unserer Espresso-Bar. Probiert außerdem unsere neuen Smoothies mit Proteinpulver, Weizenkeimen, Ginseng und so weiter. Auch unsere Fruchtsaftgetränke werden jeden Tag frisch gepreßt.

Wir haben jetzt einen Bankautomaten in der Espresso-Bar. Falls Ihr also mal keine Zeit habt, auf die Bank zu gehen, kommt bei uns vorbei, trinkt unseren einmaligen Kaffee und laßt per Kreditkarte Geld aus dem Automaten. Bis du, Waldi, ein eigenes Bankkonto bekommst, kann nur Carole diesen bequemen Service in Anspruch nehmen.

Live auf Channel 7/39. Joe Lizura von den KNSD-Nachrichten verlas seine Wetterberichte am 24. Juli live bei Poochies. Vielen Dank an „Lady", „Skipper" und „Samantha", die jetzt echte Fernsehstars sind.

Nachfüllen und Geldsparen bei vielen Shampoos und Festigern, bei Katzenstreu und Schmutz- und Geruchsentfernern in unserem Angebot. Du sparst 2 Dollar, wenn du den Originalbehälter zum Nachfüllen mitbringst. Also: recyceln und sparen!

Preise vergleichen! Falls unsere Preise für Heimtierbedarf nicht gleich oder niedriger sind als bei unseren Konkurrenten oder falls du in der Radiowerbung von billigeren Supersonderangeboten hörst, überprüfen wir das und **ziehen sofort nach.** Weil es so viele Konkurrenten gibt, wissen wir es um so mehr zu schätzen, daß du dir alles, was du brauchst, bei uns besorgst.

Airedaleterrier-Nacht. Hey, Waldi, wir laden dich ein, uns am Freitag, dem 18. August, von 17 bis 20.30 Uhr zu besuchen. Eine Wäsche kostet dann nur 1.99 Dollar, und du bekommst eine Schachtel IAMS-Hundekuchen umsonst. Und das beste: Du triffst andere Airedale-Freunde. Es wird bestimmt ein großes gesellschaftliches Ereignis.

Coupon für

Carole Mullins

0.50 Dollar Rabatt auf einen beliebigen Espresso-Drink (0,2 l und größer)

000779-0895-0020

Nicht gültig in Verbindung mit anderen Angeboten – Gültig bis zum 31.8.95

Veranstaltungskalender:

- Impfen zum Spartarif: Samstag, 19. August, 14–16 Uhr
- Anti-Floh-Bad zum Spartarif: Sonntag, 20. August, 14–17 Uhr. Nur 3 Dollar. Wir erledigen alles. Bringt ein Handtuch mit. Hunde bitte an der Leine, Katzen im Tragekorb.
- Treffen der einzelnen Hunderassen: Beagles 11. Aug.; Airedales 18. Aug.; Welsh Corgis 25. Aug.; Schnauzer 1. Sept.

Kundenrundbriefe von Koch Business Services (619) 571 – 1608 (Tel./Fax)

Abbildung 5.7 Brief des Hundesalon Poochies

rekt anzusprechen und sich nicht weiter um ihre Besitzer zu kümmern. Der in Abbildung 5.7 abgebildete Brief ist sogar direkt an den Hund adressiert!

Bauen Sie Systeme auf, die die Interaktion unterstützen

Um einen Kundeninteraktionsprozeß mit Markenqualität umzusetzen, braucht man viele unterstützende Systeme. Besonders effektiv sind, wie wir sehen werden, moderne Technologien und zielgerichtete Prämiensysteme.

Maßgeschneiderte Interaktion durch den Einsatz von Technologie

Den Interaktionsprozeß den Wünschen der individuellen Kunden anzupassen bedeutet, „Rezepte zur Umgehung der Falle ‚Massenangebot' zu finden. Wer sich ausschließlich über den Vergleich mit seinen Konkurrenten definiert, versucht unwillkürlich, die Konkurrenz nachzuahmen, und macht damit sein Produkt austauschbar."[19] So sagt Francis Gouillart von der Beratungsgesellschaft Gemini Consulting.

Besonders bewährt haben sich moderne Technologien als Mittel zur Erzeugung eines „institutionellen Gedächtnisses", der Fähigkeit eines Unternehmens also, die sich verändernden Kundeninformationen und -wünsche zu registrieren und zu speichern, die über das, was Kundenbetreuer über ihre Kunden wissen, weit hinausgehen. Firmen ohne institutionelles Gedächtnis laufen Gefahr, jedesmal, wenn ein Vertreter das Unternehmen verläßt oder befördert wird, Kunden zu verlieren.

USAA ist eine für ihre hohe Kundenbindung bekannte Versicherungsgesellschaft, die vor allem militärisches Personal versichert. Um trotz der hohen Mobilität der Zielgruppe die Kundenbindung zu stärken, hat USAA viel Geld in den Aufbau einer Datenbank in San Antonio, dem Hauptsitz der Gesellschaft, investiert. Egal wohin die Kunden umziehen, USAA kann jetzt Rechnungen, Policen und abgespeicherte Kundeninformationen schnell und problemlos anpassen. Dadurch erleben die Kunden ihre Versicherung immer wieder als ein Unternehmen, das sein Geschäft ernst genug nimmt, um sich über ihren Wohnort zu informieren – und das ihre Geschichte, ihre Ziele und ihre Ansprüche kennt. Damit erzeugt USAA in einer hochmobilen Kundengruppe ein

Gefühl der Stabilität. Daß die Kunden diese Behandlung sehr zu schätzen wissen, beweist nicht zuletzt die starke Kundenbindung, die bei der letzten Untersuchung bei 98 Prozent lag.[20]

American Express verwendet den Aufdruck „Mitglied seit…“ auf seinen Karten und demonstriert dadurch den Nutzen einer langjährigen Beziehung zwischen Anbieter und Kunde. Und das System der Marriott-Hotels erlaubt den Angestellten den Zugriff auf Informationen über frühere Besuche eines Gastes und seine besonderen Wünsche.

Der Finanzdienstleister Fidelity Investments hat vorgemacht, wie sich durch den Einsatz moderner Technologien die Qualität der Kundeninteraktionen steigern läßt. Die sechs Millionen Kunden von Fidelity können ihre Betreuer, um es mit den Worten der Geschäftsleitung zu sagen, „wann sie wollen und wie sie wollen“ um Hilfe bitten. Sie können schreiben, über eine kostenfreie 800-Nummer anrufen, in einem Investment-Center vorbeischauen oder die Online-Dienste benutzen (Fidelity erhält jeden Tag 20000 Kundenanfragen via Internet), und das alles vierundzwanzig Stunden pro Tag, sieben Tage die Woche.

Durch eigene Untersuchungen hat Fidelity herausgefunden, daß seine Kunden Hilfe mehr schätzen als Beratung und Bequemlichkeit höher als persönlichen Service. Deshalb stellt die Automatisierung ein entscheidendes Element der Kundeninteraktion dar. 70 Prozent der Kundenanfragen werden automatisch bearbeitet, ein Aufwand, der ohne technische Hilfsmittel rund viertausend zusätzliche Arbeitskräfte binden würde. Auch die Kosten liegen niedriger. Eine Anfrage, die von einem Mitarbeiter persönlich entgegengenommen und beantwortet wird, kostet Fidelity 8.90 Dollar, während ein durch das Computersystem bearbeiteter Anruf gerade einmal mit 70 Cent zu Buche schlägt.

Roger Servison, geschäftsführender Direktor des Privatkundengeschäfts der Fidelity, fügt hinzu: „Trotz unserer Investitionen in die Technik ist es für uns natürlich wichtig, auf unsere Kunden zu hören. Die Technologie erlaubt es uns, ständig im wahrsten Sinne des Wortes mit den Kunden verbunden zu sein. Von den 70 Millionen Anfragen im Jahr 1994 zum Beispiel wurden 40 Prozent an Wochenenden und Abenden gestellt. Wir glauben, daß dieser Trend anhalten wird, und suchen ständig nach innovativen Wegen, um für solche Entwicklungen gerüstet zu sein.“

Prämiensysteme

Als die Geschäftsführung von 3M beschloß, einen Kundenzentrierten Marketingprozeß (KZM) einzuführen, war sie sich darüber im klaren, daß das neue Konzept nur dann erfolgreich sein würde, wenn man die Mitarbeiter in den Prozeß einbezieht. Dabei wurden drei Bereiche identifiziert, in denen man aktiv werden mußte: Erfolgskontrolle, Anerkennung und Prämien.

Im Bereich der *Erfolgskontrolle* hieß das veränderte Bewertungskriterien. Solange sich die Verkaufserfolge ausschließlich am Ertrag aus der Produktlinie und nicht daran ausrichteten, ob die Bedürfnisse des Kunden befriedigt wurden – und so lange niemand eine Anerkennung oder Prämie bekam, wenn er Produkte einer anderen Abteilung von 3M verkaufte –, würde das KZM lediglich eine von 3Ms vielen gutgemeinten, aber völlig an der Realität vorbeigeplanten Initiativen werden.

Das Unternehmen reagierte mit drei Maßnahmen. Erstens änderte es die Bemessungsgrundlagen. Statt wie bisher um Marktanteile geht es jetzt um *Kundenanteile* – also darum, wieviel ein bestimmter Kunde zum Gesamtumsatz von 3M beiträgt. Der Planungsprozeß verstärkt diese Umstellung. Wenn ein Kunde 10 000 Dollar jährlich für Isolierbänder, Sandpapier und Post-it-Notes ausgibt, steht ihm heute ein Verkaufsrepräsentant zur Seite, der gelernt hat, in einem Gespräch auszuloten, wie sich 3M ein noch größeres Stück von diesem Kuchen sichern kann.

Zweitens integrieren hochrangige Geschäftsbereichsleiter die KZM-Verkaufszahlen immer stärker in ihre Personalgutachten und loben ihre Untergebenen öffentlich dafür, wenn sie mit anderen Geschäftsbereichen zusammenarbeiten. Herausragende Leistungen in dieser Beziehung werden sogar im ganzen Unternehmen bekanntgemacht.

Drittens hat der für das KZM zuständige Projektleiter Bruce Hamilton ein doppeltes Kommissionssystem eingeführt: Verkaufen Vertreter eines Geschäftsbereiches Produkte eines anderen Bereiches, bekommen die Mitarbeiter beider Bereiche die volle Verkaufsprämie angerechnet. Und da viele Kunden jetzt statt einem acht 3M-Produkte kaufen, werden die zusätzlichen Kosten für diese doppelten Prämien durch die beträchtliche Umsatzsteigerung mehr als ausgeglichen.

Schaffen Sie schnelle Ergebnisse mit einer schnellen und zielgerichteten Umsetzung

Einer der wichtigsten Faktoren bei der Einführung eines Interaktionsprozesses mit Markenqualität ist die Schnelligkeit und Zielgerichtetheit seiner Umsetzung. Norwest-Generaldirektor Richard Kovacevich stimmt dem zu, wenn er sagt: „Ich könnte unseren Strategieplan im Flugzeug liegenlassen, und das würde rein gar nichts ausmachen. Niemand könnte ihn umsetzen. Unser Erfolgsgeheimnis liegt nicht in der Planung, sondern in der Umsetzung."

Der Lebensversicherer Standard Life hat sich bewußt stark auf die Umsetzung der Strategie konzentriert, und das hat sich ausgezahlt.

Der Schwerpunkt lag dabei auf vier Faktoren:

1. Durchsetzung bei einer kritischen Masse: Nach Ansicht der Manager von Standard Life können größere Veränderungen nur dann Erfolg haben, wenn mindestens 20 Prozent der Mitarbeiter von ihrem Sinn und Zweck überzeugt sind.
2. Schnelles Vorgehen: Um Energie für die Veränderungen zu erzeugen, bemühte sich das Management, die notwendige 20-Prozent-Marke so schnell wie möglich zu erreichen.
3. Intensives Training: Dabei ging es nicht nur darum, Fähigkeiten und Kenntnisse zu erwerben, sondern auch, den Mitarbeitern Gelegenheit zu geben, über ihre neuen Rollen zu sprechen, die Veränderung anzunehmen (oder Widerstand zu entwickeln), wichtige Erfolgsfaktoren zu diskutieren und in die Führung des Prozesses eingebunden zu werden.
4. Einbindung von oben nach unten: Die Umsetzung des Prozesses begann bei Standard Life an der Spitze – mit den Generaldirektoren, den stellvertretenden Generaldirektoren, dem übrigen Management und so weiter. Wie eine Lawine gewann der Prozeß von Stufe zu Stufe mehr Durchsetzungskraft und Unterstützung.

Durch diese Strategie konnte der Prozeß eine große Eigendynamik entwickeln und die veranschlagte Prozeßzykluszeit um die Hälfte reduziert werden. Das Training führte zu einem ständigen Feedback über neue Wege, weitere Wettbewerbsvorteile im Umgang mit den Kunden zu erreichen. Und die zielgerichtete Umsetzung zwang das Management, sich voll auf die Aufgabe zu konzentrieren – viel mehr, als es ein Prozeß mit langsamen Veränderungen getan hätte.

Vorbereitung auf den Wettbewerb

Organisationen, deren Kunden keine große Auswahl an Lieferanten haben, neigen traditionell dazu, ihnen wenig Aufmerksamkeit zu schenken – beispielsweise die öffentlichen Versorgungsbetriebe.

Die China Light & Power Company, Ltd., allerdings ist – gewaltsam – aus diesem Dornröschenschlaf gerissen worden. Das Management des Hongkonger Versorgungsunternehmens befürchtet, daß nach der Rückgabe der Kronkolonie an Peking die chinesischen Stromversorger eine „Energie-Invasion" starten werden, eine Bedrohung, der die China Light & Power durch tiefgreifende Veränderungen zuvorzukommen versucht.

Mit ihrer neuen Vision – „Als der beste Versorgungsbetrieb der Welt verpflichten wir uns auf absolute Kundenzufriedenheit" – sollen die jetzigen Kunden so auf das Unternehmen eingeschworen werden, daß sie, wenn sie ab 1997 wählen können, erst gar nicht auf die Idee kommen, zur Konkurrenz abzuwandern.

Um diese Vision zu verwirklichen, greift China Light & Power an allen Fronten an. Eine zentrale Rolle spielt dabei der strategische Aufbau von „Kundenkompetenz" auf allen Ebenen des Unternehmens. Dabei sollen nicht nur Mitarbeiter, die im direkten Kundenkontakt stehen, hervorragend mit den Kunden umgehen können, auch technische Spezialisten, beispielsweise Ingenieure, werden gezielt im Kundenservice ausgebildet. China Light & Power hat das sogar so weit getrieben, daß der „Technische Leiter" in „Generaldirektor für Distribution und Kundenservice" umgetauft wurde. Ziel dieser Initiativen ist, durch die Konzentration aller Angestellten auf den Kunden einen nachhaltigen Wettbewerbsvorteil zu erlangen.

Schlußbemerkungen: Die Evolution des Verkaufens

Die Perfektionierung der Interaktionen an der Kundenschnittstelle kann *der* entscheidende Wettbewerbsvorteil sein. Einige Fachleute meinen, daß es für Unternehmen in relativ stark kontrollierten Märkten – wie zum Beispiel Versorgungsunternehmen – unklug ist, mehr als unbedingt nötig in die Kundenzufriedenheit zu investieren. Doch in den meisten stark wettbewerbsgeprägten Märkten macht sich ein hervorragender Umgang mit den Kunden direkt im Firmenumsatz bemerkbar.

Dabei spielt das Verkaufspersonal eine ganz besondere Rolle, es wirbt und betreut Kunden, koordiniert Lieferpläne, handelt Konditionen und Partnerschaftsverträge aus, vermittelt bei Problemen, registriert Kundenwünsche, sorgt für technischen Support und so weiter, während es andererseits die ganze Zeit wichtige Informationen unmittelbar von der Kundenfront zurück in den Betrieb liefert. Der Verkäufer sitzt mitten im Sturm.

Verkäufer und Vertreter waren schon immer der Dreh- und Angelpunkt für den Erfolg ihrer Unternehmen, doch in den letzten Jahren hat sich ihre Rolle ebenso dramatisch verändert wie das Geschäftsumfeld. Lange Zeit verkauften die Unternehmen von innen nach außen und setzten übervorteilende, manchmal auch manipulierende Verkaufstechniken ein, um ihre Produkte an den Mann zu bringen. Bei diesem **produktorientierten Verkaufsprozeß** – einen Fuß in die Tür bekommen, das Produkt verkaufen und weiter zum nächsten Geschäft – galt das Verkaufspersonal lediglich als verlängerter Arm der Distribution. Die Vertreter beschäftigte nur die eine Frage: Wie bringe ich den Kunden dazu, ja zu sagen? Der Kunde war jemand, dem man „etwas aufschwatzte", den man „am Haken" oder „an Land gezogen" hatte. Das Verhältnis Vertreter – Kunde war prinzipiell antagonistisch.

In den achtziger Jahren wurde ein **beratender Verkaufsprozeß** propagiert. Dieser Ansatz versuchte, die destruktiven Aspekte des großteils auf bloßes Verkaufen fixierten, produktorientierten Prozesses zu umgehen. Statt nur zu überlegen, wie man den Kunden möglichst schnell ein Ja entlockt, fragten sich die Verkäufer: Wie bringe ich den Kunden dazu, daß er das haben will, was ich anbiete? Die Versicherungsbranche etwa fing langsam an einzusehen, daß geschickte Versicherungsvertreter zwar hin und wieder außer dem eigentlichen Kunden auch noch ein paar seiner Freunde und Verwandte anwerben konnten, aggressive Verkaufsmethoden jedoch sehr viel häufiger potentielle Kunden abschreckten. Der beratende Verkaufsprozeß nahm der früheren aggressiven Taktik viel von ihrer Härte. Den Verkäufern wurde klar, daß es besser ist, erst einmal die Bedürfnisse der Kunden zu analysieren, bevor man eine Lösung anbietet. Der Schwerpunkt des Verkaufsgesprächs verschob sich leicht vom Produkt weg hin zum Kunden; letztendlich aber war auch dieser neue Ansatz nur ein etwas sanfterer Weg, dem Kunden Produkte aufzudrängen.

Heute favorisieren die meisten guten Verkaufsorganisationen einen stärker kundenorientierten Prozeß. Die wichtigsten Fragen lauten jetzt: Wie kann ich eine Lösung entwickeln, die die Bedürfnisse meines Kunden befriedigt? Wie kann ich eine langfristige Beziehung aufbauen? Der **kundenorientierte Verkaufsprozeß** ist ein einfühlsamer, engagierter und kreativer Prozeß, in dem der Verkäufer zusammen mit dem Kunden nach Wegen sucht, gemeinsame Ziele zu erreichen.

Die besten kundenorientierten Unternehmen verstehen den Verkauf als eine zentrale strategische Waffe. Sie integrieren ihre Marketing-, Verkaufs- und Serviceprozesse so nahtlos ineinander, daß sie Fragen wie „Wie bringen wir unser Unternehmen dazu, das anzubieten, was der Kunde haben will? Wie können wir uns an der Kundenschnittstelle effektiv und nutzenmehrend vom Wettbewerb abheben?“ oder „Wie können wir die Beziehung zu unseren Kunden in einen zentralen Konkurrenzvorteil umsetzen?“ beantworten können. Diese Fragen sind die Grundlage eines **Verkaufsprozesses mit Markenqualität.**

Durch diesen Prozeß wird die Arbeit des Verkaufs sehr zielgerichtet, sehr zuverlässig, schafft einen höheren Kundennutzen und bringt dem Unternehmen auf diese Weise ein kundenorientiertes Wachstum.

Sie wissen, daß Sie einen Kundeninteraktionsprozeß mit Markenqualität haben, wenn ...

Zu einem echten Kundeninteraktionsprozeß mit Markenqualität gehört mehr, als nur ein bißchen besser zu sein als die Konkurrenz. Charakteristisch für einen solchen Prozeß sind die folgenden Eigenschaften:

- **Bezug zu den Kundenbedürfnissen**
  Ein Kundeninteraktionsprozeß mit Markenqualität spiegelt das wider, was die Kunden selbst als überragende positive Erfahrung im Umgang mit dem Unternehmen bezeichnen.
  Beispiel:
  Die insgesamt 4000 Vertreter des Lebensmittelherstellers Nabisco bemühen sich in ihrem Kundeninteraktionsprozeß darum, „dem Einzelhändler das Leben leichter zu machen“.[21] Die Vertreter haben gelernt, sich bewußt für dieses Ziel einzusetzen, egal, ob es nun darum geht,

kleinere Ärgernisse zu beheben (beispielsweise die Ware an den Hinterausgang zu liefern, statt sie durch den ganzen Laden zu schleppen) oder größere Probleme aus dem Weg zu räumen (zum Beispiel die gesamte Backwarenabteilung eines Einzelhändlers zu übernehmen).

- **Bezug zur Unternehmenskultur**
  Ein Kundeninteraktionsprozeß mit Markenqualität steht in völliger Übereinstimmung mit der Unternehmenskultur und seinen Werten.
  Beispiel:
  Die gestärkten weißen Hemden, die in den achtziger Jahren zum Erkennungszeichen für IBM wurden, oder UPS' preisgekrönte Verkaufstruppe, die ebenso effizient, verläßlich und teamorientiert arbeitet wie das Unternehmen selbst.
- **Patentiert/geheim**
  Ein Kundeninteraktionsprozeß mit Markenqualität ist ein hochgeschätzter Aspekt der Wettbewerbsfähigkeit des Unternehmens und gilt deshalb oft als Geheimwaffe.
  Beispiel:
  Dow Chemical behauptet, die Auswahl seiner Verkäufer gehöre zu den „bestgehüteten Geheimnissen" des Unternehmens.[22] Und Kodak hat verkündet, sich durch seinen Kundeninteraktionsprozeß ebenso aus der Masse seiner Konkurrenten herausheben zu wollen wie durch seine Technologie.
- **Bezug zur Zielgruppe**
  Ein Kundeninteraktionsprozeß mit Markenqualität ist oft segmentspezifisch angelegt. Das heißt, er ist den besonderen Bedürfnissen der Kundenzielgruppe angepaßt.
  Beispiel:
  Eine große europäische Broker-Firma, die 54 Prozent ihres Gewinnes nur 8 Prozent ihrer Kunden verdankt, entwickelte einen segmentspezifischen Interaktionsprozeß, der vollkommen auf die Bedürfnisse dieser Klientel zugeschnitten war. Ähnlich reagierte die Schnellimbißkette Taco Bell, als Umfragen ergaben, daß ihre „Stammgäste" nicht nur ein paarmal pro Monat kamen, sondern es auf durchschnittlich 17 Besuche brachten! Taco Bell ließ sich bei der Optimierung der Abläufe im Fast-Food-Betrieb von den Angaben dieser Kunden leiten.
- **Bezug zu entscheidenden Ansatzpunkten**
  Ein Kundeninteraktionsprozeß mit Markenqualität konzentriert sich auf Schlüsselbereiche, in denen eine Erhöhung des Profits möglich ist. Der Prozeß ist so angelegt, daß die Verkäufer ihre Zeit an den richtigen Orten mit den richtigen Leuten verbringen.

Beispiel:
Westvaco, „ein großer Papierhersteller", unterhält sowohl mit den Leuten in einem Kundenunternehmen direkten Kontakt, die bei Ausschreibungen die Produktspezifkationen festlegen (zum Beispiel legt oft die Werbeabteilung die spezifische Papierqualität für einen Jahresbericht fest) als auch direkt mit den Einkaufsabteilungen. Die Verkäufer von Reynold's Metal haben nicht nur den Auftrag, bereits existierende Produkte zu verkaufen, sondern durch die Suche nach neuen Ideen für Produkte auf Aluminiumbasis vor Ort beim Kunden auch „als Ritter in den Kreuzzug gegen konkurrierende Materialien zu ziehen".[23] Und GD Searle, dessen Verkaufsabteilung in Teams organisiert ist, verbesserte seine Kundeninteraktion schlagartig, als man dazu überging, die Teammitglieder wie beim Basketball nicht nur für Körbe (also Abschlüsse), sondern auch für erfolgreiche „Vorlagen" zu belohnen.

- **Integration von Bewertungskriterien**
  Ein Kundeninteraktionsprozeß mit Markenqualität ist ein systematischer Prozeß mit meßbaren Ergebnissen.
  Beispiel:
  Beim Kundenmanagementprozeß von Xerox (XAMP) dienen Bewertungsbögen dazu, das Verhalten der Angestellten an der Schnittstelle zum Kunden vor, während und nach dem Kontakt nachvollziehbar zu machen. Sowohl Apple als auch Eli Lilly bauen auf Erfolgskontrolle, um ihre Trainingsergebnisse zu verstärken: Bei Apple wird den Mitarbeitern für jedes der ingesamt acht Trainingsprogramme, das sie absolviert haben, ein Feld auf ihren Mitarbeiter-T-Shirts abgehakt, Eli Lilly dagegen mißt den Erfolg durch formale Prüfungen.[24]

- **Unternehmensweite Umsetzung**
  Ein Kundeninteraktionsprozeß mit Markenqualität kann nur dann erfolgreich sein, wenn alle Mitarbeiter des Unternehmens seine Kernpunkte anerkennen und verinnerlichen.
  Beispiel:
  Hyatt schult seine Geschäftsführung im Kundeninteraktionsprozeß und sorgt dafür, daß die Manager ihre Kenntnisse auch anwenden: Jeden Monat müssen sie fünf als „zögerlich" eingestufte potentielle Kunden kontaktieren.[25] Amil organisiert den Prozeß im ganzen Unternehmen mit Hilfe von Schulungen für alle Mitarbeiter, die von Spitzenmanagern persönlich geleitet werden.

Handlungsanweisungen

- Statt jeden gleich zu behandeln, stellen Sie fest, wie Ihre Kunden Geschäfte mit Ihnen machen wollen, und passen Sie sich ihren Wünschen an. Achten Sie besonders auf das Informations- und Beziehungsbedürfnis jedes Kunden.
- Sie sollten über die Geschäfte des Kunden besser Bescheid wissen als dieser selbst. Bringen Sie in Erfahrung, was die Kunden Ihrer Kunden erwarten, und arbeiten Sie mit Ihren Kunden zusammen, um diese Erwartungen zu übertreffen.
- Binden Sie die Führungsetage mit ein. Setzen Sie Ihre Manager zu diesem Zweck auch an der Schnittstelle zum Kunden ein. Geben Sie ihnen klare Vorgaben, auf die sie reagieren können, und helfen Sie ihnen, übersichtliche Aufgabenlisten zu entwickeln. Ermutigen Sie sie dazu, die Fortschritte zu überwachen, und erkennen Sie Verbesserungen an.
- Setzen Sie einen Kundeninteraktionsprozeß mit Markenqualität in Gang:
  - Skizzieren Sie Ihren Verkaufsprozeß, und identifizieren Sie Bereiche hohen und niedrigen Kundennutzens.
  - Schaffen Sie erstklassige Kompetenz bei Ihren Mitarbeitern.
  - Reagieren Sie gezielt auf Reklamationen.
  - Entwickeln Sie einen besonderen Prozeß für Ihre besten Kunden.
  - Bauen Sie Systeme auf, die die Interaktion unterstützen.
  - Schaffen Sie schnelle Ergebnisse mit einer schnellen und zielgerichteten Umsetzung.
- Vergleichen Sie Ihre Spitzenverkäufer mit mittelmäßigen Verkäufern. Was machen die Erfolgreichen anders als die Mittelmäßigen und umgekehrt? Entwickeln Sie daraus ein Profil des Spitzenverkäufers, und trainieren Sie Ihre Leute auf die besonderen Fähigkeiten hin, die für den Erfolg ausschlaggebend sind.
- Im Umgang mit einem unzufriedenen Kunden lautet die erste Regel, daß jeder Kunde das Recht hat, unzufrieden zu sein, auch wenn seine Gründe vielleicht falsch sind. Spricht man ihm jedoch das Recht ab, seine Wahrnehmungen und Gefühle zu äußern, gießt man nur Öl ins Feuer. Stellen Sie sicher, daß bei Beschwerden und

Reklamationen dem Kunden immer zuerst dieses Recht eingeräumt wird.

- Wenn Sie Schulungen für Ihr Verkaufs- und Servicepersonal organisieren, überlegen Sie immer, ob vielleicht auch andere Mitarbeiter Ihres Unternehmens sich diese Kenntnisse und Fähigkeiten aneignen sollten. Falls ja, schulen Sie auch diese Leute.

Kapitel 6

Von der autoritären Führung zum Kontaktmanagement

Die meisten Mitarbeiter wollen einen guten Job machen. Ob sie das können, hängt ganz einfach davon ab, für wen sie arbeiten.

Darryl Hartley Leonard
Präsident der Hyatt Hotels Corporation

„Wir werden diesen Markt erobern. Deshalb bin ich hier. Wir werden die Konkurrenz wegfegen, und niemand wird uns aufhalten."

Mit dieser Ankündigung trat Victoria Rickey ihren Job als neue Vorstandsvorsitzende, Europa, der NACCO Materials Handling Group (NMHG) an, des zweitgrößten Herstellers von Gabelstaplern in Europa. Ihre Mitarbeiter hatten zwar gewußt, daß es Veränderungen geben würde, als sie das erste Mal von Victoria Rickey gehört hatten. Schließlich war sie die erste Frau in der Organisation, die auf einen Posten im Topmanagement berufen wurde.

Doch auf das, was dann kam, waren sie nicht gefaßt. Nachdem Victoria Rickey ihr Ziel gleich zu Beginn so klar formuliert hatte, schien sie überall zu sein. Sie war kaum in England angekommen, da verkündete sie auch schon, daß sie und das Topmanagement näher am Herzen des Unternehmens residieren sollten und verlegte die europäische Zentrale der Gesellschaft von London ins schottische Irvine, Sitz der größten Produktionsanlage des Konzerns. Unablässig suchte sie den Kontakt zu ihren Mitarbeitern und Kunden, tauchte in den Fabriken auf, bei den Händlern, in den Büros der Kunden, stellte Fragen und trieb ihre Leute an, mehr Verständnis für die Kunden zu entwickeln und mehr für sie zu tun. „Früher gab es eine Hierarchie von Vorgesetzten, die Informationen entweder nach oben weitergaben oder, wenn sie ungünstig waren, herunterspielten", sagt Rickey. „Da wir die Hierarchie weitgehend zurückgeschnitten haben, muß man heute sehr viel mehr Management-by-walking-around betreiben und mehr Zeit für die Kommunikation mit den Arbeitskräften aufwenden."

Führung ist ein Kontaktsport

Victoria Rickey steht für einen noch jungen Managementstil, den wir „Kontaktmanagement" nennen. Bis vor einigen Jahren galt die moderierende Führung als das zentrale Führungskonzept. Topmanager sorgten zwar dafür, daß Projekte in die Tat umgesetzt wurden, scheuten aber davor zurück, sich selbst die Hände schmutzig zu machen. Sogar viele wirklich gute Führungskräfte achteten stets auf einen gewissen Abstand zu ihren Leuten. Sie delegierten Verantwortung an ihre Untergebenen und vermieden es sorgfältig, sich in ihre Arbeit einzumischen. Die meisten Topmanager verbrachten deshalb nicht allzuviel Zeit an der Verkaufsfront – aus Angst, mit ihrer Anwesenheit womöglich die Eigeninitiative der Mitarbeiter zu lähmen. Also verkrochen sie sich in ihre Büros.

Im Gegensatz dazu mischen sich die Topmanager in den kundenorientierten Unternehmen von heute sehr viel stärker in das Alltagsgeschäft ein. Leute wie Victoria Rickey packen mit an, betrachten die Dinge aus nächster Nähe und sind stets in den vordersten Linien zu finden. Schon mit ihren ersten Worten als Vorsitzende gab Rickey der Arbeit bei NMHG einen neuen Sinn. Das Unternehmen war so lange in Schwierigkeiten gewesen, daß mittelmäßige Leistungen und eine schlechte Moral von den Mitarbeitern geradezu als Norm empfunden wurden. Rickey stellte klar, daß NMHG im Dienst am Kunden Weltklasse werden wollte. Sie ließ einen Kundenzufriedenheitsindex erstellen, den sie auf allen Ebenen der Organisation verbreitete, verdonnerte sämtliche leitenden Angestellten zu Kundenbesuchen und hielt alle drei Monate in jeder Fabrik des Unternehmens eine Betriebsversammlung mit sämtlichen Mitarbeitern ab, auf der sie Rechenschaft über die erzielten Fortschritte ablegte, die Bedrohungen von außen skizzierte und den Mitarbeitern Gelegenheit gab, sich zu äußern.

Feuer an Bord

Diese Treffen war kein reines Zuckerschlecken; Rickey mußte den Leuten an der Front erst einmal klarmachen, wie schlecht die Dinge standen. „Wer heutzutage ein Unternehmen umstrukturieren will, muß das Schiff in Brand setzen“, sagt Rickey. Das hieß, sie mußte den Mitarbeitern verdeutlichen, daß es ums nackte Überleben ging. Ihre Botschaft lautete, daß sie alle zusammen, auch sie selbst, auf dem lichterloh brennenden Deck eines Schiffs standen. Entweder sie schafften es, das Feuer zu löschen, oder sie würden umkommen.

Da sich die europäische Wirtschaft 1995 von einer Rezession erholte und die Nachfrage nach Gabelstaplern wieder anzog, sahen die meisten Mitarbeiter wenig Grund zur Sorge. Deshalb konzentrierte sich Rickey in den Betriebsversammlungen auf Mängel im Kundendienst des Unternehmens, auf Schwächen in der Produktion und auf die permanente Bedrohung durch die Konkurrenz. Linde und Toyota waren finanziell viel stärker als NMHG, erklärte sie, und die Koreaner mit ihren preisgünstigen Gabelstaplern bereiteten sich auf die Eroberung des europäischen Marktes vor. Außerdem konnte sie auf ein warnendes Beispiel verweisen: Vor fünfzehn Jahren war Clark Equipment noch Marktführer bei Gabelstaplern gewesen. Doch dann hatte es das Unternehmen versäumt, die von den Kunden gewünschten Verbesserungen durchzuführen, und bis 1995 war sein Umsatz von 1,42 Milliarden Dollar auf 875 Millionen gefallen.

Rickey brauchte niemandem zu erklären, was passieren würde, wenn NMHG sich genauso unempfänglich für die Wünsche der Kunde zeigen würde wie Clark. Auf einer Mitarbeiterversammlung nach der anderen sorgte sie dafür, daß keiner vergaß, daß es Clarks Selbstzufriedenheit gewesen war, die zu seinem Niedergang geführt hatte.

Victoria Rickey sprach zwar die Gefahren offen aus, zeigte aber auch Vertrauen in ihre Leute. Und allen, die an zentralen Verbesserungsprojekten arbeiteten, schärfte sie ein, sich direkt ans Topmanagement zu wenden, sollten sie auf Probleme stoßen.

Der Weg zur Spitze

Mit ihrer Vision von NMHG als weltweitem Marktführer appellierte Victoria Rickey an Herz und Verstand ihrer Mitarbeiter. Sie förderte und inspirierte ihre Leute, indem sie die Fortbildungsmaßnahmen drastisch erweiterte, neue Stellen schuf, in denen die Mitarbeiter voll gefordert wurden, und jeden Verbessserungsvorschlag öffentlich lobte. Und sie nutzte jeden Kontakt mit Kunden und Mitarbeitern, um Begeisterung zu wecken.

Das alte Management hatte zwar zahlreiche Teams zur Verbesserung von Qualität und Effizienz eingesetzt, sich jedoch nach Erteilung der Aufträge nicht mehr um sie gekümmert. Manche Teams hatten bis zu zwei Jahre gearbeitet, ohne wesentliche Erfolge zu erzielen. Andere hatten Verbesserungen erzielt, die den Kunden unwesentlich erschienen.

Victoria Rickey machte reinen Tisch. Sie löste die alten Teams auf, zog die vielversprechendsten Führungskräfte des Unternehmens von ihren bisherigen Posten ab und machte sie zu Leitern neuer Teams, die gezielt auf die Schlüsselprobleme angesetzt wurden. Dann teilte sie jedem Team einen hochrangigen Manager als Paten zu – ein klares und unmißverständliches Signal für die überragende Bedeutung der Mission.

Innerhalb von acht Monaten konnte Rickey eine Reihe bemerkenswerter Fortschritte vorweisen. Die neuen Teams arbeiteten so effektiv, daß viele bereits zu diesem Zeitpunkt ihrem Zeitplan um Monate voraus waren.

Das Team, das die Modellvarianten der Gabelstapler kritisch durchleuchten sollte, stellte fest, daß bei einer bestimmten Serie sage und schreibe 98 verschiedene Gabellängen und 96 verschiedene Armaturenbretter angeboten wurden. Ein paar Monate später präsentierte das Team einen Plan zur Umstellung auf eine kleinere Zahl standardisierter Gabeln und einige wenige vollwertige, aber preisgünstigere Armaturenbretter. „So weit ich weiß“, sagt Rickey, „hat seit der Umstellung noch kein Kunde gesagt: ‚Ich will diesen Gabelstapler, aber könnten Sie bitte nicht die Gabel drei Zentimeter länger machen?‘“ Die Umstellung auf standardisierte Modellvarianten spart NMHG Geld, und die Kunden bekommen trotzdem, was sie wollen.

Ein anderes Team hatte die Aufgabe, zu untersuchen, wie die Kunden den Begriff Qualität definierten. Das Team stellte fest, daß die NMHG-Kunden, wie bereits in Kapitel 3 erwähnt, unter gutem Service vor allem eines verstanden: einen defekten Gabelstapler möglichst schnell wieder einsetzen zu können. Dagegen spielte der Preis, den die leitenden Angestellten bei NMHG traditionell für den entscheidenden Faktor gehalten hatten, mit einem Anteil von gerade einmal 15 Prozent keine sonderlich große Rolle für die Kaufentscheidung. NMHG reagierte schnell und gezielt. Zum einen wurde die Schulung der Händler intensiviert, zum anderen das Master-Parts-System eingeführt, das den Händlern vorschreibt, jederzeit die hundert gefragtesten Ersatzteile vorrätig zu haben. Weitere Teams widmeten sich der Verbesserung der Absatz- und Produktionsprognosen und überprüften die Zweckmäßigkeit der für die Gabelstaplerfamilien angebotenen Sonderausstattungen.

Auch wenn die Wiederbelebung der Konjunktur in Europa ihren Teil zu den Umsatzsteigerungen von NMHG mit beigetragen haben mag: Daß die Umsätze 1995 die von 1993 um 40 Prozent übertrafen, ist zum Großteil ein Verdienst der neuen Ausrichtung des Unternehmens. Victoria Rickey selbst sagt zwar, daß es noch zu früh sei, um ihr das Wachstum als Verdienst anzurechnen. Wir sind da anderer Ansicht. Für uns ist Victoria Rickey ein Musterbeispiel dessen, was sich immer deutlicher als die kundenorientierte Führungspersönlichkeit des einundzwanzigsten Jahrhunderts herausschält.

Die Führungspersönlichkeit des 21. Jahrhunderts

Victoria Rickeys Führungseigenschaften weisen verblüffende Parallelen zu denen der Topmanager in fast allen kundenorientierten Unternehmen auf, die wir untersucht haben. Überall auf der Welt stießen wir auf dieselben neuen Muster: Die kundenorientierten Führungspersönlichkeiten engagieren sich sehr viel direkter, stehen Seite an Seite mit ihren Mitarbeitern, ohne sich im Mikromanagement zu verlieren oder den Enthusiasmus ihrer Mitarbeiter zu lähmen. Niemand, der die Topmanager der Zukunft heute bei der Arbeit sieht, würde ihren Stil als „distanziert“ bezeichnen. Sie stehen immer an vorderster Front – sprechen mit Kunden und Mitarbeitern, verdeutlichen ihre Vorhaben, machen neue Entwicklungen verständlich, heben das Selbstvertrauen ihrer Leute und helfen ihnen, an das Mögliche zu glauben.

Automatische Delegation von Verantwortung

Mehrere der von uns befragten Firmenchefs gestanden, oft schon nach zwei Wochen Urlaub das Gefühl zu haben, ihr Geschäft nicht mehr zu verstehen. Unter solchen Bedingungen kann es sich kein Führer mehr leisten, *nicht* an vorderster Front zu stehen.

Der neue Führungsstil ist eine Folge des fundamentalen weltweiten Strukturwandels, der sich heute rund um den Erdball in den Unternehmen und Branchen vollzieht. Als in Managerkreisen Anfang der achtziger Jahre über die Delegation von Verantwortung oder, wie wir es nennen, „Ermächtigung" diskutiert wurde, existierte in den meisten Unternehmen eine komplexe Hierarchie von Vorarbeitern, Teamleitern, Gruppenleitern und Abteilungsleitern, deren Aufgabe darin bestand, ihren Untergebenen Anweisungen zu erteilen. Inzwischen sind diese Hierarchien radikal verflacht worden. Wo früher vielleicht fünf Mitarbeiter einer Führungskraft untergeordnet waren, sind es heute mindestens 20.

Dadurch hat die Frage nach der Delegation von Verantwortung an die Mitarbeiter von allein an Bedeutung verloren. Wer heute als Angestellter an der Verkaufsfront steht, trägt fast automatisch Verantwortung. Es ist keiner da, der ihm Anweisungen erteilen oder deren Durchführung überwachen könnte. Der Angestellte muß täglich Dutzende von Entscheidungen treffen, die einst von den „Bossen" getroffen wurden. Und er muß sich der zentralen Rolle bewußt sein, die der Kunde bei diesen Entscheidungen spielt.

Was gute Führung erreichen kann

„Wir führen jeden Tag", sagt Tom O'Brien, Vorstandsvorsitzender der PNC Bank Corp. in Pittsburgh. „Wir sind draußen und vermitteln, was wirklich wichtig ist: persönliche Verantwortung für den Kunden zu übernehmen. Es ist eine zentrale Aufgabe des oberen Managements, auf allen Unternehmensebenen neue Führungskräfte aufzubauen, die sich für die Ziele und die Vision des Unternehmens einsetzen. Eine Vision ist keine feierliche Grundsatzerklärung, die man einrahmt und an die Wand hängt. Sie muß den Leuten vermitteln, was sie erwartet, was morgen passieren wird, warum wir bestimmte Entscheidungen treffen und welche Rolle sie selbst im Gesamtplan spielen."

Die PNC Bank Corp. hat sich aus bescheidenen Anfängen schnell zu einer der größten Banken Amerikas entwickelt. Das Unternehmen gedieh, weil es seinen Kunden große Aufmerksamkeit schenkte, klug gemanagte Fusionen einging, das Verhältnis zwischen Einnahmen und Ausgaben genau überwachte, auf den Wertzuwachs für Kunden und Aktionäre achtete und weil auf allen Ebenen der Organisation fähige Führungskräfte saßen.

Die Bank hat mit ungewöhnlicher Sorgfalt erforscht, wie sich erfolgreiche Beziehungen zu ihren Hunderttausenden von Kunden aufbauen lassen. Dabei hat sie einige wichtige Entdeckungen gemacht. Der Kundenzufriedenheitsindex der PNC mißt nur die Kunden, die mit der Bank „extrem zufrieden" sind. Der Indexwert ist nicht nur erstklassig, sondern wird jedes Quartal sogar noch besser. Wie die stellvertretende Vorsitzende Susan Bohn und der Vizepräsident und Direktor für Marktforschung Jim DiCostanzo entdeckten, verdankt die Bank das Kundenurteil „extrem zufrieden" weniger seiner Preis- oder Geschäftspolitik, sondern vor allem seinen im Umgang mit den Kunden kompetenten und aufmerksamen Mitarbeitern. Die Gründe, die von Firmenkunden für „extreme Zufriedenheit" genannt werden, beziehen sich zu über 70 Prozent auf das große Engagement der Bankangestellten, bei den Privatkunden beträgt dieser Anteil sogar über 80 Prozent.

Dieses Ergebnis überrascht nicht. Warum aber behandeln die Angestellten ihre Kunden so gut? Abbildung 6.1 enthält die Antwort. Wie die Nachforschungen von Bohn und DiCostanzo ergaben, korrelierte hervorragender Umgang mit den Kunden am stärksten mit *guter Führung*. Waren die Vorgesetzten zugänglich, fair und gute Zuhörer und hatten die Mitarbeiter ganz allgemein Vertrauen in das Topmanagement, schlug sich dies in einem besseren Service für die Kunden nieder.

Der Vorgang gleicht einer Art Kettenreaktion, die von der Spitze des Unternehmens ausgeht. Das exzellente Kontaktmanagement der PNC und anderer florierender Unternehmen ermuntert die Mitarbeiter zu

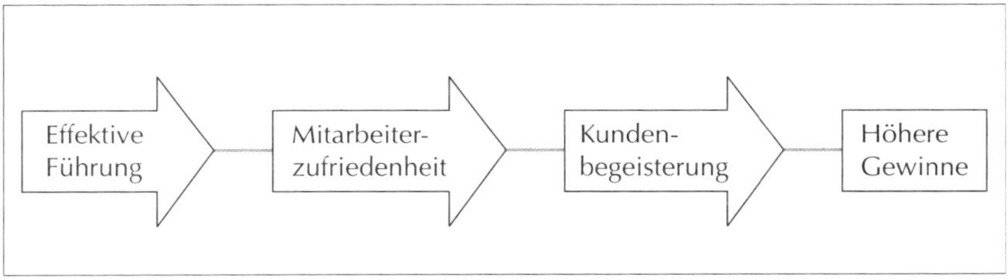

Quelle: PNC Bank Corp.

Abbildung 6.1 Die Erfolgskette

erstklassigen Leistungen, was treue Kunden hervorbringt. Und diese Kunden wiederum sind die Grundlage für außergewöhnlich hohe Gewinne und schnelles Wachstum.

Die vier Elemente des Kontaktmanagements

Forum Corporation hat kürzlich die Eigenschaften von 100 erfolgreichen Unternehmensleitern und 500 ihrer Topmanager analysiert und vier Eigenschaften (oder „Cluster") identifiziert, die für die erfolgreichsten kundenorientierten Topmanager typisch sind. Diese Eigenschaften sind:

1. **Ein enger Kontakt zu Kunden und Mitarbeitern.** Die erfolgreichsten Topmanager geben sich heute nicht mehr damit zufrieden, nur Marktforschungsdaten zu analysieren oder von anderen zu hören, was vorgeht. Sie treten persönlich in Erscheinung und gewinnen direkt und permanent Informationen aus erster Hand.
2. **Die Fähigkeit, anderen in klaren, konkreten Begriffen Sinn zu vermitteln.** Mit einer hehren Vision von der Kundenorientierung allein ist es heute nicht mehr getan. Gute Führungskräfte setzen ihre Visionen in die alltägliche Realität um und sorgen dafür, daß die Mitarbeiter ihre Bedeutung verstehen und begreifen, welche Rolle sie dabei spielen.
3. **Die Fähigkeit, andere – durch eine Mischung aus Herausforderung und Unterstützung – zu mobilisieren und Fortschritte für sie wahrnehmbar zu machen.** Der neue Topmanager delegiert

nicht nur Aufgaben und ermächtigt seine Mitarbeiter, sondern versteht es auch, sie zu mobilisieren und auf ein gemeinsames Ziel einzuschwören. Dadurch, daß er persönliche Verantwortung übernimmt, seine Leute herausfordert, ihr Bestes zu geben, Vertrauen zeigt in ihre Fähigkeiten und sie unterstützt, hilft er allen Mitarbeitern, am Fortschritt teilzuhaben.

4. **Die Fähigkeit, andere zu inspirieren und ihre Führungseigenschaften zu entwickeln.** Dies hat wenig mit „Motivation" im traditionellen Sinn zu tun; vielmehr wird die Fähigkeit geweckt, sich selbst zu inspirieren. Der neue Topmanager züchtet keine Gefolgsleute heran, sondern baut im ganzen Unternehmen eigenständige Führungspersönlichkeiten auf.

Wie Victoria Rickey von NMHG und Tom O'Brien von der PNC Bank Corp. ist auch Larry Bossidy ein hervorragender Kontaktmanager, der alle vier oben genannten Eigenschaften besitzt. Als Bossidy zum Vorstandsvorsitzenden von AlliedSignal, einem bedeutenden Hersteller von Produkten für die Auto-, Luft- und Raumfahrt- und die chemische Industrie, berufen wurde, war die Stimmung in der Belegschaft auf einen Tiefpunkt gesunken. Kein Wunder – die Löhne waren seit sechs Jahren nicht gestiegen. Die Leute waren entmutigt und hatten keine klare Vorstellung davon, wohin das Unternehmen steuerte.

Vom Buhmann zum Helden

An der schlechten Stimmung konnte Bossidy zunächst einmal nichts ändern. Im Gegenteil. Ihm war klar, daß AlliedSignal schrumpfen mußte, um wieder konkurrenzfähig zu werden, und innerhalb kürzester Zeit reduzierte er den Personalbestand von 105 000 auf 85 000 Mitarbeiter. Aber Bossidy war alles andere als ein bloßer Kostensparer. Parallel zu den Abbaumaßnahmen fing er an, AlliedSignal klare Ziele zu setzen und das Unternehmen an den Bedürfnissen der Kunden auszurichten. In seinen ersten 60 Tagen als Vorstandsvorsitzender sprach er mit beinahe 5000 Mitarbeitern und zahllosen Kunden über die Fehler des Unternehmens und mögliche Gegenmaßnahmen.

Bossidy entdeckte beispielsweise, daß Allieds Informationssysteme irreführende Informationen lieferten. Während die internen Daten eine

Auftragserfüllung von 98 Prozent auswiesen, berichteten Kunden, daß AlliedSignal nur 60 Prozent seiner Aufträge erfüllte. „Am Anfang bekam ich von den Kunden wirklich einiges zu hören", erinnert sich Bossidy. „Wenn du die Kunden nicht zufriedenstellst, kannst du einpacken. Dann ist es aus."[1]

Es war jedoch keineswegs aus. Seit er vor vier Jahren in das Unternehmen eingetreten ist, verzeichnet AlliedSignal kräftige Umsatzzuwächse, explodieren die Gewinne und ist der Kurs der Allied-Aktien von 30 auf beinahe 80 Dollar hochgeschnellt. Heute ist Larry Bossidy wahrscheinlich der populärste Mann an der Wall Street, und die Zeitschrift *Financial World* hat ihn zum Manager des Jahres ernannt.

Kontaktmanager stellen Verbindungen her

Bossidys ständige Besuche bei Kunden und Mitarbeitern beweisen, für wie wichtig er es hält, Kontakte zu den Kunden zu knüpfen und zu pflegen. Er selbst sagt dazu:

> Kunden haben immer Schwierigkeiten, jemanden zu finden, der auf ihren Veranstaltungen eine Rede hält. Ich melde mich freiwillig. Warum? Weil ich Mario Cuomo bin? Nein. Sondern aus dem einfachen Grund, weil ich so zwei Stunden im Unternehmen eines Kunden verbringen kann. Das sind Chancen, die man sich nicht entgehen lassen darf... Wir haben nur die Kunden, die wir haben, also tun wir gut daran, sie zu lieben... Je kundenorientierter wir werden, desto weniger müssen wir predigen, daß Veränderungen notwendig sind. Die Leute wissen es.[2]

Eine Studie der Beratungsfirma Rath & Strong hilft zu verstehen, warum Bossidy so großen Erfolg hatte. Im Rahmen der unter dem Titel „Connecting Customers and Change" publizierten Untersuchung wurden unter anderem die Antworten von 200 leitenden Managern von Fortune-500-Unternehmen ausgewertet. Die Ergebnisse deuten darauf hin, daß Führungskräfte auf Umstrukturierungsmaßnahmen in ihren Unternehmen um so positiver reagieren, je breiter, intensiver und häufiger ihre Kundenkontakte sind. Insbesondere wurde eine starke Korrelation zwischen der Geschwindigkeit organisatorischer Veränderungen und der Anzahl der Kontakte mit Firmenkunden nachgewiesen. „Eine gute Verbindung zu den Kunden", sagt John Guaspari, Vizepräsident von Rath & Strong, „scheint Führungskräften nicht nur die Notwendigkeit für Veränderungen deutlicher vor Augen zu führen, sondern veranlaßt sie offensichtlich auch, diese zielgerichteter und energischer zu betreiben. Und das wiederum heißt, daß Veränderungen schneller umgesetzt werden und nachhaltiger wirken.“

Kontaktmanager stiften Sinn

Bossidy *stiftet Sinn* dadurch, daß er klare Werte setzt und eine klare Vision der Zukunft von AlliedSignal entwickelt. Als er seinen Posten antrat, ging er mit seinen zwölf Topmanagern zwei Tage lang in Klausur und diskutierte mit ihnen, was für die Organisation wirklich wichtig war. Die Gruppe einigte sich auf sieben einfache Werte, die den Mitarbeitern klar vor Augen führten, was von ihnen erwartet wird: Kunden, Integrität, Menschen, Teamwork, Schnelligkeit, Innovation und Leistung. Noch einmal Bossidy:

> Wenn Sie in diesem Unternehmen eine Führungskraft sind und sich nicht unseren Werten entsprechend verhalten, riskieren Sie, als Heuchler entlarvt zu werden. Und sie bekommen ganz schön Druck – was ich phantastisch finde … Die Leute müssen wissen, wohin sie unterwegs sind, was ein Sieg ist, wohin AlliedSignal unterwegs ist und wie wir dahin kommen … Und sie müssen nicht nur einsehen, warum sie dort hinkommen sollen, sondern brauchen auch etwas Hilfe auf dem Weg dorthin.[3]

Kontaktmanager mobilisieren

Bossidy weiß auch, wie man Menschen mobilisiert: Er hört ihnen zu, geht auch schwierigen Fragen nicht aus dem Weg, bezieht eindeutig Stellung, stellt sie vor Herausforderungen und hilft ihnen. Er schafft Foren, damit er Mitarbeiter aus allen Hierarchieebenen hören kann. Und er sagt dem gesamten Unternehmen klar und deutlich, welche gewaltigen Aufgaben AlliedSignal vor sich hat. Bossidy hat offensichtlich begriffen, was der Unternehmensberater Curt Berrien meinte, als er sagte: „Vision ist eine kommunikative, keine planerische Herausforderung.“

Wenn jemand das Unternehmen auf einer öffentlichen Versammlung kritisiert, wertet Bossidy dies als positives Ereignis. „Das bringt die Sache auf den Tisch und erlaubt es einem zu reagieren … Es ist gut, wenn die Leute am Abend heimgehen und sagen: ‚Diesem Hundesohn habe ich heute unter die Nase gerieben, was ich von ihm halte.' "

Um zu hören, was die einfachen Angestellen zu sagen haben, organisiert Bossidy informelle Treffen. Wann immer er ein Werk oder eine Allied-Vertretung besucht, trifft er sich mit Gruppen von etwa 20 Angestellten – ohne Namensschilder, ohne Vorgesetzte.

„Wir wollen ein Klima schaffen, in dem die Leute kein Blatt vor den Mund nehmen", sagt Bossidy. „Wenn ich interaktive Sitzungen durchführe, verlasse ich nicht nach drei Fragen den Raum. Ich stelle klar, daß ich so lange bleiben werde, bis die letzte Frage gestellt ist."

Konfrontation mit American Airlines

Nach einem alles andere als positiv verlaufenen Gespräch mit Robert Crandall, dem Präsidenten von American Airlines, bewies Bossidy, daß er seine Leute hinter sich bringen konnte. American Airlines war ein Schlüsselkunde für Navigations- und Kommunikationssysteme und andere Luftfahrtsysteme von AlliedSignal. Crandall hatte Bossidy gegenüber keinen Zweifel daran gelassen, daß er AlliedSignal – im Gegensatz zu American Airlines – nicht für ein marktorientiertes Unternehmen hielt und er, wäre er nicht durch einen langfristigen Vertrag gebunden, bei einem anderen Unternehmen einkaufen würde. Crandall monierte vor allem, daß Allieds bürokratischer Wasserkopf American Airlines bares Geld kostete. Zu allem Überfluß war Allieds Service durch die von Bossidy verfügten scharfen Sparmaßnahmen zunächst nicht besser, sondern im Gegenteil schlechter geworden. Die Mitarbeiter befanden sich in einer Art Schockzustand, und jeder fragte sich, wie weit Bossidy die Sparmaßnahmen noch treiben würde.

Bossidy reagierte mit einem ungewöhnlichen, aber äußert klugen Schachzug: Er gab Crandalls vernichtende Kritik an alle Mitarbeiter weiter. Ein Ruck ging durch das Unternehmen. In kürzester Zeit entwickelte das Management eine Strategie, wie man Kunden wie Crandall besser bedienen könnte, und setzte sie in die Tat um. Zunächst wurden die Mißstände in der Produktion und im Bereich Forschung und Entwicklung angegangen, von denen man annahm, daß sie am schnellsten zu beheben wären. Dann nahm sich das Management intensiv die verbliebenen Mitarbeiter des Unternehmens vor und schulte sie, um eine kundenorientierte und damit wachstumsfähige Organisation zu schaffen.

Heute ist AlliedSignal kaum wiederzuerkennen. Zwei Jahre nach seiner Abrechnung mit Allied lobte ein offensichtlich mehr als zufriedener Crandall Bossidy über den grünen Klee und erklärte, bei noch keinem Lieferanten binnen so kurzer Zeit so dramatische Verbesserungen erlebt zu haben.

Kontaktmanager inspirieren

Last but not least versteht Bossidy es auch, seine Mitarbeiter *zu inspirieren.* Um ihnen ein Gefühl für Disziplin *und* Teamarbeit einzuimpfen und sie auf seinen Kurs einzuschwören, verpflichtete er alle Beschäftigten zur Teilnahme an einer viertägigen Schulung, die sich vor allem der Frage widmete, wie man den Kunden Qualität liefern kann. (Bossidy nahm ebenfalls daran teil.) „Wir haben es hier nicht mit einer dieser kurzlebigen Qualitätskampagnen zu tun", erklärte er. „Es ist nicht damit getan, ein paar Plakate aufzuhängen und sich gegenseitig zu umarmen. Es geht darum, daß wir enger zusammenarbeiten und permanent nach draußen schauen, unsere Kunden und ihre Bedürfnisse im Auge behalten ... Am Ende setzt man eben eher auf die Menschen als auf die Strategie, denn das Problem bleibt doch immer wieder die Ausführung."[4]

Wie viele andere erfolgreiche Unternehmensleiter, denen wir bei der Arbeit zusahen, treibt auch Bossidy seine Mitarbeiter schnell voran. Dabei hilft er ihnen weniger, *mit den Veränderungen fertig zu werden,* als *sich an einen neuen Arbeitsstil zu gewöhnen.* Unter dem Kontaktmanager Bossidy wurde der knappe Befehlston von Überzeugungsarbeit und Fortbildung abgelöst, trat offene, konkrete Kommunikation an die Stelle ätherischer Visionen, hat die Übernahme persönlicher Verantwortung jene Art der Delegation ersetzt, die den Betroffenen mehr als „Abdankung" vorkam. Auch der noch vor einigen Jahren so beliebte informative Führungsstil à la „Was würden Sie gerne tun?" oder „Wie hätten Sie's denn gern?" wurde durch energisches Eintreten für das Wichtige ersetzt. Susan Beckmann, die höchst erfolgreiche Leiterin des Bostoner Büros der Business Markets Division von MCI, sagt dazu: „Sie würden sich wundern, wie gerne die Leute es haben, wenn ihnen in dieser verwirrenden und unsicheren Welt hin und wieder mal jemand sagt, was zu tun ist."

Führung übernehmen in einer verwirrenden und unsicheren Welt ist genau die Herausforderung, die Leute wie Bossidy, Rickey und O'Brien bewältigt haben. „Yogi Berra hatte unrecht", sagt Bossidy, „es ist nicht vorbei, wenn es vorbei ist, denn es ist nie vorbei."[5]

Wie man eine Umstrukturierung managt

Es gehört mit zu den modernen Mythen, daß die Fähigkeit zur Führung etwas Nebelhaftes sei, eine mysteriöse Gabe, die ein paar wenigen Menschen angeboren, eine Sache des Stils, Charismas und der intensiven persönlichen Ausstrahlung ist.

Das mag vielleicht in Hollywood so sein. In Wirklichkeit jedoch ist gutes Management etwas ganz anderes. Wie unsere Studie, zu der wir 100 erfolgreiche Unternehmensleiter und 500 ihrer Topmanager befragten, ergab, zeichnen sich Personen, die schnell wachsende, kundenorientierte Organisationen führen, durch ganz bestimmte, klar definierbare Verhaltensweisen aus – Verhaltensweisen, die erlernbar sind.

Selbst-Test: Der Mythos vom Charisma

Die meisten Leute glauben immer noch, Führung hätte etwas mit Charisma zu tun. Wir nicht. Also bitten wir die Leute, einen einfachen Test zu machen:

1. Schreiben Sie die Namen der drei besten Führungskräfte auf, für die Sie je gearbeitet haben.
2. Bewerten Sie ihr Charisma auf einer Skala von 1 bis 10, wobei 10 der beste Wert ist.

Unserer Erfahrung nach ist es unwahrscheinlich, daß Ihre bevorzugten Führungskräfte besonders charismatisch waren. (Die meisten Leute geben ihnen eine Note zwischen 5 und 6.)

Der Führer eines kundenorientierten Unternehmens verläßt sich weniger auf sein Charisma (eine bemerkenswert seltene Eigenschaft) als auf seine leidenschaftliche Verbundenheit, und er ergreift ganz bestimmte Maßnahmen, um Sinn zu vermitteln, um Menschen zu mobilisieren und um sein Unternehmen auf zielgerichtete Weise voranzubringen. Wie dies genau geschieht, wird im Rest dieses Kapitels gezeigt.

Mit Leidenschaft Verbundenheit herstellen

Wie die Forum Corporation feststellte, suchen die erfolgreichsten Topmanager fast zwanghaft den Kontakt zu ihren Mitarbeitern und Kunden. Man könnte sagen, sie empfinden ein Grundbedürfnis nach besseren Informationen – insbesondere über die Kunden, aber auch über alles andere, was ihr Geschäft betrifft. Dabei sind diese Informationen nicht Selbstzweck, sondern dienen dem Ziel, die Welt besser zu verstehen. Eine Führungskraft, die ihren Realitätsbezug verloren hat, ist keine Führungskraft mehr.

Als wir Steve Bonner, den Präsidenten der Construction Information Group (CIG) des McGrawHill-Konzerns kennenlernten, stach uns sofort der Stapel Wirtschaftsbücher auf seinem Schreibtisch ins Auge – es waren mindestens acht Bücher, darunter Werke über Total Quality Management, Führungsverhalten und Kundenorientierung. Einer von uns sagte: „Da haben Sie aber ganz schön viel vor, wenn Sie das alles lesen wollen."

„Oh, mit denen bin ich schon durch", antwortete Bonner und wies auf einen anderen Bücherstapel auf seinem Beistelltisch. „Die da stehen noch auf der Lektüreliste."

Lesen war jedoch nur der erste Schritt, mit dem Steve Bonner seinen Realitätsbezug aufrechterhielt. Wir erfuhren bald, daß er eine Gruppe von 35 Topmanagern damit beauftragt hatte, als seine „Botschafter" Mitarbeiter im ganzen Unternehmen zu interviewen, damit die „Stimme der Mitarbeiter" auch garantiert bis zur Unternehmensleitung vordrang. Und wir erfuhren, daß er, um sich über die Entwicklung in seiner Branche auf dem laufenden zu halten, eine sorgfältig ausgewählte Liste von Wirtschaftszeitschriften und Informationsdiensten auswertete und daß er im Bemühen um einen effektiveren Strategiefindungsprozeß permanent die Methoden studierte, wie andere Unternehmen ihre Strategien formulierten. Zusätzlich stand Bonner im direkten Kontakt zu den Kunden, damit seine Einsichten zielgerichtet und objektbezogen blieben.

Wirklich innovative Topmanager schotten sich nicht hinter verschlossenen Türen ab, sondern suchen immer stärker den Kontakt nach draußen, zu ihren Kunden, Lieferanten, Angestellten und Konkurrenten. Eine Eigenschaft, die für ihre unmittelbaren Mitarbeiter manchmal auch frustrierend sein kann. So beschwerten sich einmal die direkten Untergebenen eines Topmanagers in der Autoindustrie, daß sie ihn nie in seinem Büro vorfänden. Sein Antwort: „Nun, als ich das letzte Mal nachsah, wurden in meinem Büro keine Autos hergestellt."

Der alte Rat, „Management durch Herumwandern" zu praktizieren, ist nur der Anfang. Der General-Electric-Vorstandsvorsitzende Jack Welch und andere Spitzenmanager sind geradezu besessen davon, via E-Mail den Kontakt nach außen aufrechtzuerhalten. Regelmäßige Besuche bei internen und externen Kunden spielen in den Strategien der meisten erfolgreichen Führungskräfte eine Schlüsselrolle. In der Fast-Food-Industrie gehen manche Führungskräfte sogar selbst in die Restaurants und braten Hamburger, um die Verbindung zu Kunden und Mitarbeitern nicht zu verlieren.

Die meisten Führungskräfte haben noch keine vollwertige Version der „dynamischen Scorecard" entwickelt, die wir in Kapitel 3 vorgestellt haben. Ein Kernelement vieler Strategien zur Verbesserung des Realitätsbezugs ist jedoch, daß Kundendaten mindestens ebenso regelmäßig erhoben werden wie finanzielle Daten. Sir Colin Marshall ließ in seiner Zeit als Vorsitzender von British Airways jeden Monat einen vollständigen Bericht über die (exzellente) Kundenbewertung seiner Fluggesellschaft erstellen. Zusätzlich hielt Marshall den Kontakt zur Basis, indem er eine Menge Zeit auf Flughäfen verbrachte. Er war bekannt dafür, morgens um fünf, wenn die erste BA-Maschine des Tages landete, am Flughafen aufzutauchen. Dadurch blieb er nicht nur selbst mit seinen Leuten in Verbindung, sondern ermunterte auch die anderen Manager seines Unternehmens, zu Frühaufstehern zu werden. „Nachdem Sir Colin seinen Posten angetreten hatte, stellten wir plötzlich alle fest, daß wir immer früher aufstanden", sagt Chris Byron, Geschäftsführender Direktor der Personalabteilung der British Airways.

„Außerdem ließen wir uns viel öfter sehen und lernten zuzuhören."

Führungskräfte mit guten Kontakten helfen auch anderen Führungskräften, Kontakte zu knüpfen. Als George Fisher Motorola verließ und Vorstandsvorsitzender bei Kodak wurde, wollte er sicherstellen, daß alle Mitarbeiter des Unternehmens ihre Kunden kannten. Als ein Schritt in diese Richtung verlegte er Vorstandssitzungen aus dem traditionellen Tagungsort, dem ebenso beschaulichen wie weltabgeschiedenen Rochester im Staat New York, nach Las Vegas, in eben das Kongreßzentrum, wo just zu der Zeit die Photographic Marketing Association ihr Jahrestreffen ausrichtete. Fisher foderte seine Vorstandsmitglieder, darunter ein früherer Gouverneur von Kentucky und sogar ein früherer Vorsitzender der Securities Exchange Commission der US-Regierung, ausdrücklich auf, durch die Gänge des Kongreßzentrums zu schlendern und den persönlichen Kontakt zu einigen der anwesenden 27 000 Kunden und potentiellen Kunden zu suchen.

Die leitenden Angestellten der MBNA America Bank, eines großen Kreditkartenanbieters, müssen pro Monat vier Stunden bei der Beantwortung von Kundenanrufen mithören. Die British Airways hat ihre Führungskräfte sogar dazu verpflichtet, regelmäßig Beschwerdeanrufe entgegenzunehmen. Und das Versandhaus Best Products schickt seine Topmanager im Rahmen des „Service-Partner"-Programms in der Hochsaison in die Geschäfte, damit sie den Verkaufsstreß am eigenen Leibe erfahren.

Was? Keine separate Toilette für Führungskräfte?

Viele Führungskräfte verändern sogar das Layout der Büros, um den Kontakt zu ihren Mitarbeitern zu verbessern. Sie lassen Wände herausbrechen oder ihren Schreibtisch ins Zentrum des Geschehens stellen und durchbrechen damit die Isolation des „Geschäftsführungsflügels".

Bei UARCO, einem bedeutenden Anbieter von Dokumenttechnologien, ließ der neue Vorsitzende Bob Harbage sofort nach seinem Antritt eine Holzwand entfernen, die einen schmalen Korridor zu den Büros der Geschäftsführung bildete. „Um die Veränderung in unserem Unternehmen zu beschleunigen, müssen wir in Projektgruppen und Teams arbeiten", sagt Harbage. „Wir ließen sieben Führungskräfte aus den Büros im Westflügel ausziehen und richteten dort Lagebesprechungszentralen ein, die durchaus mit den verbunkerten Kommandozentralen verglichen werden können, die Churchill vor fünfzig Jahren benutzte. Dort werden die neuesten Informationen über Kunden, Konkurrenten, Angestellte und Geschäftsergebnisse an die Wand gepinnt."

Auch Harbage schickte seine Führungskräfte an die Verkaufsfront. Auf der ersten Konferenz mit seinen leitenden Managern unmittelbar nach seiner Ankunft im Jahr 1994 hatte er zwar noch geduldig die langen und ermüdenden Finanzberichte verfolgt, dann aber verkündet: „Das war die letzte Konferenz dieser Art. Das Letzte, was wir brauchen, ist eine Geschichtsstunde über das, was wir im Rückspiegel sehen." Fortan galt für alle Führungskräfte, die nicht direkt mit dem Verkauf zu tun hatten (die Direktoren der Finanzabteilung und der Einkaufsabteilung, der Personalchef und so weiter) die Direktive, sich vor den Konferenzen an die Verkaufsfront zu begeben und

- Kunden zu fragen: „Was bekommen Sie nicht von uns, das Sie gerne hätten?"
- Verkäufer zu fragen: „Was würden Sie gerne verkaufen, das Sie nicht im Angebot haben?"
- Regionalleiter zu fragen: „Wie können wir es schaffen, daß wir für die Kunden in Ihrer Region doppelt so wertvoll werden?"

In Abbildung 6.2 sind die Handlungsweisen aufgeführt, die zum Cluster „Leidenschaftliche Verbundenheit" gehören. Nehmen Sie sich einen Augenblick Zeit und analysieren Sie für jede Handlungsweise, wo Sie selbst stehen.

Die fünf Strategien, die nach unseren Forschungsergebnissen am stärksten mit herausragenden Leistungen in diesem Cluster korrelieren, sind:

- Beziehen Sie Informationen aus so vielen internen und externen Quellen wie möglich
- Analysieren Sie, wie gut die Mitarbeiter in Ihrer Gruppe zusammenarbeiten
- Machen Sie sich mit den Fähigkeiten und Interessen der Mitglieder Ihrer Arbeitsgruppe vertraut
- Untersuchen Sie, wie Ihr Verhalten dazu beiträgt, die Strategie der Organisation zu unterstützen und umzusetzen
- Seien Sie sich über Ihre eigenen Fähigkeiten und Interessen im klaren

Abbildung 6.2
Führungspraktiken, die funktionieren: Leidenschaftliche Verbundenheit

Zurück an die Basis

Der Schein trügt. Die Gäste in den Singapurer Hotels Westin Stanford und Westin Plaza können nicht wissen, daß der Page, der ihnen das Gepäck trägt, womöglich der Westin-Generaldirektor David Shackleton ist. Shackleton ist der Ansicht, daß er sich ganz konkret in die Lage seiner Angestellten versetzen und in der realen Welt mit den Kunden verkehren muß, um ihre Bedürfnisse und Frustrationen tatsächlich zu verstehen. Er glaubt, daß Elfenbeintürme zu Todeszellen werden können. Oder, wie er selbst es formuliert: „Das obere Management verstrickt sich allzuoft in Verwaltungsangelegenheiten und verliert aus den Augen, was der Kunde wirklich will. Wenn ich in den Schuhen meiner Mitarbeiter stecke und Seite an Seite mit ihnen arbeite, gewinne ich ein besseres Bild davon, ob und wie wir die Erwartungen unserer Gäste erfüllen."

Die Erfahrungen, die Shackleton an der Basis macht, ziehen viele scheinbar unwichtige Veränderungen nach sich, die jedoch in der Summe das Leben seiner Gäste gewaltig erleichtern. Als Kellner lernte er, daß die Gäste morgens oft sehr angespannt sind, und wies seine Mitarbeiter an, ihnen mit einem aufrichtigen Lächeln und einem freundlichen „Guten Morgen" den Start in den Tag zu versüßen. Als Page machte er die Erfahrung, daß „wir uns mehr anstrengen müssen, unsere Gäste mit dem Namen anzusprechen. Es gibt zahllose Gelegenheiten ... sie korrekt und mit dem gebotenen Respekt zu begrüßen."

Shackletons Verbundenheit mit der Basis hat auch zu einer nachhaltigen Verbesserung des Zusammenhalts von Management und Personal geführt. „Außerdem", sagt Shackleton, „erhält man dabei eine sehr nützliche Lektion in Sachen Bescheidenheit und wird wieder einmal daran erinnert, daß die eigentliche Arbeit in einem Hotel nicht hinter dem Schreibtisch geleistet wird."

Die Fähigkeit, anderen in klaren, konkreten Begriffen Sinn zu vermitteln

Der kundenorientierte Firmenleiter von heute trägt dazu bei, den Menschen in seiner Organisation ein positives und motivierendes Bild ihrer persönlichen Zukunft zu vermitteln. Ein Bild, das der alltäglichen Arbeit Sinn und Richtung verleiht, das die Ziele des Unternehmens aus der dünnen Luft der Vorstandsetage hinunter zu den Angestellten trägt und sie für jeden Mitarbeiter des Unternehmens klar und verbindlich macht.

Sinn stiften setzt mehr voraus als eine bloße Vision – und viel mehr als eine Liste von Prinzipien, die in einem fernen Konferenzzentrum formuliert wurden. Eine Vision liefert eine Richtschnur – definiert den Imperativ des Unternehmens. Um sich aber durchsetzen zu können, muß sie jeden Tag aufs neue von einem Führer verstärkt werden, einem Führer, der dieser Vision durch sein persönliches Engagement Inhalt gibt, der dafür sorgt, daß alle wissen, was sie tun und warum sie es tun, der andere daran beteiligt, diese Vision täglich umzusetzen, der sie täglich selbst vorlebt.

Kontaktmanager tun sehr viel mehr, als tiefschürfende Sätze über die Zukunft zu drechseln. Sie gewinnen ihre Mitarbeiter für eine Sache – für einen Lebenssinn, wenn man so will –, für einen Grund, sich selbst zu übertreffen, der jeden Tag aufs neue interpretiert und vorgelebt wird.

Eine gute Sache

Die Arbeit für eine solche Führungspersönlichkeit läßt sich in mancher Hinsicht mit der Arbeit für Apple Computer in der legendären Frühzeit des Unternehmens vergleichen. Es war weder der wöchentliche Gehaltsscheck, der die Mitarbeiter damals dazu antrieb, bis spät in die Nacht hinein zu arbeiten und ihre Mahlzeiten am Schreibtisch hinunterzuschlingen, noch ging es ihnen um Profitmaximierung, um die Aussicht auf potentielle Reichtümer durch Aktienbezugsrechte oder die Hoffnung auf Beförderung.

Doch was steckte dann dahinter? Was die Mitarbeiter antrieb, war die überwältigende Macht der „Idee“ – der Glaube, daß dieses Unternehmen und sie einen Computer für jedermann schaffen würden. Das war der Punkt.

Auf ähnliche Art und Weise vermittelt die Arbeit unter kundenorientierten Führungskräften Zweck, Richtung und Sinn. Ihre Mitarbeiter wissen, vor welchen Herausforderungen das Unternehmen steht, warum es sich lohnt, sie zu bewältigen, und welche Rolle sie persönlich dabei spielen. Die Vision wird vielleicht nicht einmal ausgesprochen, aber sie ist präsent, sie ist lebendig und dauerhaft.

Die Mitarbeiter an der Zielformulierung beteiligen

Die neuen Führer – diejenigen, die kundenorientiert sind – helfen ihren Mitarbeitern, die Ziele des Unternehmens zu verstehen, indem sie sie an ihrer Formulierung beteiligen. Tatsächlich war das Ausmaß, in dem die Mitarbeiter an der Zielsetzung des Unternehmens beteiligt wurden, in unserer Studie der Faktor, der am stärksten mit einer erfolgreichen „Sinnstiftung" korrelierte.

Bob Harbage von UARCO forderte die Führungsleute im mittleren Management dazu auf, eine Zukunftsvision zu entwickeln, in der Geschäftsformulare im Computer und nicht mehr auf dem Papier produziert werden. Das Topmanagement hielt sich dabei völlig heraus. Die daraus hervorgegangene Vision – das „Project Phoenix" – wurde dem Topmanagement vorgelegt, das sich die Vision zu eigen machte und mit sehr geringen Modifikationen dem ganzen Unternehmen vermittelte. Dabei forderte Project Phoenix nicht mehr und nicht weniger als die völlige Reorganisation der Produktvermarktung und des Kundenservice des Unternehmens.

Auch Emma Lou Brent, die Präsidentin der kleinen Phelps County Bank in Rolla, Missouri, setzte auf die Beteiligung der Mitarbeiter, um ihnen die Ziele und Pläne – die Vision – der Bank zu vermitteln. Sie erstellte Diagramme, die genau zeigten, wie die Bank jeden einzelnen Cent verdiente, und lud alle 53 Angestellten ihres Unternehmens zu einer Zielsetzungskonferenz ein. Ihrer Ansicht nach konnte die Bank in der Ära der Megafusionen nur dann überleben, wenn sie einen so hervorragenden Service bot, daß sie den Bürgern von Rolla und Umgebung tatsächlich half, ihr Leben besser zu organisieren. Sie machte diese Vision ihren Mitarbeitern verständlich und zeigte jedem einzelnen, was er tun mußte, damit sie Wirklichkeit wurde.

Heute hat die Phelps County Bank sämtliche großen Wettbewerber in der Region deutlich hinter sich gelassen.

Der vielleicht größte Fehler, den ein Unternehmen machen kann, besteht in der Annahme, daß die schriftliche Formulierung einer Vision alle Probleme löst. Ebenso wie Kundendaten, die irgendwo nutzlos und unbeachtet verstauben, sind auch Zielvorstellungen, die nicht an die Verkaufsfront getragen werden, sondern nur eingerahmt in irgendeinem Vorstandszimmer hängen, wertlos.

Manche Unternehmensführer beteiligen die falschen Leute an der Entwicklung ihrer Vision. Und manche beteiligen überhaupt niemanden. Doch die vielleicht größte Sünde hat der Präsident einer Hotelgesellschaft begangen: Er rief seine Werbeagentur ins Haus und ließ deren Team die Vision formulieren. Daß die Aktion bei seinen Mitarbeitern ein kapitaler Schuß in den Ofen war, überrascht nicht.

Eine Vision ist ein mächtiges Werkzeug – vorausgesetzt, sie ist praktikabel und vernünftig, durchdringt die ganze Organisation und wird im täglichen Kontakt vermittelt und konkretisiert. James Collins und Jerry Porras, zwei Professoren der Stanford University, berichten in ihrem 1995 erschienen Buch *Built to Last,* daß die Börsenrendite von „visionären Unternehmen" die von Unternehmen ohne eine Vision fast um das Siebenfache übertrifft.

Tun, was man sagt

Nicht zuletzt stiften Führungspersönlichkeiten auch dadurch Sinn, daß sie sich persönlich für die Verwirklichung ihrer Grundsätze einsetzen. Das höchst erfolgreiche Unternehmen David Weekley Homes hat die Vision, schöne, makellose Familienhäuser zu bauen – und mit David Weekley einen Präsidenten, der diese Vision mit Leben füllt. Als sich mehrere Kunden über ein von seinem Unternehmen gebautes Haus beschwerten und sagten, die Firma auf keinen Fall weiterempfehlen zu wollen, suchte Weekley höchstpersönlich diese Kunden auf.

„Zuerst war ich am Boden zerstört", sagt Weekley. „Wir alle hatten vier bis sechs Monate hart gearbeitet und alles getan, um die Kunden zufriedenzustellen. Und wir waren gescheitert. Es sind eben eine Menge Kleinigkeiten, die in unserem Geschäft über Erfolg oder Mißerfolg entscheiden."

Durch seine Besuche bei den unzufriedenen Bauherren trat Weekley unmißverständlich und persönlich für das Ziel hundertprozentiger Kundenzufriedenheit ein. Daß er selbst hinausging und mit den enttäuschten Kunden redete, gab dem Ziel des Unternehmens einen konkreten Inhalt und vermittelte jedem einzelnen Mitarbeiter seines Unternehmens eine klare Botschaft. Glücklicherweise muß Weekley nicht viele Besuche machen – der Anteil zufriedener Kunden, die das Unternehmen weiterempfehlen, liegt konstant weit über 90 Prozent.

Um in der heutigen Zeit Erfolg zu haben, braucht ein Unternehmen ein übergeordnetes kollektives Ziel, das von allen Mitarbeitern verstanden wird und sie vorantreibt. Eine kundenorientierte Führungskraft versteht es, ein solches Ziel zu schaffen, und bedient sich dazu der in Abbildung 6.3 aufgelisteten Verhaltensweisen.

Die fünf Verhaltensweisen, die unseren Forschungsergebnissen zufolge mit hervorragendem Abschneiden in diesem Cluster korrelieren, sind:

- Vermitteln Sie die Strategie Ihrer gesamten Organisation
- Beteiligen Sie die richtigen Leute an der Entwicklung Ihrer Arbeitsgruppenstrategie
- Vermitteln Sie ein positives Bild von der Zukunft der Arbeitsgruppe
- Gehen Sie in wichtigen Angelegenheiten mit persönlichem Beispiel voran
- Modifizieren Sie Pläne und Maßnahmen, wenn Krisensituation dies verlangen

Abbildung 6.3
Führungspraktiken, die funktionieren: Der feste Vorsatz, Sinn zu stiften

Mobilisieren Sie andere und helfen Sie ihnen, Fortschritte wahrzunehmen

Mein Job ist es, ein Umfeld zu schaffen, in dem der einzelne Hervorragendes leisten kann.

Skip LeFauve
Vorstandvorsitzender, Saturn

Wie können Sie Ihre Leute mobilisieren, wenn Ihr Unternehmen gegen den Konkurs kämpft und Sie 40 Prozent der Belegschaft entlassen müssen? Fragen Sie Stewart Kasen.

Kasen gelang es, als Präsident des Versandhauses Best Products Co., Inc., schier unüberwindbare Hürden zu bewältigen. Er hatte vom neuen Eigner des Unternehmens, dem New Yorker Buyout-Spezialisten Adler & Shaykin, den Auftrag erhalten, das Ende der achtziger Jahre ins Schlingern geratene Unternehmen wieder konkurrenzfähig zu machen. Kasen ist begeisterter Sportfan, der häufig mit Begriffen aus der Welt des Sports argumentiert, wenn er etwas deutlich machen will. Er gab seine Spitzenposition bei Emporium Caldwell, einer Warenhauskette mit 750 Millionen Dollar Jahresumsatz, auf, weil es ihn reizte, ein Spiel mit denkbar schlechten Chancen zu gewinnen. „Vom Merchandising und Marketing her", sagt Kasen, „betrachtete ich die Sache als einen klassischen Neupositionierungsauftrag."[6] Eine, wie sich bald herausstellen sollte, krasse Unterschätzung der bevorstehenden Aufgabe.

Best Products steckte nämlich in weit ernsteren Schwierigkeiten, als Kasen angenommen hatte. Das Unternehmen hatte Zahlungsverpflichtungen von insgesamt über 1,5 Milliarden Dollar nicht erfüllt und wurde von alarmierten Gläubigern nicht mehr beliefert. In der Feriensaison 1990 mußte Best Products 25 Prozent der Kunden wieder wegschicken, weil die gefragten Waren nicht auf Lager waren. Am 4. Januar 1991, ein gutes Jahr, nachdem Kasen seinen Posten angetreten hatte, mußte Best Products Vergleich beantragen.

Die schlimmsten Zeiten sind die besten

Die nächsten Monate waren geprägt von einschneidenden Entlassungen, der Schließung zahlreicher Filialen und endlosen Konferenzen mit Anwälten und aufgebrachten Gläubigern. Wie sehr die Reorganisation auch Kasen in Mitleidenschaft zog, beweist folgende Anekdote: Ein Best-Anwalt, der sich mit Kasen in einem Restaurant verabredet hatte, bat den Oberkellner, ihn zu einem „verhärmt aussehenden, weißhaarigen Mann" zu führen. Der Kellner steuerte schnurstracks auf Kasen zu.[7]

Allmählich begannen Gerüchte über Kasens persönliche Opfer auch in die unteren Etagen des Unternehmens durchzusickern. Er hatte offensichtlich die persönliche Verantwortung für eine Situation übernommen, die objektiv gesehen nicht die seine war, und das machte auf die Angestellten großen Eindruck. Sie erkannten, daß ihr neuer Boß nicht nur ein kühl kalkulierender Geschäftsmann war, sondern auch in den bevorstehenden harten Zeiten zu ihnen stehen würde. Sie waren bereit zu kämpfen. Aber wie?

Kasens Entschlossenheit flößte den Gläubigern neues Vertrauen ein, und unter Führung der Chemical Bank wurde eine Kreditlinie für die Reorganisation des Unternehmens ausgehandelt. Eine der ersten Maßnahmen Kasens bestand darin, die am Boden liegende Einzelhandelssparte aus der juristischen Manövriermasse herauszunehmen und dafür zu sorgen, daß das Tagesgeschäft unbeeinflußt von den finanziellen Restrukturierungsmaßnahmen fortgeführt werden konnte. An der Verkaufsfront konzentrierte er sich ausschließlich auf die lukrativsten Produkte, verschönerte Interieurs und Auslagen, veränderte das Layout der Läden und schaffte die nötige Technik zur Verbesserung der Serviceleistungen an.

Was den Mitarbeitern am stärksten im Gedächtnis haften blieb, war jedoch, daß sich Kasen zum Trainer und Fürsprecher seiner Leute machte. Er sprach offen und direkt von der schwierigen Lage des Unternehmens und hielt die Angestellten in den Büros und die Verkäufer durch wöchentliche „Fortschrittsberichte" über die sich ständig wandelnde Situation auf dem laufenden. Er betrieb eine Politik der offenen Tür und lud seine Mitarbeiter ein, ihn jederzeit zu besuchen und alle Probleme, die sie auf dem Herzen hatten, mit ihm zu diskutieren. Dabei zeigte er große Konfliktbereitschaft. So sagte er einmal zu einer Gruppe von Mitarbeitern, sie könnten sich in ihr Schwert stürzen, wenn sie einen bestimmten Termin nicht halten würden. Der Termin wurde gehalten, und die Gruppe überreichte ihm zur Erinnerung ein Plastikschwert, das nun auf seinem Konferenztisch liegt. Dieses Schwert ist zu einem wichtigen Symbol für das Engagement geworden, das Best Products von seinen Mitarbeitern erwartet.

Kasen sorgte dafür, daß auf allen Ebenen Vertrauen in die Fähigkeiten der Mitarbeiter gezeigt wurde, und etablierte in allen Geschäften einen morgendlichen Kriegsrat von Managern und Personal. Um die Entwicklung der einzelnen Kaufhäuser zu überprüfen, ließ er in jedem einzelnen Geschäft allwöchentlich ausgewählte Kundengruppen befragen.

Der Erfolg? Am 15. Juni 1994 wurde die gesetzliche Überwachung von Best Products nach Chapter 11 des Bankruptcy Code von einem New Yorker Konkursgericht aufgehoben. Als das Urteil verkündet wurde, riß Kasen die Arme in die Luft, als ob er gerade ein Tor geschossen hätte. Am folgenden Tag wurde er von 700 jubelnden Mitarbeitern mit einem Konfettiregen, Luftballons und dem Titelsong von *Rocky* in der Lobby der Unternehmenszentrale empfangen. Kasen war tief gerührt: „Bessere Tage gibt es nicht im Leben. Dies ist nicht das Ende. Dies ist der Anfang."

Kasen führte den Sieg auf die Leistung seines Teams zurück: „Wenn mir ein Verdienst zukommt, dann der, ein Team von fähigen Leuten rekrutiert und aufgebaut zu haben, das gemeinsam die richtige Strategie entwickelte und in die Tat umsetzte. Der Trainer hat den Überblick. Er fordert seine Spieler und initiiert die Strategien."[8] Die früheren Eigner von Best Products dagegen schreiben einen Großteil des Verdiensts Kasen persönlich zu. Sie lobten ihn als „harten Geschäftsmann und mitfühlenden Menschen", und das sind genau die Eigenschaften, die man braucht, um ein Team zur Bewältigung fast unüberwindlicher Hürden zu motivieren.

Im Jahr 1994 schrieb Best Products erstmals wieder schwarze Zahlen: ein Gewinn von 23 Millionen Dollar gegenüber einem Verlust von 21 Millionen im Vorjahr. Best Products ist erfolgreich neupositioniert worden. Doch dem Heroismus und Einsatz von Kasen und seiner Mannschaft wird dieses nüchterne Wort nicht gerecht.

Teresa Hanger, die leitende Rechtsberaterin des Unternehmens, sagt über die Zusammenarbeit mit Kasen: „Meine Großmutter versteht bis heute nicht, warum ich mein florierendes Anwaltsbüro aufgab und zu einer zahlungsunfähigen Firma ging, aber es ist eine faszinierende Lernerfahrung. Unter Stewarts Führung erfinden wir ein brandneues Unternehmen."

Wie man 1400 Standorte managt

Jan Rivenbark, Direktor des operativen Geschäfts der Porträtstudio-Kette PCA, hat gelernt, worauf es ankommt, wenn man ein gutgeführtes Unternehmen schaffen will. Rivenbark hatte 1994 in Scottsdale, Arizona, eine Konferenz anberaumt, auf der die 100 führenden Manager seines Unternehmens leidenschaftlich und voller Tatendrang darüber diskutierten, wie sie ihren Kunden „ein phänomenales Foto-Erlebnis" bereiten könnten. Die Konferenz war ein voller Erfolg, und Rivenbark fühlte sich hinterher entsprechend gut. Gleichzeitig aber wurde seine Euphorie von der nagenden Furcht überschattet, daß die Wirkung der Konferenz schnell verfliegen könnte, und er machte sich Gedanken, wie er die Aufbruchstimmung, die das Treffen charakterisiert hatte, in den Alltag hinüberretten konnte.

Rivenbark stand vor einem gewaltigen Kommunikationsproblem: Die „Verkaufsfront“ von PCA bestand aus 3000 auf über 1400 Standorte verteilten Studiofotografen. Er selbst sagt dazu: „Ich kann meine Truppen leider nicht dadurch mobilisieren, daß ich sie in der Cafeteria antreten und die Unternehmenshymne schmettern lasse.“

In dieser Situation beschloß er, einem führenden Mitglied seines Managementteams die Verantwortung für die Verwirklichung der Vision von der „unvergeßlichen Kundenerfahrung“ zu übertragen. Dann jedoch dachte er die Sache noch einmal durch:

> Wenn diese Aufgabe wirklich so wichtig war, wie ich annahm, dann durfte ich sie nicht delegieren. Um die Kunden wirklich auf allen Ebenen der Organisation in den Mittelpunkt zu rücken, mußte jemand mit einem immensen Energieaufwand dafür sorgen, diese Vision mit Leben zu erfüllen. Und dieser Jemand konnte nur ich sein. Ich selbst mußte die Verantwortung für das Projekt übernehmen, dafür, daß sämtliche Hindernisse aus dem Weg geräumt wurden. Und ich mußte die Botschaft jeden Tag aufs neue vermitteln.

Verhaltensweisen, die gelernt werden müssen

Nach unseren Forschungsergebnissen sind von allen Verhaltensweisen, mit denen heutzutage Wachstum erzielt werden kann, diejenigen zur Mitarbeitermobilisierung am schwächsten entwickelt. Das alte Führungsparadigma war der große Einsame, ein Gandhi-Typ, der seine Ziele im stillen Kämmerlein formulierte, andere von ihrer Richtigkeit überzeugte, sie unter gewaltigen persönlichen Risiken durchsetzte und nach vollbrachter Arbeit in der untergehenden Sonne entschwand.

Heute ist es praktisch unmöglich, auf diese Weise Erfolge zu erzielen.

Ein effizienter Führungsstil à la Kasens und Rivenbarks hat nach den Erkenntnissen der Forum Corporation weniger mit Individualismus als vielmehr mit der Fähigkeit zu tun, im ganzen Unternehmen Beziehungen aufzubauen und aufrechtzuerhalten. Beispielhaft für diesen neuen Führungsstil war das Verhalten des BA-Vorsitzenden Sir Colin Marshall, als einigen BA-Mitarbeitern interne Daten über Virgin Atlantic in die Hände fielen und sie sie dazu verwendeten, der konkurrierenden Fluggesellschaft Kunden abspenstig zu machen. Die Sache kam heraus, Virgin Atlantic klagte, und British Airways war der Buhmann.

Der Vorfall bedrückte Marshall sehr. Er begnügte sich nicht damit, nur die Zahlung von Schadenersatz zu autorisieren und sich mit den Übeltätern zu befassen. Marshall erkannte, daß die Klage auf alle Mitarbeiter von British Airways Auswirkungen haben würde, und fuhr sofort zum Flughafen nach Heathrow hinaus. Dort besprach er den Vorfall mit Gruppen von Angestellten, erklärte, was passiert war, entschuldigte sich für das bedauerliche Vergehen und bat sie sogar um Verzeihung dafür, daß ihr Arbeitgeber sie in eine so peinliche Lage gebracht hatte.

Diese Art der Fürsorge für seine Untergebenen ist eine der besten Führungseigenschaften, die ein Manager besitzen kann. Tatsächlich zeigen alle Untersuchungen der Forum Corporation übereinstimmend, daß „weiche", also beziehungsbezogene Verhaltensweisen, wichtiger sind als eher traditionelle Praktiken wie „ständiges Betonen des Fortschritts in bezug auf die Ziele".

Ein weiterer Schlüsselfaktor zur Mitarbeitermobilisierung liegt in der Fähigkeit eines Managers, Vertrauen in seine Leute zu beweisen. Benjamin Zander, der Direktor des Boston Philharmonic Orchestra, zeigt Vertrauen in seine Studenten am New England Conservatory of Music, wenn er gleich am ersten Tag eines Kurses verkündet, daß er allen eine Eins geben wird. Er fordert nur, daß sie schriftlich festhalten, was sie am Ende des Semesters unter seiner Anleitung erreicht haben. Die Studenten reagieren mit überragenden Leistungen.

Henry Ford, der klassische Vertreter eines traditionellen Führungsstils, sagte einmal: „Warum bekomme ich einen ganzen Menschen, wenn ich nur ein paar Hände haben will?" Die besten Führungskräfte von heute wissen, daß sie die Energie des ganzen Menschen brauchen – und sie auch wirklich wollen.

Abbildung 6.4 zeigt die Verhaltensweisen, aus denen das Mobilisierungs-Cluster besteht.

Gemeinsame Führung: Mehrere Leute sind besser als ein einzelner

Selbst wenn ein einzelner alle Führungsqualitäten besitzt, sie in die Tat umzusetzen, ist sehr viel schwieriger. Und doch ist das unverzichtbar. Wie läßt sich dieses Problem lösen?

Viele funktionierende Modelle aus jüngerer Zeit bauen auf der *Teilung* der Führungsaufgaben auf. Bernie Marcus und Arthur Blank von Home

Depot sind zwei sehr gegensätzliche Führungspersönlichkeiten: Marcus ist ein lockerer Witzbold, Blank ein durch und durch organisierter Buchhalter. Zu zweit schaffen sie, was einer allein nicht könnte: alle Aufgaben einer kundenorientierten Führung bewältigen.

Bill Gates suchte nach einem Präsidenten für Microsoft, konnte jedoch keine geeignete Person finden. Also schloß er sich mit seinen drei obersten Führungskräften zum „BOOP" (**B**ill and the **O**ffice **o**f the **P**resident) zusammen, einem Team aus vier unabhängigen und doch sich gegenseitig hervorragend ergänzenden Geistern.

Die 15 Topmanager im Strategieausschuß Nordamerika von General Motors treten einmal wöchentlich oder bei Bedarf zusammen, um schnelle Problemlösungen zu finden. Was früher Wochen oder sogar Monate dauerte, bis es zu Papier gebracht war, wird nun in kürzester Frist in einem „Kriegsrat" am runden Tisch diskutiert und entschieden.

Das alles klingt gar nicht so schrecklich revolutionär, weil es auf uralten Instinkten und Erfahrungen beruht. Ähnliche Strukturen gibt es in fast jedem gesunden Familienbetrieb. Sagen wir, Daddy ist der Vorsitzende, die große Schwester die Präsidentin und der Bruder stellvertretender Vorsitzender. Wer aber hat die Macht? Keiner allein. Sie wird nach den Fähigkeiten der beteiligten Personen geteilt.

Abbildung 6.4
Führungspraktiken, die funktionieren: Die Fähigkeit zu mobilisieren

Die fünf Verhaltensweisen, die nach unseren Forschungsergebnissen mit hervorragendem Abschneiden in diesem Cluster korrelieren, sind:

- Zeigen Sie Vertrauen in die Fähigkeiten anderer
- Sagen Sie klar und deutlich, welche Ergebnisse Sie von anderen erwarten
- Zeigen Sie, daß Ihnen die Mitglieder Ihrer Arbeitsgruppe wichtig sind
- Sprechen Sie Herz und Verstand Ihrer Leute an, um sie in eine neue Richtung zu führen
- Lassen Sie Ihre Leute wissen, daß sie dem Ziel der Arbeitsgruppe näher kommen

Andere inspirieren und in ihrer Entwicklung fördern

> *Sie können Ihren Mitarbeitern eine Wanderkarte in die Hand drücken und sie anweisen, den nächsten Berggipfel zu erklimmen. Sie können ihnen aber auch Stiefel und einen Kompaß geben, die Lust am Klettern in ihnen wecken und sie einladen, sich mit Ihnen auf den Weg zu machen…*
>
> unbekannt

Wenn Sie einen Führungsstil erleben wollen, der Begeisterung weckt, sehen Sie sich Home Depot an. Diese Kette von Heimwerkermärkten hat es innerhalb von nur 15 Jahren aus dem Nichts zu einem Umsatz von 7 Milliarden Dollar gebracht. Als der Vorsitzende Bernie Marcus in der Talkshow *Moneyline* zu Gast war, sagte der Moderator Lou Dobbs, er habe wohl noch nie jemanden mit einer vergleichbar beeindruckenden Erfolgsbilanz interviewt – Rekordgewinne in 34 aufeinanderfolgenden Quartalen.

Das hervorstechendste Unterscheidungsmerkmal der Führung von Home Depot ist ihre besondere Art des Kontaktmanagements, das Ausmaß an Zeit, das die Führungskräfte des Unternehmens in den Geschäften verbringen, wo sie ihre Leute beobachten und eine neue Generation von Führungskräften heranziehen. Nicht nur Marcus und der Präsident Arthur Blank verbringen je 40 Prozent ihrer Arbeitszeit in den Läden, sie verlangen auch von allen leitenden Angestellten und allen Vorstandsmitgliedern, daß sie dort Zeit verbringen. Alle Vorstandsmitglieder müssen pro Quartal sieben Geschäfte besuchen. Dabei treten sie zunächst als Kunden auf, bevor sie sich in einer Pause den Mitarbeitern vorstellen und fragen, was an der Führung des Unternehmens geändert werden sollte.

Marcus und Blank wenden alle Führungspraktiken an, die wir in den drei Clustern aufgeführt haben. Ihre Verbundenheit mit Kunden und Mitarbeitern ist hervorragend, sie stiften Sinn, und sie mobilisieren. Am meisten jedoch beeindruckt unter anderem ihre Fähigkeit, zu inspirieren. Sie reagieren auf die Beiträge ihrer Angestellten, fördern gezielt Talente, regen vom einfachen Verkäufer bis hin zum Stabsmitglied in der Hauptverwaltung alle Mitarbeiter zum Nachdenken an und begeistern sie für jede der zahlreichen Veränderungen, die Home Depot vom Markt aufgezwungen werden.

Dabei hilft, daß Bernie Marcus tatsächlich einmal Komiker war: Er verdiente sich 1940 das Geld für sein Studium an der Rutgers University mit Auftritten als Komiker in den Hotels der New Yorker Catskill Mountains. An diese Vergangenheit konnten Marcus und Blank anknüpfen, als sie zur Inspiration ihrer Mitarbeiter die vierteljährliche Fernsehshow *Frühstück mit Bernie und Arthur* auf die Beine stellten, die in einem der Geschäfte des Unternehmens vor einem Publikum von Home-Depot-Mitarbeitern stattfindet und live in die über 230 anderen Märkte der Kette übertragen wird.

Home Depot fördert die Talente seiner Mitarbeiter durch ein Schulungsprogramm, das sehr viel intensiver als die seiner Konkurrenten ist. Und Marcus und Blank kümmern sich persönlich um künftige Führungskräfte. Jeder, der bei Home Depot zum Filialleiter oder stellvertretenden Filialleiter ausgebildet werden soll, wird von einem der beiden Unternehmensgründer persönlich geschult.

Führung auf allen Ebenen

Je mehr sich flachere Hierarchien durchsetzen, desto größere Bedeutung gewinnt dieser neue Führungsstil. Führungskräfte müssen neue Führungskräfte heranziehen. Bis vor kurzem konnte sich ein leitender Angestellter aus dem mittleren Management damit begnügen, *nur* ein Manager zu sein, meint Victoria Rickey. Ein Fabrikmanager beispielsweise mußte nicht mehr tun, als die Arbeit seiner Untergebenen zu koordinieren.

Will ein Unternehmen jedoch wirklich kundenorientiert werden, muß auf allen Ebenen Kontaktmanagement betrieben werden. Die Geschäftswelt ist schlicht zu komplex geworden, als daß ein paar „heroische" Einzelgänger im Alleingang eine Organisation führen könnten. Dies gilt besonders für Unternehmen mit einem weit verstreuten Netz von Niederlassungen, die nicht so gut überwacht werden können.

Die besten Führungskräfte sind die besten Lehrer

„Die allerbesten Führungskräfte", sagt Jeffrey Timmons, Professor für betriebliche Finanzwirtschaft an der Harvard Business School, „lernen nicht nur am besten. Sie sind auch die besten Lehrer."

Ein gutes Beispiel dafür ist Red Auerbach. Der legendäre Basketballtrainer der Boston Celtics war bekannt dafür, daß die Spieler, die er trainierte, später selbst Trainer und Führungspersönlichkeiten wurden. Bob Cousy, Bill Russel, Tom Heinsohn, Bill Sharman, K. C. Jones ... samt und sonders überragende Basketballspieler, die später Profimannschaften trainiert haben.

Führungspersönlichkeiten kalkulieren Fehler mit ein. Sie lehnen, sagt Timmons, eine „Null-Fehler-Mentalität" ab, weil sie wissen, daß nur dann keine Fehler unterlaufen, wenn man kein Risiko eingeht.

Führung findet nur dann auf allen Ebenen statt, wenn Risikobereitschaft belohnt und Fehlschläge mit eingeplant und verziehen werden. Fabio Cammarono, der Präsident von Saritel, einer Tochterfirma der italienischen Telefongesellschaft SIP, hat sich vorgenommen, sein Unternehmen aus dem Tiefschlaf des Monopolisten zu erwecken. Aus diesem Grund ermuntert er zur Risikobereitschaft. „Wir haben zwei Aktivposten", sagt er, „unser Know-how und die Fehler, die wir in den ersten sieben Monaten (der Aufbauphase der neuen Organisation) gemacht haben."

Das rasante und vor allem anhaltende Wachstum von Microsoft ist sicher nicht allein Bill Gates' Charisma zu verdanken. Microsoft hat eine machtvolle Unternehmenskultur geschaffen, indem es funktionsübergreifend und auf allen Ebenen ganz bewußt Führungspersönlichkeiten heranzog. Steve Jobs, Apple-Gründer und Vorstandsvorsitzender von NeXt und Gates-Konkurrent, sagt dazu folgendes:

> Bill hat das Kunststück fertiggebracht, sich in der Wachstumsphase des Unternehmens selbst zu klonen. Und jetzt sitzen da überall diese aggressiven „kleinen Bills" an der Spitze der verschiedenen Produktionsgruppen und Abteilungen, die einen wie die Japaner immerzu angreifen und angreifen und angreifen. Angst, einen Fehler zu machen, haben die nicht ...

Führung auf allen Ebenen durchzusetzen ist manchmal leichter gesagt als getan. Viele Manager fürchten auch heute noch, daß „zu viele Chefs" zwangsläufig in die Anarchie führen. Sie glauben, daß die Macht ein Nullsummenspiel ist und man zwangsläufig selbst Macht verliert, wenn man einem Kollegen Macht verleiht. In Wirklichkeit potenziert sich jedoch die Macht, wenn ein Manager die von uns diskutierten Führungspraktiken anwendet. Wer anderen Autorität verleiht, wird selbst produktiver, effektiver und mächtiger.

Integrität und Bescheidenheit von Führungskräften

Wer begeistern will, muß integer sein. Dies bedeutet, daß Führungskräfte aufrichtig, offen und bescheiden sein sollten. So abgedroschen das klingen mag, so zentral sind diese Qualitäten.

Es ist oft schwer, bescheiden zu bleiben, wenn ein Unternehmen erfolgreich ist. Dank seiner innovativen Produkte, die Kinder zu stundenlanger Beschäftigung anregen, wächst das Chicagoer Unternehmen Learning Curve Toys jährlich um 60 Prozent. Trotzdem sind die Leistungen nicht immer perfekt. Eine Produktgruppe schnitt wesentlich schlechter ab, als anfänglich erwartet, und der Vorstandsvorsitzende John Lee hätte eine ganze Reihe von Managern dafür verantwortlich machen können. Statt dessen übernahm er selbst die Verantwortung für den Mißerfolg. Daß er den Fehler eingestand, wirkte mobilisierend auf seine Leute, und sie konnten sich voll auf die Lösung des Problems konzentrieren, statt sich über die Klärung der Schuldfrage in die Haare zu geraten.

Leider wird in der klassischen betriebswirtschaftlichen Ausbildung zuwenig Gewicht darauf gelegt, eigene Fehler zuzugeben und Vertrauen in die Fähigkeiten anderer zu demonstrieren. Ohne dieses Verhalten können die „schlanken und scharfen“ Unternehmen von heute jedoch nicht die neuen Führungspersönlichkeiten heranziehen, auf die sie angewiesen sind.

Gelegenheit zum Wandel

„Wie einer meiner Mentoren zu sagen pflegte, ist nichts schwerer“, erzählt Susan Beckmann, Verkaufs- und Serviceleiterin der Bostoner MCI-Business Markets Division, „als in einer Aufschwungphase Veränderungen durchzusetzen. Aber genau das tun wir. Wenn wir die notwendigen Veränderungen jetzt schon vornehmen, müssen wir uns keine Sorgen über schlechte Geschäftsergebnisse machen. Man muß das Dach reparieren, bevor der Regen kommt.“

Susan Beckmann hat bewiesen, daß einer Managerin, die ihre Mitarbeiter begeistern kann, fast nichts unmöglich ist, auch nicht, ein erfolgsverwöhntes Unternehmen zu Veränderungen anzutreiben. Beckmann hatte ihre neue Stelle kaum angetreten, als sie sich auch schon daran machte, das Bostoner Büro an den Bedürfnissen seiner Kunden auszurichten. Sie entwickelte eine kundenorientierte Strategie zur Abdekkung des Marktes, segmentierte die Kunden in „Wachstums-“, „Investment-“ und „strategische“ Kunden und besprach mit den Leuten im Verkauf, um welche sie sich kümmern sollten. Sie sorgte dafür, daß ihre Leute genau wußten, wie sie sich entwickeln sollten, und setzte klare Leistungsmaßstäbe. Darüber hinaus delegierte sie ganz bewußt und gezielt Aufgaben an ihre untere Leitungsebene, anstatt alle Entscheidungen selbst zu treffen.

Obwohl die Maßnahmen einen gewaltigen Umsatzzuwachs auslösten, ruhte sich Susan Beckmann nicht auf ihren Lorbeeren aus. Als das MCI-Management Büros zur Erprobung von zwei neuen Konzepten (virtuelles Büro und automatisierter Verkauf) suchte, meldete sie sofort ihr Team an – als ob es nicht schwer genug gewesen wäre, mit der neuen Struktur und den neu definierten Aufgabenbereichen zurechtzukommen.

„Ich fand, daß das Experiment meinen Leuten eine großartige Gelegenheit bieten würde, sich weiterzuentwickeln“, sagt sie. „Ich glaube, die Leute sehen sich gerne als Pioniere, und hier bot sich ihnen die Chance, das ganze Unternehmen vorwärtszubringen.

Wenn man dafür sorgt, daß die Leute Erfolg haben und alle an einem Strang ziehen, wenn man eine Atmosphäre erzeugt, in der sie führen können, in der sie sagen, was sie denken, und zufriedene Kunden haben, wenn man jeden Tag eine klare, konsequente Botschaft zu bieten hat, dann kann man wirklich abheben. Und genau das versuchen wir zu tun.“ Der Erfolg gibt ihr recht. Susan Beckmanns Büro hat seine Quoten weit übertroffen, fährt Rekordgewinne ein und kehrt den allgemeinen Trend zu vermehrter Fluktuation um.

In Abbildung 6.5 sind die Führungspraktiken aufgeführt, die zum Cluster Begeisterungsfähigkeit gehören.

Lernen Sie von einem Zauberer, wie man führt

Führungspersönlichkeiten alten Stils sollten sich an der Geschichte des großen und mächtigen Zauberers von Oz ein Beispiel nehmen.

Die Geschichte handelt von einem Führer alten Stils, dem falschen Zauberer, und wie er gezwungen wird, verwundbarer, zugänglicher und menschlicher zu werden – und sehr viel besser in der Kunst, andere zu inspirieren.

Wissen Sie noch, wie der legendäre Ruf des Zauberers als Besitzer übernatürlicher Kräfte und übernatürlichen Wissens seine Untertanen in Angst und Schrecken versetzte? Dorothy und ihre Freunde zitterten vor Angst, als sie sich an den furchterregenden Zauberer heranpirschten, um hinter sein Geheimnis zu kommen. Sie kamen auf der Suche nach Antworten zu ihm und nahmen dafür eine gefährliche Reise auf sich.

Dann jedoch zog der Hund Toto den Vorhang beiseite. Und der Zauberer dahinter war ein ganz normaler Mensch. Was waren wir erleichtert, als wir sahen, daß da ein ganz gewöhnlicher Sterblicher hektisch all die Schalter bediente. Der falsche Zauberer war entlarvt. Als Führer alten Stils hatte der große und mächtige Zauberer vor seinem Volk eine sorgfältig konstruierte Fassade aufgebaut und sich als übersinnliches Wesen präsentiert.

Der entlarvte Zauberer, der schließlich sehr viel mächtiger wurde, als es sein überlebensgroßer Vorgänger jemals war, gleicht der neuen Führungspersönlichkeit. Sie verfügt zwar über keine übernatürlichen Gaben, versteht es jedoch, die Führungsqualitäten anderer zu wecken, damit sie die notwendige Arbeit leisten können.

Die neue Führungspersönlichkeit weiß, wie man begabte Menschen erkennt, fördert, einsetzt und sie mit der Macht ausstattet, die sie zur Verwirklichung ihrer Ziele brauchen. Sie kann ängstliche Löwen dazu bringen, ihre Fähigkeiten zu erproben, und sie sucht Rat bei Vogelscheuchen mit geringem Selbstwertgefühl.

Vor allem jedoch zeigt sie Menschen wie Dorothy, wie man auf den eigenen Beinen sein Ziel erreicht.

Was Mitarbeiter heute brauchen, sind Führungskräfte, die sie inspirieren und zur Übernahme von Führungsrollen befähigen können.

Abbildung 6.5
Führungspraktiken, die funktionieren: Die Fähigkeit zu inspirieren

Die fünf Verhaltensweisen, die nach unseren Forschungsergebnissen mit hervorragendem Abschneiden in diesem Cluster korrelieren, sind:

- Erkennen Sie die Leistungen anderer an
- Helfen sie Ihren Leuten, ihre Talente zu entwickeln
- Regen Sie andere zum Nachdenken an
- Begeistern Sie Ihre Mitarbeiter für Projekte und Aufgaben
- Ermöglichen Sie anderen, sich wie Führungskräfte zu fühlen und so zu handeln

Ein letztes Wort zum Thema Führung: Momente der Wahrheit

Zu bestimmten Zeiten kann sich der Einfluß einer Führungspersönlichkeit auf die Gestaltung oder Verstärkung einer bestimmten Unternehmenskultur sprunghaft vergrößern. Solche Zeiten könnte man Momente der Wahrheit nennen. Wenn ein solcher Moment eintritt, steht die Führungspersönlichkeit am Scheideweg. Geht sie nach rechts, wird die Kultur ihres Unternehmens bestätigt und gestärkt, geht sie nach links, wird sie unterminiert und geschwächt. Solche Momente der Wahrheit werden von den Angestellten deutlich wahrgenommen. Sie kommen häufig vor, und sie sind entscheidend für die Kultur des Unternehmens. Eine kluge Führungskraft ist sich dessen bewußt und wird sie nutzen, um eine kundenorientierte Unternehmenskultur zu schaffen.

Ein dramatischer und deutlich erkennbarer *politischer* Moment der Wahrheit ereignete sich in Dänemark während des Zweiten Weltkriegs. Die Nationalsozialisten, die das Land besetzt hielten, hatten den Befehl erlassen, daß von einem bestimmten Tag an alle dänischen Juden eine Armbinde mit einem aufgenähten Judenstern tragen müssen. Am festgesetzten Tag trug der dänische König Christian X. zur nicht geringen Überraschung seines Volkes bei seinem allmorgendlichen Ausritt in den Straßen Kopenhagens eine Armbinde mit dem Davidstern.

Das ganze Land folgte seinem Beispiel. Noch am selben Tag legten Tausende von Dänen unabhängig von ihrer Religion die Armbinde mit dem Judenstern an. Dies erlaubte es den Juden, sich an den Befehl der Nazis zu halten und trotzdem anonym zu bleiben.

Christian X. hatte im Moment der Wahrheit das Richtige getan und damit eine der erfolgreichsten Widerstandsaktionen im Zweiten Weltkrieg in Gang gesetzt. Dänische Bürger versteckten später Tausende von Juden und schmuggelten sie über die Grenze ins neutrale Schweden.

Das Wissen um die Macht solcher Momente der Wahrheit kann der wirksamste Weg einer Führungspersönlichkeit zur Beeinflussung der Unternehmenskultur sein. Dr. Edgar Schein von der Sloan School am MIT hat fünf Faktoren identifiziert, die in solchen Situationen die Unternehmenskultur entscheidend prägen:

1. Was Führungskräfte wahrnehmen, messen und kontrollieren
2. Wie sie auf kritische Vorfälle und Krisen des Unternehmens reagieren
3. Ihre Rolle als Vorbild, Lehrer und Trainer
4. Nach welchen Kriterien Führungskräfte Belohnung und Anerkennung verteilen
5. Nach welchen Kriterien Führungskräfte Mitarbeiter rekrutieren, befördern, auswählen und entlassen

Faktor 1: Was Führungskräfte wahrnehmen, messen und kontrollieren

Anfang der achtziger Jahre verlor Xerox mit alarmierender Geschwindigkeit Marktanteile an Canon. Das Management von Xerox erkannte, daß es nur einen Weg aus der Krise gab. Es mußte alte Kunden wieder- und neue hinzugewinnen. Dies bedeutete schlicht und einfach, daß man mehr Wert auf Kunden legen mußte – mehr noch als auf Gewinne!

Im Rückblick auf diese Zeit sagt der damalige Vorstandsvorsitzende des Unternehmens David Kearns heute:

> Wir machten den Fehler, drei Ziele als gleichrangig zu betrachten, nämlich die Verbesserung der Gesamtkapitalrentabilität, die Vergrößerung des Marktanteils und die Verbesserung der Kundenzufriedenheit … Ich weigerte mich, nur eines der Ziele auszuwählen. Doch eines Tages kam Wayland Hicks zu mir und sagte: „Ich habe einen Vorschlag zu machen. Es wird Ihnen vielleicht schwerfallen, aber ich finde, wir sollten die Kundenzufriedenheit zum Ziel Nummer 1 erklären." Um einen Wandel der Unternehmenskultur zu bewirken, muß man sich, das erkannte ich in diesem Moment, vor allem anderen auf den Kunden konzentrieren.[9]

Veteranen von Xerox sagen, diese Entscheidung habe einen Wendepunkt für das Unternehmen markiert. Sie bedeutete für jeden einzelnen Mitarbeiter, daß er von nun an die Erlaubnis hatte, den Interessen der Kunden höchste Priorität einzuräumen. Es war diese eine Maßnahme, die den heute legendären Umschwung bewirkte.

Vergleichen sie dieses Beispiel mit dem Verhalten eines großen Hightech-Unternehmens, das ebenfalls behauptet, seinen Kunden absolute Priorität einzuräumen. Das klingt gut, aber einer seiner Verkaufsmanager gab zu, daß er wegen des immensen Drucks, die gesteckten

Vierteljahreszahlen zu erreichen, *die Auslieferung defekter Produkte an Kunden autorisierte.*

Faktor 2: Wie Führungskräfte auf kritische Vorfälle und Krisen des Unternehmens reagieren

Im Jahr 1991 brachte Saturn ein neues Auto auf den Markt, und das Undenkbare passierte. Das Unternehmen mußte 1850 Neuwagen zurückrufen! Der Wert Nummer 1 der Firma lautet „Kunden begeistern", ein Vorsatz, der durch das Problem auf eine harte Probe gestellt wurde.

Was sollte mit den 1850 Neuwagen geschehen? Die Motoren waren durch das falsche Frostschutzmittel eines Lieferanten beschädigt. Sollte man lediglich die Dichtungen auswechseln ... oder den ganzen Motor ... oder das ganze Auto? Skip LeFauve, der damalige Präsident von Saturn, erklärt, wie man mit dem Problem umging:

> Unser Team untersuchte die Sache, und nach einer Woche war uns klar: Wir mußten das ganze Auto ersetzen. An diesem Punkt nun kommen die entscheidenden Werte ins Spiel. War Kundenbegeisterung wirklich unser vordringlichstes Ziel? Hier der Ruf unseres Unternehmens, dort die Aussage, wegen eines falschen Frostschutzmittels ein ganzes Auto zu ersetzen, 1850 Autos ... Eine etwa 35 Millionen Dollar schwere Entscheidung. Trotzdem war sie einfach, weil wir uns nur an unseren Werten zu orientieren brauchten. Innerhalb von 20 Minuten war die Entscheidung zugunsten der Kunden gefallen. Wir sagten: „Unser Ziel ist Kundenbegeisterung, und das gilt auch für die 1850 Leute, die einen Wagen mit dem falschen Frostschutzmittel gekauft haben."[10]

Saturn hatte sich in einer peinlichen und möglicherweise rufschädigenden Situation zu seinen Werten bekannt. Die Folge? Das Unternehmen heimste von seinen Angestellten, von seinen Kunden und von allen Autokäufern ein dickes Lob für seine Prinzipientreue ein. Saturn hatte eine potentielle Katastrophe in eine hochwirksame Werbeaktion verwandelt.

Faktor 3: Die Führungskraft als Vorbild, Lehrer und Trainer

Wir haben festgestellt, daß sich die meisten Führungskräfte nur allzugern an den Trend zur Kundenorientierung anhängen. Leider erschöpft sich das für viele jedoch darin, ein paar Betriebsversammlungen abzuhalten, sich knackige kundenorientierte Slogans auszudenken, die notwendige Arbeit zu delegieren und dann zu warten, bis der Marktanteil steigt. Mit anderen Worten, es besteht eine gewaltige Diskrepanz zwischen „Reden und Handeln". Ein Angestellter aus einem solchen Unternehmen sagte von seinen Managern, sie „schwatzen und sündigen". Anders beim Baldrige-Preisträger Milliken & Company: Es war ein Moment der Wahrheit, als die leitenden Angestellten Roger Milliken herausforderten. In seinem Buch *The Baldrige Quality System* schildert Stephen George den Vorfall wie folgt:

> Roger Milliken hatte entschieden, daß in jeder Sitzung des Strategieausschusses die ersten vier Stunden den Qualitätsfragen gewidmet sein sollten. In der ersten Sitzung nach der Entscheidung wurden die Präsidenten der vier Unternehmensbereiche aufgefordert, über ihre Initiativen zur Qualitätsverbesserung zu sprechen. Sie berichteten einer nach dem anderen über einige Maßnahmen, die sie in ihren Abteilungen ergriffen hatten und noch zu ergreifen gedachten. Jeder hatte eine Stunde Redezeit zur Verfügung, und jeder war schon nach wenigen Minuten fertig. Danach herrschte Schweigen, bis die Redezeit um war. Einer der Anwesenden empfand das Schweigen, obwohl er selbst nicht reden mußte, als so bedrückend, daß ihm heute noch ein Schauer über den Rücke läuft, wenn er daran denkt. Die leitenden Angestellten hatten ihre Lektion schnell gelernt: Das Thema Qualität kann man durch Nichtbeachtung nicht loswerden.[11]

Roger Milliken hatte seinen Führungskräften eine unmißverständliche Lehre erteilt: Das Thema Qualität hat Priorität, es ist und bleibt auf der Tagesordnung, und ich erwarte von Ihnen, den Führungskräften meines Unternehmens, daß Sie in Qualitätsfragen kompetent sind und als Vorbilder wirken.

Faktor 4: Die Kriterien, nach denen Führungskräfte Belohnung und Anerkennung verteilen

Die meisten Mitarbeiter sehnen sich nach einer produktiven und erfolgreichen Karriere. Darunter verstehen sie größere Herausforderungen, sinnvolle Arbeit, ein stetes Gefühl zu wachsen und einen Beitrag zu leisten, Prestigegewinn, Anerkennung und – in den allermeisten Fällen – mehr Geld. Aus diesem Grund ist die Frage, wer warum belohnt und anerkannt wird, ein wichtiges Instrument zur Gestaltung der Unternehmenskultur. Der Mechanismus scheint einfach: Ich will Karriere machen, also will ich Prestige und Belohnung. Ich beobachte, wessen Prestige steigt und wer belohnt wird. Dann ahme ich sein Verhalten nach, damit ich dasselbe erhalte ... fast wie ein Affe im Zoo.

Der Regionalmanager Mittelwest einer kleinen Softwarefirma, der die Aufgabe hatte, gezielt bestimmte Kundengruppen zu werben, zu beliefern und zu halten, beschloß, auf die Ausschreibung eines großen Auftrags aus der Fahrzeugindustrie zu reagieren. Die Sache war riskant, denn er mußte trotz begrenzter Ressourcen und beträchtlichem Druck, sein Absatzziel zu erreichen, Schlüsselpersonal von seinen normalen Aufgaben abziehen, um ein überzeugendes Angebot unterbreiten zu können. Obendrein kam erschwerend hinzu, daß sein Unternehmen über keinerlei Erfahrung in der Fahrzeugbranche verfügte.

Nach drei Wochen intensiver Umfragen, Untersuchungen und vergleichender Analysen gab er ein Angebot ab. Das Verkaufsteam wartete lange auf eine Antwort. Schließlich traf der Bescheid ein: Die Firma hatte unter acht Konkurrenten den zweiten Platz belegt. Das war zwar nicht schlecht, aber eben auch nicht gut genug; der Auftrag ging an einen anderen Anbieter.

Als der Präsident der Softwarefirma über den Mißerfolg informiert wurde, reagierte er äußerst ungewöhnlich. *Er belohnte den Manager und sein Team, obwohl sie verloren hatten!*

Er ließ dem Team einen Bonus auszahlen, da er richtig erkannte, daß der eigenmächtige Vorstoß des Teams und die dabei gewonnenen Lehren dem Unternehmen das Tor zum größten Industriezweig im mittleren Westen geöffnet hatten. Eine, wie sich zeigen sollte, richtige Einschätzung. Zwei Jahre später erzielte das Unternehmen bereits 40 Prozent seiner Einnahmen in der Region Mittelwest mit Aufträgen aus der Automobilindustrie.

Von diesem Vorgang profitierte nicht nur die Region, sondern das ganze Unternehmen. Der Präsident hatte mit seinem Verhalten deutlich gezeigt, daß es nicht nur erlaubt war, sondern auch belohnt wurde, wenn Mitarbeiter kalkulierte Risiken eingingen.

Faktor 5: Die Kriterien, nach denen Führungskräfte Mitarbeiter rekrutieren, befördern, auswählen und entlassen

„Eine andere Unart, mit der wir aufgeräumt haben, ist, Leute, die nicht spurten, auf andere Stellen im Unternehmen zu versetzen", sagt Larry Bossidy von AlliedSignal in seiner unverblümten Art. „Ich finde, man sollte solche Leute aus dem Unternehmen entfernen."[12]

Bossidys Philosophie ist ebenso klar wie angemessen. Wer Leute weiterbeschäftigt, die den Grundwerten eines Unternehmens nicht gerecht werden, vermittelt die Botschaft: „Ob du nach diesen Werten lebst oder nicht, geht nur dich persönlich etwas an." Auch der Umgang mit solchen Mitarbeitern ist ein Moment der Wahrheit.

Vielleicht hatte Bossidy diese Haltung von seinem früheren GE-Chef Jack Welch übernommen, dem das in Abbildung 6.6 zugrundeliegende Denkmuster zugeschrieben wird.

Mit diesem einfachen analytischen Instrument können Sie zwei wichtige Dimensionen des Verhaltens von Mitarbeitern beurteilen: ihre Leistung und das Ausmaß, in dem sie die Werte Ihres Unterneh-

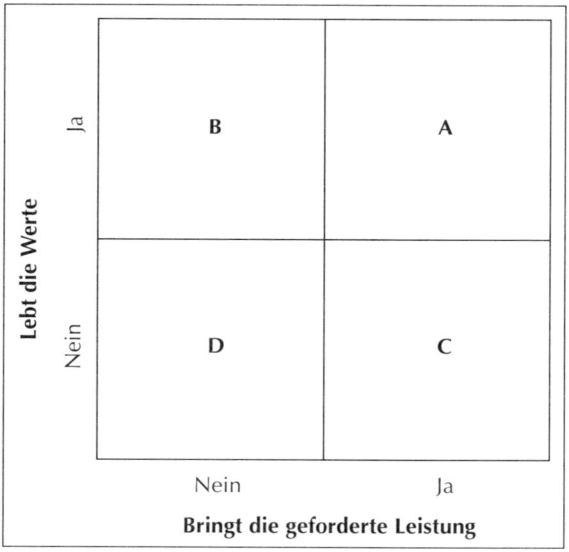

Abbildung 6.6 Sinnvolle Leistung und wertorientiertes Verhalten in Ihrem Unternehmen erzeugen

mens leben. Das Ideal ist natürlich jemand, der in Leistung und Wertorientierung vorbildlich ist. Trifft das nicht zu, kann Ihnen das Schema als Richtschnur für korrigierende Maßnahmen dienen.

„Lebt die Werte“ bezieht sich auf das Ausmaß, in dem das Verhalten einer Person den Idealen des Unternehmens entspricht. Ist etwa „Teamwork“ ein zentraler Wert, dann trifft diese Aussage auf einen Mitarbeiter zu, der gut kooperiert. Wer diese Werte lebt, erscheint im „Ja“-Feld, wer nicht, im „Nein“-Feld.

„Bringt die geforderte Leistung“ bezieht sich auf die Produktivität. Mitarbeiter mit hoher Produktivität gehören in das „Ja“-Feld, solche mit niedriger in das „Nein“-Feld.

Die Matrix erlaubt es, vier Profile zu beurteilen:

Feld D: Diese Person bringt weder die geforderte Leistung noch lebt sie die Werte.
Empfehlung: Falls sich die Situation nicht ändert, entfernen Sie diese Person aus Ihrem Unternehmen.

Feld A: Der ideale Mitarbeiter, ein Vorbild für andere.
Empfehlung: Belohnen, anerkennen und befördern. Andere werden sehen, daß er Erfolg hat, und ihm nacheifern.

Feld B: Das Verhalten und die Wertorientierung dieses Mitarbeiters entsprechen den Erwartungen – ein großes Plus. Leider bringt er die erforderliche Leistung nicht.
Empfehlung: Geben Sie ihm eine zweite Chance. Schulen Sie ihn, und helfen Sie ihm gezielt, ein höheres Leistungsniveau zu erreichen.

Feld C: Ein harter Bursche. Der Leistungsstarke, der die Werte ignoriert. Da er soviel Wert auf kurzfristige Höchstleistung legt, ist er sehr effektiv. Solche Leute glauben typischerweise, daß die Normen der Organisation für sie nicht gelten, weil sie so gute Arbeit leisten. Ein Beispiel ist der Verkaufsleiter, der seine Quoten weit übertrifft, aber sein Personal schikaniert, obwohl gute Zusammenarbeit zu den Werten des Unternehmens gehört.
Empfehlung: Geben Sie ihm eine zweite Chance. Schulen Sie im Bereich Werte. Wenn der Erfolg ausbleibt, bitten Sie den Mann, Ihr Unternehmen zu verlassen. Das erfordert Mut; niemand verliert gerne einen leistungsstarken Mitarbeiter. Wenn man jedoch

sein negatives Verhalten ignoriert, macht man die Werte lächerlich und vermittelt die Botschaft: Wer gute Leistung bringt, kann tun und lassen was er will. Eine solche Entscheidung ist ein echter Moment der Wahrheit, und die ganze Organisation wird sie sorgfältig beobachten.

Wie die obige Analyse deutlich zeigt, können Führungspersönlichkeiten, wenn sie den Zweck und die Richtung ihres Unternehmens in Momenten der Wahrheit klar vertreten, tatsächlich eine Kultur formen, die das Unternehmen auf seinem Weg unterstützt. Sie erkennen die Momente der Wahrheit, bewußt oder unbewußt, als entscheidende Wendepunkte, an denen sie ihren Mitarbeitern, Lieferanten, Kunden und Aktionären vermitteln können, worauf es wirklich ankommt. Sie wissen, daß sie selbst konsequent die Ziele und Werte ihres Unternehmens leben müssen, um deutlich zu machen, „was bei uns wichtig ist", und diese Grundsätze zu festigen.

Verstößt eine Führungskraft mit ihrem Verhalten ständig gegen die Vision und die Werte ihres Unternehmens, werden diese mit Recht als bedeutungslose Rhetorik betrachtet. Eine solche Führungskraft untergräbt das Vertrauen ihrer Mitarbeiter und verliert ihre Glaubwürdigkeit.

„Würden Sie ...?" Testen Sie Ihre Führungseigenschaften

Um bewerten zu können, wie weit Sie auf dem Weg zu einer kundenorientierten Führungspersönlichkeit fortgeschritten sind, stellen Sie sich folgende Fragen:

- Würden Sie einen leistungsstarken Mitarbeiter feuern, der die Werte der Organisation nicht lebt?
- Würden sie mindestens drei Jahre lang engagiert zum Aufbau eines kundenorientierten Unternehmens beitragen?
- Würden Sie diese Verpflichtung sichtbar erfüllen, indem Sie Workshops besuchen, persönlich Lob für kundenorientierte Mitarbeiter überbringen und einen erheblichen Teil Ihrer Zeit mit Kunden verbringen?
- Würden Sie die Punkte Kunden und Personal in praktisch jeder operativen Konferenz auf die Tagesordnung setzen und sie zuerst behandeln?
- Würden Sie den Kunden erste Priorität einräumen, selbst wenn dies kurzfristig die Geschäftsergebnisse beeinträchtigte?

- Würden Sie eine Person, die kundenorientierte Konzepte verkörpert, eher befördern als jemanden, der sich den Kunden nicht verpflichtet fühlt?
- Würden Sie darauf bestehen, daß in Ihrem Berichtswesen Kundenzufriedenheitswerte genauso wichtig sind wie finanzielle Daten?

Wenn Sie zwei oder mehr dieser Fragen mit nein beantwortet haben, sollten Sie sich ernsthaft Gedanken machen, ob Sie engagiert genug sind, bevor Sie handeln. Sonst wird der Versuch, ein Unternehmen auf Kundenorientierung auszurichten, für Sie wahrscheinlich eine Reise in eine Wüste: eine halbherzig unternommene Initiative.

Handlungsanweisungen

- Um festzustellen, auf welchen Gebieten Sie Ihre Führungseigenschaften verbessern können, machen Sie den Test auf den Seiten 356 ff. im Werkzeugkasten.
- Vergewissern Sie sich, daß alle Führungskräfte in Ihrem Unternehmen den Zusammenhang zwischen finanziellen Resultaten, begeisterten Kunden, begeisterten Angestellten und ihrem eigenen Verhalten begreifen.
- Stellen Sie direkte Kontakte zu Ihren Kunden und Mitarbeitern her, und pflegen Sie diese Kontakte, indem Sie immer wieder produktiv Zeit mit ihnen verbringen. Ziehen Sie direkte Kontakte Berichten aus zweiter Hand vor.
- Menschen wollen mehr als eine anständige Bezahlung. Sie suchen nach Sinn in ihrer Arbeit. Es ist die Aufgabe der Führungskraft, ihnen diesen Sinn zu vermitteln. Stiften und erhalten Sie Sinn durch die Vision und die Werte des Unternehmens und durch Ihr persönliches Verhalten. Setzen Sie sich für wichtige Dinge ein, und nutzen Sie jede Gelegenheit, Ihre Mitarbeiter an den sie betreffenden Entscheidungen zu beteiligen.
- Mobilisieren Sie Ihre ganze Organisation, die Unternehmensziele zu erreichen, indem Sie die Herausforderungen und die erwarteten Ergebnisse klar formulieren und Ihren Mitarbeitern dann freie Hand lassen, diese Ziele zu erreichen. Appellieren Sie dabei an Herz *und* Verstand Ihrer Mitarbeiter.

- Setzen Sie nicht auf Charisma. Inspirieren Sie andere, indem Sie Situationen schaffen, in denen sie sich selbst inspirieren können. Fragen Sie nach ihren Ideen zu bestimmten Themen, fördern sie ihre speziellen Begabungen, und ermutigen sie jeden Angestellten, selbst Führungsrollen zu übernehmen.
- Seien Sie sich als Führungskraft bewußt, daß Ihr Verhalten großen Einfluß darauf hat, ob Ihnen die Leute Glauben schenken oder nicht. Betrachten Sie jede Situation als einen potentiellen Moment der Wahrheit. Fragen Sie sich immer, bevor Sie eine Entscheidung treffen oder ausführen: „Wie wirkt sich das auf Richtung, Ziel und Werte meines Unternehmens aus?“

Epilog

Mehr Heiterkeit

Zur Arbeit, die uns lieb, stehn früh wir auf und gehn mit Freuden dran.
Shakespeare

Als die Southwest Airlines kürzlich vom amerikanischen Verkehrsministerium mit der begehrten Triple Crown für Kundenzufriedenheit ausgezeichnet wurde, zeigte sich der Konkurrent Northwest Airlines als schlechter Verlierer. Die Northwest, in deren Augen die Southwest ein kleiner Fisch ist, schaltete weiterhin Anzeigen, in denen sie sich als Spitzenreiter im Kundendienst anpries.

Was denken Sie, wie Southwest reagierte? Wütend? Mit einer Gegenkampagne? Mit selbstgerechter Entrüstung? Einer Task Force, die der Nation 17 Gründe auftischen würde, warum die Southwest die zufriedensten Fluggäste hat? Weder noch.

Die Fluggesellschaft veröffentliche amerikaweit folgende Anzeige:

> Nach ausführlicher Erörterung in den höchsten Managementkreisen und ausgiebiger Beratung mit unserer Rechtsabteilung haben wir uns als Gesamtunternehmen auf die folgende Entgegnung auf die Behauptung der Northwest Airlines geeinigt, im Bereich Kundenzufriedenheit weiterhin auf Platz 1 zu stehen: **Sie lügen. Sie lügen, daß sich die Balken biegen!**[1]

Humor als Lebensstil

Die Southwest Airlines und ihr leutseliger Vorsitzender Herb Kelleher wissen, daß Geschäft und Ansehen zwar schrecklich wichtig, aber eben doch nicht alles sind. Kelleher hat Southwest zu bemerkenswerten Erfolgen geführt und dabei verstanden, in seinen Mitarbeitern einen Sinn für Humor und gesunden Realismus zu wecken, der

Kunden, Finanzanalysten und Wirtschaftsjournalisten gleichermaßen fasziniert.

Libby Sartain, Vizepräsidentin für Menschen (ein bezeichnend bescheidener Titel), erklärt die Haltung ihres Unternehmens folgendermaßen: „Spaß und Humor bei der Arbeit gehören bei Southwest zum Lebensstil. Wir nehmen uns ständig selber auf die Schippe und schaffen damit ein starkes Gemeinschaftsgefühl, das als Gegengewicht zu dem mit der harten Arbeit und dem Konkurrenzdruck verbundenen Streß wirkt. Das ist ein Schlüsselfaktor, um hohe Produktivität, hohe Rentabilität und hervorragenden Kundenservice zu erreichen."

Die Southwest hat all das erreicht. Während die Konkurrenz Milliardensummen verlor, flog Southwest Jahr um Jahr Gewinne ein und hat vom Umsatz her inzwischen die Milliardenmarke überwunden. Southwest bedient doppelt so viele Kunden pro Mitarbeiter wie alle anderen Fluggesellschaften. Sie hat als einzige US-Airline die prestigeträchtige Triple Crown für Service – die größte Zahl termingerechter Flüge, den besten Gepäckdienst und die wenigsten Kundenbeschwerden – gewonnen, und das nicht nur einmal, sondern gleich drei Jahre in Folge (und so ganz nebenbei auch noch die Betriebseinnahmen alle fünf Jahre verdoppelt).

Kellehers Überzeugung, daß Humor und eine realistische Perspektive ein Unternehmen noch kundenorientierter machen, wird von unseren Forschungsergebnissen unterstützt. Bei den Recherchen für dieses Buch führte die Forum Corporation Interviews in knapp 200 Unternehmen durch, die sich zum Großteil gerade in tiefgreifenden Veränderungsprozessen befanden: Downsizing, Reengineering, Umstrukturierung. Die Mitarbeiter der Unternehmen, die am schlechtesten dazustehen schienen, charakterisierten die Stimmung an ihren Arbeitsplätzen mit Ausdrücken wie „traurig", „niederschmetternd", „zynisch" oder „deprimiert". Keine Spur von Lachen oder Humor, kein Gefühl des Gleichgewichts.

Wer mit sich selbst beschäftigt und innerlich verkrampft ist, kann sich nur schwer auf die Kunden konzentrieren. Das sieht auch der Chef eines ins Trudeln geratenen kanadischen Fertigungsunternehmens so: „Unsere schlechte Stimmung schlägt sich täglich auf den Umgang mit den Kunden nieder. Schlimmstenfalls haben die Kunden das Gefühl, daß wir uns nicht für ihre Bedürfnisse interessieren, bestenfalls glauben sie, daß wir unseren inneren Zusammenhalt verloren haben."

Andererseits hat eine Reihe von Unternehmen schwere, bedrohliche Zeiten überstanden und ist mit einer positiven, optimistischen Energie daraus hervorgegangen – einer Energie, die ihnen half, die Erwartungen ihrer Kunden zu übertreffen und wieder zu wachsen. Diese Unternehmen werden nicht von Komikern geleitet, aber sie haben an Heiterkeit gewonnen und wissen nicht nur, wer und was sie sind, sondern auch, wem sie dienen.

„Wir haben erkannt, daß es schlecht für unserer Geschäft ist, wenn wir uns selbst zu ernst nehmen", sagt ein leitender Angestellter eines Versicherungsunternehmens im Mittelwesten. „Schließlich sind wir nicht das Spaceshuttle kurz vor der Explosion. Wir sind eine Versicherung, und zwar eine großartige Versicherung. Und wenn wir die Dinge in die richtige Perspektive rücken, tun wir damit nicht nur unseren Kunden etwas Gutes, sondern sind auch viel produktiver."

Das Plagiat

Eine solche Einstellung kann ansteckend sein. Als Kurt Herwald, der Chef von Stevens Aviation, ein Unternehmen mit 75 Millionen Dollar Jahresumsatz in Greenville, South Carolina, hörte, daß der „neue" Slogan der Southwest Airlines „Just Plane Smart" verdächtige Parallelen zu seinem Slogan „Plane Smart" aufwies, schickte er Herb Kelleher folgendes Fax: „Vergessen wir die Advokaten, Kelleher. Es gibt eine einfachere Lösung. Wie wär's, wenn wir beide Armdrücken machen, und der Sieger kriegt die Rechte an dem Slogan?"

„Unser Vorsitzender", antwortete Southwest Airlines auf Herwalds Herausforderung, „ist ein schrecklicher Gegner. Er tut alles, um zu gewinnen, er tritt, beißt, sticht, kratzt und zieht an den Haaren … Kann euer bangbüxes, armseliges Würstchen von Vorsitzendem gegen den kriegerischen Heldenmut unseres Giganten bestehen?"

Darauf antwortete Stevens Aviation: „Was meint ihr mit bangbüx?"[2]

Malice in Dallas

Der Showdown fand im Sportatorium von Dallas, das 5000 Plätze hat, statt. Herwald, ein bulliger 38jähriger Bodybuilder, betrat den Ring, öffnete seine Aktentasche und packte rohes Fleisch, Bier, Pfeffersoße, rohe Zwiebeln und ein Stilett aus.

Kelleher verkündete bei seiner Ankunft, der oberste Gerichtshof von Texas habe ihm das Recht zugesprochen, einen stellvertretenden Armdrücker einzusetzen, wenn er wolle. Als der Wettkampf (an dem außer Kelleher und Herwald auch J. R. Jones, der Weltmeister im Armdrükken, und die kleine Annette „Killer" Coates als Stellvertreter teilnahmen) vorüber war, hatte der Herausforderer Stevens Aviation gewonnen.

Herwald war großmütig in seinem Sieg. Er erlaubte der Southwest, ihren Slogan weiterzuverwenden, und beide Parteien spendeten die Einnahmen aus dem Wettkampf an die Gesellschaft für Muskeldystrophie und ein Ronald McDonald House.

Nach Einschätzung von Ed Stewart, Public-Relations-Manager von Southwest, sparte der Kampf, der als „Malice in Dallas" in die Geschichte einging, seiner Gesellschaft 500 000 Dollar Gerichtskosten und hatte einen Werbeeffekt im Wert von mindestens 6 Millionen Dollar. Der Wert der guten Stimmung, die durch das Ereignis entstand, läßt sich in Geld gar nicht beziffern.

Die Sache auf die Spitze treiben

Southwest ist nicht das einzige Unternehmen, in dem die Fähigkeit, die Dinge in die richtige Perspektive zu rücken und das Leben nicht allzu ernst zu nehmen, fast schon zu den Kernkompetenzen zählt. Allerdings ist es nicht unbedingt einfach, eine solche Unternehmenskultur zu schaffen – besonders wenn Leute entlassen werden, Unternehmen schrumpfen, Fusionen den Status quo gefährden, die Mitarbeiter für weniger mehr leisten müssen oder der sichere Arbeitsplatz von der Wiege bis zur Bahre nur noch eine Erinnerung an vergangene Zeiten ist.

Doch unsere Forschungsergebnisse zeigten uns – falls wir es nicht ohnehin schon wußten –, daß Unternehmen und ihre Führungskräfte gerade in schweren Zeiten Wege und Mittel finden müssen, einen Silberstreifen am Horizont aufzuzeigen und selbst widrige Bedingungen in einem positiven Licht zu sehen. Schönfärberei? Naives Wunschdenken? Vielleicht, aber es funktioniert. So wie viele anarchische, kreative Organisationen erst lernen mußten, auf Prozesse und Disziplin zu achten, müssen Organisationen, die ernsthaft, diszipliniert und manchmal humorlos sind, lernen, die Dinge etwas lockerer zu sehen.

Aber seien Sie gewarnt! Heiterkeit und ein echter Sinn für Humor lassen sich nicht erzwingen. Sie können zwar darauf hinarbeiten, Humor und Heiterkeit fördern und selbst mit gutem Beispiel vorangehen, letztlich aber müssen sie natürlich von selbst entstehen. Was immer Sie tun, reagieren Sie angemessen. Wer gestern 20 Mitarbeiter vor die Tür gesetzt hat, veranstaltet am nächsten Tag keinen Wettbewerb, bei dem es darum geht, wie viele Menschen sich in eine Telefonzelle quetschen können.

Heiterkeit kann nicht von oben herab diktiert werden. Sie ist ein Symptom, eine Stimmung. Wie in der alten Seefahreranekdote von dem Kapitän, der vergebens befiehlt, daß „niemand das Schiff verläßt, bevor die Moral besser geworden ist", läßt sich auch in einem Unternehmen niemand gerne *befehlen,* wie er sich fühlen soll. Organisationen, die sich allzu angestrengt darum bemühen, daß ihre Mitarbeiter „Spaß" haben, müssen oft genug feststellen, daß diese ablehnend und zynisch reagieren. Heiterkeit läßt sich *nicht* herstellen, indem man sich in einen Kreis setzt, Händchen hält und „Kumbaya my Lord" singt. Auch ein „Spaßtag" löst genausowenig alle Probleme, wie der Spaß, den man haben soll, Spaß ist; und es führt auch zu nichts, zwanghaft eine gute Stimmung an den Tag zu legen, wenn man mutlos ist.

Die Dinge locker sehen heißt, sich die Zeit nehmen, mit seinen Kollegen eine Pizza essen zu gehen, sich etwas zutrauen, ein bißchen Distanz gewinnen und nicht mehr nur die eigenen Probleme sehen, etwas Verrücktes tun, weil einem danach ist, einen Witz reißen, über sich selber lachen, sich die Zeit nehmen, jemanden zu loben, der sich um die Kunden bemüht, auch kleine Erfolge feiern, sich weniger darauf konzentrieren, „wie schlecht alles ist", und mehr darauf, „wie weit wir es gebracht haben".

Die Dinge in die richtige Perspektive rücken

Humor ist ein großartiges Mittel, ein Publikum zu fesseln. Ein gutes Beispiel dafür ist ein Ereignis, das sich 1994 auf einer Managerkonferenz der Southern New England Telecommunications (SNET) zutrug. In der Fernmeldeindustrie ist Veränderung angesagt, da neue und aggressive Konkurrenten auf den Markt drängen. Trotzdem wurde von Barbara Gatison, Präsidentin von SNET America (der Tochtergesellschaft für Fernverbindungen), und Peter Bassermann, Präsident von SNET Mobility (der SNET-Mobilfunktochter), erwartet, daß sie auf der Konferenz, wie Barbara Gatison es formuliert, „den gleichen langweiligen Vortrag wie immer“ halten sollten, „vollgestopft mit Zahlen, Schlüsseltrends und Analysen“.

Gatison und Bassermann beschlossen, es anders zu machen. Nicht, daß sie die schwierige Lage in ihrem aktuellen Geschäftsfeld verschweigen wollten, aber sie wollten auch ein Gegengewicht für eine Lage schaffen, die viele allzu ernst nahmen.

Am Morgen nach dem Entschluß trieben sie auf einem Gummifloß im Atlantik und drehten ein Video für die Konferenz. Es zeigt Gatison und Bassermann auf ihrem Floß, wie sie Zeitungen lesen, die vor dem verschärften Wettbewerb in ihrer Branche warnen. Um das Floß herum ist die rauhe See mit roten Haien aus Plastik verseucht, die mit den Namen der schärfsten Konkurrenten beschriftet sind. Während ein Sprecher die Wettbewerbssituation schildert, beginnen die beiden Firmenpräsidenten laut zu schreien und mit ihren Zeitungen auf die Haie einzuschlagen. Am Ende des Videos sind die Haie verschwunden, und Gatison und Bassermann schütteln sich die Hände und beglückwünschen sich zu ihrem Sieg. Das Video sorgte nach Aussage eines Konferenzteilnehmers „für die denkwürdigsten fünf Minuten, die ich je auf einer unserer Managerkonferenzen erlebt habe“. Nach dem Video referierten die beiden Seeleute – angetan mit Strohhut, Blumenkranz, Sonnenbrille, Taucherbrille und Flossen – kurz über die Geschäftslage. Laut Barbara Gatison reagierte die Versammlung „sehr stark, fast hysterisch, mit einer Menge Applaus und Gelächter“.

Hatten Gatison und Bassermann diese Show nur zu ihrem Vergnügen veranstaltet? Eigentlich nicht, sagt Gatison – in Wirklichkeit ist sie wasserscheu, und daß sie im Film so überzeugend schreien konnte, lag vor allem daran, daß sie Angst hatte, ins Wasser zu fallen und zu ertrinken. „Das Video führte den SNET-Managern unser eigentliches Geschäftsanliegen viel deutlicher vor Augen, als dies ein ernsthafter Vortrag gekonnt hätte“, erklärt sie. „Außerdem hat man in unserer Branche eher das Gefühl, in einem Guerillakrieg zu stecken. Der Streß ist so groß, daß die Leute einfach nichts mehr auf die Reihe kriegen, wenn sie nicht irgendwo Dampf ablassen können. Was wir brauchen, ist Stehvermögen – wenn wir nicht ab und zu innehalten und die Dinge in die richtige Perspektive rücken, können wir nicht gewinnen.“ Und SNET America gewinnt: Barbara Gatisons Stab hat in nur zwei Jahren 250 000 zusätzliche Kunden geworben, die Kundenzufriedenheit ist gleichbleibend hoch, und die von ihr geleitete Tochterfirma hat praktisch alle Ziele, die sie sich gesteckt hat, übertroffen.

Der vielleicht wichtigste Nutzen des originellen Vortrags war seine Signalwirkung. In der traditionell bierernsten SNET-Kultur hatte jemand etwas anderes, etwas Ausgefallenes getan. Und genau das war die Botschaft. Um in dem veränderten Markt bestehen zu können, mußte das Unternehmen mit völlig neuen Methoden operieren – und seine Führungskräfte mußten diese Entwicklung vorantreiben.

Daß sie das verstanden hat, hat Barbara Gatison erst kürzlich auf einem Treffen außerhalb des Unternehmens erneut bewiesen. Gatison, in voller Geschäftskleidung, forderte ihre Mitarbeiter dazu heraus, in einen Swimmingpool zu springen – als Symbol dafür, daß sich in dem neuen, konkurrenzgeprägten Umfeld alle anders verhalten müßten. Obwohl die meisten das als sinnlose Frivolität bezeichnen würden, glaubt Gatison, damit viel in Bewegung gebracht zu haben. „Als ich in das Becken sprang, haben mich meine Mitarbeiter als Mensch gesehen. Und genau deshalb werden die Leute von der Verkaufsfront, die ein Problem sehen, viel eher dafür sorgen, daß ich erfahre, was in meinem Unternehmen vorgeht. Eine Führungskraft, die nicht zugänglich ist, verliert den Bezug zur Realität. Wenn die Leute Probleme vor mir verbergen, kann ich unmöglich gute Arbeit für die Kunden leisten.“

Die SNET-Geschichte zeigt, daß Heiterkeit eher aufkommt, wenn die Führungskräfte des Unternehmens mit gutem Beispiel vorangehen. Führungskräfte wie Doug Bergum, Chef des höchst erfolgreichen Software-Anbieters Great Plains Software aus Fargo in North Dakota. Das Unternehmen wurde von der Zeitschrift *Inc.* zu einem der besten Arbeitgeber der USA gewählt. Bei einer Jahreskonferenz der Händler von Great Plains, die unter dem Namen „Sturm auf Fargo" in die Unternehmensgeschichte einging, sprach Bergum in seiner Grundsatzrede detailliert über die Auslieferung einer defekten Software-Aktualisierung durch sein Unternehmen. Zerknirscht gab er zu, daß Great Plains das Programm nicht ausreichend getestet habe, und sagte zu, die volle Verantwortung für den Vorfall zu übernehmen. Das wäre vielleicht schon genug gewesen. Aber Bergum ist ein Anhänger der Ernie-Kovacs-Schule, und diese vertritt die Ansicht: „Wenn du ihnen die Wahrheit sagst, bring sie zum Lachen, oder sie bringen dich um."

Am Ende seines Schuldeingeständnis zerschlug er drei rohe Eier auf seiner Stirn. Alle Händler verstanden die Botschaft, daß ihm der Fehler zutiefst peinlich war, und konnten gar nicht anders, als auf soviel Selbstkritik und Humor gnädig zu reagieren.

Wir haben noch weitere Führungskräfte gefunden, die persönlich für mehr Heiterkeit in ihren Unternehmen sorgten:

- Steve Sheetz, der Vorstandsvorsitzende von Sheetz Convenience Stores, trat in einer von den Angestellten organisierten „Schönheitskonkurrenz" bereitwillig gegen sein Top-Management an. Wie er sagt, besteht für die Angestellten auf ihrer dreitägigen Jahresversammlung die größte Herausforderung darin, „das Top-Management so lächerlich wie nur irgend möglich aussehen zu lassen".
- Sam Bryant, der Personalchef von Applied Materials, und sechs Mitglieder seines Teams baten vor der versammelten Belegschaft demütig um Verzeihung, weil sie ein wichtiges Projekt nicht wie versprochen termingerecht abgeschlossen hatten. Danach gingen Bryant und sein Team mit den Angestellten ins Freie, setzten sich nacheinander auf einen über einem großen Wasserfaß montierten Sitz und ließen ihre Mitarbeiter so lange Bälle auf eine mit einem Kippmechanismus verbundene Zielscheibe werfen, bis sie in das Faß stürzten.

Das sind Momente, die ein Unternehmen und seine Kultur prägen können. Sie werden gegenüber neuen Mitarbeitern als Legenden aus der Unternehmensgeschichte wiederholt, Legenden, die Sinn und Identität erzeugen, die sagen: Hier geht es menschlich zu, die Leute hier sind kein Haufen eingebildeter Spießer, hier sitzen wir alle im gleichen Boot.

Erfolge feiern

Ein Unternehmen, das heiterer geworden ist, läßt selten eine Gelegenheit ungenutzt verstreichen, große und kleine Erfolge zu feiern. Als die fX-Networks-Vorstandsvorsitzende Anne Sweeney hörte, daß ein bestimmter Angestellter besonders hart arbeitete, suchte sie ihn auf und bedankte sich persönlich bei ihm. Dabei trat sie ein paar Schritte zurück, machte eine tiefe Verbeugung und verwandelte damit ein schlichtes Dankeschön in eine kleine Zeremonie.

Auch die Southwest Airlines geht neue Wege, um besondere Anstrengungen ihrer Angestellten zu feiern, und läßt zum Beispiel jedes Jahr die Gesichter der besten Serviceleute auf den Rumpf ihrer Flugzeuge malen. Das Unternehmen veranstaltet jedes Jahr so viele offizielle Feiern, daß es einen speziellen Festkalender herausbringt, um alle auf dem laufenden zu halten. Überflüssig zu sagen, daß die Angestellten begeistert sind.

Bob Haas und Tom Husher, die beiden höchsten Levi-Strauss-Manager, feierten ein phantastisches Geschäftsjahr mit einer überraschenden Mitarbeiterversammlung, bei der ein Zauberer auftrat. Anschließend dankte Bob Haas den Mitarbeitern „daß sie mit *ihrer* Magie ein so gutes Jahr ermöglicht haben“. Dann verlas er die Namen derjenigen, die besonders „magische“ Ergebnisse erzielt hatten. Später fanden die Angestellten an ihrem Arbeitsplatz eine kleine finanzielle Aufmerksamkeit in der ausgeschnittenen Tasche einer 501 Jeans. Beigelegt war die schriftliche Ermahnung, das Geld nicht für einen ernsthaften Zweck zu verwenden, sondern lieber eine „wichtige Person“ zum Essen auszuführen oder auf andere Weise den Menschen daheim für ihre Unterstützung zu danken.

Tom’s, ein Hersteller von biologischen Körperpflegeprodukten in Maine, nimmt das Feiern so wichtig, daß die Produktion einmal im Monat für eine „Feierpause“ unterbrochen wird. Das bietet den Mitarbeitern eine Chance, sich näherzukommen, Dampf abzulassen und sich selbst für ihre harte Arbeit zu belohnen. Obwohl der Produktionsstop bis zu 40 000 Dollar kostet, hält Tom Chappell, Vorstandsvorsitzender des Unternehmens, das Fest für eine absolute Notwendigkeit. Seiner Ansicht nach fördern und verstärken die Feste die Beziehungen zwischen den Mitarbeitern und tragen wesentlich zur Produktivität des Unternehmens bei.

Der Nutzen

Daß sich eine gesunde, ausgewogene und kundenorientierte Perspektive auszahlt, spricht sich allmählich herum: „Ist es ein Wettbewerbsvorteil, wenn Ihre Mitarbeiter begeistert zur Arbeit gehen?“ fragt Matt Weinstein, der „Kaiser“ des Humorberatungsunternehmens Playfair „Wenn sie einander im Büro ständig mit lustigen kleinen Geschenken überraschen, wenn sie am Telefon wirken, als ob ihnen die Arbeit Spaß macht? Natürlich ist das ein Wettbewerbsvorteil, ein gewaltiger sogar … Die Leute machen gerne Geschäfte mit Leuten, die ihr Geschäft gerne machen.“[3]

Der Wettbewerbsvorteil der Southwest Airlines hat dazu geführt, daß andere Unternehmen in Scharen bei der Fluggesellschaft anklopfen. Sie suchen nach einer Methode, einem Patentrezept, ja vielleicht sogar nach einer Beschwörungsformel zur Aufmunterung ihrer Angestellten. Die Southwest-Sprecherin Libby Sartain findet es jedoch „schwierig, unsere Unternehmenskultur genau zu definieren oder zu kopieren, weil wir sie ständig perfektionieren“. Das, was Tom Chappell „die Seele eines Unternehmens“ nennt, kann eben nicht von außerhalb importiert werden. Sie entsteht, wie er sagt, durch „Versuch und Irrtum“, durch „die Zeit, die Geduld und die Anstrengung, die man braucht, um seine Identität von innen heraus zu formen“.

Es gibt verschiedene Methoden, „eine Identität von innen heraus zu formen.“ Durch eine gezielte Personalrekrutierung, durch die Prämienpolitik, durch die Art, wie man Angst abbaut und Risikobereitschaft weckt, durch die Fähigkeit, bescheiden zu sein und über sich selbst zu lachen, indem man sich Namen merkt und auch kleinste Erfolg lobt und feiert, durch die Art, wie man täglich mit anderen Menschen umgeht und schlußendlich durch die Art, wie man mit seinen Kunden umgeht.

Mit der Zeit fügen sich diese kleinen Dinge, vorausgesetzt, es sind die richtigen kleinen Dinge, zu einer Kultur zusammen, die sich durch ein tiefes Interesse für andere Menschen und ein ausgewogenes Verständnis für das langfristig Wichtige auszeichnet. Eine Kultur, die dazu beiträgt, den Gedanken der kundenorientierten Organisation zu verbreiten, in der die Arbeit ausgewogen ist und die Mitarbeiter genügend Perspektiven für sich selbst sehen, so daß sie sich auf andere Menschen, auf ihre Kunden beispielsweise, konzentrieren können.

Am Ende wächst diese Kultur über ihren Schöpfer hinaus. Kelleher glaubt, daß die Kultur seines Unternehmens auch dann fortbestehen wird, wenn er Southwest Airlines eines Tages verläßt. „Mal angenommen, Southwest Airlines bekommt einen neuen Boß, der sagt: ‚Herb Kelleher ist nicht mehr da, und was er getan hat, halte ich für Schrott. Ich bin ein Machtmensch. Hierarchie und Bürokratie, darauf fahre ich ab.' Wenn er Glück hat, kann er sich einen Monat auf seinem Posten halten, bevor ihn die Leute zum Teufel jagen. Kultur ist stärker als jedes Individuum."[5]

Und, was vielleicht noch wichtiger ist, die Mitarbeiter eines solchen Mannes würden nicht 60 000 Dollar für eine Anzeige in *USA Today* zusammenlegen, um ihrem Chef zu danken – wie sie es für Herb getan haben.

Werkzeugkasten für „Wachstumsmotor Kunde“

Die folgenden 15 Werkzeuge wurden eigens ausgewählt oder entwikkelt, um die in diesem Buch vorgestellten Schlüsselkonzepte zu verdeutlichen. Ihr Einsatz erlaubt es Ihnen, den größtmöglichen Nutzen aus dem Buch zu ziehen.

Die folgende Übersicht über die Werkzeuge hilft Ihnen, für jeden Bereich, den sie erkunden wollen, die passenden Werkzeuge auszuwählen.

Nachdem Sie die in den ausgewählten Werkzeugen vorgesehenen Maßnahmen abgeschlossen haben, sollten Sie in Erwägung ziehen, auch das letzte Werkzeug einzusetzen, den persönlichen Entwicklungsplan. Mit seiner Hilfe können Sie das Gelernte in konkrete Aktionspläne umsetzen, die zu Ergebnissen führen werden.

Kundenorientiertes Wachstum: Werkzeugkasten

Übersicht über die Werkzeuge

Thema	Werkzeug	Beschreibung	Seite
Direkter Draht zum Kunden	Analyse der Kundeninformationen	Zeigt Ihnen, wie Sie aus Kundeninformationen optimalen Nutzen ziehen	306
	Wertkette	Zeigt Ihnen, wie Sie durch die Erstellung einer Wertkette aus Kundenperspektive das Geschäft Ihrer Kunden besser kennenlernen können	308
	Wettbewerbsorientiertes Gewinn/Verlust-Protokoll	Zeigt Ihnen, wie Sie die Kaufentscheidung eines Kunden auswerten müssen, um Ihre künftige Arbeit zu verbessern	310
	Kundenbeziehungsmatrix	Zeigt Ihnen, wie Sie die Ansichten Ihrer Kunden über Ihr Unternehmen, Ihre Produkte und Ihre Person identifizieren können	312
Rückhaltlose Zusammenarbeit	Ressourcenmatrix und Ressourcen-Aktionsplan	Zeigt Ihnen, wie Sie durch die Auswahl der richtigen Ressourcen Ihre Kundenzielgruppe optimal bedienen können	316
	Wie gut sind Ihre Beeinflussungsfähigkeiten?	Zeigt Ihnen, wie Sie durch Selbstbewertung Ihre Fähigkeiten zur Beeinflussung verbessern können	321

Thema	Werkzeug	Beschreibung	Seite
Kundenstrategie und Planung	Wertorientierungs-matrix	Zeigt Ihnen, wie Sie durch die Bewertung des spezifischen Beziehungs- und Informationsbedarfs Ihrer Kunden Ihren Ertrag optimieren können	334
	Beziehungsziel-Analyse	Zeigt Ihnen, wie Sie durch die Förderung von Partnerschaften die Beziehungen zu Schlüsselkunden stärken können	340
	Bereichs- und Kunden-matrix	Zeigt Ihnen, wie Sie durch die Analyse der Top-Kunden in Ihrem Territorium (Unternehmen) deren relative Wichtigkeit bestimmen und Ihre Leistung verbessern können	344
	Wettbewerbsmatrix	Zeigt Ihnen, wie Sie durch die *präventive* Kunden- und Konkurrenzanalyse Ihre relative Position im Wettbewerb verbessern können	346
	Kriterienliste für die Wettbewerbsstrategie	Zeigt Ihnen, wie Sie Ihre Strategie für jede Konkurrenzsituation bewerten und verbessern können	348
Kunden-interaktion	Wie gut sind Ihre Interaktionsfähigkeiten?	Zeigt Ihnen, wie Sie durch Selbstbewertung Ihre Interaktionsfähigkeiten verbessern können	349

Thema	Werkzeug	Beschreibung	Seite
	Schulungsleitfaden zur Kundeninteraktion	Zeigt Ihnen, wo die Stärken und Schwächen Ihrer Mitarbeiter in der Kundeninteraktion liegen	352
Führung	Wie gut sind Ihre Führungseigenschaften?	Zeigt Ihnen, wie Sie durch Selbstbewertung Ihre Führungseigenschaften verbessern können	356
Planung der persönlichen Entwicklung	Persönlicher Entwicklungsplan	Zeigt Ihnen, wie Sie die in diesem Buch diskutierten Strategien in persönliche Fortschritte bei Ihrer Arbeit umsetzen können	370

Direkter Draht zum Kunden

Analyse der Kundeninformationen

Bevor Sie sich daran machen, die Stimme der Kunden zu hören und in Ihre Organisation zu integrieren, sollten Sie die bereits vorhandenen Kundeninformationen auswerten. Mit dem folgenden Arbeitsblatt können Sie sicherstellen, daß Sie die erhobenen Daten für sinnvolle Maßnahmen nutzen.

Ihre Arbeitsgruppe:			
Informationsquelle:	☐ Umfrage	☐ Interview	☐ Andere
Erhobene Daten:	(Monat/Jahr)	____________	____________
Kundentyp:	☐ Intern	☐ Intermediär	☐ Extern

1. **Erwartungen:** Welches sind den Daten zufolge die wichtigsten Erwartungen der Kunden an Ihren Service?

____

____

____

____

____

2. **Wahrnehmungen:** In welchem Umfang werden Sie diesen Erwartungen den Daten zufolge gerecht?

   ☐ Übertroffen ☐ Erfüllt ☐ Nicht erfüllt

   Welche Informationen aus Ihren Daten bestätigen die Wahrnehmungen der Kunden?

____

____

____

____

____

3. **Verbesserungsmöglichkeiten:** Sehen Sie sich die sechs Faktoren der Servicequalität noch einmal an (RATER – siehe Kapitel 3). In welchen Bereichen treten Ihren Daten zufolge die größten Lücken zwischen Kundenerwartungen und gebotenem Service auf? Geht aus den Daten hervor, warum diese Lücken bestehen?

□ Zuverlässigkeit	□ Vertrauensbildung
□ Erscheinungsbild	□ Einfühlungsvermögen
□ Hilfsbereitschaft	□ Andere

4. **Vorschläge:** Wie kann Ihre Arbeitsgruppe auf Grundlage dieser Analyse Ihren Kundenservice verbessern?

Wertkette

Um das geschäftliche Umfeld Ihrer Kunden besser zu verstehen, vervollständigen Sie die unten abgebildete Wertkette. Beginnen Sie mit dem Pfeil „Ihr Zielkunde". Tragen Sie zunächst Ihr Buying Center innerhalb des Kundenunternehmens ein – die Leute, die Ihr Produkt oder Ihre Dienstleistung tatsächlich kaufen *(a)*. Im nächsten Schritt listen Sie die wichtigsten internen Lieferanten und Kunden des Buying Centers

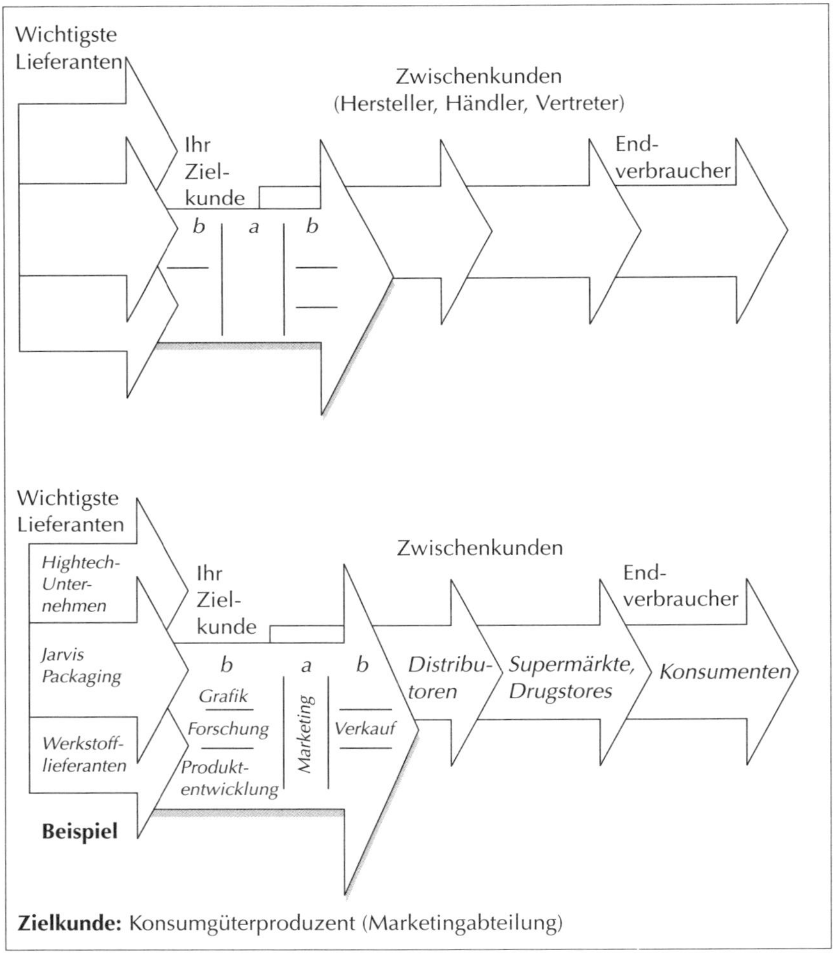

auf *(b)*. Tragen Sie dann die wichtigsten externen Lieferanten Ihres Kunden – einschließlich Ihrer eigenen Organisation – in die Pfeile ganz links ein. In die Pfeile rechts schreiben Sie die wichtigsten Zwischenkunden und schließlich die Endabnehmer oder Endverbraucher.

Die vervollständigte Zeichnung wird Ihnen zu einem besseren Verständnis der Kundenbeziehungen Ihres Unternehmens verhelfen und Ihnen zeigen, wie Sie Ihren Dienst am Kunden verbessern können.

Wettbewerbsorientiertes Gewinn/Verlust-Protokoll

Wie in Kapitel 3 erläutert, ist ein Kunde unmittelbar nach einer größeren Kaufentscheidung in der Regel am „klügsten". Ein Interview direkt nach dem erfolgreichen oder gescheiterten Abschluß eines größeren Geschäfts verspricht daher mehr Informationen als zu fast jedem anderen Zeitpunkt. Im folgenden ein Protokoll zum Führen eines solchen Interviews:

I. Vor dem Interview. Ein Gewinn/Verlust-Interview sollte in der Regel von einem leitenden Angestellten geführt werden, der im Verkaufsprozeß nicht als zentrale Kontaktperson fungierte. Die Führungskraft sollte über die Hintergründe informiert werden, dieses Protokoll studiert und zusätzliche Fragen für die spezifische Situation vorbereitet haben.

II. Während des Interviews.

(A) Stellen Sie sich vor und danken Sie dem Kunden, daß er Ihnen seine Zeit opfert. Denken Sie daran, daß der Zweck des Interviews darin besteht, so viele Informationen wie möglich über die Wahrnehmungen und Erfahrungen zu gewinnen, die der Kunde während des gerade abgeschlossenen Verkaufsprozesses gemacht hat. Auf diese Weise können Sie Ihre Organisation kontinuierlich verbessern.

(B) Treten Sie offen und selbstbewußt auf. Sagen Sie, daß Sie am liebsten alle Informationen an Ihr Unternehmen weitergeben würden, der Kunde Sie jedoch darauf hinweisen soll, falls ihm bestimmte Themen zu heikel sind.

(C) Stellen Sie folgende Fragen:

1. Lassen Sie uns damit anfangen, sicherzustellen, daß wir beide klar wissen, worum es bei dieser Entscheidung ging. Wie ich gehört habe… [Fassen Sie die Situation (das Bedürfnis des Kunden, konkurrierende Produkte etc.) aus Ihrer Sicht kurz zusammen, und bitten Sie anschließend den Kunden, sich dazu zu äußern. Fragen Sie nach: „Ist das richtig?" und: „Was wollen Sie hinzufügen?"]

2. Welche anderen Firmen kamen für das Geschäft in Frage? Wie sind Sie auf die anderen Firmen gekommen? Warum haben Sie sich an uns gewandt? Warum haben Sie sich bei konkurrierenden Firmen umgesehen?
3. Warum haben Sie sich letztlich für/gegen unser Unternehmen entschieden?
4. Könnten Sie mir etwas über Ihren Entscheidungsprozeß sagen? Trafen Sie selbst die Entscheidung – und wenn nicht, wer dann? Welches waren Ihre wichtigsten Kriterien?
5. Darf ich Sie nun noch über einige spezielle Aspekte des Verkaufsprozesses befragen? [Gehen Sie bei den folgenden Fragen ins Detail.]
   a. Waren Sie damit zufrieden, wie unser Verkäufer Sie behandelte?
   b. Hatten Sie im Laufe der Verkaufsverhandlungen mit anderen Mitarbeitern unseres Unternehmens Kontakt? Wenn ja, welchen Eindruck hatten Sie von diesen Leuten? Hatten Sie den Eindruck, daß wir unsere Ressourcen angemessen einsetzen?
   c. Wie empfanden Sie die Qualität unseres Angebots? Unsere Präsentation?
   d. Wie beurteilen Sie unsere Fähigkeiten?
   e. Was halten Sie von unserer Preisgestaltung? Hatten Sie das Gefühl, daß unsere Preise der angebotenen Leistung entsprechen?
6. Wie schnitten wir insgesamt im Vergleich zu unseren Konkurrenten ab? Welches sind unsere Stärken und Schwächen im Vergleich zu den anderen Firmen, mit denen Sie Kontakt hatten? Wo lagen die Stärken und Schwächen unserer Konkurrenten?
7. Haben Sie eine unserer Informationsstellen angerufen? Konnte sie Ihnen helfen?
8. Welchen Eindruck hatten Sie vor dem Verkaufsprozeß von unserem Unternehmen? Inwiefern hat dieser Eindruck sich verändert?

9. Welchen Rat würden Sie uns geben, was die künftige Zusammenarbeit mit Ihnen betrifft?
10. Wollen Sie sonst noch etwas sagen?

III. Nach dem Interview. Schreiben Sie das Interview auf und verteilen Sie es, wenn der Kunde damit einverstanden ist. Bedanken Sie sich mit einem kurzen Brief an den Kunden.

Kundenbeziehungsmatrix

Beziehungen zwischen Lieferanten und Kunden können komplex werden, wenn sie sich über längere Zeit entwickelt haben. Oft sind sowohl im Unternehmen des Kunden als auch im Unternehmen des Lieferanten viele Personen daran beteiligt. Es ist vorteilhaft, die Beziehungen mit wichtigen Kunden immer wieder einer kritischen Bestandsaufnahme zu unterziehen, um eventuelle Schwächen oder wunde Punkte aufzudecken. Die Beziehungsmatrix hilft Ihnen, die Kundenbeziehung effektiv zu analysieren.

Darüber hinaus können Sie die Ansichten der Entscheidungsträger in Kundenunternehmen im Hinblick auf Ihre Person, Ihre Produkte und Dienstleistungen und Ihr Unternehmen beurteilen:

1. **Sie selbst:** Wie beurteilen die Entscheidungsträger des Kunden die Person oder das Team, das die Analyse durchführt? Inwieweit werden Sie oder Ihr Team den jeweiligen Kundenerwartungen gerecht?
2. **Ihre Produkte und Dienstleistungen:** Was finden die Entscheidungsträger positiv oder negativ an den Produkten und Dienstleistungen, die sie gegenwärtig nutzen? Für welche neuen Produkte und Dienstleistungen sehen sie zukünftigen Bedarf?
3. **Ihr Unternehmen:** Wie beurteilen die Entscheidungsträger des Kunden Ihr Unternehmen? Wo liegen die Stärken und Schwächen Ihres Unternehmens, und wie hängen diese mit den Bedürfnissen der einzelnen Entscheidungsträger zusammen?

Instruktionen

Zum Ausfüllen der Beziehungsmatrix auf Seite 315 gehen Sie bitte folgendermaßen vor:

Schritt 1: Identifizieren Sie die Entscheidungsträger

Tragen Sie in Spalte 1 die Personen ein, die bei dem untersuchten Firmenkunden Kaufentscheidungen treffen oder beeinflussen.

Schritt 2: Bewerten Sie die Ansichten der einzelnen Entscheidungsträger zu den einzelnen Punkten

Bewerten Sie die Ansichten aller Einzelpersonen zu allen Punkten in den Spalten 2 bis 4 mittels folgender Skala:

Bewertungsskala
\+ = positiv
0 = neutral
– = negativ

Schritt 3: Identifizieren Sie kritische Bereiche

Addieren Sie die Werte in den Spalten 2 bis 4 vertikal. Eine Spalte mit fünf Plus- und zwei Minuszeichen hätte beispielsweise die Summe „3 +“. Niedrige Werte verweisen auf kritische Bereiche in der Kundenbeziehung.

Schritt 4: Bewerten Sie die Gesamteinstellung der einzelnen Entscheidungsträger

Addieren Sie die Werte in den Spalten 2 bis 4 horizontal, um den Standpunkt der einzelnen Entscheidungsträger und Einflußnehmer festzustellen. Tragen Sie die Summen in Spalte 5 ein. Auf diese Weise können Sie feststellen, mit welchen Entscheidungsträgern Sie effektiver arbeiten müssen.

Schritt 5: Entwickeln Sie Ideen

Tragen Sie hier Ideen ein, wie Sie mit kritischen Bereichen in der Beziehung zu dem Kunden umgehen wollen. Berücksichtigen Sie dabei sowohl die Entscheidungsträger als auch die Einflußnehmer.

Wie kann ich die Wahrnehmung des Kunden in bezug auf meine Person positiv beeinflussen?

Wie kann ich die Wahrnehmung des Kunden in bezug auf unsere Produkte und Dienstleistungen positiv beeinflussen?

Wie kann ich die Wahrnehmung des Kunden in bezug auf unser Unternehmen positiv beeinflussen?

Kundenbeziehungsmatrix

Kunde:				
1 Entscheidungsträger und Einflußnehmer	2 Sie	3 Ihre Produkte und/oder Dienst-leistungen	4 Ihr Unter-nehmen	5 Summe
Summe				

Rückhaltlose Zusammenarbeit

Ressourcenmatrix und Ressourcen-Aktionsplan

Die Ressourcenmatrix (S. 318) hilft Ihnen festzustellen, ob Ihr Team die von Ihnen geforderten Qualifikationen und Kenntnisse besitzt und ob mit angemessenem Engagement gearbeitet wird. Mit dem Ressourcen-Aktionsplan (S. 319) können Sie eventuell bestehende Lücken schließen.

Zum Ausfüllen der Ressourcenmatrix gehen Sie bitte folgendermaßen vor:

Schritt 1: Schreiben Sie in die Spalte links außen die Namen der Teammitglieder und ihre Rollen.

Schritt 2: Bewerten Sie in der nächsten Spalte das Kenntnis- und Qualifikationsniveau der einzelnen Teammitglieder in jeder Kategorie, und addieren Sie die Werte horizontal und vertikal auf.

- **Funktionales Wissen:** Die „harten" Fähigkeiten, die jemand mitbringen muß, um seine Aufgabe erfüllen zu können (zum Beispiel Fachkenntnisse und Produktwissen).
- **Problemlösungs- und Entscheidungsfindungsfähigkeiten:** Das Vermögen, Probleme zu erkennen, relevante Fakten zusammenzustellen, Optionen gegeneinander abzuwägen und Entscheidungen zu fällen.
- **Kommunikations- und Teambildungsfähigkeiten:** Die Fähigkeit, richtig zu fragen und zuzuhören, Mitarbeiter anzuspornen, Vertrauen zu bilden, Konflikte zu schlichten und Innovationen im Unternehmen zu fördern und anzuregen.

Schritt 3: Bewerten Sie in der nächsten Spalte das *gegenwärtige* Interesse und Engagement jedes Mitarbeiters für das Projekt. Bilden Sie die Summe.

Schritt 4: Geben Sie in der letzten Spalte den *erforderlichen* Grad an Interesse und Engagement an. Bilden Sie die Summe.

Schritt 5: Füllen Sie mit Hilfe des abgedruckten Musterbeispieles den leeren Ressourcen-Aktionsplan für einen Ihrer Kunden aus. Stellen Sie sich dabei folgende Fragen:

Zusätzliche Qualifikationen

- Sind alle drei oben genannten Fähigkeiten im Team vorhanden?
- Sind Fähigkeiten, die für die Teamarbeit ausschlaggebend sind, unterrepräsentiert? (Ist eine der Spaltensummen sehr viel niedriger als andere? Stehen in manchen Spalten die Werte 1 und 2 sehr oft?) Wie können Sie diese Fähigkeiten im Team verbessern?
- Ist ein Teammitglied in allen Punkten schwach? (Ist eine Zeilensumme sehr viel niedriger als die anderen?) Wie können Sie dem Betreffenden helfen, sich besser zu qualifizieren?

Grad des Interesses und des Engagements

- Gibt es wenigstens zwei Teammitglieder, die für das gesetzte Ziel nachhaltig eintreten? Falls nein, wie können Sie mehr Unterstützung erlangen?
- Wer sind die Teammitglieder, die, gemessen an der Orientierung am Kundennutzen (vgl. S. 334), am meisten zur Sorge Anlaß geben? Wie groß ist ihr Interesse für das Projekt?
- Wo sind die größten Lücken zwischen tatsächlichem und erforderlichem Interesse? Wie können Sie diese Lücken schließen?
- Was steht hinter dem Grad des Interesses und Engagements jedes Teammitglieds? Welche Perspektiven verbindet der einzelne mit dem Projekt?

Ressourcenmatrix

Kunde:						
Wertorientierung:						
	Qualifikationsgrad (1 = sehr gering; 5 = sehr hoch)					
Teammitglieder/ Rollen	**Funktional**	**Problemlösung/ Entscheidungsfindung**	**Kommunikation/Teambildung**	**Summe**	**Tatsächliches Interesse und Engagement** (1 = sehr gering; 5 = sehr stark)	**Erforderliches Interesse und Engagement** (1 = sehr gering; 5 = sehr stark)
Summe						

Markieren Sie die Stellen, die kritische Werte aufweisen

Beispiel für einen Ressourcen-Aktionsplan

	Teamdefizite/ -probleme	**Wahrscheinliche Ursache**	**Gegenmaßnahmen**	**Umsetzung**
Zusätzliche Qualifikationen	*Team ist fachlich wenig qualifiziert, vor allem in Hinblick auf grundlegende Verwaltungs-/Logistikfähigkeiten.*	*Zwei neue Mitarbeiter im Kundenteam.*	*Janis für Betreuung der Kundensachbearbeiter freistellen;* *Projektlogistik so weit wie möglich vereinfachen.*	*Beim nächsten Besuch Janis mitnehmen; sie mit Glen und Vera bekanntmachen; mit ihr ein Konzept für Coaching ausarbeiten.* *Janis um Rat zur Vereinfachung des administrativen Prozesses bitten. Vorschläge mit Kunden testen.*
Interesse und Engagement	*Maurice (Produktingenieur) muß unbedingt von 2 auf 4 kommen. Seine Unterstützung ist ausschlaggebend.*	*Maurice hat schlechte Erfahrungen mit Verkaufsteams gemacht; fühlt sich im Team isoliert und mißverstanden.*	*Ihm das übergreifende Ziel des Teams vermitteln und ihn stärker einbinden.* *Zeigen, daß auf seinen Beitrag Wert gelegt wird.*	*Ihm deutlich machen, daß es auf seinen Beitrag ankommt. Wöchentlich berichten, inwieweit sich sein Einsatz für den Kunden auszahlt. Ihn auf einen Ausflug mitnehmen.* *An ein Dankeschön denken. Bei Teamversammlungen seine Fachkenntnisse hervorheben und ihn nach seiner Meinung fragen.*

Ihr persönlicher Ressourcen-Aktionsplan

	Teamdefizite/ -probleme	Wahrscheinliche Ursache	Gegenmaßnahmen	Umsetzung
Zusätzliche Qualifikatio- nen				
Interesse und Engagement				

Wie gut sind Ihre Beeinflussungsfähigkeiten?

Bewerten Sie sich selbst

Schritt 1: Schätzen Sie anhand der folgenden Skala von 1 bis 5 selbst ein, inwieweit Sie jede der 21 Beeinflussungsstrategien beherrschen und anwenden. Seien Sie ehrlich gegenüber sich selbst.

5 = in sehr hohem Maß
4 = in hohem Maß
2 = in geringem Maß
1 = gar nicht

Beeinflussungsstrategien

Bewertung

________ 1. Bei Problemen in Arbeitsabläufen nach den Ursachen suchen, statt die Schuld auf Mitarbeiter zu schieben

________ 2. Menschen mit unterschiedlichen Perspektiven zusammenbringen

________ 3. Eigene Unsicherheiten und Irrtümer zugeben

________ 4. Führungskraft durch Professionalität und Sachkenntnis in der täglichen Arbeit demonstrieren

________ 5. Die Meinungen anderer nach ihrer Schlüssigkeit und nicht nach persönlichen Präferenzen beurteilen

________ 6. Entscheidungen in Übereinstimmung mit vereinbarten Zielen fällen

________ 7. Mitarbeiter für die Arbeit begeistern

________ 8. Kollegen mit Rat und Tat beistehen

________ 9. Vorschläge machen, wie sich Abläufe und Produkte verbessern lassen

________ 10. Andere ermutigen, ihre Meinung zu sagen

________ 11. Eingegangene Verpflichtungen konsequent erfüllen

________ 12. Erkennen, welche Entscheidungen im Alleingang und welche nicht ohne Einbeziehung anderer getroffen werden können

________ 13. Mitverantwortung für die Lösung von Problemen übernehmen

________ 14. Innovationen fördern

________ 15. Die Rolle jedes Mitarbeiters im Arbeitsprozeß klar definieren

________ 16. Nach kreativen Methoden zur Konfliktbewältigung suchen

________ 17. Für die Probleme anderer Arbeitsgruppen Verständnis aufbringen

________ 18. Allen Mitarbeitern, die als unternehmensinterne Lieferanten Produkte und Dienstleistungen bereitstellen, genau mitteilen, was man von ihnen benötigt

________ 19. Mit anderen kooperieren, nicht konkurrieren

________ 20. Forderungen nach Plan- und Zieländerungen unvoreingenommen prüfen

________ 21. Sowohl Gruppen- als auch individuelle Ziele setzen

Schritt 2: Notieren Sie Ihre höchsten Bewertungen. Hier liegen Ihre Stärken, die Sie in Situationen, die Einfluß fordern, ausspielen können.

Schritt 3: Notieren Sie Ihre niedrigsten Bewertungen. Wenn Sie an diesen Punkten arbeiten, können Sie Ihre Beeinflussungsfähigkeiten verbessern. Wie Sie dabei vorgehen, entnehmen Sie den folgenden taktischen Ratschlägen.

Taktische Ratschläge zur Verbesserung Ihrer Beeinflussungsfähigkeiten

Die folgende Liste gibt passende Ratschläge zu jeder der 21 Beeinflussungsstrategien.

1. Bei Problemen in Arbeitsabläufen nach den Ursachen suchen, statt die Schuld auf Mitarbeiter zu schieben

Was Sie tun können, um überzeugender zu wirken:

- Seien Sie höflich, zuvorkommend und geduldig im Umgang mit anderen.
- Warten Sie mit Ihrem Urteil, bis Sie alle relevanten Tatsachen kennen und den Sachverhalt auch aus der Sicht des anderen wiedergeben können.
- Setzen Sie bewährte Methoden und Systeme ein, um Arbeitsabläufe effektiver zu gestalten.
- Anerkennen Sie es, wenn jemand ein Problemen identifiziert.
- Konzentrieren Sie sich darauf, warum etwas schiefgelaufen ist, und weniger darauf, wer dafür verantwortlich ist.
- Wenden Sie analytische Methoden an, um Problemen auf den Grund zu gehen.
- Falls Fehler oder Schieflagen auftreten, überprüfen Sie, ob die vereinbarten Gruppenziele eingehalten werden.
- Vertrauen Sie darauf, daß andere die Verantwortung für ihre eigene Arbeit übernehmen.

2. Menschen mit unterschiedlichen Perspektiven zusammenbringen

Was Sie tun können, um überzeugender zu wirken:

- Konzentrieren Sie Diskussionen auf Ideen und weniger auf Personen.
- Warten Sie mit Ihrem Urteil, bis Sie alle relevanten Tatsachen kennen und den Sachverhalt auch aus der Sicht des anderen wiedergeben können.

- Sorgen Sie dafür, daß auch konträre Meinungen und die von Minderheiten hinreichend repräsentiert sind.
- Zeigen Sie, daß es Ihnen wichtig ist, die Ideen anderer zu sammeln und weiterzuentwickeln.
- Entwickeln Sie ein Gespür für die Emotionen, die sich hinter den verschiedenen Perspektiven verbergen.
- Diskutieren Sie darüber, wie sich individuelle Ziele und Gruppenziele miteinander verbinden lassen.

3. Eigene Zweifel und Irrtümer zugeben

Was Sie tun können, um überzeugender zu wirken:

- Machen Sie Ihren Mitarbeitern deutlich, daß Fragen und kontroverse Meinungen erlaubt sind.
- Bleiben Sie auch dann objektiv, wenn Ihre Ansichten in Frage gestellt werden.
- Fragen Sie, wenn erforderlich, andere um Rat, oder bitten Sie um Unterstützung.
- Lehnen Sie es ab, auf eine Bitte einzugehen oder eine Gelegenheit zu nutzen, wenn Ihre Kenntnisse und Fertigkeiten dazu nicht ausreichen.
- Betrachten Sie Fehler als Gelegenheit, zu lernen und sich zu verbessern.
- Versuchen Sie nicht, Wissensdefizite zu kaschieren.
- Geben Sie eigene Fehler ruhig zu, aber reiten Sie nicht darauf herum.

4. Führungskraft durch Professionalität und Sachkenntnis in der täglichen Arbeit demonstrieren

Was Sie tun können, um überzeugender zu wirken:

- Formulieren Sie objektive Kriterien für die Entscheidungsfindung.
- Helfen Sie mit Rat und Tat, wenn es nötig ist.
- Bieten Sie kreative Vorschläge an.
- Machen Sie sich mit den Schlüsselfähigkeiten und Wissensgebieten, die für Ihr Arbeitsgebiet relevant sind, vertraut.

- Untermauern Sie Ihre Ansichten stets mit Fakten und Zahlen.
- Bemühen Sie sich, die Dinge gleich beim erstenmal richtig zu machen.

5. Die Meinungen anderer nach ihrer logischen Schlüssigkeit und nicht nach persönlichen Präferenzen beurteilen

Was Sie tun können, um überzeugender zu wirken:

- Fördern Sie die gründliche Untersuchung neuer Themen und neuer Ideen.
- Überprüfen Sie Schlußfolgerungen auf ihre Klarheit, Machbarkeit und den erforderlichen Einsatz.
- Anerkennen Sie öffentlich die besonderen Talente und die Beiträge anderer Mitarbeiter.
- Warten Sie mit Ihrem Urteil, bis Sie alle relevanten Tatsachen kennen und den Sachverhalt auch aus der Sicht des anderen wiedergeben können.
- Erforschen Sie die positiven und negativen Folgen verschiedener Ansätze.
- Richten Sie ein objektives und schlüssiges Verfahren zur Bewertung von Ideen ein.
- Untermauern Sie Ihre Ansichten stets mit Fakten und Zahlen.

6. Entscheidungen in Übereinstimmung mit vereinbarten Zielen fällen

Was Sie tun können, um überzeugender zu wirken:

- Formulieren Sie objektive Kriterien für die Entscheidungsfindung.
- Kommunizieren Sie die Prioritäten.
- Unterstützen Sie andere im Streben nach Qualitätsarbeit.
- Schaffen Sie gemeinsam mit anderen eine Gruppenvision, und nutzen Sie sie zur Konzentration und Belebung der Arbeit.
- Beziehen Sie andere in die Entscheidungsfindung ein.
- Führen Sie eine Liste über die Anforderungen und Vorschriften sowie die Pflichten und Fristen, die bei einem Projekt zu beachten sind, damit diese auch erfüllt und eingehalten werden.

- Bedenken Sie die Konsequenzen, die eine Entscheidung für andere haben könnte, ehe Sie sie fällen.

7. Mitarbeiter für die Arbeit begeistern

Was Sie tun können, um überzeugender zu wirken:

- Anerkennen Sie öffentlich die besonderen Talente und die Beiträge anderer Mitarbeiter.
- Stellen Sie den positiven Einfluß der Arbeit der Gruppe heraus, und feiern Sie wichtige Etappen.
- Sorgen Sie dafür, daß die Ergebnisse der Arbeit Ihrer Gruppe im Unternehmen bekannt werden.
- Richten Sie ein Verfahren ein, mit dem gut sichtbar Gruppenziele, Arbeitsabläufe, Terminpläne und Resultate festgehalten werden können.
- Betrachten Sie Fehler als Gelegenheit, zu lernen und sich zu verbessern.
- Schaffen Sie gemeinsam eine Gruppenvision, und benutzen Sie sie zur Konzentration und Belebung der Arbeit.
- Entwickeln Sie ein Anreizsystem sowohl für die Gruppe als auch für einzelne Mitglieder.

8. Kollegen mit Rat und Tat beistehen

Was Sie tun können, um überzeugender zu wirken:

- Helfen Sie mit Rat und Tat, wenn es nötig ist.
- Seien Sie höflich und geduldig im Umgang mit anderen, und erweisen Sie ihnen den nötigen Respekt.
- Unterstützen Sie andere im Streben nach Qualitätsarbeit.
- Machen Sie sich ein Bild von den Sachzwängen, unter denen andere arbeiten, und zeigen Sie Verständnis.
- Seien Sie stets ansprechbar für Mitarbeiter, die Ihre Hilfe bei der Bewältigung komplexer Aufgaben suchen.
- Machen Sie sich mit den Schlüsselfähigkeiten und Wissensgebieten, die für Ihr Arbeitsgebiet relevant sind, vertraut.
- Vertrauen Sie darauf, daß andere die Verantwortung für ihre eigene Arbeit übernehmen.

9. Vorschläge machen, die Arbeitsabläufe und Produkte verbessern können

Was Sie tun können, um überzeugender zu wirken:

- Setzen Sie bewährte Methoden und Systeme ein, um Arbeitsabläufe effizienter zu gestalten.
- Organisieren Sie eine Sitzung für das Vorschlagswesen, bei der Ideen zur Verbesserung von Produkten, Dienstleistungen und Kommunikationsabläufen geäußert werden können.
- Bieten Sie kreative Vorschläge an.
- Setzen Sie Benchmarking und andere geeignete Verfahren ein, um die Leistung Ihres Bereichs mit derjenigen anderer Teams innerhalb und außerhalb des Unternehmens zu vergleichen.
- Wenden Sie analytische Methoden an, um Problemen auf den Grund zu gehen.

10. Andere ermutigen, ihre Meinung zu sagen

Was Sie tun können, um überzeugender zu wirken:

- Machen Sie Ihren Mitarbeitern deutlich, daß Fragen und kontroverse Meinungen erlaubt sind.
- Fördern Sie die gründliche Untersuchung neuer Themen und neuer Ideen.
- Seien Sie höflich und geduldig im Umgang mit anderen, und erweisen Sie Ihnen den nötigen Respekt.
- Warten Sie mit Ihrem Urteil, bis Sie alle relevanten Tatsachen kennen und den Sachverhalt auch aus der Sicht des anderen genau überblicken.
- Zeigen Sie, daß es Ihnen wichtig ist, die Ideen der anderen zu sammeln und weiterzuentwickeln.
- Ermutigen Sie andere, sich spontan und ohne Furcht vor Nachteilen zu artikulieren.
- Seien Sie stets ansprechbar für Mitarbeiter, die Ihre Hilfe bei der Bewältigung komplexer Aufgaben suchen.

11. Eingegangene Verpflichtungen konsequent erfüllen

Was Sie tun können, um überzeugender zu erscheinen:

- Behalten Sie Informationen während des Projekts nicht ausschließlich für sich, sondern teilen Sie sie mit anderen.
- Geben Sie rechtzeitig Bescheid, wenn eine Zusage nicht eingehalten werden kann.
- Veranlassen Sie Mitarbeiter dazu, die Verantwortung für Teile der Projektrealisierung zu übernehmen.
- Stellen Sie mit Gruppenmitgliedern realistische Arbeitsabläufe, Terminpläne und Produktziele zusammen.
- Führen Sie eine Liste über die Anforderungen und Vorschriften sowie die Pflichten und Fristen, die bei einem Projekt zu beachten sind, damit diese auch erfüllt und eingehalten werden.
- Sammeln Sie neueste Daten über die Bedürfnisse anderer Arbeitsgruppen.
- Bemühen Sie sich, die Dinge gleich beim erstenmal richtig zu machen.

12. Erkennen, welche Entscheidungen im Alleingang und welche nicht ohne Einbeziehung anderer getroffen werden können

Was Sie tun können, um überzeugender zu erscheinen:

- Definieren Sie genau die Rolle, die jeder Beteiligte übernehmen soll.
- Fragen Sie andere um Rat und Hilfe, wenn es nötig ist.
- Beziehen Sie andere in die Entscheidungsfindung ein.
- Definieren Sie die Bereiche, in denen sich eine Teilung der Kompetenz produktiv auswirken könnte, und solche, in denen dies nicht zu erwarten ist.
- Stellen Sie die wichtigsten Verbindungen fest, die zwischen Personen und Funktionen vorhanden sein müssen, damit die Aufgabe erfüllt werden kann.
- Bedenken Sie die Konsequenzen, die eine Entscheidung für andere haben könnte, ehe Sie sie fällen.

13. Mitverantwortung für die Lösung von Problemen übernehmen

Was Sie tun können, um überzeugender zu wirken:

- Stellen Sie Hilfsmittel allen Beteiligten zur Verfügung.
- Unterstützen Sie andere im Streben nach Qualitätsarbeit.
- Anerkennen Sie öffentlich die besonderen Talente und die Beiträge anderer Mitarbeiter.
- Beziehen Sie andere in die Entscheidungsfindung ein.
- Definieren Sie die Bereiche, in denen sich eine Teilung der Kompetenz produktiv auswirken könnte, und solche, in denen dies nicht zu erwarten ist.
- Vertrauen Sie darauf, daß andere die Verantwortung für ihre eigene Arbeit übernehmen.

14. Innovation fördern

Was Sie tun könnten, um überzeugender zu wirken:

- Fördern Sie die gründliche Untersuchung neuer Themen und neuer Ideen.
- Stellen Sie den positiven Einfluß der Arbeit der Gruppe heraus, und feiern Sie wichtige Etappen.
- Zeigen Sie, daß es Ihnen wichtig ist, die Ideen der anderen zu sammeln und weiterzuentwickeln.
- Sorgen Sie dafür, daß die Ergebnisse der Arbeit Ihrer Gruppe im Unternehmen bekannt werden.
- Ermutigen Sie andere, sich spontan und ohne Furcht vor Nachteilen zu artikulieren.
- Machen Sie auch selber kreative Vorschläge.
- Betrachten Sie Fehler als Gelegenheit, zu lernen und sich zu verbessern.
- Setzen Sie Benchmarking und andere geeignete Verfahren ein, um die Leistung Ihres Bereichs mit derjenigen anderer Teams innerhalb und außerhalb des Unternehmens zu vergleichen.

15. Die Rolle jedes Mitarbeiters im Arbeitsprozeß klar definieren

Was Sie tun können, um überzeugender zu wirken:

- Stellen Sie objektive Kriterien für richtungweisende Entscheidungen auf.
- Überprüfen Sie Schlußfolgerungen auf ihre Klarheit, Machbarkeit und den erforderlichen Einsatz.
- Prüfen Sie, inwieweit andere bereit sind, sich an bestimmte Grundregeln zu halten.
- Definieren Sie genau die Rolle, die jeder Beteiligte übernehmen soll.
- Veranlassen Sie Mitarbeiter dazu, die Verantwortung für Teile der Projektrealisierung zu übernehmen.
- Schaffen Sie gemeinsam mit anderen eine Gruppenvision, und nutzen Sie sie zur Konzentration und Belebung der Arbeit.

16. Nach kreativen Methoden zur Konfliktbewältigung suchen

Was Sie tun können, um überzeugender zu wirken:

- Konzentrieren Sie Diskussionen auf Ideen und weniger auf Personen.
- Warten Sie mit Ihrem Urteil, bis Sie alle relevanten Tatsachen kennen und den Sachverhalt auch aus der Sicht des anderen genau überblicken.
- Zeigen Sie, daß es Ihnen wichtig ist, die Ideen der anderen zu sammeln und weiterzuentwickeln.
- Prüfen Sie, inwieweit andere bereit sind, sich an bestimmte Grundregeln zu halten.
- Bleiben Sie auch dann objektiv, wenn Ihre Ansichten in Frage gestellt werden.
- Bieten Sie kreative Vorschläge an.
- Behalten Sie übergreifende Unternehmensziele im Auge.
- Erforschen Sie die positiven und negativen Folgen verschiedener Ansätze.
- Richten Sie ein objektives und schlüssiges Verfahren zur Bewertung von Ideen ein.

17. Für die Probleme anderer Arbeitsgruppen Verständnis aufbringen

Was Sie tun können, um überzeugender zu wirken.

- Anerkennen Sie öffentlich die besonderen Talente und die Beiträge anderer Mitarbeiter.
- Machen Sie sich ein Bild von den Sachzwängen, unter denen andere arbeiten, und zeigen Sie Verständnis.
- Definieren Sie die Bereiche, in denen sich eine Teilung der Kompetenz produktiv auswirken könnte, und solche, in denen dies nicht zu erwarten ist.
- Gewinnen Sie Einblick, was andere Gruppen zur Erreichung übergreifender Unternehmensziele beitragen.
- Behalten Sie übergreifende Unternehmensziele im Auge.
- Sammeln Sie neueste Daten über die Bedürfnisse anderer Arbeitsgruppen.
- Versuchen Sie, sich in andere hineinzuversetzen.

18. Allen Mitarbeitern, die als unternehmensinterne Lieferanten Produkte und Dienstleistungen bereitstellen, genau mitteilen, was man von ihnen benötigt

Was Sie tun können, um überzeugender zu wirken:

- Präzisieren Sie, wie die Arbeit aussehen soll, und nennen Sie die Ziele der Gruppe.
- Kommunizieren Sie die Prioritäten.
- Wenden Sie bewährte Methoden und Systeme an, um den Arbeitsablauf effektiver zu gestalten.
- Behalten Sie Informationen während des Projekts nicht ausschließlich für sich, sondern teilen Sie sie mit anderen.
- Machen Sie sich ein Bild von den Sachzwängen, unter denen andere arbeiten, und zeigen Sie Verständnis.
- Führen Sie eine Liste über die Anforderungen und Vorschriften sowie die Pflichten und Fristen, die bei einem Projekt zu beachten sind, damit diese auch erfüllt und eingehalten werden.

19. Mit anderen kooperieren, nicht konkurrieren

Was Sie tun können, um überzeugender zu wirken:

- Seien Sie höflich und geduldig im Umgang mit anderen, und erweisen Sie ihnen den nötigen Respekt.
- Anerkennen Sie öffentlich die besonderen Talente und die Beiträge anderer Mitarbeiter.
- Warten Sie mit Ihrem Urteil, bis Sie alle relevanten Tatsachen kennen und den Sachverhalt auch aus der Sicht des anderen genau überblicken.
- Stellen Sie Hilfsmittel allen Beteiligten zur Verfügung.
- Bleiben Sie auch dann objektiv, wenn Ihre Ansichten in Frage gestellt werden.
- Definieren Sie die Bereiche, in denen sich eine Teilung der Kompetenz produktiv auswirken könnte, und solche, in denen dies nicht zu erwarten ist.
- Prüfen Sie, inwieweit vereinbarte Gruppenziele noch schlüssig sind, wenn es zu Fehlern und Schieflagen gekommen ist.
- Versuchen Sie, sich in andere hineinzuversetzen.

20. Forderungen nach Plan- und Zieländerungen unvoreingenommen prüfen

Was Sie tun können, um überzeugender zu wirken:

- Warten Sie mit Ihrem Urteil, bis Sie alle relevanten Tatsachen kennen und den Sachverhalt auch aus der Sicht des anderen genau überblicken.
- Bleiben Sie auch dann objektiv, wenn Ihre Ansichten in Frage gestellt werden.
- Wenn Sie eine Entscheidung treffen, betrachten Sie die Daten und Fakten und nicht den Rang, den die Person, die eine Änderung fordert, innerhalb der Unternehmenshierarchie bekleidet.
- Entwickeln Sie ein Gespür für die Emotionen, die sich hinter den verschiedenen Perspektiven verbergen.
- Lehnen Sie es ab, auf eine Bitte einzugehen oder eine Gelegenheit zu nutzen, wenn Ihre Kenntnisse und Fertigkeiten dazu nicht ausreichen.

- Seien Sie stets ansprechbar für Mitarbeiter, die Ihre Hilfe für die Bewältigung komplexer Aufgaben suchen.

21. Sowohl Gruppen- als auch individuelle Ziele setzen

Was Sie tun können, um überzeugender zu wirken:

- Präzisieren Sie, wie die Arbeit aussehen soll, und nennen Sie die Ziele der Gruppe.
- Richten Sie ein Verfahren ein, mit dem gut sichtbar Gruppenziele, Arbeitsabläufe, Terminpläne und Resultate festgehalten werden können.
- Diskutieren Sie darüber, wie sich individuelle Ziele mit den Gruppenzielen vereinbaren lassen.
- Schaffen Sie gemeinsam mit anderen eine Gruppenvision, und nutzen Sie sie zur Konzentration und Belebung der Arbeit.
- Entwickeln Sie ein Anreizsystem sowohl für die Gruppe als auch für einzelne Mitglieder.
- Falls Fehler oder Schieflagen auftreten, überprüfen Sie, ob die vereinbarten Gruppenziele eingehalten werden.
- Stellen Sie die wichtigsten Verbindungen fest, die zwischen Personen und Funktionen vorhanden sein müssen, damit die Aufgabe erfüllt werden kann.

Kundenstrategie und Planung

Wertorientierungsmatrix

Die Wertorientierungsmatrix faßt die Präferenzen verschiedener Kundentypen in den Beziehungen zu Ihrem Unternehmen zusammen. Sie klassifiziert die Kunden nach ihrem Interesse an einer Geschäftsbeziehung zu Ihnen und nach dem Grad der Information, die sie suchen. Die Stichwörter in den einzelnen Feldern des Rasters geben an, worauf der jeweilige Kundentyp den größten Wert legt. Die anschließende Tabelle mit Anhaltspunkten für die Wertorientierung der Kunden liefert zusätzliche Informationen über die einzelnen Käufertypen. Die im Anschluß an die Tabelle aufgeführten Fragen helfen, die Wertorientierung Ihrer Kunden zu bestimmen, die nachfolgende Übung, diese Konzepte auf fünf Hauptentscheidungsträger oder einflußreiche Personen anzuwenden.

Beziehungsbedürfnis

Mehr Interesse an Beziehung	**Beziehungsorientiert** • Beratung • Wissen über den Kunden und seine Firma • Problemerkennung und -lösung • Enges Arbeitsverhältnis	**Partnerschaftsorientiert** • Langfristige Partnerschaft zum gegenseitigen Nutzen (eine enge Beziehung und ein gut organisierter Informationsaustausch)
Weniger Interesse an Beziehung	**Transaktionsorientiert** • Preis • Bequemlichkeit • Produktqualität • Produktwissen	**Informationsorientiert** • Schulung in bezug auf Produkte und Trends • Information über Ihre Branche • Synthese komplexer Informationen
	Weniger Interesse an Information	Mehr Interesse an Information

Informationsbedürfnis

Anhaltspunkte für die Wertorientierung der Kunden

Wert-orientierung	Typische Position	Wertkriterien des Kunden	Typische Formulierungen des Kunden
Transaktion	• Einkäufer/Einkaufsleiter • Unteres bis mittleres Management • Assistent eines Bereichsleiters • Verwaltung	Produkt-/Servicequalität; Produkt-/Servicekosten; Budgetrahmen; Erfüllung der technischen Spezifikationen; Effizienz der Prozesse; Zuverlässigkeit und Schnelligkeit der Auslieferung	„Läßt sich beim Preis noch etwas machen?" „Wir brauchen es morgen um drei." „Die Spezifikationen sind …" „Wir schreiben das Projekt aus." „Ich habe Ihnen meine Bestellung zugefaxt."
Information	• Techniker • Produktspezialist • Entwickler • Ingenieur • Unternehmensberater • Finanzexperte	Produktwissen; Branchen- und Marktwissen; technisches Wissen; Zykluszeit im FuE-Bereich; Produktinnovation; Qualität der Informationen und Daten	„Ich muß auf dem laufenden bleiben." „Informieren Sie mich weiterhin … unterrichten Sie mich." „Was ist das neueste …?" „Was läuft gerade in Ihrer Firma?" „Geben Sie mir die Informationen; ich treffe dann die Entscheidung." „Meine E-Mail-Adresse ist …"

Beziehung	• Mittleres bis höheres Management • Personaldirektor • Leiter des operativen Geschäfts • Nicht fachkundiger Käufer • Generaldirektor	Kurz- und langfristige Erträge; Produktivität und Arbeitsmoral der Angestellten; Marktanteil; Beratungsqualität; Innovation; Führung	„Was würden Sie raten/empfehlen?“ „Ich bin an Ergebnissen interessiert.“ „Sie müssen unsere Branche/unsere Firma/unsere Arbeitsweise verstehen.“ „Wir müssen gegenseitiges Vertrauen aufbauen.“ „Ich möchte nichts von der Stange kaufen.“ „Können Sie an unserem Planungstreffen teilnehmen?“
Partnerschaft	• Angehörige des höheren Managements, die sowohl Ihr Geschäft als auch das eigene sehr gut kennen • Angestellte, die für die langfristige Entwicklung der Firma verantwortlich sind	Alle unter Beziehung und Information aufgeführten Kriterien – *plus:* Auswahl der Zulieferer; Qualität der Beziehungen zwischen den beiden Unternehmen; Gewinne und Verluste; Entwicklung und Durchsetzung einer Konzernstrategie	„Unsere beiden Unternehmen sollten Vorteile daraus ziehen.“ „Ich weiß, Sie müssen daran etwas verdienen.“ „Ihre Leute müssen meine Leute kennenlernen.“ „Wir streben eine langfristige Perspektive an.“ „Sie müssen bei dieser Sache die Leitung übernehmen.“ „Was Ressourcen/Training/Projektmanagement angeht … verlassen wir uns voll auf Sie.“

Fragen zur Wertorientierung des Kunden

Sie können die folgenden Fragen verwenden, um die Wertorientierung eines Kunden kennenzulernen. Mit Hilfe der Fragen 1 bis 3 läßt sich feststellen, inwieweit der Kunde eine echte Geschäftsbeziehung mit Ihrer Firma aufbauen möchte. Mit den Fragen 4 bis 6 können Sie herausfinden, inwieweit der Kunde von Ihnen mit Informationen versorgt werden will.

Beziehung

1. Wie wichtig ist es, daß Mitarbeiter meines Unternehmens Mitarbeiter Ihres Unternehmens kennenlernen, und umgekehrt?
2. Wollen Sie, daß ich Sie, ausgehend von meinem Wissen über Ihre Firma und Ihre Bedürfnisse, bei anstehenden Entscheidungen berate?
3. Wie wichtig ist es, daß ich mich um eine langfristige Beziehung zum gegenseitigen Nutzen bemühe, in der wir auf gemeinsame Ziele hinarbeiten können?

Information

4. In welchem Umfang möchten Sie von mir über Details in bezug auf neue Produkte, auslaufende Modellreihen, Preisänderungen, Serviceangebote und so weiter auf dem laufenden gehalten werden?
5. Wie wichtig ist es, daß ich Ihnen beim Sammeln, Zusammenstellen und Auswerten der komplexen Informationen in Ihrem Geschäft helfe, damit Sie sinnvolle Entscheidungen treffen können?
6. In welchem Umfang soll ich Sie über Branchentrends, Konkurrenten und neue Technologien informieren, die Ihr Geschäft betreffen könnten?

Beachten Sie: Diese Fragen sind als Anhaltspunkte gedacht. Im Gespräch sollten Sie sie der Situation, Ihrer Firma und Ihrem Kunden angepaßt formulieren.

Übung zur Wertorientierung

Mit Hilfe dieser Übung können Sie die individuelle Wertorientierung Ihrer einzelnen Kunden erkennen.

Schritt 1: Tragen Sie die Namen der fünf Hauptentscheidungsträger/einflußreichsten Personen oder besonders wichtige Kundenkontakte in die Zeilen unten ein. Dabei ist es egal, ob diese Personen im gleichen oder in unterschiedlichen Unternehmen arbeiten.

1. ______________________________

2. ______________________________

3. ______________________________

4. ______________________________

5. ______________________________

Schritt 2: Zeichnen Sie in der folgenden Matrix die Positionen dieser fünf Personen ein. (Beachten Sie: Vielleicht können Ihnen die Fragen der vorhergehenden Seite bei der Einordnung helfen.)

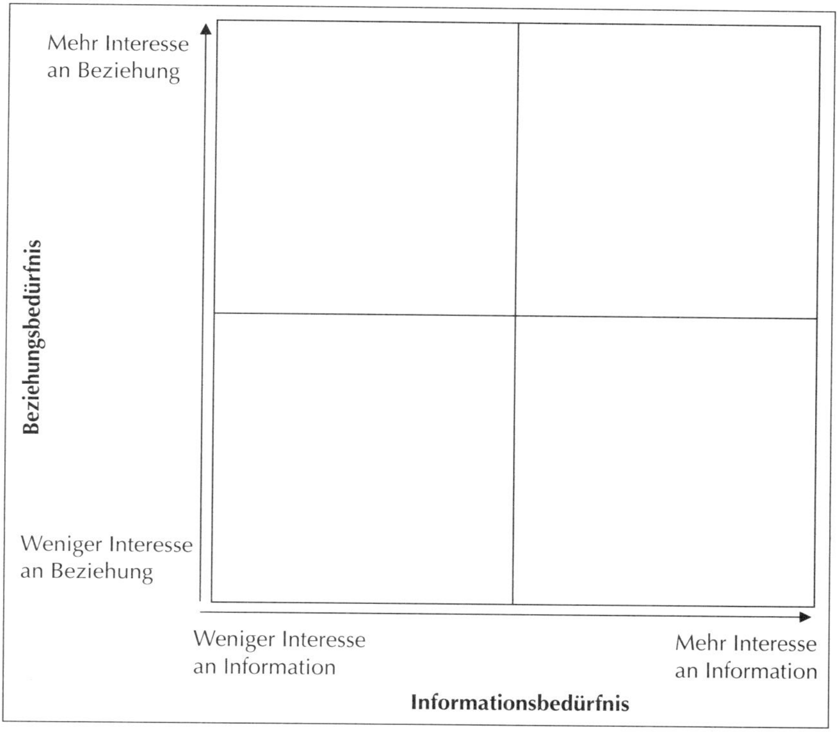

Schritt 3: Wie können Sie, von dieser Analyse ausgehend, mit diesen Kunden daran arbeiten, deren Bedürfnisse besser zu erfüllen?

Beziehungsziel-Analyse

Kundenbeziehungen, die sich in Richtung einer Partnerschaft entwikkeln, bringen meistens höheren Nutzen und größeren Gewinn für beide Seiten. Deshalb versuchen viele Unternehmen, ihre Kunden in eine stärker partnerschaftlich geprägte Beziehung einzubinden. Die verschiedenen Beziehungstypen können in die folgende Hierarchie eingeordnet werden:

Stufe 5: **Gemeinsame Planung**
Die höchste Stufe des Vertrauens und der gegenseitigen Verpflichtung. Sie als Lieferant sitzen mit in den Planungskonferenzen des Kunden und arbeiten mit ihm zusammen, um gemeinsame Geschäftsziele zu erreichen. Im Extremfall wissen Sie, was Ihr Kunde tun und wie er es anpacken sollte – bevor er selbst es weiß. Auch bei der Bewertung Ihrer Lösung und damit der Preisfestlegung sind Sie beteiligt. Auf Stufe 5 besteht immer eine enge Beziehung zwischen den Unternehmen.

Stufe 4: **Bedürfnisse und Spezifikationen**
Auf dieser Stufe kommt der Kunde, wenn er ein allgemeines Bedürfnis in seiner Firma festgestellt hat, zu Ihnen und bittet Sie, das Bedürfnis zu konkretisieren, damit es adäquat befriedigt werden kann. Der Kunde betrachtet Sie als Fachmann und erwartet von Ihnen eine Beratung in Hinblick auf die technische Analyse seines Bedürfnisses, um zu einer Lösung zu kommen. Im Grunde legen Sie die Kaufkriterien, denen Sie später genügen müssen, selbst mit fest.

Stufe 3: **Status des bevorzugten Zulieferers**
Auf dieser Ebene schätzt der Kunde den Nutzen, den Sie liefern. Wenn der Kunde ein Bedürfnis festgestellt und klare technische Vorgaben für die Ware oder Dienstleistung entwickelt hat, bittet er Sie zusammen mit einer Handvoll anderer Zulieferer, entsprechende Angebote zu machen. Sie müssen weniger Zeit aufwenden, um die Qualität Ihrer Pro-

dukte darzulegen und über den Preis zu verhandeln, da Sie schon über eine stabile Beziehung zum Kunden verfügen.

Stufe 2: Zusätzlicher Service
Hier liefern Sie Beratung oder andere Serviceleistungen, die der Kunde schätzt. Der Käufer kommt nicht unbedingt auf Sie zu, wenn er Ihr Produkt braucht, aber sobald Sie einmal ins Geschäft gekommen sind, benötigt er Ihre Informationen und Empfehlungen, um Ihre Produkte oder Dienstleistungen möglichst effektiv zu nutzen.

Stufe 1: Produkte/Dienstleistungen
Auf der Stufe 1 ist die Beziehung für den Käufer allein durch die Transaktion bestimmt. Sie müssen bei jedem Abschluß Ihre Leistungsfähigkeit beweisen und über den Preis mit anderen Anbietern konkurrieren. Vielleicht wirkt es sich positiv aus, daß der Käufer den Namen Ihrer Firma schon kennt, aber er fühlt sich nicht verpflichtet, eher von ihnen zu kaufen als von einem Ihrer Konkurrenten. Für den Kunden ist Ihr Produkt austauschbar. Die Stufe 1 ist gekennzeichnet durch ein höheres Risiko und höhere Verkaufskosten pro Einheit.

Es ist eine wichtige strategische Herausforderung, das Niveau einer Kundenbeziehung stufenweise zu heben. Dabei kann Ihnen die Matrix zur Analyse des Beziehungsziels (auf S. 343) helfen.

Bei der Bearbeitung der Matrix zur Beziehungsziel-Analyse gehen Sie bitte folgendermaßen vor:

Schritt 1: Listen Sie alle wichtigen bereits bestehenden und möglichen Kontakte im Zielunternehmen auf. Notieren Sie ihre aktuelle Wertorientierung (transaktions-, informations-, beziehungs- oder partnerschaftsorientiert).

Schritt 2: Bewerten Sie jede einzelne Person in Hinblick auf das Vertrauen, das sie Ihrer Firma im Moment entgegenbringt, und in Hinblick auf die Bindung an Ihr Unternehmen (markieren Sie das entsprechende Feld mit einem x).

Schritt 3: Legen Sie fest, auf welche Stufe Sie die Beziehung zu diesen Kunden in den nächsten sechs bis zwölf Monaten realistischerweise heben können (markieren Sie das entsprechende Feld mit einem o).

Schritt 4: Betrachten Sie Ihr Arbeitsblatt, und entwickeln Sie ein spezifisches Beziehungsziel für das Kundenunternehmen.

Beispiele

- Ken auf Stufe 4 anheben.
- Mary, George und Tom den Nutzen einer gemeinsamen Planung deutlich machen.
- Jeden in der Firma auf Stufe 3 anheben.
- In wenigstens zwei weiteren Buying Centers auf Stufe 1 kommen.
- Joan wieder auf Stufe 3 bringen, wo sie früher schon einmal war.

Analyse des Beziehungsziels

Zielunternehmen:						
(Privat)		**Stufe des Kundenvertrauens und der Kundenbindung**				
Kontakt	**Wertorientierung**	1 Produkte/ Dienst- leistungen	2 Zusätzli- cher Service	3 Status des bevorzug- ten Zulie- ferers	4 Bedürf- nisse und Spezifika- tionen	5 Gemein- same Planung

Bereichs- und Kundenmatrix

Diese Übung soll Ihnen helfen, die relative Bedeutung Ihrer wichtigsten Kunden zu bewerten und festzustellen, was Sie tun können, um die Beziehung zu jedem einzelnen dieser Kunden zu verbessern.

Bitte gehen Sie auf der nebenstehenden Matrix die folgenden Schritte durch:

Schritt 1: Tragen Sie ihre wichtigsten Kunden in der Reihenfolge ihrer Bedeutung in die linken Spalte unter der Überschrift „Anfangs-Rangliste der Kunden" ein.

Schritt 2: Schreiben Sie in die Spalten oben auf der Seite die technischen und personellen Faktoren, die beim Kontakt mit dem Kunden eine Rolle spielen. Benutzen Sie bei der Bewertung dieser Faktoren die Skala von 1 bis 10, die unten auf der Matrix angegeben ist. Unter „Technische Faktoren" verstehen wir die technischen Aspekte Ihrer Beziehung zum Kunden, darunter beispielsweise: Verkaufsvolumen, Wachstumspotential, Rentabilität, Produkt-Fit, Wettbewerber, Kreditwürdigkeit, Zielkunde/-branche, strategischer Fit. Unter „Personellen Faktoren" verstehen wir die personellen Aspekte Ihres Kunden, darunter beispielsweise: interne Widerstände, Schnelligkeit der Geschäftsabschlüsse, Service, persönliche Prämien, Empfehlungspotential, Qualität der Beziehungen.

Schritt 3: Bilden Sie, jeweils zeilenweise, die Zwischensumme der Spalten 1 bis 7 in Spalte 8, die der Spalten 9 bis 15 in Spalte 16. Welche Faktorengruppe ist größer? Kontrollieren Sie noch einmal, ob Sie nicht irgendeinen Faktor vergessen haben.

Schritt 4: Addieren Sie die Zwischensummen aus den Spalten 8 und 16 in Spalte 17. Bilden Sie in Spalte 18 eine neue Rangfolge, indem Sie die höchste Zahl mit einer 1, die zweithöchste mit einer 2 usw. durchnumerieren. Auf der Grundlage dieser neuen Rangliste können Sie jetzt feststellen, ob Sie einem bestimmten Kunden mehr oder weniger Aufmerksamkeit widmen sollten als bisher.

Bereichs- und Kundenmatrix

	Technische Faktoren							Zwischen-summe	Persönliche Faktoren							Zwischen-summe	Kunde insgesamt	End-Rangliste der Kunden
	1	2	3	4	5	6	7	8	9	10	11	12	13	14	15	16	17	18
Anfangs-Rangliste der Kunden																	Addieren Sie Spalte 8 und 16	
1.																		
2.																		
3.																		
4.																		
5.																		
6.																		
7.																		
8.																		
9.																		
10.																		
Summe																		

Skala zur Bewertung Ihrer Kunden

10 9 8 7 6 5 4 3 2 1

Sehr attraktiv in bezug auf diesen Faktor — Mäßig attraktiv in bezug auf diesen Faktor — Nicht attraktiv in bezug auf diesen Faktor

Wettbewerbsmatrix

Benutzen Sie diese Matrix in wichtigen Wettbewerbssituationen. Beim Ausfüllen gehen Sie bitte folgendermaßen vor:

Schritt 1: Listen Sie in der Spalte mit der Überschritt „Kaufkriterien" die Kriterien auf, die der potentielle Kunde bei seiner Kaufentscheidung berücksichtigen wird.

Schritt 2: In den Spalten unter der Überschrift „Wettbewerber" tragen Sie jetzt die Unternehmen ein, die sich um dieses Geschäft bemühen. Vergessen Sie nicht, Ihre Firma in die erste Spalte einzutragen, denn natürlich sind auch Sie einer der Konkurrenten.

Schritt 3: Geben Sie jedem Wettbewerber für jedes Kriterium eine Note aus der 0,1,2-Bewertungsskala, die oben in der Matrix angegeben ist. Wenn Sie sich bei der Bewertung nicht sicher sind, wählen Sie die höhere der Zahlen, die Sie in Betracht gezogen haben.

Die folgenden Fragen werden Ihnen helfen, sich auf die wichtigen Aspekte der beschriebenen Wettbewerbssituation zu konzentrieren und sie richtig zu interpretieren.

- Haben Sie alle relevanten Kaufkriterien aufgelistet?
- Haben Sie alle Konkurrenten berücksichtigt?
- Wo liegen die Stärken/Schwächen der einzelnen Konkurrenten?
- Was wissen Sie nicht/wen kennen Sie nicht?
- Spiegelt Ihre Bewertung wirklich die Wahrnehmung des *Kunden* und nicht Ihre eigene wider?
- Welche Faktoren können Sie beeinflussen, um sich in eine günstigere Situation zu bringen? Welche sind nicht beeinflußbar?
- Wie können Sie ihre Wettbewerbsposition stärken?
- Wie können Sie mögliche Wettbewerbsschwächen neutralisieren?

Greifen Sie immer wieder auf Ihre ausgefüllte Matrix zurück und verbessern Sie sie, wenn sich Ihr Wissensstand und Ihre Strategie weiterentwickeln. Diese Analyse sollte zu einer Routine werden und Ihre Aktivitäten im Umgang mit dem Kunden beeinflussen.

Wettbewerbsmatrix

Bewertungsskala:

0 = keine Stärke
1 = mäßige Stärke
2 = beträchtliche Stärke

Verkaufssituation: ______________

Datum der Analyse: ______________

Datum der Folge-Analyse: ______________

Kaufkriterien	Konkurrenten				
Summe					

Kriterienliste für die Wettbewerbsstrategie

Benutzen Sie die folgende Tabelle, um ihre Strategie in Wettbewerbssituationen zu bewerten und zu verbessern.

Inwieweit erfüllt Ihre derzeitige Strategie folgende Kriterien?	**Ihre Strategie**
1. Bezieht sie Ihre Produkte/Ihren Service und seine besonderen Stärken auf die aktuellen und zukünftigen Bedürfnisse Ihres Kunden?	
2. Schlägt sie Kapital aus ungewöhnlichen Umständen in der Situation des Kunden, einschließlich irgendwelcher früherer Erfahrungen, die Sie mit ihm gemacht haben?	
3. Identifiziert sie, welche Mitarbeiter des Kundenunternehmens die Kaufentscheidung treffen oder beeinflussen und wie der Entscheidungsprozeß abläuft?	
4. Antizipiert und berücksichtigt sie die Kaufkriterien der Entscheidungsträger und -beeinflusser?	
5. Hebt sie Sie von tatsächlichen oder potentiellen Konkurrenten ab?	
6. Reagiert sie auf die Motivation Ihrer Käufer?	
7. Nutzt sie Daten, Dienstleistungen und Personal aus Ihrem Büro oder aus anderen Quellen?	
8. Hilft sie Ihnen, spezifische Ziele und Pläne für Ihren nächsten Besuch festzulegen?	
9. Nimmt sie Einwände des Kunden oder mögliche Verzögerungen vorweg und beinhaltet spezifische Reaktionsmöglichkeiten?	

Kundeninteraktion

Wie gut sind Ihre Interaktionsfähigkeiten?

Arbeiten Sie diese Übung zur Selbsteinschätzung durch, und wählen Sie einen oder zwei Bereiche aus, auf die Sie sich während des nächsten Monats konzentrieren wollen, um Ihre Leistungen zu verbessern oder Ihre Anstrengungen zu verstärken. Beachten Sie die Bereiche, in denen Sie stark sind. Diese Fähigkeiten unterstützen Sie in Ihren Interaktionen mit den Kunden. Beachten Sie auch die Punkte, in denen Sie sich verbessern müssen. Was können Sie tun, um solche Verbesserungen zu erreichen? Wer kann Ihnen dabei helfen?

Diskutieren Sie Ihren Plan mit ihrem Vorgesetzten oder anderen Verkaufsleuten in Ihrem Büro, um sicherzugehen, daß Sie effektiv arbeiten. Sie sollten den Plan jeden Monat überarbeiten und ihn, falls sich irgendwelche Änderungen ergeben, an die neue Situation anpassen. Versuchen Sie, Ihren Monatsplan nach jeder Anpassung mit einem Kollegen aus dem Verkaufsbereich zu besprechen und auszuprobieren.

Meisterklasse	Durchschnitt	Muß verbessert, gelernt oder häufiger angewandt werden	
☐	☐	☐	**1. Verbinden** Benutzen Sie verbale und nonverbale Techniken, um eine persönliche Verbindung zum Kunden aufzubauen, zum Beispiel durch häufigen Augenkontakt, einen verbindlichen Tonfall oder Small talk.
☐	☐	☐	**2. Ermuntern** Geben Sie verbale und nonverbale Signale, um den Kunden zu ermuntern, sich auch weiterhin an der Verkaufsverhandlung zu beteiligen. Nicken Sie, beugen Sie sich vor, sagen Sie „Aha" oder benutzen Sie bekräftigende Fragen oder Aussagen wie: „Können Sie mir mehr darüber erzählen?" oder: „Darüber würde ich gerne mehr erfahren."

Meister-klasse	Durch-schnitt	Muß verbessert, gelernt oder häufiger ange-wandt werden	
☐	☐	☐	**3. Fragen** Stellen Sie durchdachte, offene Fragen, um genauere, qualitätvollere Informationen von Ihrem Kunden zu bekommen.
☐	☐	☐	**4. Bestätigen** Lassen Sie sich die Aussagen des Kunden von ihm bestätigen. Listen Sie die wichtigen Punkte auf, ordnen Sie zusammengehörende Themen, fassen Sie die Aussagen zusammen und achten Sie darauf, daß der Kunde sie noch einmal bestätigt.
☐	☐	☐	**5. Informieren** Liefern Sie Informationen über sich und Ihre Firma, um ein positives Image Ihres Unternehmens, seiner Produkte und seines Service zu formen. Um das zu erreichen, stellen Sie Vorzüge heraus, fassen Sie sich kurz, und zeigen Sie Begeisterung.
☐	☐	☐	**6. Einwände beachten** Behandeln Sie Einwände so, daß das Verkaufsgespräch dadurch vorwärts kommt, ohne dabei jedoch über die echten Probleme des Kunden hinwegzugehen oder ihn zu verwirren.
☐	☐	☐	**7. Leistungsfähigkeit hervorheben** Beschreiben Sie die Vorteile einer Zusammenarbeit mit Ihrer Firma, und beziehen Sie sie auf die potentiellen Bedürfnisse des Kunden.
☐	☐	☐	**8. Verkaufsgespräche eröffnen** Erklären Sie den Zweck des Gesprächs und Ihr Angebot, vereinbaren Sie zu Beginn des Gesprächs die einzelnen Gesprächspunkte mit dem Kunden.

Meister-klasse	Durch-schnitt	Muß verbessert, gelernt oder häufiger ange-wandt werden	
□	□	□	**9. Verkaufsgespräche beenden** Beenden sie das Gespräch mit einem Vorschlag zum weiteren Vorgehen, und holen Sie sich die Zustimmung des Kunden dazu.
□	□	□	**10. Bedürfnisse erkunden** Sammeln Sie Informationen über die Situation, die Probleme und die Bedürfnisse des Kunden.
□	□	□	**11. Konsequenzen besprechen** Verstärken Sie die Bedürfnisse, indem Sie mit dem Kunden über die Konsequenzen sprechen, die drohen, wenn er ein Problem nicht lösen kann, und indem sie die Vorteile aufzeigen, die sich aus der Lösung des Problems ergeben.
□	□	□	**12. Optionen erkunden** Diskutieren Sie intensiv über die verschiedenen Möglichkeiten, die Bedürfnisse des Kunden zu befriedigen. Dieses Gespräch sollte eine brillante Analyse der Vor- und Nachteile der einzelnen Optionen beinhalten.
□	□	□	**13. Vorzüge verdeutlichen** Erläutern Sie dem Kunden deutlich die Vorzüge des Produkts, die es geeignet machen, seine zuvor geäußerten Bedürfnisse zu befriedigen.
□	□	□	**14. Lösungen präsentieren** Beschreiben Sie Ihr Produkt oder Ihre Dienstleistung überzeugend und mit Bezug auf die Bedürfnisse des Kunden.
□	□	□	**15. Geschäftsabschluß** Bitten Sie zum richtigen Zeitpunkt ganz einfach und direkt um den Auftrag.

Schulungsleitfaden zur Kundeninteraktion

Die folgenden Fragen sind aus Forum-Untersuchungen zur effektiven Kundeninteraktion entwickelt worden. Wie diese Untersuchungen ergaben, setzen Spitzenleute im Verkaufs- und Servicebereich fünf Schlüsselqualitäten souverän ein. Sie

- arbeiten kundenorientiert,
- verdienen sich das Recht auf einen Geschäftsabschluß,
- überzeugen durch Engagement,
- nutzen interne Ressourcen produktiv und
- sind auf Kundenbindung ausgerichtet.

Beantworten Sie die folgenden dreißig Fragen, um Ihre Trainingsbemühungen mit jedem einzelnen Verkäufer oder Serviceangestellten in Ihrem Unternehmen sinnvoll auf die wichtigen Punkte konzentrieren zu können. Denken Sie dabei immer an diesen einen Mitarbeiter, und kreuzen Sie das für ihn zutreffende Feld an.

Beachten Sie die Stärken dieser Person. Sie repräsentieren eine Basis, von der aus sich weitere Fähigkeiten erarbeiten lassen. Und sie repräsentieren Gebiete, auf denen diese Person vielleicht zur Entwicklung der anderen Teammitglieder beitragen kann.

Beachten Sie die Punkte, an denen Verbesserungen notwendig sind. Was können Sie tun, damit sich dieser Angestellte auf diesen Gebieten verbessert? Wer außer Ihnen kann zu seiner Entwicklung beitragen?

Name der Person: ______________________________

Arbeiten Ihre Mitarbeiter der Kundenfront kundenorientiert?

	sehr gut	**durch-schnitt-lich**	**verbes-serungs-bedürftig**
Wissen sie, wie sie im Interesse der Kunden agieren müssen?	☐	☐	☐
Ist ihre Interaktion stärker an der Planung des Kunden als an ihrer eigenen ausgerichtet?	☐	☐	☐
Schaffen sie Vertrauen durch echtes Einfühlungsvermögen?	☐	☐	☐
Passen sie „ihren" Verkaufs- und Serviceprozeß dem Einkaufsprozeß des Kunden an?	☐	☐	☐
Sorgen sie dafür, daß ihre Versprechen erfüllt werden?	☐	☐	☐
Passen sie sich an die sich wandelnden Aufgaben, vor denen der Kunde steht, an?	☐	☐	☐
Machen sie auf relevante Nachteile des Produkts aufmerksam?	☐	☐	☐
Können sie sich in die Denkweise des Kunden hineinversetzen?	☐	☐	☐

Verdienen sich Ihre Mitarbeiter an der Kundenfront das Recht auf einen Geschäftsabschluß?

	sehr gut	**durch-schnitt-lich**	**verbes-serungs-bedürftig**
Widerstehen sie der Verlockung, alle Probleme des Kunden zu lösen?	☐	☐	☐
Können sie den Verlauf der Beziehung richtig steuern und die Bedeutung des „Probeabschlusses" zurückschrauben?	☐	☐	☐

Reagieren sie direkt auf Einwände, statt um sie herumzureden?	☐	☐	☐
Stellen sie sicher, daß die Qualität des Service nach dem Geschäftsabschluß das Privileg weiterer Verkäufe rechtfertigt?	☐	☐	☐
Formen sie aus den Produkten des Unternehmens maßgeschneiderte Lösungen für die Bedürfnisse des Kunden?	☐	☐	☐
Respektieren sie, daß die Zeit des Kunden kostbar ist und er vielleicht andere Prioritäten setzt?	☐	☐	☐
Machen sie quasi bei jedem Kundenkontakt Fortschritte?	☐	☐	☐
Sind sie offen, ehrlich und vertrauenswürdig?	☐	☐	☐

Überzeugen Ihre Angestellten an der Kundenfront durch Engagement?

	sehr gut	**durchschnittlich**	**verbesserungsbedürftig**
Verstehen sie den Kundenkontakt als ein Gespräch mit dem Kunden?	☐	☐	☐
Ermutigen sie den Kunden zum Reden?	☐	☐	☐
Sammeln sie durch eine gute Fragetechnik wertvolle Informationen?	☐	☐	☐
Begrüßen sie gegensätzliche Meinungen als ein positives Zeichen für Interesse und eine Möglichkeit zur produktiven Interaktion?	☐	☐	☐
Überlassen sie die Hälfte ihrer „Sendezeit" dem Kunden?	☐	☐	☐

Nutzen Ihre Mitarbeiter an der Kundenfront interne Ressourcen produktiv?

	sehr gut	**durch-schnitt-lich**	**verbes-serungs-bedürftig**
Organisieren sie ein internes Beziehungsgeflecht, und erhalten sie es aufrecht?	☐	☐	☐
Erläutern sie ihren internen Mitarbeitern ihre Vision der Kundenbeziehung?	☐	☐	☐
Sind sie Teamarbeiter und anerkannte Führungspersönlichkeiten?	☐	☐	☐
Greifen sie auf das Fachwissen anderer zurück?	☐	☐	☐
Übernehmen sie Verantwortung für die Organisation der gesamten Verkaufsbeziehung?	☐	☐	☐

Sind Ihre Mitarbeiter an der Kundenfront auf Kundenbindung ausgerichtet?

	sehr gut	**durch-schnitt-lich**	**verbes-serungs-bedürftig**
Finden sie ein Gleichgewicht zwischen dem Erzielen unmittelbarer Erfolge und der Bewahrung der Kundenbeziehung?	☐	☐	☐
Kümmern sie sich um alles, was mit dem Verkauf zu tun hat, von Serviceverträgen bis zur Auslieferung und den Zahlungsterminen?	☐	☐	☐
Können sie die Argumente des Kunden vertreten, ohne den Vorteil der Firma aus dem Auge zu verlieren?	☐	☐	☐
Vermeiden sie, den Kunden zum Aufbau einer Partnerschaft zu drängen, wenn dieser sie gar nicht schätzt?	☐	☐	☐

Führung

Wie gut sind Ihre Führungseigenschaften?

Bewerten Sie sich selbst

Im folgenden sind zwanzig Verhaltensweisen aufgelistet, die stark mit effektiver Führung korrelieren. Um Ihre Stärken zu identifizieren und zu erkennen, in welchen Bereichen Sie noch an sich arbeiten müssen, bewerten Sie Ihre eigene Leistung anhand der Skala von 1 bis 5. Tragen Sie die jeweilige Zahl in den ausgewiesenen Freiraum ein. Seien Sie sich selbst gegenüber ehrlich.

Schritt 1: Bewerten Sie Ihre Führungsqualitäten.
5 = sehr stark
4 = stark
3 = mittel
2 = mäßig
1 = schwach

Leidenschaftliche Verbundenheit

________ 1. Ich beziehe Informationen aus so vielen Quellen wie möglich.

________ 2. Ich weiß, wie meine eigene Arbeit dazu beiträgt, die Gesamtstrategie der Organisation zu unterstützen.

________ 3. Ich analysiere, wie gut die Mitarbeiter der Gruppe zusammenarbeiten.

________ 4. Ich kenne die Fähigkeiten und Interessen aller Arbeitsgruppenmitglieder.

________ 5. Ich kenne meine eigenen Fähigkeiten und Interessen.

Der feste Vorsatz, Sinn zu stiften

________ 6. Ich beteilige die richtigen Mitarbeiter an der Strategieentwicklung der Arbeitsgruppe.

________ 7. Ich setze mich für das ein, was wichtig ist.

_______ 8. Ich modifiziere meine Pläne und Maßnahmen, wenn es sich in turbulenten Situationen als notwendig erweist.

_______ 9. Ich vermittle die Gesamtstrategie der Organisation.

_______ 10. Ich vermittle der Arbeitsgruppe ein positives Bild ihrer Zukunft.

Die Fähigkeit zu mobilisieren

_______ 11. Ich spreche klar und deutlich aus, welche Ergebnisse ich von anderen erwarte.

_______ 12. Ich spreche Herz und Verstand meiner Mitarbeiter an, um sie in eine neue Richtung zu führen.

_______ 13. Ich zeige, daß mir die Mitglieder meiner Arbeitsgruppe wichtig sind.

_______ 14. Ich zeige Vertrauen in die Fähigkeiten anderer.

_______ 15. Ich lasse meine Mitarbeiter wissen, daß sie den Zielen der Gruppe näher kommen.

Die Fähigkeit zu inspirieren

_______ 16. Ich helfe meinen Mitarbeitern, ihre Talente zu entwikkeln.

_______ 17. Ich erkenne die Leistungen anderer an.

_______ 18. Ich sorge dafür, daß andere sich wie Führungskräfte fühlen und entsprechend handeln.

_______ 19. Ich rege andere zum Nachdenken an.

_______ 20. Ich begeistere meine Mitarbeiter für Projekte und Aufgaben.

Schritt 2: Notieren Sie sich, wo Sie ihre besten Werte erzielt haben. Das sind die Stärken, mit denen Sie effektiv führen können.

Schritt 3: Notieren Sie sich, wo Sie am schlechtesten abgeschnitten haben. Hier können Sie durch Arbeit an sich lernen, effektiver zu führen. Möglichkeiten dazu bieten die im folgenden vorgestellten Taktiken zur Verbesserung von Führungsqualitäten.

Taktiken zu Verbesserung von Führungsqualitäten

Führungsqualität **1. Informationen aus so vielen Quellen wie möglich beziehen**

Taktiken

- Nutzen Sie die Medien, und lesen Sie die Fachpresse und andere bancheninterne Publikationen, damit Sie über wissenschaftliche, politische, wirtschaftliche und soziale Bedingungen informiert sind, die auf Ihr Geschäft Einfluß haben können.
- Nehmen Sie sich Zeit, direkt mit Kunden zu reden. Setzen Sie sich zum Ziel, mehrmals pro Quartal mit Einzelpersonen aus verschiedenen Ebenen der Unternehmen Ihrer Kunden zusammenzutreffen mit dem ausdrücklichen Zweck, mit den Kunden in Verbindung zu bleiben.
- Machen Sie sich mit der Budgetierung und den finanztechnischen Prozessen in Ihrem Unternehmen vertraut. Sprechen Sie mit den Leuten in der Buchhaltung und Finanzabteilung.
- Gewinnen Sie zusätzliche Perspektiven, was Ihre Branche und den Wettbewerb betrifft. Führen Sie außerhalb der Arbeitszeit informelle Gespräche mit Freunden.
- Bitten Sie Personen auf allen Ebenen des Unternehmens um Ideen und Ratschläge, damit Sie eine ausgewogene Perspektive von den Problemen Ihrer Arbeit gewinnen.

Führungsqualität **2. Wissen, wie die eigene Arbeit dazu beiträgt, die Gesamtstrategie der Organisation zu unterstützen**

Taktiken

- Informieren Sie sich über die strategischen Bereiche, die für Ihre Arbeitsgruppe relevant sind. Sprechen Sie mit ranghöheren Personen in Ihrem Unternehmen. Finden Sie heraus, was am wichtigsten ist.
- Ziehen Sie Ihre Strategiepläne in Betracht, bevor Sie über die spezifische Herangehensweise bei neuen Projekten entscheiden.

- Schreiben Sie die Strategien, die für Ihre täglichen Aufgaben am wichtigsten sind, in Ihren Kalender als ständige Erinnerung daran, daß Ihre Arbeit zur Gesamtstrategie mit beiträgt.
- Veranstalten Sie Diskussionen, in denen die Mitglieder Ihrer Arbeitsgruppe Fragen zu den strategischen Absichten Ihres Unternehmens stellen können.
- Orientieren Sie sich an den wichtigsten strategischen Initiativen, wenn Sie Prioritäten setzen.

Führungsqualität

3. Die Qualität der Kooperation innerhalb der Gruppe analysieren

Taktiken

- Planen Sie Zeit für Einzelgespräche mit Mitgliedern Ihrer Arbeitsgruppe ein, um zu hören, wie diese die Effektivität und Funktionstüchtigkeit der Gruppe einschätzen.
- Setzen Sie bei Konferenzen eine Diskussion des Gruppenverhaltens auf die Tagesordnung, damit verschiedene Meinungen zur Zusammenarbeit der Gruppe geäußert und diskutiert werden können.
- Überwachen Sie Fortschritte und Erfolge der Gruppe. Hält sie Termine ein?
- Beobachten Sie die Kommunikation innerhalb der Gruppe. Wie reden die Mitglieder miteinander? Achten Sie auf Anzeichen für dysfunktionales Verhalten, und fragen Sie die Gruppenmitglieder, wie die Situation ihrer Meinung nach verbessert werden kann.
- Setzen Sie neue Technologien bewußt ein. Nutzen Sie Technologien – beispielsweise Software zur Projektplanung und Tabellenkalkulation –, die Ihnen helfen, Situationen zu analysieren und die Leistung der Gruppe zu bewerten.

Führungs-qualität

4. Die Fähigkeiten und Interessen aller Arbeitsgruppenmitglieder kennen

Taktiken

- Machen Sie es sich zur Gewohnheit, über die Auswirkungen externer Ereignisse auf Ihr Unternehmen und Ihre Gruppe zu spekulieren. Lernen Sie den routinemäßigen Umgang mit der Frage: „Wenn ... passiert, wie wird die Gruppe reagieren?“
- Nutzen Sie die existierenden Persönlichkeits- und Leistungstests, um mehr über die Werte und Fähigkeiten Ihrer Gruppe zu erfahren.
- Nehmen Sie sich die Zeit, jedes einzelne Mitglied der Gruppe kennenzulernen. Bringen Sie in Erfahrung, was den einzelnen Personen an ihrer Arbeit gefällt. Stellen Sie Unterschiede und Ähnlichkeiten zwischen den Gruppenmitgliedern fest.
- Beobachten Sie, wie sich die Gruppe unter Druck verhält. Machen Sie sich klar, wo in schwierigen Situationen die Grenzen der Gruppe liegen.
- Organisieren Sie informelle Veranstaltungen außerhalb der Arbeitszeit. So können die Gruppenmitglieder über persönliche Interessen reden, neue Fähigkeiten erproben und persönliche Beziehungen aufbauen.

Führungs-qualität

5. Die eigenen Fähigkeiten und Interessen kennen

Taktiken

- Suchen Sie nach Gelegenheiten, zu erfahren, was für Sie eine Herausforderung darstellt. Wenn Sie unter starkem Druck stehen, fragen Sie sich: „Was ist das Beste daran?“
- Legen Sie bestimmte Zeitpunkte fest, an denen Sie Ihre persönliche Leistung in Arbeitssituationen bewerten. Merken Sie sich, was Ihnen leicht und was Ihnen am schwierigsten erschien.

- Wenn Sie wegen bestimmter Probleme oder Umstände frustriert sind, fragen Sie sich: „Warum ist das wichtig für mich?“
- Führen Sie sich Ereignisse in Ihrer Karriere vor Augen, in denen Sie sich besonders erfolgreich fühlten. Was taten Sie in dieser Situation, das für Sie oder Ihre Gruppe zu positiven Ergebnissen führte?
- Fragen Sie andere, was Sie gut machen und wo Sie besser werden könnten.

Führungsqualität

6. Die richtigen Leute an der Entwicklung der Strategie der Arbeitsgruppe beteiligen

Taktiken

- Lernen Sie die verschiedenen Denkweisen und das unterschiedliche Lernverhalten Ihrer Mitarbeiter kennen. Verwenden Sie eine Vielfalt von Bildern, Metaphern und Ideen.
- Erklären Sie, warum etwas getan werden muß. Das Warum ist genauso wichtig wie das Was.
- Geben Sie Ihren Mitarbeitern Gelegenheit, zur Vision der Arbeitsgruppe beizutragen.
- Besprechen Sie, wie spezifische Aufgaben mit der Gesamtstrategie zusammenhängen.
- Führen Sie Sitzungen ein, auf denen Mitglieder Ihrer Gruppe auf Ihre Vorstellungen über die Ziele der Arbeit reagieren und andere Wege zum Erreichen der Ziele vorschlagen können.

Führungsqualität

7. Sich für das einsetzen, was wichtig ist

Taktiken

- Scheuen Sie nicht vor Risiken zurück, wenn es darum geht, das, was für Sie und die Gruppe wichtig ist, klarzustellen und zu vertreten.
- Helfen Sie Ihren Mitarbeitern, die Bedeutung ihrer Arbeit über die unmittelbare Aufgabe hinaus zu erkennen.

Betonen Sie, daß man Erfüllung in seiner Arbeit finden kann und sie positive Auswirkungen auf andere hat.

- Treten Sie Ideen und Ansichten entgegen, die Ihren Werten widersprechen.
- Untermauern Sie Ihren Standpunkt mit zusätzlichen Informationen.
- Nehmen Sie es mit der Vertretung der Interessen und Bedürfnisse anderer genau.

Führungsqualität

8. Pläne und Maßnahmen modifizieren, wenn es sich in turbulenten Situationen als notwendig erweist

Taktiken

- Überwachen Sie Geschwindigkeit und Umfang von Veränderungen, um das Maß an Turbulenz beurteilen zu können, dem Ihre Arbeitsgruppe ausgesetzt ist.
- Denken Sie daran, wie sich Terminänderungen auf die Beteiligten auswirken.
- Müssen neue Prioritäten gesetzt werden, sollten Sie überlegen, welche Aufgaben verschoben oder gestrichen werden können.
- Erhöhen Sie das Ausmaß an Kommunikation in Phasen großer Veränderungen.
- Entwickeln Sie alternative Ansätze, wenn sich die Bedingungen ändern oder Ihre Mitarbeiter verwirrt und gelähmt sind. Suchen Sie nach neuen Wegen, um wieder Schwung in Ihre Gruppe zu bringen.

Führungsqualität

9. Die Gesamtstrategie der Organisation vermitteln

Taktiken

- Erklären Sie, wie die Strategie des Unternehmens entwickelt wird, wer sie beschließt und wie oft sie berichtigt wird.
- Laden Sie einen ranghöheren Mitarbeiter des Unternehmens ein, mit Ihrer Gruppe die Gesamtstrategie zu diskutieren.

- Bevor Sie eine Aufgaben erteilen, sollten Sie überlegen, welchen Bezug die Aufgabe zu den allgemeinen Zielen der Gruppe hat. Fragen Sie: „Welchen Bezug hat dies zur Gesamtstrategie?“
- Machen Sie Ihrer Gruppe die Strategie klar, indem Sie diese bei den regulären Personalsitzungen diskutieren.
- Überlegen Sie, was den Mitarbeitern in Ihrer Gruppe am meisten bedeutet.

Führungs-qualität

10. Der Arbeitsgruppe ein positives Bild ihrer Zukunft vermitteln

Taktiken

- Halten Sie die Schlüsselelemente der Vision schriftlich fest.
- Nehmen Sie sich Zeit, die Vision darzulegen. Setzen Sie eine spezielle Sitzung an, um die Vision mit Inhalt zu füllen. Setzen Sie eine solche Diskussion nicht als letzten Punkt auf eine volle Tagesordnung.
- Fragen Sie: Was sollten wir nach der Ansicht der Kunden tun?
- Verwenden Sie Bilder, die im Gedächtnis haften bleiben. Variieren Sie Ihre Begriffe und Medien, wenn Sie der Vision Gestalt geben.
- Ermutigen Sie Ihre Mitarbeiter bei schwierigen Phasen in einem Projekt. Gehen Sie auf die positiven Aspekte der Arbeit ein und auf das Hochgefühl, wenn die Arbeit getan ist.

Führungs-qualität

11. Klar und deutlich aussprechen, welche Ergebnisse man von anderen erwartet

Taktiken

- Finden Sie die speziellen Fähigkeiten bestimmter Personen heraus. Sagen Sie ihnen, wie diese Fähigkeiten zum Erreichen des Gesamtziels beitragen werden.

- Drücken Sie sich bezüglich erwarteter Resultate klar aus. Beschreiben Sie das erwartete Ergebnis und überprüfen Sie, ob Sie verstanden wurden.
- Setzen Sie genügend Zeit für die Aufgabenstellung und die Erläuterung der erwarteten Resultate an. Fragen Sie: „Wie sollten sich unsere Kunden Ihrer Ansicht nach fühlen, wenn sie dieses Produkt verwenden oder diese Dienstleistung in Anspruch nehmen?"
- Machen Sie sich in allgemeinen Diskussionen Notizen zu zentralen Punkten. Fragen Sie nach, damit Klarheit besteht.
- Nehmen Sie Gespräche, bei denen Sie Erwartungen bezüglich bestimmter Projekte oder Aufgaben äußern, auf Band auf. Hören Sie das Band anschließend ab. Sind Sie verstanden worden? Notieren Sie sich, wo Sie es an Klarheit haben vermissen lassen, und spielen Sie das Gespräch für sich selbst noch einmal nach. Das wird Ihnen helfen, sich weiterzuentwickeln.

Führungsqualität

12. Herz und Verstand der Mitarbeiter ansprechen, um sie in eine neue Richtung zu führen

Taktiken

- Strukturieren Sie Sitzungen so, daß Fragen, Sorgen und Klarstellungen geäußert werden können. Bereiten Sie sich vor, damit Sie auf Fragen mit den nötigen Daten antworten können.
- Besprechen Sie mit Ihren Mitarbeitern, was sie an ihrer Arbeit begeistert. Versuchen Sie diese Begeisterung auf das aktuelle Projekt zu übertragen.
- Stellen Sie Ihren Mitarbeitern Fragen, die Ihnen erkennen helfen, was Ihren Leuten wichtig ist. Überlegen Sie anschließend, was diese Informationen für die vorgeschlagenen Änderungen bedeutet.
- Nehmen Sie sich Zeit, Ihre eigenen Sorgen im Hinblick auf die anstehenden Veränderungen zu analysieren, und teilen Sie anderen Ihre Einschätzung der Lage mit. Nut-

zen Sie solche Gespräche, um gemeinsame Bedenken und Motive zu identifizieren.

- Suchen Sie nach Alternativen zur aktuellen Situation. Fragen Sie: „Wo liegt hier die geheime Chance?" Erklären Sie die potentiellen Vorteile der neuen Richtung.

Führungsqualität

13. Zeigen, daß einem die Mitglieder seiner Arbeitsgruppe wichtig sind

Taktiken

- Verbringen Sie jeden Morgen mehrere Minuten im persönlichen Gespräch mit Ihren Mitarbeitern. Bauen Sie innerhalb Ihres Unternehmens und Ihrer Gruppe ein Netz von Beziehungen auf. Nehmen Sie sich die Zeit, sie in informellen Gesprächen kennenzulernen.
- Fragen Sie, ob andere Hilfe brauchen. Helfen Sie, wenn nötig.
- Setzen Sie sich und anderen in Ihrer Arbeitsgruppe das Ziel, Menschen in anderen Teilen des Unternehmens kennenzulernen.
- Ziehen Sie die Auswirkungen Ihrer Entscheidungen auf das Arbeits- und Privatleben anderer mit in Betracht.
- Finden Sie heraus, welche Mittel zur Verwirklichung von Projekten und spezifischen Aufgaben notwendig sind. Seien Sie bereit, Hindernisse zu überwinden, um die notwendigen technischen Mittel und die notwendige Ausrüstung bereitzustellen.

Führungsqualität

14. Vertrauen in die Fähigkeiten anderer zeigen

Taktiken

- Greifen Sie bei der Verteilung von Aufgaben auf Mitarbeiter mit unterschiedlichen Begabungen, Erfahrungen und kulturellen Hintergründen zurück. Nutzen Sie zu Beginn eines Projekts die Gelegenheit, die Stärken der Beteiligten in der Gruppe bekanntzumachen.

- Lassen Sie Ihren Mitarbeitern den notwendigen Freiraum für ihre Arbeit. Mischen Sie sich nicht ein, nachdem der Auftrag einmal erteilt ist. Verhandeln Sie über Termine, statt sie zu diktieren.
- Sammeln Sie Daten zum Hintergrund von Projekten, damit Sie Entscheidungen Ihrer Arbeitsgruppe verteidigen können, wenn diese von Dritten kritisiert werden.
- Lernen Sie die Grenzen der Fähigkeiten anderer kennen, und überlegen Sie, wie man sie durch zusätzliche Verantwortung „fordern" kann, ohne sie zu überfordern.
- Ermutigen Sie andere, in Präsentationen beim oberen Management die Führung zu übernehmen. Geben Sie Ihnen bei Bedarf persönlichen Rückhalt.

Führungsqualität

15. Mitarbeiter wissen lassen, daß sie den Zielen der Gruppe näher kommen

Taktiken

- Nehmen Sie formelle und informelle Gelegenheiten wahr, Mitgliedern Ihrer Arbeitsgruppe persönliches Feedback zu geben.
- Setzten Sie Maßstäbe, die zu qualitativen Verbesserungen von Produkten und Dienstleistungen führen.
- Machen Sie Äußerungen von Kunden öffentlich, die zeigen, wie gut die Gruppe Kundenerwartungen erfüllt.
- Veröffentlichen Sie aktuelle Bestandsaufnahmen, aus denen hervorgeht, wie neue Ideen zu Verbesserungen von Prozessen geführt und Kosten gespart haben. Machen Sie das Abschneiden der Gruppe auf bestimmten Gebieten durch Grafiken deutlich.
- Beziehen Sie finanzielle Daten in das Leistungsfeedback mit ein, damit die Mitarbeiter sehen, wie die Gruppe zum finanziellen Wachstum des Gesamtunternehmens beiträgt.

Führungsqualität

16. Mitarbeitern helfen, ihre Talente zu entwickeln

Taktiken

- Seien Sie bei Sitzungen ein guter Zuhörer. Ermutigen Sie Mitarbeiter mit weniger Erfahrung, als Diskussionsleiter zu fungieren und Projekte vorzustellen.
- Empfehlen Sie für bestimmte Projekte oder Aufträge Mitarbeiter, damit diese neue Fähigkeiten entwickeln können.
- Wechseln Sie regelmäßig die Verantwortungsbereiche in Ihrer Arbeitsgruppe, damit einzelne Neues ausprobieren können.
- Schulen Sie gezielt neue Fähigkeiten, damit Ihre Mitarbeiter Kompetenzen erwerben, die ihrer Karriere förderlich sind.
- Geben Sie Ihren Mitarbeitern Zeit, die aktuelle Fachliteratur zu ihrem Arbeitsgebiet zu lesen.

Führungsqualität

17. Die Leistungen anderer anerkennen

Taktiken

- Spenden Sie Anerkennung, wenn sie verdient ist. Tun Sie es öffentlich.
- Setzen Sie bei Mammutprojekten Meilensteine. Feiern Sie jedesmal, wenn ein Meilenstein erreicht ist. Sprechen Sie öffentlich und privat Ihren Dank aus.
- Machen Sie Leistungen in der Vergangenheit bewußt. Erinnern Sie Ihre Mitarbeiter an frühere Erfolge.
- Berichten Sie Vorgesetzten über die gute Arbeit, die andere in Ihrer Gruppe leisten. Sorgen Sie dafür, daß ranghöhere Mitarbeiter an Ihren Sitzungen teilnehmen, damit sie die Fortschritte Ihrer Gruppe anerkennen können.
- Lassen Sie die Namen aller Gruppenmitglieder auflisten, die an einem Projekt beteiligt waren. Wenn es sich um ein Produkt handelt, versehen Sie es mit den Namen oder Unterschriften der einzelnen Mitarbeiter.

Führungs-qualität

18. Dafür sorgen, daß andere sich wie Führungskräfte fühlen und entsprechend handeln

Taktiken

- Integrieren Sie andere Personen in ein Team. Vermitteln Sie ein Gefühl der Zusammengehörigkeit und Wertschätzung. Sagen Sie: „Sie arbeitet *mit mir*" und nicht: „Sie arbeitet *für mich.*"
- Geben sie Informationen weiter, die anderen ein Verständnis der Normen und Werte des Unternehmens ermöglichen.
- Machen Sie von Vorschlägen und Informationen anderer Personen Gebrauch. Anerkennen Sie ihr Fachwissen.
- Lassen Sie die Gesprächsleitung bei Gruppensitzungen oder Projektbesprechungen rotieren.
- Ermutigen Sie andere, eine Führungsrolle zu übernehmen, indem Sie ihnen die Verantwortung und Autorität für ein bestimmtes Projekt übertragen; danach sollten Sie Vertrauen haben, daß sie das Richtige tun.

Führungs-qualität

19. Andere zum Nachdenken anregen

Taktiken

- Regen Sie zur Entwicklung neuer Ideen an, indem Sie „große Gedanken" äußern – entweder eigene Vorstellungen oder Zitate von anderen.
- Machen Sie Ihre Hausaufgaben. Seien Sie darauf vorbereitet, zu wichtigen Problemen der Gruppe Fragen zu stellen und Informationen zu geben.
- Verpflichten Sie Gastredner aus anderen Berufen, damit Ihre Mitarbeiter neue Denkweisen kennenlernen. Laden Sie beispielsweise einen Künstler ein, über den kreativen Prozeß zu referieren, damit die Mitglieder Ihrer Gruppe bei bestimmten Problemen von seinem Konzept profitieren können.
- Arrangieren Sie Besuche bei anderen Projekten, damit Ihre Gruppe die Arbeit anderer erfolgreicher Gruppen aus erster Hand kennenlernt.

- Führen Sie in Streßsituationen ein Brainstorming zu möglichen Lösungsansätzen durch.

Führungsqualität

20. Mitarbeiter für Projekte und Aufgaben begeistern

Taktiken

- Kommen Sie immer wieder auf die Vision zu sprechen, und vermitteln Sie, was an ihr so gut ist.
- Zeigen Sie rückhaltlosen Einsatz, und verhalten Sie sich wie ein Vorbild, damit Ihre Mitarbeiter sehen können, daß Ihnen Ihre Arbeit wichtig ist.
- Bereiten Sie die Ankündigung neuer Projekte sorgfältig vor. Spornen Sie durch positive Äußerungen an, damit die bevorstehende Aufgabe mit Schwung und Energie in Angriff genommen wird.
- Schaffen Sie über die üblichen Gehälter und Provisionen hinaus Anreize für Ihre Gruppe. Führen Sie beispielsweise eine Feier am Freitagnachmittag ein, bei der die in der Woche erreichten Fortschritte verkündet und Energie für die folgenden Wochen aufgebaut wird.
- Beweisen Sie Sinn für Humor, und zeigen Sie auch in schwierigen Situationen, daß Sie das Lachen nicht verlernt haben.

Planung der persönlichen Entwicklung

Persönlicher Entwicklungsplan

Sie haben dieses Buch gelesen und den Werkzeugkasten durchgearbeitet. Dabei sind Sie zweifellos auf eine Reihe von Möglichkeiten gestoßen, wie Sie die Leistung Ihres Geschäftsbereichs verbessern können. Der nachstehende Planungsleitfaden wird Ihnen helfen, dies in mindestens zwei Bereichen durch genau geplante Veränderungen zu erreichen. Die Veränderungen können persönlicher Natur sein, wenn Sie etwa Ihre Fähigkeiten zur Einflußnahme oder zum Umgang mit Reklamationen verbessern möchten. Oder sie können eher organisatorischer Art sein, wenn es sich zum Beispiel um kundenorientierte Umstrukturierungsmaßnahmen oder eine Modifikation der Anreize zu rückhaltloser Zusammenarbeit handelt. Um Ihren persönlichen Entwicklungsplan aufzustellen, füllen Sie den folgenden Planungsleitfaden aus.

Planungsleitfaden

Wählen Sie einen oder zwei Bereiche aus, die von verstärkter permanenter Aufmerksamkeit vermutlich am meisten profitieren. Schreiben Sie die Zielbereiche in die linke Spalte, und tragen Sie in der rechten Spalte die jeweiligen Erfolgsmaßstäbe ein; so können Sie erkennen, ob Sie die beabsichtigten Fortschritte gemacht haben. Im Anschluß daran können Sie mit Hilfe der folgenden Seiten spezifische Pläne zur Verbesserung Ihrer Leistung entwickeln.

Zielbereiche	Erfolgsmaßstäbe
1.	
2.	

Plan für Zielbereich 1

Schritte zur Leistungsverbesserung

Tragen Sie hier die Schritte ein, mit denen Sie Ihre Leistung in Zielbereich 1 verbessern wollen, die Termine, zu denen Sie diese Schritte verwirklicht haben wollen, die Hindernisse, die den Verbesserungen entgegenstehen, und Ihre Strategien zur Überwindung dieser Hindernisse.

Schritte	Termine	Hindernisse	Strategien

Unterstützung

Tragen Sie links die Namen der Personen ein, mit denen Sie zur Verbesserung Ihrer Leistung zusammenarbeiten müssen, und fügen Sie hinzu, in welcher Beziehung diese zu Ihnen stehen. In der Mitte notieren Sie, welche Art von Hilfe Sie benötigen, und rechts den Termin, an dem die Hilfe spätestens geleistet sein soll.

Personen/ Beziehungen	Art der Hilfe	Termine

Plan für Zielbereich 2

Schritte zur Leistungsverbesserung Tragen Sie die Schritte ein, mit denen Sie Ihre Leistung in Zielbereich 2 verbessern wollen, die Termine, an denen Sie diese Schritte verwirklicht haben wollen, die Hindernisse, die den Verbesserungen entgegenstehen, und Ihre Strategien, wie Sie diese Hindernisse über windenwollen.

Schritte	Termine	Hindernisse	Strategien

Unterstützung Tragen Sie links die Namen der Personen ein, mit denen Sie zur Verbesserung Ihrer Leistung zusammenarbeiten müssen, und fügen Sie hinzu, in welcher Beziehung diese zu Ihnen stehen. In der Mitte notieren Sie, welche Art von Hilfe Sie brauchen, und rechts den Termin, zu dem die Hilfe spätestens geleistet sein soll.

Mitarbeiter/ Beziehungen	Art der Hilfe	Termine

Anmerkungen

Kapitel 1: Die Herausforderung: Von der Krise zum kundenorientierten Wachstum

1. „Global Business Leaders See No End to Corporate Restructuring", in: *PR Newswire* (4. April 1995).
2. Untersuchung der American Management Association zum Stellenabbau (Juli 1994).
3. Don L. Boroughs: „Amputating Assets: Companies That Slash Jobs Often End Up with More Problems than Profits", in: *US News & World Report* (4. Mai 1992), S. 50.

Kapitel 2: Von der Identitätskrise zur punktgenauen Definition des Unternehmensziels

1. Zitiert in George Church, „We're #1 and It Hurts", in: *Time* (24. Oktober 1994).
2. Vgl. „A Tale of Two Retailers", in: *The Music Trades* (August 1992).
3. Katherin Snow Smith, „Organ Breathes New Life into Fletcher Music Sales", in: *Tampa Bay Business Journal* Bd. 14, Nr. 23 (3. Juni 1994).
4. „Kmart Corporation" in: *Hoover's Handbook Database 1995*, Austin 1995
5. Rich Karlgarrd, „ASAP Interview: Susan Cramm and John Martin", in: *Forbes ASAP* (29. August 1994).
6. Suzanne Oliver, „New Personality", in: *Forbes* (15. August 1994).
7. Ebenda.
8. Forum-Gespräch mit Christopher Samuels, Geschäftsführender Direktor des Center for Strategy Research.
9. Seth Lubove, „American Gothic", in: *Forbes* (21. November 1994).
10. Scott Thurston, „Southwest's Wacky, Low Cost World", in: *Atlanta Constitution* (17. Juli 1994).
11. Ron Zemke, „Creating Customer Value", in: *Training Magazine* (September 1993).
12. David P. Biehn, „Which Came First? A Case for Change", in: *Global Marketing 1994*, herausgegeben von Richard J. Kostyra.

13. Robert Tomsho, „Real Dog: How Greyhound Lines Re-Engineered Itself Right into a Deep Hole“, in: *Wall Street Journal* (20. Oktober 1994).
14. „Eastman Kodak Company“, in: *Hoover's Handbook Database 1995*, Austin, Texas, 1995.
15. Joseph Rebello, „Radical Ways of Its CEO Are A Boon to Bank“, in: *Wall Street Journal* (20. März 1995), S. B1 f.
16. Rich Karlgarrd, „ASAP Interview: Susan Cramm and John Martin“, in: *Forbes ASAP* (29. August 1994).
17. Thomas Stewart, „Welcome to the Revolution“, in: *Fortune* (13. Dezember 1993).
18. „Trendsetter Barometer“, Coopers & Lybrand, 1993, zitiert in „Benchmark: Framing Out Your Financials“, in: *INC.* (April 1994).
19. Michael F. Corbett, „Outsourcing: Redesigning the Corporation of the Future“, The Outsourcing Institute, Werbestrecke, in: *Fortune* (12. Dezember 1994).
20. Ebenda.
21. Tom Peters, „Whence Comes Innovation?“, in: *Forbes ASAP* (29. August 1994).
22. Peter Jennings, „Peter Jennings Reporting: In the Name of God“, ABC News Show #ABC-58 (Sendedatum 16. März 1995).
23. James Mellado, „Willow Creek Community Church“, Fallstudie der Harvard Business School, Leiter und Mitarbeiter des Harvard College, Boston 1991.
24. Ebenda.
25. Susan Headden, „Worshipping God Big Time“, in: *Woman's Day* (13. Oktober 1992).
26. Barbara Dolan, „Full House and Willow Creek“, in: *Time* (6. März 1989).
27. Roland T. Rust/Richard W. Oliver, „The Death of Advertising“, ein Forschungsbericht von zwei Professoren der Vanderbilt University, zitiert in: Stanley R. Davis, *Vorgriff auf die Zukunft*, Freiburg 1987.
28. M. R. Montgomery, „The Genie of Jeans“, in: *Boston Globe* (4. Januar 1995).
29. Marie D'Amico, „New Man and the Sea“, in: *Forbes ASAP* (29. August 1994).
30. Vgl. Rachel Eagel, *Daily Camera* [Boulder, Colorado] (4. April 1995)
31. Zitiert in: Molly Baker, „USF & G Chief Executive Transforms an Ailing Insurer“, in: *Wall Street Journal* (24. März 1995)
32. „USF & G“, in: *Hoover's Handbook Database 1995*, Austin, Tex., 1995.
33. Zitiert in Rahul Jacob, „America's Most Admired Corporations“, in: *Fortune* (6. März 1995)
34. Michael Oneal, „God, Family, and Domino's – That's It“, in: *Business Week* (30. Januar 1995).

Kapitel 3: Der direkte Draht zum Kunden

1. Zitiert in: Kenneth Labich, „Why Companies Fail“, in: *Fortune* (14. November 1994), S. 68.

2. Siehe Rahul Jacob, „Why Some Customers Are More Equal Than Others“, in: *Fortune* (19. September 1994), S. 215 ff.
3. *Fortune*-Magazin, Sonderausgabe: *The Tough New Consumer* (Herbst 1993), S. 53, Fußnote 24.
4. Teile dieses Abschnitts sind exzerpiert aus: William Fonvielle, *Forum Issues Focus: The Balanced Business Scorecard,* The Forum Corporation 1995.
5. Peter Drucker, „We Need to Measure, Not Count“, in: *Wall Street Journal* (13. April 1993), S. A18.
6. „Vistakon: Dominating the Marketplace through New Product Leadership“, in: *Johnson & Johnson Best Practices: Profiles of Bronce-Level Companies,* Johnson & Johnson: New Brunswick, New York, 1994, S. 1–8.
7. David Bottoms, „‚Keeping up with the Joneses‘“, *Industry.Net* (5. Juni 1995).
8. Bradford Wernle, „Hundreds Go Online to Discuss Ford Explorer Design“, *Compuserve,* (September 1995).

Kapitel 4: Von Teamitis zu rückhaltloser Zusammenarbeit

1. Artikel von Jeff Manning in *The Sunday Oregonian* (5. März 1995), S. F1.
2. „U. S. Bancorp Second Quarterly Earnings Reinforce Focus on the Future“, in: Hauszeitung der Bank vom 17. Juli 1995, S. 1.
3. Dennis Kravitz, *The Human Resources Revolution,* San Francisco 1988, zitiert in Patricia McLagan und Christo Nel, *The Age of Participation*, erscheint in Kürze.
4. Justin Martin, „Ignore Your Customer“, in: *Fortune* (1. März 1995), S. 126.
5. Michael Schrage, *No More Teams! Mastering the Dynamics of Creative Collaboration*, New York 1995.
6. Wayne Koberstein, „Wayne Yetter“, in: *Pharmaceutical Executive* (April 1995).
7. „Every Thing We Do Is Wrong“, in: *Across the Board* (April 1995), S. 32–36.

Kapitel 5: Von Kundenzufriedenheit zu dauerhafter Kundenbegeisterung

1. Catherine Eberlein, „Bonding with Customers“, in: *Potentials in Marketing* (September 1994).
2. John Cortez, „Saturn to Mission Control: Anybody Home?“, in: *Autoweek* (11. Juli 1994).
3. Warren Brown, „What If You Had A Party and 28 000 Saturn Owners Showed Up?“, in: *Washington Post* (26. Juni 1994).
4. Ebenda.
5. Reuters, „Saturn Keeps Customer Satisfied“ (25. Juni 1994).
6. Catherine Eberlein, „Bonding with Customers“, in: *Potentials in Marketing* (September 1994), S. 5.
7. James Bennet, „Saturn Invite the ‚Family‘ to a Party“, in: *New York Times* (19. Juni 1994).

8. Gannett News Service, „Forging the Future“, in: *Sacramento Bee* (9. Juni 1995).
9. Barry Day, „The Brand Business“, in: *Global Marketing 1994*, London.
10. Frederick F. Reichheld/W. Earl Sasser Jr., „Zero Defections: Quality Comes to Services“, in: *Harvard Business Review* (September/Oktober 1990)
11. Thomas O. Jones/W. Earl Sasser Jr., „Why Satisfied Customers Defect“, in: *Harvard Business Review* (November/Dezember 1995), S. 88 f.
12. „Building Capability at Pacific Bell“, in: *Training & Development Journal* (Februar 1995), S. 25.
13. Von einem Kundeninteraktionsprozeß als Markenzeichen eines Unternehmens haben wir zuerst von Dennis McGurer, Vizepräsident der Abteilung Weltweites Training und Entwicklung der Moore Corporation, und von Bill Wiggenhorn, Präsident der Motorola University, gehört.
14. Bruce Knecht, „Norwest Corp. Relies on Branches, Pushes Service – and Prospers“, in: *Wall Street Journal* (17. August 1995), S. 1.
15. „Staple Yourself to an Order“, in: *Harvard Business Review* (Juli/August 1992), S. 113–122.
16. *Advertising Age* (7. November 1994).
17. Die Entwicklung dieses Prozesses leitete Jack Tencza, Manager der Abteilung Verkaufs-/Marketingschulung und Entwicklung, zusammen mit Alan Giangreco, Steve Wilson, Bill Goodwin und John Hernandez.
18. John Thackray, „GE's Service Ace“, in: *Across the Board* (September 1989)
19. Rahul Jacob, „Why Some Customers Are More Equal Than Others“, in: *Fortune* (19. September 1994), S. 215 ff.
20. Ebenda.
21. „America's Best Sales Forces: Six at the Summit“, in: *Sales and Marketing Management* (Juni 1990), S. 74.
22. „America's Best Sales Forces“, in: *Sales and Marketing Management* (September 1991), S. 46.
23. „America's Best Sales Forces: Six at the Summit“, in: *Sales and Marketing Management* (Juni 1990), S. 74.
24. „America's Best Sales Forces“, in: *Sales and Marketing Management* (September 1991), S. 56.
25. Ebenda, S. 55.

Kapitel 6: Von der autoritären Führung zum Kontaktmanagement

1. Noel M. Tichy und Ram Charan, „The CEO as Coach: An Interview with AlliedSignal's Lawrence A. Bossidy “, *Harvard Business Review* (März/April 1995), S. 69–78.
2. Ebenda, S. 72–78.
3. Ebenda, S. 71.

4. Nick Gilbert, „CEO of the Year: Larry Bossidy of AlliedSignal“, *Financial World,* (29. März 1994).
5. Zitiert in: *USA Today* (23. Juni 1994).
6. Zitiert in: Matthew Schifrin, „Living Nightmare“, *Forbes* (8. Mai 1995).
7. Siehe Gregory J. Gilligan, „Best Man“, *Richmond Times-Dispatch* (29. August 1994).
8. Ebenda.
9. David T. Kearns und David A. Nadler, *Profits in the Dark: How Xerox Reinvented Itself and Beat Back the Japanese* (New York: HarperCollins, 1992) S. 234.
10. Richard „Skip“ LeFauve, „Customer Driven Quality“, Fortune Magazine Video Seminars (Band 1, 1993).
11. Stephen George, *The Baldridge Quality System: The Do-It-Yourself Way to Transform Your Business* (New York: John Wiley and Sons, Inc., 1992), S. 56.
12. Noel M. Tichy und Ram Charan, „The CEO as Coach: An Interview with Allied Signal's Lawrence A. Bossidy“, *Harvard Business Review* (März/April 1995), S. 76.

Epilog: Mehr Heiterkeit

1. Siehe Kathy Thacker, „Top Guns Wrestling over Ad Slogan Rights“, *Adweek* (17. Februar 1992).
2. Mitch Maurer, „Airline Chiefs to Arm Wrestle for Rights to Slogan“, *Tulsa World* (12. März 1992).
3. Bob Filipczak, „Are We Having Fun Yet?“ *Training Magazine* (April 1995).
4. Tom Chappell, *The Soul of a Business,* (New York: Bantam, 1993).
5. „Getting High on Love and Laughter“, *Reputation Management* (Juli/August 1995).

Anhang

Forum Corporation Forschungsprojekte für *kundenorientiertes Wachstum*

Viele der Konzepte und Ergebnisse in diesem Buch basieren auf Forschungsprojekten der Forum Corporation. Forum untersucht jedes Jahr durch mehrere solche Projekte, wie erfolgreiche Unternehmen und ihre Mitarbeiter kundenorientiertes Wachstum erreichen. Zusätzlich lernen wir kontinuierlich aus Schulungs- und Entwicklungsaktivitäten für über 500 Forum-Kunden auf der ganzen Welt. Dieses Buch basiert insbesondere auf sechs Forschungsprojekten.

1. Kundenorientierung im Management (1988 bis heute)

Im Rahmen der von Forum durchgeführten Management-Schulungsprogramme wird Unternehmensleitern und Angestellten oft ein Fragebogen vorgelegt, bevor der erste Workshop beginnt. In dem Fragebogen sollen die Teilnehmer das Abschneiden ihres Unternehmens in 43 Führungspraktiken bewerten, die typisch für Weltklasse-Unternehmen sind. Ihre Antworten werden mit einem Datenbestand verglichen, der die Antworten aller leitenden Angestellten umfaßt, die den Fragebogen in der Vergangenheit ausgefüllt haben. Bis heute nahmen über 200 Gruppen aus einer Vielzahl von Branchen in zahlreichen Ländern an der Umfrage teil. Das Forschungsprojekt ist ein Nebenprodukt der Management-Schulungen, der Datenbestand wird nach jeder Schulung aktualisiert. Das Projekt diente als allgemeiner Hintergrund für das Buch, und in Kapitel 1 wird ausdrücklich darauf Bezug genommen.

2. Teamorientierte Organisationsforschung (1994–1995)

Um die Dynamik und Effizienz erfolgreicher Teams zu verstehen, führte Forum ein umfangreiches Forschungsprojekt durch, für das Fallstudien von 33 Unternehmen und ausführliche Interviews mit 330 Managern, Teamleitern und Teammitgliedern ausgewertet wurden. Im Rahmen des Projekts wurde untersucht, welches Umfeld effektiver Teamarbeit förderlich ist und welche Maßnahmen von Teamleitern zum Erfolg führen. Auf den Ergebnissen dieses Projekts baut Kapitel 4 auf.

3. Einflußforschung (1977, 1982 und 1991 bis heute)

Das 1991 begonnene Projekt zur Einflußforschung fußt auf zwei früheren Untersuchungen aus den Jahren 1977 und 1982. Die Datenbasis wird jedes Jahr kontinuierlich mit Hilfe der Mitarbeiter aus verschiedenen Unternehmen aktualisiert, die weltweit Einflußseminare von Forum besuchen. Bis heute enthält sie Daten von über 50 000 Einzelpersonen. Die bei dieser großen Gruppe von Geschäftsleuten erhobenen Informationen flossen in Kapitel 4 und die Darstellung der spezifischen Fähigkeiten ein, die besonders effektive Mitarbeiter routinemäßig einsetzen. Sie sind die Grundlage für den Selbst-Test „Wie gut sind Ihre Beeinflussungsstrategien?“ sowie für die „Taktischen Ratschläge zur Verbesserung der Beeinflussungsfähigkeit“ auf den Seiten 321–333 im Werkzeugkasten.

4. Kundenorientierte Verkaufsorganisation (1993)

Diese Untersuchung wurde durchgeführt, um aktuelle Einkaufstrends zu identifizieren und um zu erforschen, warum es hervorragenden Verkäufern und Verkaufsorganisationen so gut gelingt, auf diese Trends zu reagieren. Das Projekt wurde in sechs verschiedenen Branchen in Europa, Asien und Nordamerika durchgeführt. Es basiert auf ausführlichen Interviews mit 341 Kunden und liegt einem Großteil der in Kapitel 5 vorgestellten Informationen zugrunde. Auch der Selbst-Test „Wie gut sind Ihre Interaktionsfähigkeiten?“ und der „Schulungsleitfaden zur Kundeninteraktion“ auf den Seiten 349–355 im Werkzeugkasten basieren auf dieser Untersuchung. Sie baut auf zwei anderen großen Forschungsprojekten auf, die 1982 und 1988 die Hintergründe des Verkaufserfolgs untersuchten.

5. Forschungsprojekt Unternehmensführung (1989 bis heute)

An diesem in Kapitel 6 beschriebenen Projekt zur Führungsforschung waren 7160 Geschäftsleute beteiligt. Es identifizierte die vier Cluster von Eigenschaften und die zwanzig spezifischen Verhaltensweisen, die in Kapitel 6 beschrieben sind. Die Normen zur Bewertung der Führungspraktiken wird auf Grundlage der Informationen von Managern, die die weltweit organisierten Führungskurse der Forum Corporation besuchen, ständig aktualisiert. Sie sind die Basis für den Selbst-Test „Wie gut sind Ihre Führungseigenschaften?“ auf den Seiten 356–357 im Werkzeugkasten.

6. Primärforschung für *Customer Centered Growth*

Wir haben in diesem Buch versucht, die Strategien und Praktiken von Unternehmen herauszufinden und zu skizzieren, die heute wirklich im Begriff sind, ein neues Leistungsniveau erreichen. Wir wählten und erforschten Unternehmen, die die defensiven Strategien der jüngsten Vergangenheit hinter sich gelassen und eindrucksvolle Umsätze und Gewinne erzielt haben.

Zu diesem Zweck griffen wir auf Ressourcen und Kontakte zurück, die Forum in Nord- und Südamerika, Europa, Asien, Afrika, Australien und Neuseeland hat. Die Forum Corporation und mit ihr verbundene Institutionen führten fast 200 Interviews mit Mitarbeitern aus Unternehmen in vielen verschiedenen Branchen durch. Alle Interviews hatten das Ziel, festzustellen, welche Verhaltensweisen Wachstum fördern und wie andere Unternehmen diese Praktiken kopieren können. Wir untersuchten erfolgreiche Unternehmen und Unternehmen in Krisensituationen und versuchten zu verstehen und zu erklären, worin sie sich voneinander unterscheiden.

Die fünf in diesem Buch vorgestellten Strategien und die Techniken zu ihrer Verwirklichung sind das Ergebnis *aller* oben beschriebenen Forschungsprojekte.

Danksagung

Customered-Centered Growth ist das Ergebnis der Bemühungen vieler Menschen innerhalb wie außerhalb der Forum Corporation. Ohne ihre aufopferungsvolle Hilfe gäbe es dieses Buch nicht. Wir sind sehr dankbar dafür, daß wir bei unserer Arbeit, die hoffentlich bei vielen Unternehmen und ihren Mitarbeitern in der ganzen Welt großen Anklang finden wird, so tatkräftige Unterstützung erfahren haben, und wir sind stolz darauf, daß wir mit so vielen verständnisvollen und uneigennützigen Menschen zusammenarbeiten durften.

Es ist nur selbstverständlich, daß man sich in einem Buch über Kunden auch bei den Kunden bedankt, die entscheidend zu seiner Entstehung beigetragen haben. Wir möchten den vielen Kunden unserer Firma danken, die ihre Zeit und ihre Geschichten beigesteuert und damit dieses Buch erst möglich gemacht haben.

Die Namen der beteiligten Unternehmen sind vorn im Buch aufgelistet. Unseren speziellen Dank möchten wir folgenden Personen aussprechen: Susan Beckmann, Jim Berrien, Susan Bohn, Steve Bonner, Bob Breslin, Phyllis Campbell, Ed Chambers, Larry Dille, Barbara Gatison, Steve Goldberg, Teresa Hanger, Jerry Johnson, Chris Knipp, Michael Lund, Denny McGurer, Duncan MacWilliam, David Morgan, Victoria Rickey, Jan Rivenbark, David Shackleton, Steve Sheetz, Jim Sierk, Jack Tencza, Ed Trolley, Peter Viner und Don Woodley.

Großen Dank und Anerkennung möchte ich auch den vielen wunderbaren Menschen ausdrücken, ohne die es die Forum Corporation nicht geben würde. Bei den Recherchen und beim Schreiben fühlten wir uns immer wieder inspiriert durch die Kreativität, das Wissen und die geistige Beweglichkeit unserer Kollegen. In gewissem Sinne kann jeder bei Forum einen Teil dieses Buches für sich beanspruchen, da sein Inhalt eigentlich den Kern unserer täglichen Arbeit darstellt. Der Zugang zu den weitgefächerten Recherche-, Schulungs- und Beratungsangeboten bei Forum hat uns unsere Aufgabe sehr erleichtert.

Der Vorstandsvorsitzende der Forum Corporation, John Humphrey, hat dieses Projekt in Gang gebracht und in den zurückliegenden achtzehn Monaten schützend seine Hand darüber gehalten. Wir danken ihm für seine Anleitung und sein unermüdliches Engagement, mit dem er dafür gesorgt hat, daß dieses Buch tatsächlich zustande gekommen ist.

Wir waren Nutznießer des Wissens und der Unterstützung vieler Forum-Mitarbeiter und bekamen von den folgenden Kollegen eine Hilfe, die über jedes zu erwartende Maß hinausging: Curt Berrien, Barry Freeman, Bill Fonvielle, John Harris, John Rockwell und Shaun Smith. Ihre Tips und ihre Bereitschaft, Fakten und Anekdoten zu sammeln, brachten Leben und Substanz in dieses Buch. Auch andere Mitarbeiter haben dazu beigetragen: Anton Armbruster, Ed Boswell, Mark Brodsky, Sarene Byrne, Bob Cabot, Jane Carroll, Jim Fizdale, Melinda Gleason, Marlene Groth, Rick Harris, Kevin Higgins, Rowan Jackson, Kerry Johnson, Gerald Jones, Betsy Keady, Mike Laughlin, Mary Maloney, Wayne Marks, Dick Miller, Jennifer Potter-Brotman, Sarah Risher, Craig Smith, Bobbi Smith, Dick Snowden, Diann Strausberg, Connie Steward und David Van Adelsberg.

Außerdem danken wir den Menschen, die uns in besonderen Fragen beraten und Konzepte und Ideen beigesteuert haben, vor allem Tim Boyles, Jack Covert, Jim Kouzes, Barry Libert, Anne Maers, Sandi Mendelson, José Salibi, Len Schlesinger, Jeff Sonnenfeld, Tom Varian und den vielen Kunden des Borders Bookstore in McCandless Township, PA, die uns halfen, einen Untertitel für das Buch zu finden.

Susan Ludwig und Susan Quinn sind die besten Mitarbeiterinnen, die man sich wünschen kann. In der Entstehungszeit dieses Buches machten sie unzählige Überstunden, stellten ihre Unterstützung und ihr technisches Fachwissen zur Verfügung, erledigten Hunderte von Anrufen, zapften zahllose Informationsquellen an und halfen uns, selbst knappste Abgabetermine mit so wenig Ärger und so reibungslos wie nur möglich einzuhalten. Wir stehen für ihre außerordentlichen Leistungen tief in ihrer Schuld. Auch die technische Hilfe von Pamela Bynum, Tanya Hayward, Cat Long und Mike Vigue war unentbehrlich.

Eine kritische Phase im Entstehungsprozeß eines Buches ist immer der Moment, in dem die Konzepte, Ideen und Geschichten schließlich in Worte gefaßt werden. Glücklicherweise konnten wir uns hier auf dieselben drei fähigen Autoren verlassen, die schon an *Ihr Kunde ist der Boss* mitgearbeitet hatten. Sie halfen uns bei der Recherche und den Gesprächen zu diesem Buch und schließlich auch bei der Abfassung. Robert Wood brachte in das Projekt sein Organisationstalent und seine Bereitschaft ein, hartnäckig die bohrenden Fragen zu stellen, die garantieren, daß ein Text entsteht, dessen Qualität über jeden Zweifel erhaben ist. Annie Post ist eine hervorragende Erzählerin und eine ständige Kraftquelle, und sie hat eine unglaubliche Fähigkeit, den besonderen Blickwinkel, die ungewöhnliche Perspektive zu entdecken. Peter Hillyer ist ein sehr begabter Autor, der dazu beitrug, einen Text aus einem Guß zu schaffen. Er sorgte vor allem dafür, daß dieses Buch auch aus der Position des Lesers heraus geschrieben wurde. Außerdem schaffte es Peter mit seiner Freundlichkeit und seiner ruhigen Hilfestellung, die hervorragende Zusammenarbeit und Leistungsfähigkeit des Teams auch dann noch zu sichern, als der Abgabetermin in Riesenschritten näher rückte.

Die großartigen Mitarbeiter bei Addison-Wesley sind uns keine Fremden mehr. Nach der erfolgreichen Zusammenarbeit bei *Ihr Kunde ist der Boss* war es sehr angenehm, sich auf eine bewährte Partnerschaft verlassen zu können. Wir schätzen das Fachwissen und das Engagement von Bill Patrick, Ellie McCarthy, Elizabeth Carduff und David Goehring und danken ihnen für ihre Hilfe bei der Entstehung des Buches.

Janis Donnaud war nicht nur unsere Agentin, sondern auch ein wichtiges Mitglied unseres Teams. Sie hat uns immer wieder vorausschauend vernünftige Ratschläge zu allen Aspekten des Textes, des Layouts und des Marketing gegeben.

Unsere Ehepartner, Sharon Whiteley und Paul Garcés, haben auf ihre ganz besondere Weise zum Gelingen des Buches beigetragen. Sharon hat es mit ihrer liebevollen Unterstützung, ihren Ermutigungen und mit kluger Kritik aus ihrer Sicht als erfolgreiche Geschäftsfrau bereichert. Paul hat seine Erfahrungen aus fünfundzwanzig Jahren Arbeit mit Geschäftsleuten eingebracht und war in allen Phasen ein unschätzbarer Berater, Redakteur und Fürsprecher. Auch unseren Familien gebührt besonderer Dank: Jeffrey, Matthew und Philip Whiteley, Lindsay und Amanda Garcés, Miriam und Sydney Perlin sowie Adelaide und Pablo Garcés unterstützten uns mit ihrer Liebe, ihrem Humor und ihrer Geduld – vor allem im letzten Jahr.

Schließlich möchten wir uns gegenseitig danken. Als gleichberechtige Partner bei diesem Unternehmen haben wir die wahre Bedeutung des Wortes *Zusammenarbeit* kennen und schätzen gelernt. Ob es um die Ausarbeitung der Grundthesen, den Aufbau der Kapitel, die Gespräche mit Führungskräften oder die Erklärung eines neuen Ansatzes ging – unsere Bereitschaft, unsere Ansichten zu verteidigen und dennoch gleichzeitig offen für andere Meinungen zu bleiben, war das Fundament unserer Zusammenarbeit, auf dem dieses Buch basiert. Wenn einer von uns von anderen Verpflichtungen übermäßig in Anspruch genommen war, konnte er sich darauf verlassen, daß der andere einsprang und den Faden wieder aufnahm. Wenn einer zwischendurch den Mut sinken ließ, hatte der andere immer die Zuversicht, die nötig war, um uns beide wieder aufzubauen. Wir haben nicht nur durch die Arbeit, die diesem Buch zugrunde liegt, viel gelernt, sondern ebenso viel auch durch unsere großartige Partnerschaft.

Richard Whiteley
Diane Hessan
Boston 1996

Stichwortverzeichnis

L

M

N

O

P

Über die Forum Corporation

Richard Whiteley und Diane Hessan sind leitende Führungskräfte der Forum Corporation, einer führenden internationalen Fortbildungs- und Beratungsgesellschaft mit weltweit mehr als 600 Klienten. Gemeinsam mit ihren Kunden arbeitet die Forum Corporation darauf hin, durch zielgerichtete Investition in Menschen – die Vermittlung der Fähigkeiten, Verhaltensweisen und Prozesse, die den Kunden in das Zentrum aller ihrer Aktivitäten rückt – einen dramatischen Wachstumsprozeß in Gang zu bringen.

Forums Arbeit mit den Klienten deckt ein weites Spektrum ab – von der Ausarbeitung und Umsetzung maßgeschneiderter Fortbildungsprogramme über das Management der gesamten Schulungsabteilung bis hin zur Planung und Umsetzung umfassender Change-Initiativen.

Für Organisationen, die die in diesem Buch vorgestellten Strategien umsetzen wollen, hält Forum eine umfangreiche, auf der Grundlage zahlreicher Feldstudien entwickelte Serie von Lernmodulen bereit, die Kunden in die Lage versetzt,

- die Stimme des Kunden in das Unternehmen zu integrieren und als Hebel für weiteres Wachstum zu nutzen,
- das Unternehmen auf das zu konzentrieren, was für die Kunden besonders wichtig ist,
- durch Kundeninteraktionen einen Wettbewerbsvorteil zu erzielen,
- zum Nutzen der Kunden kooperativ zusammenzuarbeiten,
- Kontaktmanagement auf allen Hierarchieebenen des Unternehmens einzusetzen,
- eine erstklassige Kundenservice-Kultur aufzubauen,
- einen Verkaufsprozeß mit Markenqualität zu organisieren,
- Teams zu bilden, die wirklich Ergebnisse erzielen.

Weitere Informationen über die Forum Corporation und darüber, wie sie Ihnen durch die Umsetzung der fünf erprobten Strategien helfen kann zu wachsen, können Sie gerne bei uns anfordern.

The Forum Corporation
One Exchange Place
Boston, MA 02109
USA

Telefon: 800 – 367 – 8611
Fax: 617 – 973 – 2001
http:\\www.forum.com

Wachstumsmotor Kunde

Leser-Fragebogen

Sie sind unser Kunde. Würden Sie sich bitte etwas Zeit nehmen, um uns mitzuteilen, ob dieses Buch Ihre Erwartungen erfüllt oder übertroffen hat? Es sollte nicht mehr als drei Minuten in Anspruch nehmen, diesen Fragebogen auszufüllen und zurückzusenden.

1. Dieses Buch (kreuzen Sie eine Aussage an):

   Hat meine Erwartungen übertroffen ☐
   Hat meine Erwartungen erfüllt ☐
   Hat meine Erwartungen nicht erfüllt ☐

2. Dieses Buch enthält viele Informationen, die neu für mich sind.

1	2	3	4	5	6	7
nein, absolut nicht			weder noch			ja, absolut

3. Ich glaube, daß ich Ideen aus diesem Buch auf meine Arbeit anwenden kann.

1	2	3	4	5	6	7
nein, absolut nicht			weder noch			ja, absolut

4. Ich werde dieses Buch wahrscheinlich weiterhin als Nachschlagewerk oder Ideenreservoir benutzen.

1	2	3	4	5	6	7
nein, absolut nicht			weder noch			ja, absolut

5. Der Ton dieses Buches ist genau richtig: nicht zu akademisch und nicht zu salopp.

1	2	3	4	5	6	7
nein, absolut nicht			weder noch			ja, absolut

6. Dieses Buch ist so gestaltet, daß ich die Informationen, die ich brauche, leicht finden kann.

1	2	3	4	5	6	7
nein, absolut nicht			weder noch			ja, absolut

7. Die Geschichten und Beispiele illustrieren die Argumente gut.

1	2	3	4	5	6	7
nein, absolut nicht			weder noch			ja, absolut

8. Ich würde dieses Buch weiterempfehlen (kreuzen Sie eine Aussage an):

Ja ☐ Nein ☐

9. Beschreiben Sie bitte hier, wie Sie Informationen aus diesem Buch auf Ihre Arbeitssituation anwenden werden.

10. Geben Sie uns hier bitte Anregungen, wie wir dieses Buch noch nützlicher für Sie machen könnten.

Schicken Sie Ihren ausgefüllten Fragebogen bitte an:

verlag moderne industrie AG
Frau Andrea Zetzsche
86895 Landsberg/Lech